ESTRATÉGIAS DE AJUDA A ALUNOS COM
DIFICULDADES DE APRENDIZAGEM

Pierre Vianin é diplomado pelo Instituto de Pedagogia da Universidade de Friburgo (Suíça), onde trabalhou durante muitos anos como colaborador científico e professor substituto. Atualmente, é professor na Haute École Pédagogique do Valais. Dedica-se há vários anos à problemática da luta contra o fracasso escolar. Seus trabalhos o conduziram principalmente a analisar a pertinência da medida de apoio pedagógico.

V616e   Vianin, Pierre.
           Estratégias de ajuda a alunos com dificuldades de aprendizagem / Pierre Vianin ; tradução: Fátima Murad ; revisão técnica: Simone Aparecida Capellini. – Porto Alegre : Penso, 2013.
           327 p. : il. ; 25 cm.

           ISBN 978-85-65848-25-1

           1. Educação. 2. Métodos de ensino. I. Título.

CDU 37.091.3

Catalogação na publicação: Natascha Helena Franz Hoppen - CRB 10/2150

PIERRE VIANIN

ESTRATÉGIAS DE AJUDA A ALUNOS COM DIFICULDADES DE APRENDIZAGEM

Tradução:
Fátima Murad

Consultoria, supervisão e revisão técnica desta obra:
Simone Aparecida Capellini

Doutora em Ciências Médicas pela Universidade Estadual de Campinas (UNICAMP) e Mestre em Educação pela Pontifícia Universidade Católica de São Paulo (PUC-SP). Livre-Docente em Linguagem Escrita pela Faculdade de Filosofia e Ciências da Universidade Estadual Paulista Júlio de Mesquita Filho (FFC/UNESP). Professora do Departamento de Fonoaudiologia da FFC/UNESP.

Obra originalmente publicada sob o título *L'aide stratégique aux élèves en difficulté scolaire: Comment donner à l'élève les clés de sa réussite*, 1ºEdition

Copyright © 2009, De Boeck Supérieur, Groupe De Boeck s.a., Rue des Minimes 39, B1000 Bruxelles

Gerente editorial:
Letícia Bispo de Lima

Colaboraram nesta edição

Editora:
Lívia Allgayer Freitag

Assistente editorial:
André Luis de Souza Lima

Capa:
Márcio Monticelli

Ilustração da capa:
iStockphoto.com/LifesizeImages

Preparação de originais:
Priscila Zigunovas

Leitura final:
Marcelo de Abreu Almeida

Projeto e editoração:
Ledur Serviços Editoriais Ltda.

Reservados todos os direitos de publicação, em língua portuguesa, à
PENSO EDITORA LTDA., uma empresa do GRUPO A EDUCAÇÃO S.A.

Av. Jerônimo de Ornelas, 670 – Santana
90040-340 – Porto Alegre, RS, Brasil
Fone: (51) 3027-7000 Fax: (51) 3027-7070

É proibida a duplicação ou reprodução deste volume, no todo ou em parte,
sob quaisquer formas ou por quaisquer meios (eletrônico, mecânico, gravação,
fotocópia, distribuição na Web e outros), sem permissão expressa da Editora.

SÃO PAULO
Av. Embaixador Macedo Soares, 10.735 – Pavilhão 5 – Cond. Espace Center
Vila Anastácio – 05095-035 – São Paulo – SP
Fone: (11) 3665-1100 Fax: (11) 3667-1333

SAC 0800 703-3444

IMPRESSO NO BRASIL
PRINTED IN BRAZIL
Impresso sob demanda na Meta Brasil a pedido do Grupo A Educação.

*A todas as minhas famílias (!): Vianin, Crettol, Crettaz,
Salamin, Jacquemet
E a todas aquelas – profissional, política e de coração –
que me acompanharam até aqui*

Agradecimentos

Quero agradecer muito calorosamente a Ursula Vianin, Nicole Jacquemet, Pascal Vianin e Stéphane Moulin que – fiéis em amizade e em releitura! – tiveram a gentileza de ler e corrigir o manuscrito.

Agradeço igualmente à editora De Boeck Université, por suas críticas ponderadas, e ao Grupo Bosco, com o qual elaboramos o Programa de Aprendizagem Cognitiva Escolar Mediada (PACEM): penso especialmente em Michel Bender, Christine Blanchut, Sylvaine Borgeaud, Gilles Carron, Christine Favre, Bernadette Fellay, Raymonde Fournier, Marie-Jeanne Gay-Crosier, Cécile Genolet, Marianne Jordan, Christine Luyet, Liliane Pralong e Anne Wanner. Um agradecimento muito particular ao saudoso Dr. Bosco Dias pelo acompanhamento científico da nossa reflexão.

Todo o meu reconhecimento, ainda, àquelas e àqueles que contribuíram de uma maneira ou de outra para a realização desta obra. Penso, sobretudo, em minhas três filhas, Camille, Maëlle e Évane, que souberam respeitar o trabalho – muitas vezes cronófago e às vezes fastidioso – de seu pai, e encorajá-lo na aventura de escrever uma obra. Agradeço assim – por seu apoio incondicional – a todas as minhas mulheres (!), em particular – fiel entre as fiéis – a Ursula.

"Dê-me a perspicácia para compreender
A memória para reter
O método e a facilidade para aprender"
(Tomás de Aquino, 1226-1274)

Sumário

Prefácio 13

CAPÍTULO 1
Introdução 21

PARTE I
FUNDAMENTOS TEÓRICOS

CAPÍTULO 2
Por que propor uma abordagem cognitiva de remediação? 45

CAPÍTULO 3
Noções teóricas de base: cognição e metacognição para os neófitos 51

CAPÍTULO 4
Manutenção das aprendizagens 128

CAPÍTULO 5
Transferência e generalização das aprendizagens 155

CAPÍTULO 6
Avaliação dos processos cognitivos e metacognitivos 170

CAPÍTULO 7
A aprendizagem e o ensino de estratégias 185

PARTE II
PROCEDIMENTOS REMEDIATIVOS

CAPÍTULO 8
Programas de educação cognitiva 205

CAPÍTULO 9
O Programa de Aprendizagem Cognitiva Escolar Mediada (PACEM) 215

CAPÍTULO 10
Ajuda estratégica em leitura 227

CAPÍTULO 11
Ajuda estratégica em escrita 245

CAPÍTULO 12
Ajuda estratégica em matemática 259

CAPÍTULO 13
Conclusão 270

Referências 281

Anexos 287

Prefácio

> "Faz andar tua palavra"
> (adágio ameríndio)

O EFEITO HÉRACLES

Esta é a obra de um prático da ajuda aos alunos com dificuldades de aprendizagem. Ela pretende, como as anteriores, uma reflexão ancorada na prática e esclarecida pela teoria. Nós[1] iniciamos nossa obra sobre a motivação escolar (Vianin, 2007) com uma reflexão sobre os perigos de uma abordagem exclusivamente teórica de problemáticas escolares. De fato, o perigo que ameaça todos nós – e que chamamos de "efeito Héracles"[2] – é teorizar uma prática sem "praticar nós mesmos" a teoria. Tal como Héracles erguia Anteu do chão, o teórico corre o risco de sufocar o saber, se não puder, às vezes, comer poeira. Estamos realmente convencidos de que os conceitos sufocam se não forem testados em práticas reais.

A expressão ameríndia "faz andar tua palavra" não diz outra coisa: somos chamados a fazer o que dizemos e a testar nossas teorias em nossas práticas. Não se trata apenas, segundo a expressão consagrada, de "articular teoria e prática", mas de garantir um mínimo de coerência entre o que professamos e o que praticamos.

Os professores de universidades e escolas superiores – que intervêm nas formações de professores – sabem disso muito bem: os práticos os esperam na curva dessa questão, e as manobras ficam difíceis então de negociar quando os especialistas retiraram sua habilitação ou não "dirigem" mais há alguns anos. A proposição teórica dos *experts* é, em geral, perfeitamente coerente e realizável... na teoria. Todos já experimentamos isso quando preparamos nossas férias: mesmo que o programa de computador calcule exatamente a extensão do itinerário, a duração e o consumo do veículo, a experiência mostra que, na viagem real, as coisas geralmente se passam de forma bem diferente. O programa de computador não havia contado com os enjoos do caçula, as paradas para xixi da avó e o mau humor do pai. No final, o trajeto terá durado 2 horas a mais e o primeiro banho de mar será adiado para o dia seguinte.

Leblanc (2007), analisando os dispositivos de formação dos professores, mostra claramente o problema: "Os conteúdos de formação não podem se limitar a regras genéricas didáticas e pedagógicas preexistentes que se deveria aplicar na sala de aula. As regras enunciadas por formadores distantes há vários anos da prática da sala de aula correspondem, muitas vezes, a injunções idealistas" (p. 21). Segundo o autor, a articulação teoria-prática deve ser questionada, portanto, a partir da dupla constatação da ineficácia dos saberes teóricos desconectados da prática e do efeito formador da experiência de terreno, analisada com a ajuda de ferramentas conceituais e teóricas.

Como qualquer "percurso", o procedimento pedagógico é eminentemente complexo. As experiências de laboratório, embora sejam evidentemente essenciais à compreensão dos fenômenos, jamais poderão substituir a reflexão do prático confrontado com a complexidade do real. Os saberes científicos esclarecem a prática, mas é responsabilidade do pedagogo "utilizar todo o seu saber de ciências da educação para fazer uma análise 'prudente' do contexto e tomar uma decisão. [...] A ciência esclarece, ela não comanda!" (Fabre, 2006, p. 59). Assim, a escolha – particularmente para nossa obra – deve ser feita entre "o estabelecimento da prova" e "o estabelecimento da coerência" (Doly, in Grangeat et al., 1997). Nossa opção é clara: elaborada a partir de nossa prática, nossa abordagem inscreve-se em conceitos teóricos sistematicamente testados no terreno.

Como destaca Fabre (2006) em seu excelente artigo, "o pedagogo não é aquele que teoriza sobre a prática dos outros, mas sim sobre sua própria prática. [...] A peculiaridade dos saberes pedagógicos é que eles estão enraizados em uma experiência profissional e humana, e não em uma experimentação" (p. 58). Desejamos, nesta obra, transmitir um saber pragmático, oriundo de nossa prática, "específico à pedagogia, pois só a experiência pode produzi-lo. Para saber, é preciso 'ter passado por isso'" (op. cit.). É, portanto, porque "passamos por isso" que ousamos propor aqui algumas pistas de intervenções na ajuda aos alunos em dificuldade escolar. "A pedagogia não se demonstra. Ela se testa!" (op. cit.).

Segundo Fabre, o pedagogo que "tem autoridade" é, então, aquele que apresenta sua experiência esclarecida por uma reflexão teórica sobre sua prática. O indivíduo pode ser um hábil orador – e manejar os conceitos como o malabarista lança as bolas, em um exercício que prova a habilidade do artista e a perfeição do gesto –, ou, pior ainda, um tribuno astucioso – que seduz a multidão pela beleza do discurso e a precisão do argumento –, mas o pedagogo de gravata jamais elaborará algo além de uma retórica vazia e desconectada do real. De fato, o professor não pode nunca se dispensar de jogar, em cada situação, com problemas novos, alunos diferentes e situações complexas. "Não se pode ser pedagogo de gabinete" (op. cit.), só se pode ser pedagogo diante de Julie, 11 anos, vítima de violência doméstica e completamente desmotivada na sala de aula, ou diante de Benoit, 6 anos, para quem a aprendizagem da leitura é inatingível no momento.

Assim, a habilidade retórica pode mascarar, de maneira destra e sutil, a ausência de qualidades pedagógicas reais. Sem jamais se confrontar com dificuldades concretas, o teórico pode então desenvolver, em um exercício pretensioso, uma lógica argumentativa infalível. Tudo se sustenta, o modelo é perfeito, o edifício é sólido, a realização linda, o fracasso ausente, impossível de imaginar.

Um eminente "pedagogo", cujo nome omitiremos aqui, concluía sua obra afirmando – sem pudor, ao que parece – que seu modelo pedagógico jamais foi "posto em prática em lugar nenhum", e que ele esperava com impaciência que fosse![3] Ora, para nós, "o pedagogo é antes de tudo aquele que reflete modestamente sobre seus fracassos" (op. cit.). É preciso ainda que ele fracasse às vezes – que possa fracassar às vezes –, pois ele se confronta com alunos reais, e não com conceitos. "A inteligência é sempre tentada a desviar para o lado de um jogo de conceitos com o qual pode se encantar sem perceber que cortou o laço que a vincula ao real" (Varillon, 2006, p. 98). A coerência formal do discurso pode assim ocultar, de maneira frequentemente sutil e inteligente, a vacuidade do modelo teórico e a sua inadequação à realidade do terreno.

Evidentemente, os pesquisadores e os filósofos não ouviram os práticos para colocar a questão da validade ecológica de suas pesquisas e de suas reflexões. O risco de ver a realidade desaparecer sob a conceitualização e a modelização é conhecido há muito tempo. Como destaca Péguy na *Segunda elegia*, "todos os povos desaparecem sob as demografias, as sociedades sob as sociologias, os monumentos caem sob as arqueologias, as inscrições se desmancham sob as epigrafias, os afrescos descascam, as nações desaparecem sob as demagogias, todas as infâncias mesmo desaparecem sob as pedagogias".

Na verdade, a questão de saber se as teorias elaboradas em laboratório têm alguma utilidade para a prática é amplamente debatida – e há muito tempo. Ainda que alguns pesquisadores estejam convencidos de que seus resultados são transferíveis e generalizáveis para o terreno pedagógico, outros têm dúvidas (Lemaire, 1999); alguns testes realizados em laboratório parecem realmente bem distantes das contingências práticas da sala de aula. A questão se coloca igualmente na formação de professores. Aqui também a articulação entre a pesquisa e a prática profissional torna-se um desafio importante. "A pesquisa, a formação e a prática profissional estão agora ligadas. A separação e a justaposição entre esses universos estão destinadas a desaparecer" (Périsset Bagnoud, 2007, p. 28).

Del Notaro (2007) fala a esse respeito de um "duplo movimento de teste e de falsificação" (p. 30). O autor defende uma integração da contingência à reflexão teórica. "A contingência é o que se passa efetivamente na sala de aula quando se estabelece uma situação de ensino-aprendizagem que escapa à ordem das coisas prevista via teoria" (op. cit.). O confronto com a realidade da sala de aula ajuda a enriquecer a teoria que, por sua vez, alimenta a prática. Apenas a contingência, em última análise, permite validar os desenvolvimentos teóricos, pois a realidade sempre opõe resistências imprevistas aos modelos concebidos pelos pesquisadores. "Por que essas teorias parecem às vezes tão... teóricas? Porque, a partir de suas observações empíricas, os pesquisadores passam à constituição de modelos. Como todos os modelos, estes são sempre transitórios. E é preciso passar de novo pela empiria para rediscutir os modelos e verificar sua validade" (p. 36).

Sternberg (2007), em seu manual de psicologia cognitiva, assinala que a maior parte dos pesquisadores busca atualmente uma síntese entre a experiência e os modelos teóricos. Ele distingue, historicamente, duas abordagens principais da "verdade":

– *A abordagem racionalista*: o acesso ao conhecimento passa pela análise e pela

reflexão; o raciocínio é essencial no desenvolvimento de uma teoria.
- *A abordagem empirista*: a aquisição de conhecimentos passa pela experiência e pela observação; ela parte do pressuposto de que apenas a observação atenta do terreno e das ações efetivas permite compreender a realidade.

Atualmente, admite-se que as "teorias racionalistas desprovidas de ligações com observações não podem ser válidas, mas é impossível explorar quantidades astronômicas de dados observados sem um quadro teórico estruturado" (op. cit., p. 24). Assim, a maioria dos pesquisadores busca há muito tempo uma síntese entre as duas abordagens baseando suas observações empíricas em teorias e utilizando essas observações para rever suas teorias.

No jogo sutil em torno dos polos "pai, par, *expert* e ex-par"* (Meirieu e Develay, 1996), tendemos, nesta obra, ao papel de par-*expert*. Esperamos, de fato, compartilhar com nossos pares nossa experiência – se não nossa "*expertise*" – no acompanhamento de alunos em dificuldade. A obra é dirigida aos nossos colegas professores[4], aos pais interessados e a todos os profissionais da ajuda aos alunos com dificuldades de aprendizagem. A prioridade é dada, portanto, contra qualquer intelectualismo, à experiência. Assim, apresentaremos nesta obra – para tentar ser confiáveis... – inúmeros exemplos tirados de nossa prática, buscando o máximo de "rigor clínico", para usar a expressão de Curonici et al. (2006).

Gostaríamos de concluir este prefácio sobre o "efeito Héracles" sugerindo algumas pistas que talvez possibilitem uma melhor articulação entre as contribuições teóricas da pesquisa e a prática com que se depara o pedagogo no terreno:

1. As teorias deveriam ser testadas, a nosso ver, em situações reais e, portanto, complexas. Elas ganhariam espessura e força se às vezes comessem poeira.
2. As teorias são úteis quando possibilitam a objetivação do real. Assim, elas devem permitir explicar aquilo que os práticos vivenciam e ajudá-los em sua tarefa.
3. A prática por si só é insuficiente e não poderia se autorregular e se renovar sem as contribuições da teoria. Certas descobertas científicas têm implicações determinantes para a prática. A experiência não poderia, então, renunciar ao trabalho indispensável da reflexão.
4. O discurso teórico deve, em uma articulação dinâmica, seguir e preceder a prática. Quando intervém após uma vivência, ele ganha força e credibilidade. Quando precede a ação, ele tem o compromisso de não se desdizer e de testar se o que funciona bem no papel não amarrota nem rasga em contato com a prática.

Esperamos que essas poucas pistas permitam a Anteu comer poeira às vezes e a Héracles tolerar um pouco de lama em seus sapatos...

---

* N. de T.: No original, "*père, pair, expert et ex-pair*" – as palavras são homônimas.

Notas

1   O "nós" utilizado nesta obra é um plural de modéstia e, consequentemente, envolve apenas seu autor.
2   Na mitologia grega, Anteu é um gigante dotado de uma força prodigiosa. Quando entra em combate contra Héracles, este constata que Anteu se joga no chão voluntariamente. Quando Héracles compreende que Anteu tira sua força do contato com a terra, agarra-o, ergue-o do chão, mantém-no no ar e sufoca-o até a morte.
3   O autor manifesta, no entanto, algum escrúpulo, pois afirma que "para confirmar uma teoria no campo empírico, não basta controlar a coerência formal do discurso que a explica e que a justifica; é preciso também constatar sua verdade de fato. [...] O discurso racional pode mostrar que a teoria é coerente como sistema; resta mostrar que ela é aplicável".
4   **Observação**: o masculino utilizado neste ensaio é puramente gramatical. Ele remete a coletivos compostos de homens e (bastante numerosas!) mulheres.

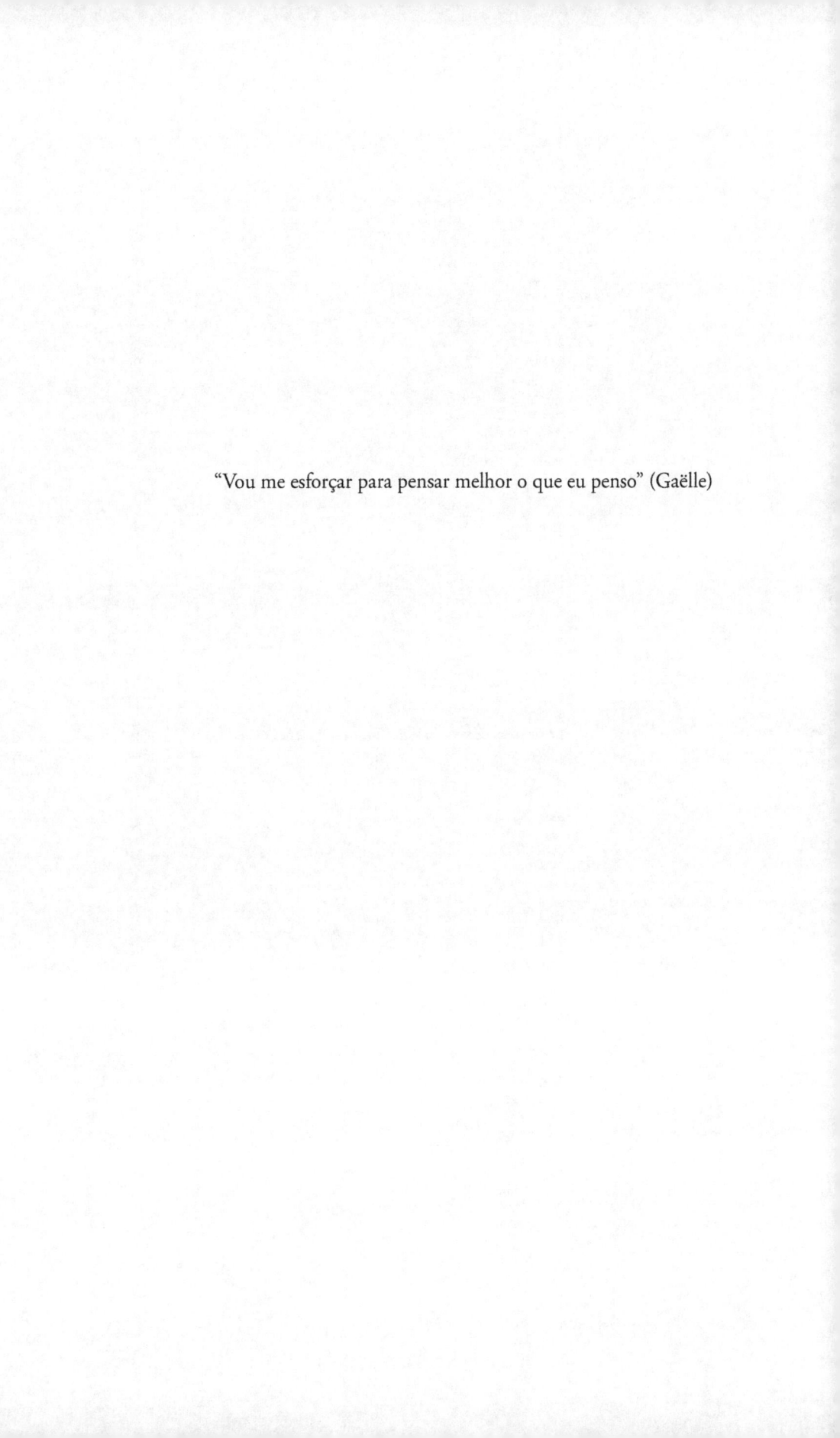

"Vou me esforçar para pensar melhor o que eu penso" (Gaëlle)

Introdução

1.1 PROPOSTAS E PRESSUPOSTOS DA OBRA

Trabalhamos com alunos com dificuldade escolar há mais de quinze anos. As problemáticas que encontramos são, evidentemente, múltiplas. Transtornos do comportamento, transtornos da aprendizagem, crianças migrantes e problemáticas familiares são dificuldades que confrontamos cotidianamente. Cada situação é única, exige uma análise aprofundada e não poderia ter uma resposta evidente. Enfatizamos anteriormente[1] a importância de avaliar a situação da criança de maneira global e de nunca ceder a soluções simplistas: as questões ligadas ao fracasso escolar são sempre complexas e, definitivamente, não existem "receitas" ou "métodos milagrosos".

Embora cada aluno seja único e suas dificuldades sejam singulares, constatamos que, muitas vezes, o aluno está com dificuldade sobretudo porque seus métodos de trabalho e seus procedimentos de resolução são inadequados. Foi por isso que nos especializamos, há alguns anos, na abordagem cognitiva e metacognitiva de ajuda aos alunos com dificuldades. Estamos convencidos de que essa abordagem é uma das mais apropriadas no acompanhamento dessas crianças.

Essa abordagem estratégica[2], evidentemente, não oferece uma solução para todas as dificuldades escolares, mas constatamos que é comum nos depararmos com alunos que têm dificuldade de aprender porque não conhecem estratégias de aprendizagem eficazes. Ora, os alunos vão à escola antes de tudo para aprender. Por isso, não é surpreendente descobrir que seu fracasso escolar está ligado, muitas vezes, a uma incapacidade de aprender ou, dizendo de outra forma, de utilizar seus recursos intelectuais ou cognitivos de maneira eficiente.

A maioria dos alunos com dificuldade carece terrivelmente de conhecimentos e de competências em matéria de estratégias de aprendizagem e de procedimentos eficazes de trabalho. Muitos alunos recorrem a estratégias ineficazes durante anos, sem que nenhum professor lhes mostre como a estratégia de aprendizagem é inadequada e como poderiam ser mais eficazes nas atividades acadêmicas se utilizassem as estratégias corretas. É como se déssemos à criança um jogo de xadrez sem lhe explicar as regras do jogo e a maneira de mover as peças. O aluno pode achar, então, que a dama desloca-se uma casa de cada vez e jogar assim durante anos sem compreender por que nunca vence. É fácil imaginar que, nessas condições, qualquer um pararia de jogar depois de algumas partidas, resignado e convencido de que, decididamente, esse jogo não foi feito para ele. Na escola, infelizmente, o aluno não pode decidir parar de jogar, e o "jogo massacrante" prossegue anos a fio, aniquilando a autoestima da criança e acabando por convencê-la de que não é inteligente.

A constatação é realmente espantosa: os planos de estudo não estabelecem nunca – ou quase nunca – objetivos estratégicos. Curioso paradoxo: a escola ensina tudo, exceto a aprender! Embora os alunos devam, por exemplo, ler e compreender enunciados durante toda a sua escolaridade, a maioria dos planos de estudo não prevê objetivos a esse respeito. Ainda que os processos cognitivos estejam no cerne das aprendizagens escolares, a escola não aborda essas questões de maneira sistemática e explícita. Na realidade, os procedimentos cognitivos e metacognitivos deveriam estar no cerne do trabalho do professor. Este deveria ser um especialista em aprendizagens – é um truísmo dizer isso – e dominar assim os procedimentos cognitivos e metacognitivos necessários ao êxito escolar de seus alunos.

Por que, então, não inscrever nos programas objetivos relacionados, por exemplo, a estratégias eficazes de leitura e compreensão? Por que não ensinar aos alunos como aprender uma lição, resolver um problema de matemática ou redigir um texto? Na sala de aula, os alunos, de fato, resolvem muitos problemas, e o professor tende a acreditar que, com muitos exercícios, eles aprenderão a fazê-los. Se essa hipótese é verdadeira – felizmente – para grande parte dos alunos, outros fracassam sistematicamente porque não compreendem sozinhos como proceder e persistem em utilizar um procedimento que não é apropriado. Cèbe e Goigoux mostram bem isso: "Quando se fica contente em variar as experiências sem ensinar aos alunos como tratá-las de maneira eficaz, corre-se o risco de que eles não aprendam nada desse 'fazer'. Fornecer experiências é, sem dúvida, necessário, mas parece essencial ajudar a tratá-las" (in Talbot, 2005, p. 222).

As escolas que formam professores – as Escolas Superiores Pedagógicas e os IUFM (Institutos Universitários de Formação de Professores) – deveriam dar prioridade a essas questões. De fato, encontramo-nos aqui no cerne do trabalho do professor, que poderia ser definido como um especialista da aprendizagem e um mestre no uso de processos cognitivos e metacognitivos[3]. Formado para essa abordagem, o professor privilegiaria em sua classe os procedimentos de aprendizagem e abandonaria uma focalização exclusiva no resultado, na competição e... na resposta certa. Assim, "aprender a aprender" se tornaria – enfim – uma realidade em nossa escola. Os alunos desenvolveriam então uma das únicas competências de que se tem certeza da importância no futuro, a de saber como se desenvolver estratégias durante toda a vida utilizando seus recursos intelectuais. Como assinalam Paour e Cèbe (2001), "a educação cognitiva propõe-se a educar os processos de pensamento para o desenvolvimento e a otimização das principais funções cognitivas do tratamento da informação. Desse modo, ela se distingue das educações tradicionais por uma vocação específica: aprender a pensar, aprender a aprender, aprender a desenvolver estratégia e a se tornar mais eficiente e mais autônomo" (in Doudin et al., 2001, p. 146).

Sem renunciar às aprendizagens acadêmicas e à aquisição de conhecimentos do programa – que constituem evidentemente um eixo central do trabalho intelectual –, a escola poderia dar ênfase ao desenvolvimento de condutas intelectuais que favorecessem justamente essas aprendizagens escolares. O professor estratégico teria, portanto, uma dupla missão: ensinar conteúdos escolares ("cabeça bem cheia"), mas igualmente ensinar as estratégias cognitivas e metacognitivas necessárias à sua aprendizagem ("cabeça bem feita").

As pesquisas a esse respeito são hoje muito numerosas e provam que os alunos em dificuldade estão fracassando, geralmente, porque não conhecem as estratégias corretas. Eles apresentam estratégias cognitivas e metacognitivas inadequadas e tentam compensar suas dificuldades sobreutilizando aquelas que lhes são mais familiares (Saint-Laurent et al., 1995). O aluno que conhece as estratégias que pode aplicar e que é capaz de avaliar sua eficácia dispõe de uma vantagem determinante sobre aquele que persiste em utilizar um procedimento inadequado, sem saber por que este não convém – e, muitas vezes, sem saber sequer que utiliza um procedimento para realizar sua tarefa. Como afirmou certa vez uma de nossas alunas, o desafio dessa abordagem é ajudar a criança a pensar melhor: "vou me esforçar para pensar melhor o que eu penso".

Ao contrário, os "bons" alunos sabem extrair o procedimento correto de seu vasto repertório de estratégias. Eles são capazes de reconhecer as situações que exigem esta ou aquela estratégia e estão aptos a mudar de procedimento se o que escolheram for ineficaz. As pesquisas atuais mostram efetivamente que o ensino de estratégias aos alunos e a tomada de consciência dos procedimentos eficazes desempenham um papel primordial no êxito escolar e, consequentemente, na luta contra o fracasso escolar.

Partimos, assim, de uma primeira constatação importante: as estratégias eficazes podem ser ensinadas aos alunos e os alunos podem aprendê-las. O objetivo desta obra é justamente possibilitar aos pais e a todos os profissionais que se ocupam da escolaridade das crianças – professores, professores especializados, psicólogos escolares – que adotem uma abordagem estratégica de ajuda às crianças em dificuldade escolar. Para alcançar esse objetivo, precisamos ter, evidentemente, conhecimentos aprofundados sobre o funcionamento da inteligência e sobre o uso de processos cognitivos e metacognitivos. Devemos ser capazes, por exemplo, de determinar as operações mentais solicitadas por uma tarefa, conhecer as estratégias mnemônicas eficazes ou, ainda, compreender por que tal procedimento utilizado pelo aluno é ineficaz. Com isso, teremos uma compreensão melhor do funcionamento intelectual dos alunos e dos procedimentos de aprendizagem postos em prática.

Como já se terá compreendido, a presente obra tenta balizar a reflexão apresentando os fundamentos teóricos dessa abordagem e ilustrando-os com numerosos exemplos. Ela se inscreve na grande corrente da educação cognitiva. O quadro teórico se apoiará principalmente nas contribuições da psicologia e da psicopedagogia cognitivas. Os pesquisadores cognitivistas aos quais recorreremos neste livro estão interessados, prioritariamente, na maneira como os alunos aprendem, memorizam e raciocinam. As implicações pedagógicas dessas pesquisas são, com certeza, essenciais para qualquer adulto que se ocupe da escolaridade de crianças: os conhecimentos atuais em psicopedagogia cognitiva nos ajudam a compreender, por exemplo, como estudar de maneira eficaz, preparar-se para exames, resolver problemas de matemática ou ler e compreender um texto difícil.

Os progressos alcançados há algumas décadas em psicologia cognitiva são espetaculares e revolucionaram nossa compreensão da inteligência. As ciências cognitivas – rompendo as amarras com a psicologia behaviorista, que se recusava a explorar a "caixa preta" – se interessaram pela maneira como o indivíduo trata a informação proveniente de seu meio ambiente. Simplificando mais, poderíamos dizer que, no paradigma cognitivista, a inteligência é comparada a um computador que trata a informação obtida de uma fonte externa, codificando-a, transformando-a, armazenando-a e, finalmente, comunicando-a na forma de uma nova informação. Assim, graças a essa abordagem, o aluno aprenderá a trabalhar, a partir de suas representações mentais, com as novas informações que ele vai manipular, comparar, modificar, etc., durante atividades mentais complexas, como o raciocínio ou a resolução de problemas.

Essa maneira de considerar a ajuda a crianças em dificuldade fundamenta-se em pesquisas sólidas, mas faz parte também de uma filosofia do ensino e da aprendizagem que privilegia uma abordagem resolutamente positiva e confiante nas possibilidades de progresso dos alunos em dificuldade. Nesta obra, apresentaremos, portanto, dispositivos de ajuda com base científica, e igualmente um estado de espírito e uma visão otimista das possibilidades de remediação.

As fontes teóricas desta obra são múltiplas. Contudo, podemos identificar alguns conceitos-chave e algumas fontes principais:

1. O monumental e indispensável trabalho do suíço Jean Piaget não é mais uma fonte, mas um gêiser! As repercussões de sua reflexão continuam a inundar, há várias décadas, o campo da psicopedagogia cognitiva. Seus trabalhos sobre o desenvolvimento da inteligência da criança inspiraram inúmeras pesquisas e deram origem a procedimentos de remediação interessantes (pensamos em particular nos Ateliês de Raciocínio Lógico; cf., por exemplo, Higelé, Hommage, Perry, 1992). A abordagem de nossa obra é, portanto, resolutamente **"construtivista"**: os saberes são construídos, elaborados e transformados pelo próprio aluno.
2. Os modelos computacionais de tratamento da informação constituem igualmente uma referência importante. Como vimos mais acima, o campo informático ajudou a compreender melhor os procedimentos eficazes de **"tratamento da informação"**. Essa expressão designa o conjunto de mecanismos mentais e de processos a que o indivíduo recorre para captar e representar para si a informação transmitida pelo ambiente, analisá-la, tratá-la, manipulá-la, modificá-la e, finalmente, armazená-la na memória.
3. A informação é tratada por processos cognitivos (p. ex., quando o aluno compara duas informações em um problema

matemático) que são os instrumentos do funcionamento intelectual. Tarefas tão complexas quanto o raciocínio ou a compreensão ficam mais fáceis de apreender quando são analisadas em termos de processos cognitivos. As tarefas escolares também poderão ser analisadas identificando os processos cognitivos necessários à sua realização. Portanto, a abordagem aqui é **"cognitiva"**.

4. Os procedimentos sugeridos neste livro são igualmente **"metacognitivos"**: eles privilegiam a reflexão dos alunos sobre seus processos de pensamento, favorecendo a objetivação de suas estratégias. Graças a entrevistas pedagógicas individuais ou coletivas, o professor possibilitará aos alunos compreender melhor seu funcionamento intelectual, as estratégias que utilizam – geralmente de maneira implícita – e as exigências da tarefa.

5. Nesta obra, privilegiaremos ainda uma abordagem de **"mediação social"** das ferramentas do funcionamento intelectual. A influência social do funcionamento cognitivo foi claramente demonstrada, sobretudo por Vygotsky. O papel do adulto – pais ou professores – é determinante na aprendizagem dos processos cognitivos e na sua utilização pela criança (Laniado, 2008). O aluno, muitas vezes, é incapaz de compreender sozinho quais são as estratégias de aprendizagem eficazes. A mediação dos processos cognitivos é, portanto, indispensável, principalmente para alunos em dificuldade.

6. A abordagem de ajuda às crianças em dificuldade que propomos nesta obra é, antes de tudo, **"escolar"**. Assim, procuraremos mostrar que as contribuições da psicologia cognitiva são igualmente psicopedagógicas. Nossa prática pessoal e os trabalhos que realizamos nesse campo alimentarão a reflexão. Os exemplos serão numerosos (e todos bem reais!). A aquisição de processos, procedimentos e estratégias sempre se dará, portanto, pelas aprendizagens escolares. Aqui nos distanciamos de certos programas de remediação e de certas "abordagens estruturais" originárias da psicologia. Voltaremos a isso.

7. Sabemos agora que o funcionamento intelectual é sensível à intervenção pedagógica, e que nossa inteligência é educável, modificável, plástica. Por isso, o "princípio de educabilidade" permeará, em filigrana, toda a obra. Renunciamos definitivamente a qualquer fatalismo diante das dificuldades de aprendizagem, afirmando de forma categórica que todas as crianças podem ter êxito na escola se lhes transmitirem as ferramentas do êxito, se seu repertório for enriquecido de estratégias e se lhes ensinarem a utilizar eficazmente sua "caixa de ferramentas cognitivas"[4]. Se a criança aprender então a automodificar seu funcionamento intelectual, ela se tornará mais eficiente na realização de suas tarefas escolares.

Em seu excelente artigo sobre os modelos e métodos "para aprender a pensar", Loarer (1998) resume bem as diferentes fontes teóricas da educação cognitiva: "À pergunta 'em três palavras, como se desenvolve a inteligência?' poderíamos responder: 'pela ação, mediação e metacognição'. Hoje, parece indiscutível, de fato, que o desenvolvimento cognitivo passa pela ação do sujeito sobre seu ambiente, pela mediação social dos conhecimentos e pelas aprendizagens metacognitivas. Portanto, as principais fontes teóricas da educação cognitiva são, legitimamente, Piaget para a construção ativa da inteligência, Vygotsky e Bruner para a mediação social das aprendizagens e do desenvolvimento e alguns cognitivistas, como Flavell, Sternberg, Brown, Campioni e Borkowski, para as aprendizagens metacognitivas" (p. 127).

Nossa obra comporta duas partes principais. Na primeira parte, vamos rever os fundamentos teóricos de uma abordagem psicopedagógica de ajuda cognitiva em contexto escolar. Trataremos, principalmente, das razões que nos levaram a aprofundar essa abordagem de remediação no âmbito de nosso trabalho de ensino especializado. Em seguida, trataremos da cognição e da metacognição, desenvolvendo um modelo de tratamento da informação e apresentando os processos cognitivos envolvidos em tarefas escolares. Um capítulo especial será dedicado à memória e às estratégias que ajudam a melhorar os desempenhos mnemônicos dos alunos. A aprendizagem e o ensino de estratégias serão objeto do capítulo seguinte. Finalmente, concluiremos essa primeira parte teórica mostrando os limites dos procedimentos de ajuda cognitiva no apoio aos alunos com dificuldades de aprendizagem.

A segunda parte trará exemplos de procedimentos remediativos. Primeiramente, apresentaremos uma abordagem que desenvolvemos com um grupo de professores especializados. Em seguida, abordaremos alguns procedimentos estratégicos ligados à aprendizagem da leitura, da escrita e da matemática. Enquanto a primeira parte da obra, mais teórica, será ilustrada com exemplos de nossa prática, a parte "prática" da obra se apoiará em várias pesquisas que permitem justificar os procedimentos sugeridos.

1.2 POSTULADOS DA OBRA

Ainda que muitos autores concordem atualmente em privilegiar estratégias de ajuda a alunos com dificuldades de aprendizagem, as abordagens propostas podem ser muito diferentes. Procuraremos então, neste capítulo, definir claramente os postulados de nossa obra. A Figura 1.1 sintetiza nossas opções.

Esse esquema mostra, antes de tudo, que as diferentes abordagens se inscrevem em um *continuum*. Trata-se, então, de compreender que o limite entre, por exemplo, uma abordagem funcional e uma abordagem estrutural nem sempre é simples de determinar nas práticas de ensino-aprendizagem. Sugerimos, no entanto, começar a trabalhar com os alunos segundo uma abordagem funcional, explícita e específica, centrada na tarefa, e tender progressivamente a uma abordagem estrutural, implícita e geral, centrada no aluno. Quando os alunos tiverem interiorizado as estratégias aprendidas, eles poderão generalizar sua utilização e transferir suas competências a outros contextos de aprendizagem, como mostra a flecha na parte de baixo do esquema.

Vamos agora analisar, passo a passo, cada um dos elementos desse esquema, o que nos possibilitará compreender realmente as propostas da abordagem que apresentamos em nossa obra.

De uma abordagem funcional a uma abordagem estrutural

É possível modificar, mediante uma intervenção cognitiva e metacognitiva, as próprias estruturas da inteligência ou deve-se contentar em aprender estratégias limitadas a conteúdos escolares circunscritos? Ou, dito de

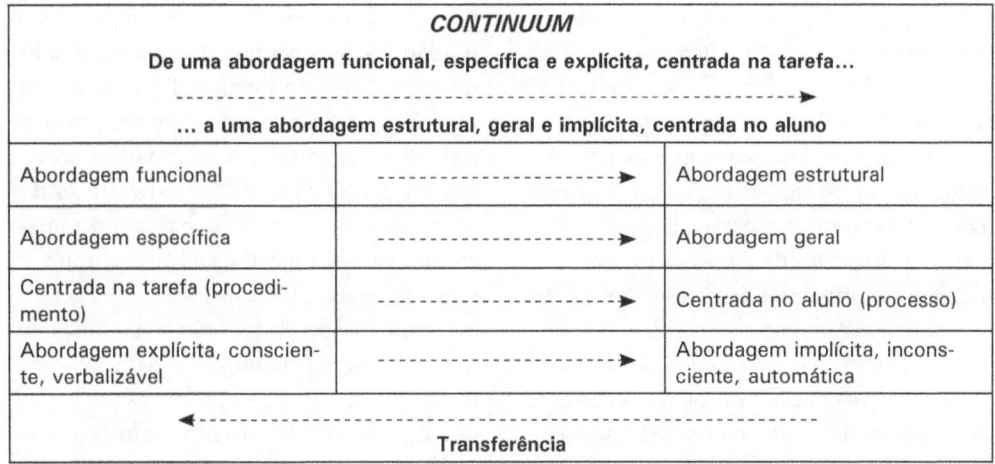

Figura 1.1 Os postulados da obra: uma abordagem funcional, específica e explícita, centrada na tarefa.

outra forma, o desenvolvimento de processos cognitivos novos permite uma modificação em profundidade das estruturas intelectuais?

A resposta a essas questões é, evidentemente, muito complexa, e as pesquisas a respeito ainda não trouxeram respostas definitivas para essa problemática. Sem dúvida, teria sido muito tentador imaginar um programa de remediação que permitisse modificar "estruturalmente" a inteligência da criança, possibilitando-lhe assim utilizar suas competências cognitivas de maneira mais eficaz em todas as situações encontradas; a criança, globalmente mais inteligente, poderia então superar tarefas intelectuais mais difíceis; a generalização de suas aptidões seria efetiva, e o problema, regulado de maneira diferente.

O Programa de Enriquecimento Instrumental (PEI) de Feuerstein, por exemplo, pretende melhorar o funcionamento intelectual em um nível estrutural, e assim permitir uma generalização das competências a diferentes campos. Para Feuerstein, a mudança estrutural manifesta-se na formação de novas estruturas cognitivas e, portanto, não fica limitada ao campo estudado, mas influencia as próprias modalidades do pensamento. Assim, para algumas abordagens, as estratégias de raciocínio poderiam ser aprendidas independentemente dos conteúdos escolares, e o aluno desenvolveria modos de reflexão suficientemente generosos, que poderiam ser aplicados a todos os campos de raciocínio.

Uma série de estudos procurou avaliar se o PEI tinha realmente efeitos positivos sobre as capacidades intelectuais globais dos indivíduos. Os resultados mostram que, "ao contrário do projeto de seu iniciador, esse programa desenvolve capacidades bem específicas, e não capacidades gerais. Ele quase não tem efeito sobre as aprendizagens escolares ou profissionais" (Huteau e Loarer, 1996). Esses resultados decepcionantes não põem em questão o princípio da educabilidade da inteligência em si, mas mostram a necessidade de visar competências mais específicas, em ligação direta com as disciplinas escolares que impõem dificuldades para a criança (abordagem funcional), e de renunciar a programas mais ambiciosos que visariam a modificar a inteligência enquanto tal (abordagem estrutural). Em um artigo que sintetiza o estado das pesquisas no campo da educação cognitiva, Loarer (1998) põe em evidência "um padrão de resultados constante: um efeito em alguns testes cognitivos, mas praticamente nenhum efeito nas aquisições escolares ou profissionais, efeitos diretos em tarefas próximas às que foram aprendidas, mas nenhuma reutilização de princípios ensinados em tarefas ou contextos diferentes" (p. 149).

Uma pesquisa apresentada por Higelé e Dupuy (1996) também procura verificar as capacidades de "transferência distanciada" de indivíduos que se beneficiaram de exercícios propostos nos Ateliês de Raciocínio Lógico (ARL). O desafio da pesquisa é mostrar se as operações intelectuais trabalhadas no âmbito dos ARL (combinatória, lógica de proposições, seriação) são aplicadas em situações da vida cotidiana. Propõe-se aos indivíduos duas situações de transferência: a primeira consiste em tomar uma decisão fictícia de comprar uma televisão ou uma geladeira; na segunda, os indivíduos assistem a um filme e devem compreender o encadeamento dos acontecimentos apresentados na história. Também nessa pesquisa, os progressos constatados entre o pré-teste e o pós-teste parecem fracos, e a transferência, dificilmente realizável. Huteau et al. (1994) concluem sua pesquisa ressaltando a sua dificuldade: "Parece que o efeito dos ARL só se manifesta em situações próximas às situações de aprendizagem" (p. 5).

Esses poucos exemplos mostram bem os limites das abordagens estruturais. Infelizmente, como se vê, as aprendizagens feitas pelos alunos parecem muito contextualizadas, e os efeitos de transferência, limitados. Os modelos que visam a uma modificação estrutural da inteligência não correspondem, portanto, às expectativas otimistas de seus autores. "A tendência seria caminhar para modelos menos ambiciosos. A mudança cognitiva não deveria recair sobre uma 'modificação estrutural', ou seja, uma modificação do conjunto da inteligência do indivíduo ou, ainda, uma modificação dos modos gerais de pensar. Deveria, em vez disso, recair sobre a melhora das competências em um campo específico e bem delimitado" (Doudin et al., 2001, p. 15).

Para compreender bem a diferença entre abordagem funcional e estrutural – e os limites dessa última –, podemos pensar em um jogo de xadrez. Em uma abordagem estrutural, supõe-se que o jogador de xadrez desenvolve competências de memorização, raciocínio e dedução que o tornam globalmente "mais inteligente". Poderíamos assim propor a um aluno com dificuldade em matemática que aprendesse a jogar xadrez, esperando que esse treinamento melhorasse suas competências globais de raciocínio e, portanto, de maneira conexa, suas capacidades matemáticas de resolução de problemas. Em uma abordagem funcional, considera-se, ao contrário, que aprender a jogar xadrez possibilita, antes de tudo, jogar xadrez! Se o aluno apresenta dificuldades de raciocínio matemático, a escolha será propor que trabalhe diretamente sobre problemas matemáticos, indicando-lhe um procedimento de resolução eficaz. Se, por outro lado, o aluno for um bom jogador de xadrez, pode-se ajudá-lo a descobrir as ligações entre as duas situações-problema, mas sem perder de vista as fracas possibilidades de transferência entre os dois contextos.

Como assinala igualmente Nguyen-Xuan (1995), "existe um conjunto de pesquisas que se propõem a ajudar o indivíduo a adquirir 'conhecimentos gerais' que, espera-se, possam ser aplicados posteriormente a campos específicos. Por exemplo, acredita-se que treinando as pessoas para raciocinar sobre material abstrato elas adquirirão uma capacidade de raciocínio que poderá ser aplicada a campos diversos, pois o sujeito trabalhou sobre objetos abstratos! [...] Essa orientação jamais deu resultados probatórios" (p. 66). Por isso, não pretendemos, nesta obra, oferecer soluções para modificar a inteligência em um nível estrutural, mas desejamos, mais modestamente, trabalhar sobre os processos cognitivos deficientes do aluno e torná-los mais eficazes em tarefas escolares precisas. Mesmo assim, acreditamos que essa abordagem funcional e pragmática possibilitará mudanças importantes no êxito escolar da criança. Concretamente, nossa ideia é que a criança que aprendeu, por exemplo, a autocontrolar sua compreensão na leitura de um texto, desenvolveu com isso um comportamento mais inteligente e aprendeu a utilizar seus processos cognitivos, nesse contexto, de maneira mais eficiente. Assim, essa abordagem funcional tende a modificar profundamente a maneira como a criança aborda as tarefas escolares e, portanto, a desenvolver globalmente nela condutas intelectuais mais eficazes. Pelo procedimento sugerido nesta obra, privilegiamos então uma abordagem funcional de ajuda cognitiva.

De uma abordagem específica a uma abordagem geral

Se renunciarmos a querer modificar diretamente a inteligência da criança, privilegiaremos, evidentemente, uma abordagem específica de ajuda à criança com dificuldade. Lemaire (2006) distingue, a esse respeito, a *estratégia forte* e a *estratégia fraca*. As estratégias fortes são estratégias gerais que se referem a vários campos e, por isso, podem ser utilizadas em contextos variados.

As estratégias fracas, ao contrário, limitam-se a um campo particular. Nesta obra, privilegiamos, em um primeiro momento, as estratégias fracas, que permitem ao aluno progredir rapidamente em um campo circunscrito. Depois, tenderemos progressivamente a desenvolver uma abordagem mais geral, estabelecendo pontes entre as estratégias fracas e as estratégias fortes.

Em outras palavras, acreditamos que o objetivo de ajuda cognitiva global não pode ser atingido diretamente, mas requer um primeiro trabalho mais específico sobre conteúdos escolares precisos: "Enquanto a pedagogia clássica nos diz que as pessoas ficarão mais inteligentes se tiverem latim, matemática ou informática, a pedagogia da educação cognitiva nos diz que devemos ficar mais inteligentes para depois aprender melhor latim, matemática ou informática" (Huteau et al., in Vergnaud, 1994, p. 2). Nesta obra, situamo-nos, portanto, em uma "pedagogia clássica", pela qual renunciamos voluntariamente a trabalhar com ferramentas de pensamento gerais que implicam, por definição, escolher situações de aprendizagem pobres de conteúdo escolar, como é o caso, por exemplo, do PEI de Feuerstein. Trabalharemos assim com processos cognitivos específicos, e não com funções cognitivas gerais.

Bosson (2008) explica, a esse propósito, que existe "uma correlação negativa entre a generalidade da estratégia e sua eficácia, assim como uma correlação positiva entre a generalidade da estratégia e a extensão da transferência. Uma estratégia geral é mais universal. Por isso, a extensão possível de sua transferência é maior, na medida em que é aplicável a numerosas situações. Porém, quanto mais geral é uma estratégia, menos é eficaz, pois é mais difícil aplicá-la em uma situação específica. [...] Uma estratégia mais específica é mais fácil de aplicar, visto que há, geralmente, um procedimento mais preciso a ser executado. Esse tipo de estratégia é também mais eficaz, pois, quando executada corretamente, possibilita uma melhora sensível do desempenho. Contudo, a extensão de sua transferência é muito mais restrita" (p. 45). Em outras palavras, ensinando aos seus alunos a estratégia de planejamento, você possibilitará a eles dispor de uma estratégia de grande generalidade, mas que eles talvez jamais utilizem! Inversamente, se você lhes ensinar uma estratégia muito específica, como, por exemplo, o algoritmo da divisão, eles poderão utilizá-lo de maneira eficaz, mas unicamente para efetuar divisões...

O estudo da transferência das aprendizagens mostra, de fato, que os procedimentos são aprendidos de maneira muito contextualizada. Assim, trabalharemos com os alunos sobre os conteúdos particulares que lhes impõem problemas. É certo que "existe uma certa solidariedade entre as operações cognitivas e os conteúdos de conhecimentos aos quais elas se aplicam" (Huteau et al., in Vergnaud, 1994, p. 12). Por essa razão, trabalharemos os processos mentais a partir de conteúdos específicos. A disciplina escolar que coloca problemas para a criança constituirá, então, o ponto de partida de nossa intervenção. Analisaremos assim os procedimentos utilizados pela criança no contexto exato em que se colocam suas dificuldades, e depois procuraremos desenvolver no aluno processos mais gerais, se possível transferíveis a outros contextos de aprendizagem. Em outras palavras, partiremos de uma abordagem específica com o objetivo de desenvolver, no final, competências gerais transferíveis.

Por exemplo, em análise gramatical, a criança aprenderá a comparar os grupos de complementos verbais e de complementos nominais (processo de comparação) e a classificá-los segundo certos critérios (processo de categorização). Adquiridas essas aptidões específicas, ela poderá pensar em utilizar essas competências cognitivas de comparação e de categorização em outros campos, e assim se apropriar de estratégias de pensamento mais gerais. Como indicam igualmente Doudin et al. (2001), "sustentamos a tese de que não se aprendem estratégias de raciocínio independentemente de conteúdos. Por isso, qualquer tentativa de remediação (meta) cognitiva ganha eficácia se estiver ligada estreitamente às conceitos acadêmicos. E é por meio dessas últimas que o aluno conseguirá, de forma progressiva, adquirir e dominar modos de raciocínio suficientemente gerais que poderão ser investidos na construção de novos saberes e habilidades necessários para um funcionamento cognitivo eficaz, em geral, e úteis para dominar as conceitos acadêmicos, em particular" (p. 29).

Se, no campo da pesquisa[5], pode ser essencial compreender como o indivíduo trata a informação e quais são os processos cognitivos a que pode recorrer, o professor estará mais interessado em saber como o aluno procede em uma tarefa escolar específica e o que lhe coloca problemas. É por isso que, nesta obra, privilegia-se a abordagem específica: os processos cognitivos serão analisados em contexto, quando de uma tarefa escolar precisa.

De uma abordagem centrada na tarefa a uma abordagem centrada no aluno

A consequência lógica da reflexão que acabamos de fazer é que nossa abordagem estará centrada, em um primeiro momento, na tarefa, e em um segundo momento, na modificação progressiva dos procedimentos pessoais do aluno. Acreditamos, de fato, que cada disciplina escolar exige, em si mesma, certos conhecimentos e procedimentos específicos. O raciocínio aplicado a um problema matemático ou a um exercício de análise gramatical não é idêntico. Se, por exemplo, é importante consagrar muito tempo à apropriação do enunciado de um problema de matemática, isso não é necessário quando se pesquisa a função do grupo nominal na frase. Trata-se, portanto, nos dois casos, de um exercício de raciocínio.

Tardif (1992) mostra, a esse propósito, que os químicos que dominam perfeitamente estratégias gerais de resolução de problemas – análise e compreensão dos dados do problema, planejamento da pesquisa, avaliação do processo e do produto – se mostram incapazes de transferir essas competências a um campo cujo conteúdo não lhes é familiar para o qual não têm conhecimentos específicos. Sua base de conhecimentos acerca da tarefa específica é insuficiente para mobilizar as enormes competências gerais de resolução de problemas, embora disponham delas. Assim, os *experts* não desenvolvem competências cognitivas gerais e generalizáveis: o químico é *expert* em química, assim como o encanador em encanamento e o médico em medicina. A *expertise* é específica, portanto, do domínio do *expert*... e continuaremos a consultar um médico – e não um químico (ou um encanador!) – quando estivermos doentes.

Se privilegiamos uma abordagem centrada na tarefa, é igualmente porque temos consciência de que cada disciplina escolar recorre a conhecimentos bem específicos. A leitura e a compreensão de um texto exigem, por exemplo, um bom nível de vocabulário, enquanto a resolução de um problema de matemática requer o domínio das quatro operações. Os conhecimentos podem ser ainda mais específicos: a leitura de um texto explicativo sobre a vida do esquilo não exige as mesmas competências que a compreensão de um conto de Natal ou de uma receita culinária. Dependendo das tarefas a efetuar, o professor deverá, então, centrar sua ajuda estratégica e propor aos alunos, por exemplo, um procedimento em que sejam descritas com precisão as etapas a seguir para realizar corretamente este ou aquele trabalho.

Assim, as competências solicitadas por uma tarefa têm um grau de especificidade ou de generalidade muito variável. "Reconhecer o verbo na frase" requer competências muito específicas e ligadas exclusivamente a uma tarefa de gramática, ao passo que "resolver uma situação-problema" mobiliza competências muito gerais, e portanto transferíveis a vários contextos escolares ou extraescolares. Como assinala Rey (2007, p. 26-27), "essas últimas competências parecem, à primeira vista, particularmente interessantes, devido justamente ao seu campo de aplicação praticamente infinito. [...] Em vez de sobrecarregar a cabeça do aluno com uma infinidade de informações, seria preferível proporcionar a ele alguns grandes instrumentos intelectuais gerais que lhe possibilitassem adquirir quando desejasse os saberes que lhe parecessem necessários". Infelizmente, prossegue Rey, "justamente em razão de sua aplicabilidade infinita, a existência de tais competências é incerta. Por exemplo, nada prova que exista verdadeiramente alguma coisa de comum em todas as situações a que se pode dar o nome de 'problema'. Assim, é muito duvidoso que exista, do lado do sujeito, uma organização mental única que possibilite resolver tudo o que é chamado de 'problema'. Isso significa que não existe verdadeiramente uma competência geral única para resolver problemas".

Por isso, ao avaliar as dificuldades do aluno, nós o colocamos diante de tarefas precisas e procuramos analisar suas capacidades de mobilizar os procedimentos e os processos exigidos pela tarefa em si. Uma abordagem "centrada no aluno" consistiria em avaliar o repertório de processos que o aluno possui, independentemente das tarefas propostas. Privilegiaremos, portanto, uma abordagem "centrada na tarefa", avaliando quais são os processos solicitados pela tarefa que o aluno pode mobilizar no contexto. Do mesmo modo, na fase de remediação, a ajuda recairá sobre a tarefa, a área ou a disciplina escolar que se busca melhorar. A finalidade de qualquer intervenção escolar especializada é, de fato, melhorar a aprendizagem de conteúdos escolares. "Mesmo que procuremos atingir esse objetivo pela introdução de competências cognitivas gerais, julgamos que é necessário dar aos alunos oportunidades de particularizar sua aplicação em tarefas mais complexas, relacionadas a campos de aprendizagem específicos" (Cèbe e Goigoux, in Talbot, 2005, p. 228-229).

Por exemplo, para trabalhar a compreensão em leitura, o professor pedirá ao aluno que faça um pequeno resumo ao final de cada parágrafo, lance uma hipótese sobre a provável continuação e confira suas respostas às perguntas do professor retornando ao texto. Ao trabalhar sobre essa tarefa específica (centralização na tarefa), o aluno terá desenvolvido estratégias pessoais (centralização no aluno) de síntese, distanciamento e autocontrole, as quais poderá posteriormente, com a ajuda do professor, transferir para outros exercícios de leitura, e mesmo para tarefas não tão próximas da tarefa primeira.

Lemaire (2006), por sua vez, estabelece uma distinção interessante – que esclarece nossa proposição – entre um *algoritmo* e uma *heurística*. O primeiro descreve um procedimento muito preciso e sistemático que permite, em todas as vezes, obter a resposta certa. Em uma operação em colunas, o aluno que aplica o algoritmo corretamente obtém sempre a resposta certa. Pode-se dizer, então, que o algoritmo é definido pela própria tarefa – que exige o respeito estrito a uma série de etapas ou ações sistemáticas. Ele não se aplica, portanto, a outras situações, mesmo próximas; por exemplo, o algoritmo da subtração não é o mesmo que o da adição. A heurística, ao contrário, não tem nada de sistemático. É um conjunto de ações ou regras que têm um grau de generalidade maior e que possibilitam ao sujeito encontrar uma solução satisfatória, mas não garantida infalivelmente. Em contrapartida, a heurística é mais fácil de transferir. Se o aluno domina, por exemplo, uma heurística de estimativa de quantidades, poderá estimar o número total de peças em uma caixa em um exercício escolar, mas também o número de pessoas presentes em um concerto a que assistirá à noite com os pais. Por isso, o procedimento da heurística é interessante em inúmeros contextos diferentes, ainda que o resultado seja mais incerto.

Nessa centralização na tarefa, a análise do conteúdo pelo professor se torna indispensável. Se ele deseja compreender as dificuldades sentidas por um aluno, deve saber exatamente quais são os processos cognitivos exigidos pela atividade. Essa análise da tarefa pode ser feita "a frio", sem o aluno, dissecando a atividade e identificando as ações, procedimentos e processos necessários à sua realização. Assim, a análise cognitiva da tarefa torna-se uma ferramenta de avaliação e intervenção indispensável para compreender as dificuldades que o aluno poderá sentir ao realizar a tarefa (Dias, 2003). Por exemplo, sabe-se que o exercício de estudo de texto exige uma pesquisa sistemática de respostas no texto. Quaisquer que sejam as competências cognitivas do aluno, a tarefa – por sua própria natureza – exige a atualização dessa conduta: "Trata-se aqui da análise cognitiva da tarefa, que se faz independentemente da pessoa. Portanto, nem o professor, nem o aluno detêm o poder no momento da execução de uma tarefa de aprendizagem. É a tarefa que impõe uma maneira de se comportar em relação a ela. É ela que determina as ações a realizar e orienta a mediação. Ela dirige igualmente o comportamento cognitivo" (op. cit., p. 112).

Assim como para os outros postulados, situamo-nos aqui em um *continuum*. Não se trata de permanecer focalizado na tarefa em si e em suas exigências, mas sim de tender progressivamente a uma melhor compreensão do funcionamento cognitivo do aluno quando da realização da tarefa. Acreditamos, portanto, que é trabalhando sobre um contexto específico que possibilitaremos ao aluno, com a ajuda de um mediador, desenvolver estratégias gerais, transferíveis a outros contextos. De um lado, a análise cognitiva nos indica a atitude a adotar na sua resolução, e, de outro lado, o professor avalia a atitude real adotada pelo aluno em relação à tarefa. Ao avaliar, o professor "compara o modelo individual de agir com o modelo racional (ou o modelo *expert*) exigido pela natureza e a complexidade da tarefa. Na ótica de uma intervenção cognitiva, trata-se de reduzir a distância entre os comportamentos pessoais expressados pelo aluno e os comportamentos exigidos pela tarefa" (op. cit., p. 115-116). O trabalho do professor é, então, avaliar o funcionamento cognitivo do aluno a partir do procedimento *expert* de resolução, quando da realização efetiva da tarefa. Uma atitude adequada em relação à tarefa depende, assim, ao mesmo tempo, da dificuldade da tarefa – complexidade, nível de abstração, conteúdo, modalidades de apresentação – e do aluno – representações, tratamento da informação, processos adotados, estratégias utilizadas.

De uma abordagem explícita a uma abordagem implícita

O último postulado que se apresenta neste capítulo diz respeito à necessidade de objetivar com o aluno as estratégias utilizadas na realização de uma tarefa. Privilegiamos assim uma abordagem explícita, consciente e, portanto, verbalizável dos processos cognitivos e metacognitivos utilizados pelo aluno. Como mostrou Piaget, "a tomada de consciência não é uma simples passagem do implícito para o explícito, mas uma verdadeira conduta cognitiva de reestruturação da experiência" (Higelé e Dupuy, 1996, p. 73).

Ao realizar uma tarefa escolar, o aluno geralmente não tem consciência do procedimento que utiliza e, às vezes, nem mesmo sabe que utiliza um procedimento. Ora, a eficácia do trabalho do aluno depende diretamente da autorregulação consciente de estratégias. Ele deve, antes de tudo, tomar consciência de que pode ter uma influência sobre os processos que utiliza quando reflete. É muito comum, de fato, que a criança pense sem pensar que está pensando, assim como anda sem pensar nos movimentos e nos gestos que realiza quando se desloca. Em outras palavras, os processos são automatizados, e o aluno não tem consciência dos gestos mentais que efetua quando raciocina. Em geral, é uma grande revelação quando ele toma consciência de sua maneira de funcionar intelectualmente.

Quando, pessoalmente, descobrimos essas abordagens cognitivas e metacognitivas, há mais de vinte anos, ficamos muito surpresos ao constatar, em um curso de formação continuada, que falávamos constantemente com nós mesmos em nossa cabeça! Tínhamos percorrido, então, toda a nossa escolaridade sem tomar consciência de que, ao estudar, podíamos nos apoiar nesse trabalho de evocação auditiva (falaremos mais adiante de "alça fonológica"). Depois que conseguimos explicitar e verbalizar esse procedimento cognitivo pessoal, utilizamos de maneira muito mais eficaz nossos processos cognitivos. Somos inclusive capazes de interromper o fluxo contínuo desse discurso interior quando constatamos que essa logorreia está nos cansando...[6]

Assim, a conscientização e a explicitação de estratégias possibilitam ao aluno compreender como ele funciona cognitivamente e quais as competências pessoais que possui para realizar corretamente sua atividade. Se as estratégias não são objetivadas e conscientizadas, dificilmente podem ser analisadas, discutidas e modificadas, se necessário. Além disso, esse trabalho de objetivação restaura na criança seu comportamento de controle: ela sabe como procede e se torna capaz de autorregular suas estratégias de aprendizagem e, com isso, manter o controle de seu pensamento.

Podem-se distinguir, então, dois modos de tratamento da informação: o tratamento controlado e o tratamento automatizado. O *tratamento controlado* supõe uma abordagem consciente, verbalizável e explícita dos procedimentos de pensamento. A criança deve tomar consciência do próprio fato de que utiliza processos cognitivos quando pensa, e de que esses processos podem ser automatizados. Depois, deve ser capaz de verbalizá-los, de exprimir seu pensamento privado em um discurso, de comunicar aos outros os procedimentos que utiliza. Deve, finalmente, ser capaz de explicitar como e por que suas estratégias são, ou não são, eficazes nas tarefas que realiza. Evidentemente, esse trabalho de explicitação, em um primeiro momento, reduz a velocidade do tratamento da informação. A tarefa cognitiva exigida é complexa: trata-se, para o aluno, de realizar efetivamente a atividade solicitada, mas, paralelamente, preservar o comando dessa atividade por uma autorregulação constante e consciente da atividade.

O *tratamento automático ou automatizado* possibilita, ao contrário, uma grande rapidez de realização, e requer poucos recursos atencionais. Alguns autores falam igualmente de estratégias "anoéticas", isto é, não conscientes (Rossi, 2005, p. 31) para designar esses processos automáticos que não implicam nenhum controle consciente. O tratamento automatizado refere-se, em geral, a tarefas familiares e executadas com frequência. A prática regular possibilita assim a automatização de procedimentos, mesmo para tarefas complexas. Por exemplo, o aprendizado da leitura exige recursos atencionais importantes, ao passo que seu domínio da leitura possibilita ao aluno consagrar seus processos cognitivos à análise e à compreensão do conteúdo. Por exemplo, quando a criança pequena está aprendendo a ler, ela geralmente tem dificuldade de restituir o sentido do texto ao final da leitura, pois sua técnica de decodificação ainda não está automatizada e ocupa todos os seus recursos atencionais[7].

Em uma tarefa complexa, que exige a utilização de processos e procedimentos múltiplos, é possível delegar uma parte das atividades cognitivas a subsistemas automatizados, enquanto outras tarefas serão geridas de maneira consciente. Como assinala Buysse (2007), ao analisar os processos de autorregulação, "uma parte da tarefa pode ser problemática, enquanto a outra não é. Se o aprendiz tivesse de dedicar toda a sua atenção a todas as regulações necessárias, seria impossível gerir a tarefa. Algumas subtarefas cujo cumprimento é indispensável na resolução de problemas são objeto de regulações automatizadas" (p. 16). Para esse autor, o aluno confrontado com uma tarefa problemática poderia ou efetuar uma regulação ativa, sob controle explícito, do conjunto da tarefa ou delegar certas subtarefas, de maneira implícita ou explícita, a regulações automatizadas. Por exemplo, o aluno primo-leitor poderia tratar de maneira automatizada a decodificação do texto (subsistema automatizado) e consagrar sua atenção à compreensão da história de maneira consciente, até o momento em que uma palavra resista à decodificação e perturbe sua compreensão. Nesse momento, o aluno retoma o controle consciente – desautomatizando-o – de sua estratégia de decifração, relê a palavra difícil separando as sílabas para compreendê-la e depois prossegue a leitura, reautomatizando sua técnica de decodificação.

Assiste-se assim a um duplo movimento: as estratégias automatizadas, sobretudo quando são ineficazes, devem ser objeto de uma conscientização e de uma verbalização que permitam analisá-las e modificá-las. Assim, as novas estratégias explícitas poderão ser treinadas sistematicamente e automatizadas de forma progressiva, tornando-se novamente implícitas. É mais ou menos como se fosse preciso ajustar o motor do carro, normalmente escondido sob a carroceria, para desmontá-lo, analisar a pane e repará-lo, e depois escondê-lo novamente no interior do veículo. A objetivação é, portanto, uma etapa de "ajuste" do mecanismo cognitivo que possibilita esse trabalho de desconstrução-reconstrução de estratégias.

Büchel (2001) estabelece, a esse propósito, uma distinção entre plano e esquema. "O plano dirige o comportamento de maneira consciente, o esquema, de maneira automatizada. De um ponto de vista funcional, a inteligência eficaz é, sobretudo, uma questão de ativação e de supervisão de esquemas mediante um plano. Plano e esquema representam diferentes aspectos de uma estratégia. [...] O aluno aprende, de um lado, a planejar seus procedimentos cognitivos e, de outro lado, a reconhecer e desautomatizar esquemas ineficazes e reautomatizá-los após correção" (in Doudin et al., p. 185).

O presente postulado destaca, assim, a importância de passar de uma abordagem explícita a uma abordagem implícita. Acreditamos que a aquisição de novas habilidades cognitivas deve começar sempre – e isto é fundamental, principalmente para os alunos em dificuldade – por um tratamento consciente, verbalizável, explícito e controlado da atividade. Só depois ela tende a se tornar inconsciente, implícita e automática, e com isso libera o espaço cognitivo para o tratamento de outras informações. Quando a criança aprende a andar, ela depende muita energia para controlar seus gestos, e seus processos cognitivos são inteiramente mobilizados pelo exercício. Ao contrário, depois que automatiza seus movimentos, fica disponível para outras atividades que realiza paralelamente à marcha. É maravilhoso constatar, por exemplo, que ela é capaz de gerir duas tarefas complexas simultaneamente: tentar alcançar uma planta e, ao mesmo tempo, verificar que os pais estão ocupados em outras tarefas que não a de salvar a magnífica orquídea que floresce sobre o móvel da sala... É magnífica a inteligência de uma criança.

Constatamos, mais uma vez, que se trata de inscrever essa abordagem ao longo de um *continuum*, indo de processos inteiramente controlados a processos inteiramente automáticos: o aluno deve, de início, efetuar um trabalho consciente de análise dos procedimentos que utiliza espontaneamente de maneira implícita, e progressivamente apropriar-se de novas estratégias eficazes que acabará por utilizar de maneira automática. "Um tratamento automatizado exige do aluno poucos esforços e um controle direto fraco. Esse tipo de tratamento pode ser utilizado porque uma atividade é fácil em si, ou ainda porque se trata de uma atividade que, embora tenha requisitado muitos esforços outrora, tornou-se menos exigente após o treinamento e a aprendizagem" (Archambault e Chouinard, 2003, p. 84-85).

De uma abordagem funcional, explícita e específica, centrada na tarefa a uma abordagem estrutural, implícita e geral, centrada no aluno

Concluiremos este capítulo com algumas observações gerais sobre o *continuum* apresentado na Figura 1.1.

Lembremos, antes de tudo, que Grégoire (1999, in Depover et al.) estabelece uma ligação interessante entre a automaticidade dos procedimentos e sua especificidade. Como assinalamos mais acima, cada estratégia apresenta um grau de generalidade variável. Assim, a estratégia que consiste, por exemplo, em autocontrolar sua compreensão em leitura deve ser mobilizada em todos os contextos de leitura. O aluno deve, de fato, verificar se dá um sentido à sua leitura em textos tão diferentes como uma receita culinária, um manual de instruções ou um texto narrativo. Podemos afirmar, então, que essa estratégia tem um grau de generalidade mais elevado, podendo assim aplicar-se a diferentes contextos. Para Grégoire, "quanto mais geral é uma regra de produção, mais ela supõe uma tomada de consciência do sujeito para permitir sua adaptação às novas condições do ambiente" (p. 26). Em outras palavras, o aluno deve estar consciente de dominar essa estratégia para poder transferi-la a um outro contexto. Desse modo, estabelece-se a ligação entre o grau de generalidade da estratégia e sua necessária objetivação – que permite uma utilização consciente da estratégia em uma outra situação. No exemplo da leitura, o aluno deve ter consciência de que é preciso interromper a leitura quando perde o sentido e não compreende mais o texto. Portanto, essa estratégia geral de compreensão deve ser consciente.

Ao contrário, quando o aluno efetua uma adição em coluna, o procedimento é muito específico e não pode ser aplicado a uma outra operação, e muito menos a uma outra situação matemática. Seu grau de generalidade é, portanto, muito fraco, e a automatização se torna possível porque a estratégia apresenta pouca variabilidade. Como assinala Grégoire, "as regras de produção específicas, muito estereotipadas, requerem pouca consciência por parte do sujeito e podem ser desencadeadas de maneira quase automática. Tais regras de produção são chamadas de habilidades (*skills*)" (op. cit.). Quando o aluno precisa efetuar uma adição em colunas, a tarefa é fácil de reconhecer, e ele pode então utilizar automaticamente a habilidade que consiste em aplicar o algoritmo dessa operação: para adicionar dois números, ele os coloca automaticamente em colunas – por reflexo condicionado, poderíamos dizer – e aplica o algoritmo aprendido.

Essa reflexão nos obriga também a esclarecer, em nossa Figura 1.1, o papel da transferência. Ela se torna possível, como acabamos de ver, quando as estratégias aprendidas atingem um grau de generalidade suficiente para permitir sua aplicação em outros contextos além daqueles em que foram aprendidas. Se a estratégia é específica demais, dificilmente poderá ser generalizada a outras situações. Do mesmo modo, se uma tarefa exige a utilização de um procedimento específico, o aluno não poderá mobilizar outros procedimentos. Por exemplo, quando precisa concordar um verbo, o único procedimento eficaz consiste em encontrar o sujeito da frase. Foi por isso que estabelecemos, na Figura 1.1, uma distinção entre procedimento e processo: a entrada pela tarefa exige de fato a utilização de um procedimento *ad hoc* – na medida em que a tarefa apresenta em si mesma certas exigências. Ao contrário, a entrada pelo aluno permite um trabalho sobre os processos mentais que têm um alcance muito mais geral e, portanto, podem ser transferidos com muito mais facilidade a outras situações.

Para concluir, queremos assinalar que, na prática, a distinção entre a abordagem funcional, explícita e específica e a abordagem estrutural, implícita e geral nem sempre é fácil de estabelecer. Por isso, insistimos no *continuum* que permite passar de uma à outra. A dificuldade, para o professor, será possibilitar a generalização de procedimentos trabalhados pontualmente, em contextos específicos, a estratégias globais capazes de ajudar o aluno em todos os contextos de aprendizagem. Portanto, o professor deve ajudar seus alunos a descobrir em que os procedimentos utilizados aqui e agora podem ser úteis em outro lugar e mais tarde. O trabalho do professor deveria assim permitir aos alunos se apropriar de conteúdos escolares e, de maneira conexa, compreender as estratégias que utilizaram – e que poderão generalizar – para se apropriar desses conteúdos. Como destaca Becker (1999), "o professor deve ajudar seus alunos a descobrir os elementos comuns entre as diversas situações. Essa recomendação é coerente com uma dificuldade frequentemente apontada nos estudos sobre a transferência das aprendizagens: colocados diante de uma situação nova, os indivíduos introduzem geralmente analogias com base em semelhanças superficiais, não pertinentes, enquanto as semelhanças de estruturas só são percebidas quando se chama a atenção dos indivíduos especificamente para elas" (in Depover et al., p. 145). O papel do professor é, então, ajudar os alunos a encontrar os elementos estruturais comuns às diferentes situações de ensino-aprendizagem propostas. "Portanto, o objetivo é duplo: aprender a dominar uma situação particular porque ela é importante e desenvolver, nessa ocasião, uma abordagem cognitiva eficaz de situações novas" (op. cit., p. 146).

E, finalmente, é preocupante constatar que certas aprendizagens efetuadas "naturalmente" são, ao mesmo tempo, funcionais e implícitas, na medida em que o aluno interiorizou certas práticas sem nenhuma análise das estratégias utilizadas. Pensamos, por exemplo, na aquisição da linguagem oral pela criança pequena. Ela, de fato, aprendeu a falar de uma forma totalmente funcional, sem nenhum conhecimento explícito de regras de gramática e de sintaxe. Ela integrou conhecimentos implícitos – que talvez jamais consiga verbalizar – que atendem plenamente às suas necessidades de comunicação. Contudo, estamos convencidos de que a explicitação é absolutamente necessária na maioria das aprendizagens escolares, visto que a aprendizagem implícita é bastante aleatória.

1.3 O POSTULADO DE EDUCABILIDADE E DE MODIFICABILIDADE COGNITIVA[8]

No item anterior, enunciamos alguns postulados básicos que permitem compreender as proposições feitas nesta obra. Consagramos aqui algumas linhas a um outro postulado fundamental: o de educabilidade da inteligência e de modificabilidade cognitiva.

A educabilidade do funcionamento cognitivo – e portanto da inteligência – é um postulado amplamente compartilhado pelo conjunto dos pesquisadores cognitivistas. Ora, ainda é comum associar a inteligência a uma aptidão inata ou fixa. Para muitos pais e professores, a pessoa "nasce" e "é" inteligente ou não, e as crianças podem ser classificadas em duas categorias principais: aquelas cujos padrinhos e madrinhas são amigos da família e aquelas que se beneficiaram da ajuda providencial de uma madrinha, "fada" de profissão.

Se a inteligência é considerada a capacidade de utilizar estratégias eficazes e de mobilizar os processos cognitivos certos no momento certo, pode-se admitir também que a inteligência pode ser ensinada. Para nós, as experiências sucessivas de aprendizagem são determinantes no desenvolvimento cognitivo. Aliás, a pertinência na utilização de estratégias e a flexibilidade de sua aplicação aumentam com a idade, como, por exemplo, a capacidade de se autocorrigir (Doudin e Martin, 1992). "A gênese da inteligência é concebida então como um enriquecimento dos mecanismos e dos processos que permitem as aquisições nocionais" (p. 10).

Como ressalta Tardif (1992), a criança pequena, antes de entrar na escola, desenvolveu competências muito complexas. Ela aprendeu, por exemplo, a andar, falar e se comunicar de maneira eficaz. Essas várias aprendizagens realizadas são suficientes para provar que a criança possui os recursos necessários para o êxito escolar. Os professores e os pais podem estar convencidos, então, das enormes possibilidades cognitivas de seus alunos e de seus filhos: depois de terem aprendido a falar, a aprendizagem de operações matemáticas ou de ortografia parece moleza!

Na evolução da criança, o papel dos adultos é, sem dúvida, fundamental, na medida em que o desenvolvimento cognitivo se constrói em interações sociais estimulantes intelectualmente. Assim, considera-se que os processos cognitivos são modificáveis pela educação e pela instrução, graças a um trabalho de mediação social das aprendizagens. No entanto, como este é geralmente implícito e se realiza nas rotinas educativas, reforça-se a convicção de que a inteligência é um potencial inato.

Esse postulado da educabilidade refere-se também às crianças que apresentam retardo mental. Feuerstein fala a esse respeito de uma verdadeira "reanimação cognitiva" (Debray, 2000, p. 170). Quaisquer que sejam as dificuldades atuais da criança em situação de deficiência, a plasticidade de seu desenvolvimento e sua sensibilidade à intervenção educativa são imensas. Portanto, os desempenhos atuais da criança são apenas indicadores de seu desenvolvimento passado, mas não condicionam em nada seu potencial intelectual e suas possibilidades futuras de progredir. Se o mediador está convencido da modificabilidade cognitiva, ele passará "de uma atitude passiva e de aceitação em relação à deficiência a uma atitude ativa e modificante" (Büchel, in Doudin et al., 2001, p. 180).

A esse propósito, Binet – frequentemente acusado sem razão de ter reduzido a inteligência a um resultado cifrado – disse, com toda a clareza, já em 1911: "Constatei inúmeras vezes, e com muito pesar, que há uma prevenção reiterada contra a educabilidade da inteligência. [...] Ouvi com bastante frequência estas palavras desproposítadas: 'É uma criança que jamais vai fazer nada..., é pouco dotada..., não tem nenhuma inteligência'. [...] Jamais! Que palavra grosseira! Alguns filósofos recentes parecem ter dado apoio moral a esses veredictos deploráveis afirmando que a inteligência de um indivíduo é uma quantidade fixa, uma quantidade que não se pode aumentar. Precisamos protestar e reagir contra esse pessimismo brutal" (citado por Gillig, 1996, p. 114-115).

Se o professor não tiver confiança absoluta nas possibilidades de progresso da criança, ele tem que mudar de profissão! Já se conhece suficientemente o efeito sobre a criança da imagem que o professor faz de suas possibilidades para afirmar que ele tem um poder de vida e de morte escolar: de fato, como a criança poderia se mostrar diferente, melhor, se os adultos que mais importam para ela – seus pais e seus professores – não acreditam nas suas possibilidades de progresso? "Existe uma relação causal entre as teorias implícitas dos professores e as de seus alunos. Os professores que consideram a inteligência uma função estável e não modificável tendem a classificar seus alunos em mais capazes e menos capazes. O fracasso é interpretado então como um sinal evidente de falta de capacidade" (De Beni e Pazzaglia, in Doudin et al., p. 246). Inúmeras pesquisas mostraram que as expectativas dos adultos influenciam claramente as aprendizagens das crianças. Não resistimos aqui a recordar ao leitor os resultados preocupantes obtidos a esse propósito com... vermes aquáticos (Tardif, 1992):

Os estudantes tinham como missão aprender com planárias a efetuar contrações e rotações. Embora os vermes fossem idênticos nos três grupos constituídos, os pesquisadores haviam mencionado aos estudantes responsáveis pelo primeiro grupo que seus vermes tinham um desempenho muito bom nesse tipo de exercícios, ao contrário dos vermes dos outros grupos. "Os resultados da pesquisa são eloquentes. Quando o experimentador tem percepções e expectativas muito favoráveis em relação aos vermes com os quais interagem, estes produzem em média, para 100 ensaios, 33 rotações e contrações. No caso em que as percepções e as expectativas do experimentador são muito desfavoráveis, há em média 5 rotações e contrações." (p. 403)

As percepções e as expectativas dos professores influenciam assim suas atitudes e seus comportamentos. Um olhar positivo encoraja um maior envolvimento dos alunos. As provas experimentais são suficientes hoje para afirmar que o ambiente da criança tem uma influência determinante sobre suas capacidades intelectuais. As provas em favor de uma melhora significativa das capacidades cognitivas não precisam mais ser estabelecidas (cf. Sternberg, 2007, para um levantamento das pesquisas sobre o tema). "Os numerosos trabalhos acerca do papel da expectativa dos professores no êxito dos alunos atestam o caráter decisivo que pode ter para um sujeito frágil a convicção de que seu professor acredita em suas possibilidades de êxito ou de que não acredita. Quanto mais o aluno duvida dele mesmo – o que é evidentemente o caso de alunos mais velhos que já foram confrontados com um passado de fracassos – mais esse dado suplementar terá um caráter determinante" (Debray, 2000, p. 111).

Não se trata, com isso, de negar o papel que pode desempenhar a hereditariedade nas diferenças individuais da inteligência, mas de compreender que um meio cognitivamente estimulante pode compensar em grande medida uma leve desvantagem inicial. "Sabemos hoje que outros aspectos do ambiente, sobretudo do ambiente psicológico, como as expectativas, os valores, a orientação, o tipo de interações pais-filhos e, principalmente, a mediação cultural influenciam bastante o desenvolvimento intelectual" (Dias, 2003, p. 17). O ambiente da criança é, portanto, determinante em seu desenvolvimento cognitivo. Nenhum indivíduo atingirá jamais um limite máximo no desenvolvimento de suas competências intelectuais. É sempre possível desenvolver competências novas, e isso em todas as idades da vida.

Quando éramos crianças, tínhamos em nossa classe um aluno apaixonado pela corrida. Treinando sem parar – se ousamos esta expressão... –, ele se tornou um "corredor local muito bom". Seu físico não tinha nada de excepcional, mas sua tenacidade, sua motivação e o apoio da família compensavam amplamente suas possibilidades físicas, no fim das contas bem banais.

Costumamos relatar esse caso aos nossos alunos para que compreendam que não se trata de negar a bagagem hereditária com a qual temos de operar – a extensão das pernas ou a dimensão do cérebro –, mas que a garra e a motivação possibilitam ampliar nossas possibilidades físicas ou intelectuais. Não tínhamos a ambição de aumentar o número de prêmios Nobel com nossas intervenções especializadas, mas sim de ajudar cada aluno a se tornar um "pensador local muito bom".

Modificabilidade cognitiva e neurobiologia

Há alguns anos, as pesquisas em neurobiologia confirmam as possibilidades de modificabilidade cognitiva (cf. Sternberg, 2007, para uma apresentação completa das pesquisas). Nosso cérebro comporta cerca de cem bilhões de células nervosas, chamadas neurônios. Cada neurônio é ligado aos outros por dezenas de milhares de conexões (dendritos e axônios), criando assim uma imensa rede de informações que circulam no sistema nervoso central. Quando o cérebro executa uma atividade cognitiva, certos grupos de neurônios são ativados. É emitido um sinal elétrico que se transforma em sinal químico quando passa de um neurônio a outro por uma sinapse. Os neurônios que trabalham regularmente juntos veem aumentada sua capacidade de ativação mútua. Assim, constitui-se uma nova rede, primeiro de maneira provisória e depois definitivamente, se for solicitada com frequência. O papel da repetição em exercícios de memorização explica-se, portanto, pelo reforço da conexão entre os neurônios solicitados por essa tarefa. A solidez do cabeamento é proporcional, então, ao número de repetições efetuadas. No nível cerebral, a aprendizagem consiste assim em formar novas conexões neuronais, reorganizá-las e reforçar suas redes de neurônios. A sinapse, que serve de ponto de junção entre os dendritos e os neurônios, também desempenha um papel importante no funcionamento do cérebro. Pesquisas mostraram que o tamanho e o número de sinapses aumentam no rato depois de uma aprendizagem. Além disso, "verifica-se que a estimulação repetida de vias neurais particulares tende a reforçar a probabilidade de uma excitação; em outras palavras, para uma determinada sinapse, constatam-se mudanças fisiológicas nos dendritos do neurônio receptor, o que aumenta a probabilidade de que ele atinja um novo patamar de excitação" (Sternberg, 2007, p. 199).

Sabemos hoje que um ambiente rico em estimulações e em interações favorece o desenvolvimento de ramificações ligando os neurônios do cérebro. O desenvolvimento dendrítico e axônico, embora seja particularmente importante nos primeiros anos, prossegue durante toda a vida. As células que não são solicitadas e permanecem não conectadas a outras células desaparecem em proveito de conexões concorrentes funcionais. Assim, é válida a regra do *"use it or lose it"*: ou me sirvo das células existentes e de suas conexões, ou meu estoque de células diminui. Os neurônios solicitados não apenas subsistem, como também se comunicam mais rapidamente entre eles e melhoram seu desempenho. A dendrogênese é, portanto, dinâmica, e depende de estimulações do ambiente.

O funcionamento do cérebro influencia com toda evidência o funcionamento cognitivo, mas, inversamente, o funcionamento cognitivo modifica de forma constante as conexões neurais. Assim, o cérebro é permanentemente remodelado pela atividade cognitiva do sujeito. Já sabíamos, há vários anos, que as conexões entre as células nervosas podiam se criar durante toda a vida, mas as descobertas recentes mostram que há também produção permanente de neurônios. Com isso, o cabeamento do cérebro se modifica e se reorganiza o tempo todo, inclusive permitindo, às vezes, compensar lesões causadas por um acidente.

O desenvolvimento cognitivo permanece então durante toda a vida. Embora as pesquisas mostrem uma lenta diminuição das capacidades de manipular os símbolos abstratos a partir dos 40 anos de idade (inteligência fluida), a *expertise* dos adultos aumenta durante toda a vida no que se refere ao estoque de conhecimentos (inteligência cristalizada) e ao autocontrole dos processos cognitivos. As representações dos conhecimentos na memória a longo prazo são preservadas, assim, durante toda a vida. A plasticidade das aptidões cognitivas – ligada à atividade mental – é considerável e, portanto, os progressos são possíveis durante toda a existência.

Notas

1 P. Vianin (2007). *Contre l'échec scolaire. L'appui pédagogique à l'enfant en difficulté d'aprentissage.* Bruxelles, De Boeck.
2 Cedemos – embora um pouco envergonhados – a uma facilidade redacional ao falar, nesta obra, de "procedimento estratégico", "abordagem estratégica", "ajuda estratégica", "ensino e aprendizagem estratégicos", etc. A formulação não é realmente ideal, mas facilita a leitura... e a redação. Ela leva a acreditar em um ensino que seria ele próprio "estratégico", quando, na verdade, pensamos em um "ensino de estratégias". Seria preferível falarmos de "procedimento utilizando uma estratégia", "ajuda pelas estratégias", "ensino e aprendizagem de estratégias", etc.
3 A cognição e a metacognição referem-se a processos de conhecimento ou, dito de forma mais simples, à inteligência. Definiremos com mais precisão esses dois termos no item 3.1.
4 Evidentemente, nas situações de deficiência mental, há limites claros nas capacidades cognitivas e, ainda que sempre exista a possibilidade de enormes progressos, o êxito escolar, muitas vezes, é fortemente comprometido.
5 No campo da pesquisa também se coloca a questão da especificidade ou da generalidade dos campos. "Os teóricos da generalidade dos campos procuram descrever, em termos genéricos, como os indivíduos tratam mentalmente a informação. Seu objetivo é mostrar de que maneira os indivíduos aplicam e utilizam os princípios gerais de tratamento da informação através de uma variedade de funções cognitivas. [...] Os teóricos da especificidade de campos enfatizam o papel do desenvolvimento de competências e de conhecimentos em campos específicos, argumentando que o essencial do desenvolvimento é marcado pela especificidade dos campos" (Sternberg, 2007, p. 503-504).
  No nível teórico, sentimo-nos próximos, portanto, das teorias da *cognição situada* e da *aprendizagem situada*. Mottier Lopez (2006) fala da "perspectiva situada" que visa "conceitualizar a natureza fundamentalmente social e contextualizada do pensamento e da aprendizagem. [...] A cognição e a aprendizagem são concebidas em uma relação dialética entre o indivíduo-em-atividade e o contexto dessa atividade, em uma concepção de constituição e de estruturação recíproca" (in Dessus et al., p. 202-203).
6 Reverso da medalha: constatamos, com certo desgosto, que nosso discurso interior nem sempre era apaixonante! Assim, tivemos de aprender a cortar nossa palavra e a apreciar os benefícios do *stand-by* cognitivo...
7 A psicologia cognitiva dos processos atencionais estudou bastante a questão. Segundo o *paradigma das duplas tarefas*, é realmente "muito difícil, e às vezes impossível, realizar duas tarefas ao mesmo tempo, sem que o desempenho de uma ou de outra se ressinta disso" (Camus, 2002, p. 16).
8 Este item trata de uma concepção pedagógica da ajuda aos alunos em dificuldade, mas também de uma postura ética, ou mesmo filosófica. Se, portanto, ao final da leitura deste item, você não estiver convencido da educabilidade da inteligência, propomos que feche o livro com cuidado, que o embrulhe bem e o ofereça a um amigo...

PARTE I

Fundamentos teóricos

No capítulo introdutório, colocamos algumas balizas para nossa reflexão. Agora, vamos apresentar os fundamentos teóricos da ajuda cognitiva em contexto escolar. Esta parte da obra aborda, assim, os conceitos importantes da psicologia cognitiva e sua utilização no âmbito escolar.

O Capítulo 2 procurará mostrar o interesse dessa abordagem na ajuda aos alunos em dificuldades escolares. No Capítulo 3 – provavelmente o mais difícil para os professores e pais pouco habituados aos conceitos da psicologia cognitiva –, vamos esclarecer os termos utilizados nesta obra e propor um modelo teórico do funcionamento cognitivo. Os últimos capítulos darão pistas bastante concretas para a avaliação do funcionamento cognitivo dos alunos e para o ensino de estratégias eficazes.

Por que propor uma abordagem cognitiva de remediação?

2.1 FRACASSO ESCOLAR E AJUDA ESTRATÉGICA

Quando avaliamos as dificuldades de um aluno no quadro do apoio pedagógico, sempre analisamos sua atitude diante da tarefa e procuramos compreender quais são as estratégias que ele mobiliza para realizar seu trabalho. Constatamos com frequência que o aluno utiliza, em geral de maneira não consciente, procedimentos pouco eficazes. Ou então, quando domina uma estratégia, ele tende a superutilizá-la e tem dificuldade de considerar uma outra estratégia. Essa falta de mobilidade na escolha de estratégias tem consequências danosas sobre os resultados obtidos. Sternberg (2007) fala a esse respeito sobre o "acantonamento" ou "mecanismo do pensamento": "Acantonar-se em um pensamento mecanizado significa que a pessoa fixa-se em uma estratégia que normalmente funciona bem para resolver um bom número de problemas, mas que não convém para esse problema particular" (p. 415). Pode-se dizer que os alunos com dificuldade têm um pouco "a cabeça no guidom": eles estão mergulhados na realização efetiva de seu trabalho, no aqui e agora das tarefas a realizar, e têm dificuldade de levantar a cabeça e descobrir a paisagem do entorno, o traçado da rota e o objetivo da excursão.

Ao contrário, os alunos que têm êxito utilizam as estratégias certas no momento certo. Eles planejam seu trabalho, administram corretamente o tempo disponível, procedem de maneira organizada e sistemática, adotam um procedimento idôneo e adaptam suas estratégias à especificidade da tarefa. No geral, dedicam mais tempo a compreender a tarefa, a planejar seu trabalho e a prever as estratégias a mobilizar, tempo que recuperam de maneira eficaz quando realizam efetivamente a tarefa. Em outras palavras, recorrem aos seus conhecimentos metacognitivos e aos seus processos metacognitivos para regular a utilização de seus processos cognitivos.

Dias (2001) destaca a esse respeito quatro categorias de fatores que podem explicar as diferenças interindividuais:

1. Conhecimentos de base: desempenham, evidentemente, um papel fundamental na realização das tarefas. Quando, por exemplo, o aluno tem que resolver um problema de matemática abordando o tema das medidas de massa, é preciso que ele conheça o significado e o valor da tonelada, do quilograma e do grama. Esses conhecimentos de base são indispensáveis para a compreensão do enunciado e, portanto, para a resolução do problema.
2. Estratégias: a maioria das atividades escolares exige a utilização de estratégias; para retomar o mesmo exemplo, a resolução de um problema matemático requer que o aluno se aproprie do enunciado antes de escolher as operações a efetuar. Certas crianças adotam esse procedimento espontaneamente, enquanto outras já vão pegando o lápis antes mesmo de ter concluído a leitura do enunciado.
3. Conhecimentos metacognitivos e utilização de processos de controle executivo: quando o aluno está envolvido na tarefa, ele deve manter um controle constante sobre sua atividade e verificar se está respeitando seu planejamento e se continua perseguindo o objetivo visado. Quando, durante a resolução do problema matemático, o aluno efetua uma operação em colunas, ele deve verificar se o resultado está de acordo com as expectativas e como irá utilizá-lo na continuação da tarefa. Portanto, deve estar consciente da etapa em que se encontra ao efetuar esse cálculo e como deve proceder na sequência para resolver o problema.
4. Rapidez e eficácia na utilização de processos cognitivos: se o aluno é lento demais no tratamento das informações, ele pode ter dificuldades para selecionar aquelas que são pertinentes ou para relacionar várias informações. Por exemplo, ao ler o enunciado do problema, não dará atenção a uma palavra importante ou deixará de tratar uma outra informação essencial. Se tratar separadamente cada uma das informações, corre o risco de perder de vista o conjunto da situação e, portanto, o procedimento global de resolução.

As pesquisas confirmam a importância das estratégias no êxito escolar e chegam à conclusão de que "os desempenhos escolares elevados estão associados a competências metacognitivas eficazes. [...] O domínio de saberes e habilidades metacognitivos permite beneficiar-se da instrução e facilita o desenvolvimento cognitivo e as aprendizagens nocionais" (Martin, Doudin e Albanese, 2001, p. 12). De fato, as estratégias de aprendizagem determinam em grande parte o êxito escolar. Sua utilização diferencia os "bons" alunos dos alunos com dificuldades. Uma metanálise citada por Noël et al. (1995) conclui que, entre 228 fatores considerados, a metacognição é o que parece influenciar mais positivamente a aprendizagem. Viau (2003) aponta igualmente uma forte correlação entre o desempenho dos alunos e a utilização que fazem de estratégias de autorregulação. Além disso, esses resultados são generalizáveis a todas as idades, ainda que as crianças pequenas apresentem capacidades metacognitivas mais reduzidas.

Se essa abordagem de ajuda escolar é eficaz para as crianças em dificuldade escolar, ela pode também ser muito proveitosa para crianças em situação de deficiência mental. De fato, esses alunos apresentam geralmente lacunas importantes em seus conhecimentos metacognitivos e na utilização de processos metacognitivos. Numerosas pesquisas mostraram que os desempenhos dessas crianças melhorariam muito se os professores lhes dessem explicações claras sobre a natureza da tarefa e sobre as etapas a seguir para encontrar a solução (Mackintosh, 2004). A dificuldade desses alunos de efetuar um controle executivo parece ser uma característica central de seu retardo mental. A questão da transferência das aprendizagens se coloca igualmente de maneira crucial para essa população escolar.

Por muito tempo, a ajuda aos alunos em dificuldade consistiu em uma pedagogia compensatória centrada nas aquisições nocionais; a intervenção ortopedagógica se limitava a tentar preencher as lacunas. Fazendo "mais do mesmo", esperava-se que o aluno conseguisse superar seu retardo e prosseguir normalmente sua escolaridade. "Tratava-se assim de uma maneira muito estática e um pouco ingênua de encarar as dificuldades de aprendizagem, pois o trabalho consistia em ensinar uma segunda vez à criança as mesmas noções, com a esperança, frequentemente ilusória, de que a aprendizagem se desenrolasse melhor" (op. cit., p. 334).

Os procedimentos sugeridos nesta obra são fundamentalmente diferentes. O objetivo das abordagens cognitivas e metacognitivas é possibilitar ao aluno tomar consciência de seus procedimentos mentais, analisá-los de maneira crítica e melhorá-los. Desse modo, o aluno poderá agir de maneira mais eficiente em suas aprendizagens escolares e, sobretudo, se tornar mais autônomo na gestão de sua inteligência. Não se trata, portanto, de trabalhar mais, e sim de trabalhar melhor (Viau, 1997). Passamos então de uma abordagem especializada que visava preencher as lacunas escolares "tapando os buracos" (abordagem compensatória) a uma abordagem que procura fornecer ao aluno uma "boa pá" e o modo de usá-la (abordagem estratégica).

2.2 MOTIVAÇÃO ESCOLAR, TEORIA ATRIBUCIONAL E AJUDA ESTRATÉGICA

No item anterior, procuramos explicar o papel determinante que pode ter a ajuda estratégica na luta contra o fracasso escolar. Agora queremos mostrar que essa abordagem de ajuda ortopedagógica está também estreitamente ligada à motivação escolar. Embora a motivação escolar não se resuma ao domínio de estratégias de aprendizagem, acreditamos que ela seja uma componente importante da metacognição. De fato, a motivação escolar depende, em parte, das representações que o aluno tem de suas competências cognitivas. Trata-se assim de superar uma distinção radical demais entre os componentes afetivos, cognitivos e conotativos da aprendizagem e admitir que estamos em presença de um sistema integrado.

Para compreender bem as ligações existentes entre a motivação escolar e a ajuda cognitiva, é preciso dar uma passada pela teoria atribucional de Weiner (1983, 1985). Para esse autor, as pessoas atribuem causas aos diferentes acontecimentos que as afetam. Por exemplo, se eu tenho um acidente de carro, posso atribuir a responsabilidade desse acontecimento às más condições atmosféricas, ao meu excesso de velocidade, aos meus filhos que não param quietos no banco de trás, à minha falta de competência como motorista, à dose de uísque a mais ou, se estou realmente de má fé, à minha mulher que me distrai o tempo todo.

Weiner propõe distinguir três dimensões principais (Figura 2.1):

1. O lugar da causa: podemos atribuir os acontecimentos que nos afetam a causas internas ou a causas externas. Por exemplo, se acredito que as más condições atmosféricas explicam meu acidente, minha atribuição é externa. Se a questão é minha falta de competência como motorista, a causa é interna.
2. A estabilidade da causa: trata-se aqui da dimensão temporal da atribuição causal. Posso acreditar que a causa de minhas dificuldades é permanente ou, ao contrário, passageira e, portanto, modificável. Se penso que minha mulher tagarela é que é responsável, há o risco de a causa ser estável... Ao contrário, as crianças não brigam sempre – felizmente – e posso esperar que, com a idade, seu comportamento melhore.
3. O controle: a terceira dimensão – que tem ligações muito estreitas com as duas outras – parece-nos particularmente importante. Refere-se ao sentimento que temos de poder controlar a situação. Se prosseguimos com o exemplo da direção do automóvel, constato que tenho total controle da minha velocidade (forte controle), mas não domino a qualidade da pavimentação (nenhuma controle).

No âmbito escolar, o fenômeno é o mesmo. O aluno pode atribuir seus desempenhos a causas internas ou a causas externas. Por exemplo, a inteligência, os esforços realizados, as capacidades pessoais e as estratégias adotadas são causas internas, enquanto a dificuldade da prova, a qualidade do ensino, as condições de trabalho, a ajuda recebida e a oportunidade são causas que não são próprias à criança. Quando fracassa em um exercício de leitura – um estudo de texto, por exemplo –, o aluno poderá alegar cansaço devido a uma longa noite de estudo que antecedeu a prova (causa interna) ou acusar o professor de ter passado um texto difícil demais (causa externa).

A criança pode pensar também que a causa de suas dificuldades é permanente ou, ao contrário, passageira e, portanto, modificável. Assim, os alunos que atribuem suas dificuldades à falta de esforço (causa modificável) não sofrem com o sentimento de resignação de que são vítimas daqueles que acham que não são inteligentes (causa estável): os primeiros poderão trabalhar melhor da próxima vez, enquanto os outros se convencerão de que, de todo modo e independentemente do que façam, nunca terão êxito.

Por último, a causa está sob o poder da criança (causa controlável) quando, por exemplo, ela atribui suas dificuldades à falta de esforço ou ao cansaço. Nesse caso, bastará à criança dedicar mais tempo ao estudo ou ir dormir um pouco mais cedo para melhorar os resultados. Ao contrário, se a criança acredita que, por mais que se esforce, a situação está fora de seu controle (causa incontrolável), acabará desistindo e não se envolverá mais na tarefa. Por exemplo, se a criança acha que não é boa em matemática – ou, pior ainda, que não é inteligente – ela renunciará a se envolver nas aprendizagens escolares.

A abordagem cognitiva e metacognitiva oferece ferramentas de remediação bastante interessantes para isso. A aprendizagem de estratégias eficazes possibilita à criança retomar o poder sobre o que lhe acontece e o controle da situação. No quadro a seguir, a posição mais interessante é justamente aquela ocupada pelas estratégias de aprendizagem: a aprendizagem de procedimentos, de estratégias, de ações eficazes pertence, de fato, ao âmbito das causas estáveis ("quando domino a estratégia, disponho de um meio a que posso recorrer continuamente"), internas ("a utilização da estratégia depende unicamente de mim") e controláveis ("na medida em que domino a estratégia eficaz, a situação está sob controle").

O que é absolutamente necessário compreender é que a motivação de um aluno é bastante influenciada pela maneira como ele percebe as causas de seus êxitos e de suas dificuldades. Um aluno pode, por exemplo, atribuir seus êxitos na resolução de problemas matemáticos à presença, bem ao alcance de sua orelha direita, de alguém "bom de matemática". Diante de um êxito igual, outro aluno atribuirá seus bons resultados aos esforços empreendidos. Outro ainda poderá justificar seu êxito pela utilização eficaz de estratégias de resolução aprendidas na aula. Infelizmente, é muito comum que o aluno e, às vezes, também os professores e os pais atribuam o êxito escolar a alguma boa disposição hereditária e a uma inteligência inata (que são do âmbito de uma causa incontrolável).

O fato de atribuir suas dificuldades a causas controláveis, por exemplo, estratégias inadequadas, permite, assim, pensar em soluções para os seus problemas, e com isso aumenta a motivação do aluno. Além disso, quando o aluno constata que utilizando uma estratégia melhor seus desempenhos melhoram, seu sentimento de controle e sua motivação aumentam. Acrescente-se que as atribuições de controle têm consequências positivas sobre as expectativas de êxito ("se utilizar corretamente a estratégia aprendida, terei êxito"), como também sobre a perseverança na tarefa ("mesmo que a tarefa seja difícil, sei que posso ter êxito") e sobre a afetividade ("tenho confiança em mim e em minhas possibilidades"). Quando o aluno fracassa, mas manifesta atribuições de controle, não imputará suas dificuldades a uma incompetência intrínseca, e sim à má utilização das estratégias possíveis.

Ao contrário, os alunos que atribuem seus êxitos ou seus fracassos ao acaso, à oportunidade ou ao bom ou mau humor do professor têm tendência a se resignar. O fenômeno de impotência adquirida (*learned helplessness*) – conhecido também pelas expressões "sentimento de incapacidade adquirida", "resignação aprendida" ou ainda "desmotivação" – afeta principalmente os alunos que sofreram fracassos constantes e acreditam que, não importa o que façam, estão condenados a fracassar. Para eles, o fracasso é inevitável: seu estresse e sua an-

	INTERNA		EXTERNA	
	Estável	Modificável	Estável	Modificável
Controlável	Estratégias de aprendizagem	Esforço	Programa escolar	Percepções do professor
Incontrolável	Aptidões intelectuais	Doença	Níveis de dificuldade de uma aprendizagem	Humor do professor

Figura 2.1 Atribuições causais (segundo Viau, 1997, p. 67).

siedade aumentam com seu sentimento de incapacidade.

Mas o que os pais ou o professor podem fazer diante desse sentimento de incapacidade adquirida? Crahay (1996) nos dá respostas bastante interessantes para lutar contra esse fenômeno. Sua hipótese é clara: "Não basta ter êxitos para romper com essa atitude de resignação; é preciso deixar de atribuir seus fracassos e suas dificuldades a causas internas, estáveis e incontroláveis" (p. 220). Em outras palavras, o melhor meio de desenvolver seu sentimento de competência é viver experiências de êxito e compreender por que elas foram bem-sucedidas. O aluno deve compreender que seus êxitos se devem à utilização consciente e sistemática de estratégias adequadas. Seu sentimento de autoeficácia e sua motivação aumentarão com um estilo atributivo estável, interno e controlável. O aluno estabelece assim ligações entre sua atividade cognitiva e seu êxito escolar.

Portanto, o professor deve sempre chamar a atenção para as ligações entre as estratégias utilizadas e as atribuições causais. Para ilustrar a importância desse aspecto, Huteau et al. (1994) apresentam uma experiência em que as crianças eram separadas em dois grupos: no primeiro, elas eram treinadas apenas para estratégias, enquanto no segundo eram treinadas também para atribuir seus êxitos e seus fracassos a fatores internos. "Os resultados mostram que as estratégias metacognitivas são mais bem aprendidas com a condição de que se faça também uma aprendizagem visando a reorientar as atribuições causais" (in Vergnaud, 1994). Trata-se então, para o professor, de ajudar os alunos a compreender que o êxito se deve à utilização de estratégias apropriadas.

3

Noções teóricas de base: cognição e metacognição para os neófitos

Este capítulo é consagrado à apresentação de algumas noções teóricas de psicopedagogia cognitiva. Constitui, provavelmente, a parte mais difícil da obra. Assim, os pais e profissionais que "entram em metacognição" por este livro devem fazer o esforço de se apropriar de conceitos novos. Sabe-se que toda disciplina desenvolve um certo vocabulário específico, geralmente difícil para o neófito. Porém, será quase impossível compreender as proposições pedagógicas da segunda parte da obra sem um conhecimento mínimo da teoria que as subtende.

3.1 COGNIÇÃO E METACOGNIÇÃO: ALGUMAS DEFINIÇÕES

Nos primeiros capítulos, falamos de processos cognitivos ou metacognitivos, de procedimentos, estratégias ou, ainda, de condutas intelectuais. Esses diferentes termos, ainda que muito próximos, não têm absolutamente o mesmo significado. Essa confusão é feita pelos pesquisadores que às vezes utilizam a mesma palavra para designar realidades diferentes. Viau (2003) aponta, por exemplo, 22 definições diferentes do conceito de *estratégia*.

Procuraremos então, neste capítulo, definir com mais precisão esses conceitos. Assim, o leitor conhecerá as definições que adotamos nesta obra. Esse exercício nos possibilitará, igualmente, esclarecer o modelo no qual nos apoiamos em nossos procedimentos remediadores.

Cognição

A *cognição* é hoje o termo psicopedagogicamente correto para designar a inteligência e o pensamento. Refere-se, portanto, às nossas capacidades de compreensão, memorização e análise. A cognição cobre o conjunto de atividades mentais e, desse modo, diz respeito à faculdade de conhecer e de aprender. Ocupa-se de processos relacionados à aprendizagem, como "a percepção, a memória, o raciocínio, a resolução de problemas, a tomada de decisão ou, ainda, a compreensão e a produção da linguagem" (Lemaire, 2006, p. 6). A cognição diz respeito, em suma, à utilização eficaz de processos mentais.

O termo *cognição* substituiu o termo *inteligência*. Enquanto esse último já tem uma longa história – carregada muitas vezes de sentidos e de subentendidos –, o novo conceito de cognição faz referência à teoria do tratamento da informação. Enquanto a inteligência ainda é considerada geralmente uma aptidão global, a cognição é compreendida como a utilização de processos mentais diferentes, cada um deles responsável por uma parte do tratamento da informação. A psicologia cognitiva defende então uma abordagem modular da inteligência: esta se compõe de diversos sistemas – específicos e autônomos – de tratamento da informação. Se antes da psicologia cognitiva o professor apontava a "falta de inteligência" do cancro da classe, hoje ele fala de "um déficit na utilização funcional do processo de conceitualização quando de uma tarefa cognitiva indutiva de produção de um *output* sensorial" [1].

Processos cognitivos

Enquanto a cognição se refere à inteligência de maneira global, os processos cognitivos são "ferramentas" da inteligência. Alguns autores falam, aliás, de *operações cognitivas*, *operações mentais* ou *funções cognitivas*, assinalando assim o papel ativo, dinâmico, funcional e operativo desses processos. Quando o aluno reflete, ele mobiliza essas ferramentas conforme as exigências da tarefa. Por exemplo, para ler um enunciado, ele utilizará o processo de *exploração*, desbastando toda a ficha para demarcar o enunciado. A *identificação* lhe permitirá, em seguida, encontrar a palavra-instrução principal[2]. Depois, o aluno comparará o exercício proposto e o enunciado (processo de *comparação*). Por um procedimento indutivo (*indução*), ele construirá uma *compreensão* das exigências da tarefa confrontando as informações apresentadas no enunciado com aquelas contidas no exercício.

Os processos cognitivos são utilizados em um processador central de tratamento da informação. Simplificando, pode-se dizer que os processos cognitivos são as "ferramentas" da inteligência e o processador central é a bancada. O trabalho cognitivo – assim como o trabalho do marceneiro – supõe uma tarefa a cumprir (fazer um armário ou resolver um problema matemático), ferramentas (por exemplo, a plaina para o marceneiro ou a indução para o aluno) e um local de trabalho (a bancada ou o processador central). Desenvolveremos longamente o papel dos diferentes processos cognitivos e do processador central no item 3.4.

Assim, os processos cognitivos tratam a informação a partir de estímulos sensoriais provenientes do ambiente. Com esses dados, o indivíduo elabora uma representação da situação, efetua uma transformação dessas informações e, ao final, utiliza-as para dar uma resposta que dirige a esse mesmo ambiente.

Metacognição

O conceito de metacognição, desenvolvido por Flavell e Brown nos anos de 1970, apresenta dois sentidos diferentes – o que, evidentemente, cria confusão e não simplifica seu uso:

– Antes de tudo, a metacognição designa os conhecimentos e a consciência que um indivíduo tem de sua própria cognição ou da cognição de outro. Quando o aluno diz que prefere estudar ouvindo música, ele mostra que conhece sua maneira preferencial de estudar. Revela assim capacidades cognitivas ao ser capaz de "se ver" estudar. A metacognição consiste, portanto, em descer da bicicleta para se ver pedalando ou ficar à beira da piscina para criticar sua maneira de nadar. A metacognição requer então colocar-se "acima", em posição "meta", e objetivar seus procedimentos de aprendizagem. Quando se fala de "objetivação", trata-se, portanto, do processo que consiste em explicitar sua maneira de realizar uma tarefa.

Assim, nessa primeira acepção, a metacognição exige do aluno descentrar-se e "observar-se agindo" ou "olhar-se fazendo". Ou seja, requer, em um movimento de grande distanciamento, uma introspecção – "ir dentro" – de tipo meta – "ir acima". O exercício é complexo e pode colocar dificuldades para o aluno, principalmente se ele apresentar algum retardo mental. Por isso, a ajuda do adulto, sobretudo em um primeiro momento, muitas vezes é indispensável para ajudar a criança a tomar consciência de como funciona seu próprio pensamento.

Alguns autores falam de *metamemória* para designar a forma específica da metacognição consagrada à análise de seu funcionamento mnemônico. Quando o aluno diz que memoriza melhor de manhã do que à tarde, ele utiliza a metamemória. Já o termo *metacompreensão* será utilizado para designar a metacognição aplicada à leitura. Quando lemos um parágrafo pensando em outra coisa e paramos a leitura ao perceber que perdemos o fio, fazemos uma análise de nossa compreensão do texto lido e, portanto, uma metacompreensão.

As atividades metacognitivas encontram-se assim no centro desta obra: para ajudar os alunos em dificuldade, vamos encorajá-los a indagar-se sobre suas estratégias de aprendizagem, a analisá-las, aperfeiçoá-las e, inclusive, caso necessário, a substituí-las por estratégias mais eficazes. Como havíamos assinalado na introdução da obra, a metacognição é, para nós, um procedimento explícito, controlado e intencional. Como afirma Büchel (2001), "a metacognição é tanto um objetivo quanto um método: objetivo porque o aluno aprende a conhecer melhor seu próprio funcionamento cognitivo e a comparar esse último ao funcionamento de outras pessoas, como também ao funcionamento ideal; método porque os processos são mais eficazes quando se tornam conscientes" (in Doudin et al., p. 184).

Pelo exercício repetido da metacognição, o aluno desenvolverá conhecimentos metacognitivos sobre os processos de aprendizagem. Esses conhecimentos podem ser de três tipos (Archambault e Chouiard, 2003):
• conhecimentos sobre as pessoas: aqueles que se referem aos seus próprios processos ("sou um bom leitor"), que se referem aos processos de outros ("Christine tem uma memória muito boa") ou, finalmente, conhecimentos mais gerais sobre o funcionamento cognitivo humano

("a memória de curto prazo apresenta capacidades limitadas");
- conhecimentos sobre as tarefas a realizar ("quando escrevo meu ditado, tenho de aplicar as regras que conheço");
- conhecimentos sobre as estratégias ("reler dez vezes uma lição não é uma estratégia de memorização muito eficaz").

– Em seu segundo sentido, a metacognição designa os processos cognitivos que controlam o funcionamento intelectual (controle executivo)[3]. Aqui não se trata mais, portanto, de um procedimento geral de análise de sua atividade cognitiva, e sim da utilização de certos processos cognitivos particularmente importantes, isto é, os processos metacognitivos. Nesse sentido, a metacognição designa de fato a utilização de processos cognitivos que comandam outros processos cognitivos.

Enquanto a cognição implica um controle consciente, em sua primeira acepção, ela geralmente é implícita e inacessível à consciência quando se trata do processo de controle executivo.

Nesta obra, utilizaremos sempre o termo *metacognição* no primeiro sentido descrito acima (conhecimento que o indivíduo tem dele mesmo e de seu funcionamento cognitivo). Falaremos sempre de *processos metacognitivos* para designar os processos de regulação e de controle de outros processos (cf. definição seguinte).

Processos metacognitivos

Os *processos metacognitivos* designam processos cognitivos particularmente importantes, na medida em que são responsáveis por controlar o uso de outros processos (controle executivo). Trata-se, portanto, de metaprocessos que planejam e controlam a ação e ajudam a escolher as ferramentas certas no momento certo, colocando-se, por exemplo, as seguintes questões: trata-se antes de tudo de explorar globalmente a tarefa (processo de exploração) ou de analisar as informações apresentadas no enunciado (processo de análise)? É necessário seriar os números, ou a mera comparação termo a termo é suficiente? O procedimento necessário é indutivo ou dedutivo?

Os processos metacognitivos servem, assim, para fazer um uso eficiente de outros processos. Como assinalamos mais acima, eles não designam o trabalho metacognitivo de objetivação, mas o trabalho cognitivo de controle da cognição.

Procedimentos

Nesta obra, os termos *procedimento*, *conduta* ou *método* serão utilizados como sinônimos. Trata-se, na realidade, de um saber-fazer que implica uma série sequencial de tarefas a realizar. Por exemplo, quando efetuo uma soma em colunas, tenho de respeitar uma conduta rigorosa (nesse caso, pode-se falar de um algoritmo) e uma série de etapas indispensáveis: primeiro coloco os números a somar em colunas, respeitando a posição das unidades, dezenas e centenas, depois somo as unidades, reportando a cifra das dezenas à coluna apropriada, em seguida somo as dezenas, e se o número ultrapassar a centena reporto o restante, etc. Como assinalamos na introdução, Lemaire (2006) estabelece a esse propósito uma distinção interessante entre um *algoritmo* e uma *heurística* (cf. item 1.2).

Estratégias

O termo *estratégia* é muito geral. Engloba todos os métodos, abordagens ou procedimentos que permitem atingir o objetivo fixado. Fala-se mais especificamente de *estratégias cognitivas* ou *estratégias de aprendizagem*, que designam "os meios aos quais os alunos podem recorrer para adquirir, integrar e recordar os conhecimentos que lhes são ensinados" (Viau, 2003, p. 78). A utilização de uma estratégia explícita ajuda a melhorar a aprendizagem.

Dias (2003) distingue, a esse propósito, dois tipos de estratégias: as *estratégias específicas* – que se limitam a uma disciplina ou a um âmbito de conhecimentos (equivalente ao conceito de procedimento) e as *estratégias gerais*, que são aplicáveis a diversos âmbitos. Nesta obra, utilizaremos o termo "estratégia" unicamente quando se tratar de um procedimento cognitivo com um certo grau de generalidade. Por exemplo, falaremos de *estratégia visual* para designar, em ortografia, a capacidade do aluno de construir uma imagem mental de uma palavra, ou de *estratégia auditiva* quando se repete mentalmente, em geografia, a lista de lagos importantes da Suíça. Ao contrário, falaremos de procedimento quando a tarefa exige uma série sequencial de tarefas a realizar.

O aspecto global da estratégia é igualmente destacado por Giasson (2001), que a define como "o fato de saber o que fazer (conhecimentos declarativos), por que, quando (conhecimentos pragmáticos) e como fazer (conhecimentos procedurais)" (in Doudin et al., p. 258). A autora também distingue o procedimento – sequencial e previsível – da estratégia, que é "um meio ou uma combinação de meios para atingir seu objetivo" (p. 259).

A estratégia tem assim um nível de generalidade – e portanto de transferência – mais elevado. Ela supõe normalmente um planejamento e uma coordenação de um conjunto de operações diferentes (Tardif, 1992).

3.2 POR UMA DEFINIÇÃO DA INTELIGÊNCIA

Vimos mais acima que o conceito de cognição frequentemente substitui o termo "inteligência" nos textos de psicologia cognitiva. Agora, vamos aprofundar essa questão analisando várias definições da inteligência, e depois reteremos apenas uma que convém aos procedimentos sugeridos nesta obra.

Para Sternberg (2007), um dos maiores especialistas da questão, a inteligência é "a capacidade de aprender a partir da experiência, com a ajuda de mecanismos cognitivos que reforçam a aprendizagem, e a aptidão para se adaptar ao meio ambiente, podendo necessitar de adaptações diferentes em contextos sociais e culturais diferentes" (p. 527). Essa definição põe em evidência a capacidade de aprender do indivíduo. Sternberg assinala igualmente a importância da experiência e do ambiente.

A definição de Sternberg rompe assim com um determinismo genético para o qual se é – ou se nasce – inteligente ou não. São antes as experiências sucessivas que condicionam o desenvolvimento de nossa capacidade de responder melhor aos desafios colocados por nosso ambiente. Ela se distancia igualmente das definições que apresentam a inteligência como uma aptidão mental global, geralmente inata.

Simplificando mais, diríamos que as definições da inteligência podem ser agrupadas em duas categorias:

- Para alguns autores – dos quais Spearman talvez seja o mais representativo – a inteligência tem um caráter unitário e uma capacidade geral (o "fator g", para Spearman). As escalas de medida da inteligência e os testes de Quociente Intelectual contribuem para reforçar a imagem de uma aptidão central, passível, portanto, de ser avaliada, "pesada", e mesmo cifrada. Os fatores genéticos são geralmente mencionados aqui para explicar as diferenças interindividuais: a inteligência é considerada uma característica intrínseca do indivíduo, determinada geneticamente e, por isso, não modificável.
- Para outros, a inteligência é múltipla. Ela recorre a uma variedade de processos cognitivos diferentes, e mesmo a inteligências diferentes. Gardner, por exemplo, propôs uma teoria das inteligências múltiplas em que distingue inteligência linguística, lógico-matemática, espacial, musical, cinestésica, interpessoal, intrapessoal, naturalista e existencial. Nessa segunda concepção da inteligência, a influência do ambiente, a mediação de um adulto e as estimulações do meio são determinantes para o desenvolvimento intelectual. Nessa abordagem, a modificabilidade cognitiva é importante, na medida em que o sujeito pode exercer controle sobre os processos mentais.

A definição proposta atualmente pela psicologia cognitiva está ligada à segunda categoria. De fato, a inteligência é concebida, nessa abordagem, como a utilização de diferentes processos cognitivos de tratamento da informação, especializados em tarefas diferentes. Para Dias (1995), por exemplo, pode-se conceber a inteligência como "um reservatório, um repositório de componentes cognitivos que o indivíduo adquire ao longo de suas incontáveis aprendizagens, efetuadas espontaneamente ou induzidas pelo adulto em interações sociais" (p. 212). Assim, o desenvolvimento cognitivo e o desempenho cognitivo seriam determinados pela capacidade do sujeito de mobilizar essas diferentes unidades cognitivas quando resolve problemas ou adquire novos conhecimentos.

Essa definição destaca a plasticidade da inteligência, sua capacidade de automodificação e sua sensibilidade à intervenção ambiental, particularmente educativa. Os processos cognitivos são adquiridos pela experiência do indivíduo e por seu engajamento cognitivo em tarefas múltiplas. Visto que esses processos são sensíveis à aprendizagem, sua melhora conduz o indivíduo a utilizar melhor sua inteligência.

Por essa definição, assinalamos que o aluno "inteligente" é, antes de tudo, aquele que sabe utilizar seus processos cognitivos de maneira eficiente. Em outras palavras, ele sabe organizar seu trabalho visando o objetivo que é fixado (Leperlier, 2001). Para nós, a inteligência se desenvolve graças à soma de conhecimentos e de *expertises* que construímos durante toda a nossa vida. Nessa perspectiva, ela pode ser identificada como "o produto cumulativo de aprendizagens" (Dias, 2003, p. 15). Definida assim, a inteligência pode ser considerada evolutiva e sensível à intervenção educativa. Como ressalta Tardif (1992), "o êxito não é questão de ser 'bom', de tudo ou nada, mas uma consequência do estabelecimento de conhecimentos e estratégias cognitivas e metacognitivas que se ensinam, se aprendem e se desenvolvem" (p. 143).

Se rejeitamos uma definição unitária e geral da inteligência, não é porque ela seria necessariamente falsa, mas porque não tem nenhuma utilidade na ajuda aos alunos com dificuldade! Como mostra a excelente síntese de Mackintosh (2004), é difícil hoje pronunciar-se a favor ou contra uma abordagem exclusivamente unitária ou exclusivamente múltipla da inteligência. Ao contrário, se a ênfase é dada aos conhecimentos e às estratégias cognitivas e metacognitivas, então a inteligência pode ser considerada evolutiva e se desenvolver por toda a vida: visto que as estratégias podem ser aprendidas, o aluno pode desenvolver comportamentos mais adequados ao seu ambiente e, portanto, mais inteligentes.

Consequentemente, a definição de inteligência que adotaremos nesta obra é resolutamente aberta e dinâmica. Propomos assim definir a inteligência como a capacidade de utilizar de maneira pertinente e evolutiva conhecimentos declarativos, procedurais e condicionais, permitindo adaptar suas estratégias às exigências do ambiente.

Em outras palavras, trata-se, para o aluno, de utilizar:

– as estratégias certas (conhecimentos procedurais),
– no momento certo (conhecimentos condicionais),
– mobilizando os conhecimentos necessários (conhecimentos declarativos).

Essa definição requer alguns esclarecimentos: o que se entende exatamente por conhecimentos declarativos, procedurais e condicionais? É o que vamos abordar no próximo item.

3.3 CONHECIMENTOS DECLARATIVOS, LÉXICOS, PROCEDURAIS E CONDICIONAIS

A distinção entre conhecimentos declarativos, procedurais e condicionais é clássica em psicopedagogia cognitiva. Desejamos acrescentar a categoria dos conhecimentos léxicos para destacar a importância dos conceitos no êxito escolar. Dado que a maioria dos autores não distingue conhecimentos declarativos e léxicos, desenvolveremos um pouco mais longamente esse aspecto.

A distinção entre esses quatro tipos de conhecimentos permite pensar vários procedimentos de ajuda diferentes. Se um aluno apresenta lacunas em seus conhecimentos declarativos, a remediação será muito diferente da ajuda oferecida a um aluno que carece de conhecimentos condicionais. A compreensão desses diferentes âmbitos é, portanto, essencial, e permite pensar uma ajuda centrada nas dificuldades da criança. O professor deve, antes de tudo, estar consciente de que uma remediação exclusiva sobre os conhecimentos declarativos é insuficiente para ajudar os alunos em dificuldade.

Conhecimentos declarativos

Os conhecimentos declarativos são os mais valorizados na escola. Correspondem às informações factuais e respondem à pergunta "o quê?". Os conhecimentos enciclopédicos, livrescos, teóricos e os saberes acadêmicos são conhecimentos declarativos. Quando um professor pede aos alunos que aprendam as diferentes partes de uma planta, o nome das capitais dos países da Europa ou os grandes períodos da história, cobra deles conhecimentos declarativos. Evidentemente, esses conhecimentos são essenciais. As aprendizagens dependem, muitas vezes, do domínio de conhecimentos declarativos.

Os "conhecimentos metacognitivos" – de que falávamos acima – são conhecimentos declarativos. Trata-se de conhecimentos factuais, de informações objetivas que o aluno tem sobre seus recursos, suas dificuldades, sua maneira de trabalhar, sobre as exigências da tarefa, etc. Eles se tornam conhecimentos procedurais somente quando os alunos os põem em prática em uma tarefa efetiva. O aluno pode, por exemplo, recitar de cor a lista das etapas necessárias para a realização de uma operação matemática (conhecimentos declarativos), mas ser incapaz de aplicar esse procedimento quando realiza efetivamente o exercício (conhecimentos procedurais).

A aprendizagem desses conhecimentos recorre principalmente às estratégias mnemônicas. Trata-se, portanto, de conhecer com precisão o funcionamento da memória e as leis da memorização para se apropriar de maneira eficaz dos conhecimentos declarativos. O Capítulo 4 desta obra é consagrado exclusivamente a esse aspecto essencial da aprendizagem na escola.

Para ilustrar esses diferentes tipos de conhecimentos, vamos tomar como exemplo o ensino-aprendizagem de "palavras com sentido próximo" em vocabulário. Veremos que, quando o professor trabalha esse tema, deve estar atento a desenvolver os conhecimentos declarativos, léxicos, procedurais e condicionais de seus alunos. Vejamos agora em que consiste a aprendizagem de conhecimentos declarativos neste exemplo:

O professor organizará uma primeira sequência de ensino-aprendizagem na qual apresentará diversos exemplos de palavras com sentidos mais ou menos próximos, pedindo aos alunos para definir as características dessas palavras e mostrar em que uma palavra pode ser definida como próxima de outra quanto ao sentido. Esse procedimento ajuda os alunos a descobrir as características de uma palavra de sentido próximo. A atividade conjunta da aula possibilitará, assim, dar uma definição. Os alunos poderão agora responder à pergunta "o quê?", que define os conhecimentos declarativos: "O que é uma palavra de sentido próximo?"

Conhecimentos léxicos

Os conhecimentos léxicos constituem uma subcategoria de conhecimentos declarativos. Eles permitem agrupar a maioria dos conhecimentos declarativos em torno de alguns conceitos-chave. Os conhecimentos declarativos são, de fato, muito amplos, e às vezes sobrecarregam inutilmente a memória. O interesse de agrupá-los em torno de conceitos é possibilitar que os alunos tenham alguns pontos de ancoragem sólidos nos quais se focalizam os saberes enciclopédicos. Os conhecimentos léxicos podem então se apresentar em forma de um glossário que retoma unicamente os conceitos centrais de um campo de aprendizagem. A aprendizagem de história, por exemplo, pode ser construída em torno dos conceitos principais de *Pré-História, Antiguidade, Idade Média, Modernidade* e *Período Contemporâneo*. Depois, cada um desses conceitos pode ser desdobrado em conceitos secundários. Por exemplo, o conceito de Antiguidade se desdobrará em outros três conceitos importantes: as civilizações *egípcia, grega* e *romana*.

Assim, os conhecimentos léxicos agrupam-se em torno de conceitos. "O conhecimento declarativo mais fundamental é aquele que se refere aos conceitos. Um conceito é um símbolo que representa uma classe de objetos (concretos ou abstratos) que possuem propriedades comuns. Por exemplo, o conceito 'navio' representa uma infinidade de objetos que, embora não sejam idênticos, possuem algumas propriedades comuns, como flutuar sobre a água e apresentar uma forma côncava. Note-se que praticamente todas as palavras da linguagem podem adquirir o estatuto de conceito. [...] Além disso, os conceitos são organizados em redes de relações. Por exemplo, para um adulto, o conceito 'cão' está ligado ao conceito 'mamífero' pela relação 'é um exemplar de': um cão é um mamífero" (Nguyen-Xuan, 1995, p. 30).

A aquisição de conceitos é, portanto, fundamental, pois constitui uma ferramenta cognitiva que permite ao indivíduo compreender e organizar o mundo em que vive. Um conceito agrupa assim, em torno de uma palavra, uma explicação, exemplos, ideias, componentes que, juntos, criam em torno da palavra um conjunto coerente. "Se você conhece o conceito de despotismo e alguém lhe diz que determinado país tem um governo despótico, você não precisa se perguntar se há eleições democráticas nesse país" (Levine, 2003, p. 272).

Os conhecimentos léxicos podem proporcionar referências sólidas aos alunos, e funcionam como "ganchos de saberes" para os conhecimentos declarativos. Temos sempre a impressão de que a escola faz "demais de tudo" e trabalha na superfície do saber. O aluno, ao se tornar adulto, pode sentir que aprendeu uma infinidade de coisas sem ter retido nada! A escola "varre" – o termo é escolhido – um número impressionante de saberes sem fixar solidamente alguns conceitos-chave que possibilitem aos alunos dispor de referências consistentes. Todos aprendemos, por exemplo, o papel do "oráculo de Delfos" na Grécia antiga, mas quem ainda sabe explicar com precisão o papel da pítia? Todos estudamos o funcionamento e o papel da célula no corpo humano, mas que adulto pode explicar com precisão a função específica dos cromossomos e dos genes, a estrutura do DNA ou a autorreprodução por mitose?[4]

Os conhecimentos declarativos poderiam ser agrupados então em torno de alguns conceitos-chave, os conhecimentos léxicos. Defendemos assim uma aprendizagem do vocabulário que siga e conclua a aprendizagem – e não que a preceda! Se o trabalho termina com a aprendizagem de alguns conceitos-chave, ela possibilita uma síntese de elementos a reter neste ou naquele campo. Comumente, a aprendizagem do vocabulário da escola é muito artificial: pede-se aos alunos que memorizem uma lista de palavras e sua definição, sem ancorar essas palavras em um campo de saberes ou na realidade das crianças. A aprendizagem do vocabulário melhoraria se organizada em ligação direta com os outros campos de conhecimento. Quando o professor concluísse com seus alunos a aprendizagem do período romano, ele poderia sintetizar todos os conhecimentos desse período em torno de alguns conceitos-chave que seriam memorizados. Esses conceitos constituiriam então pontos de ancoragem sólidos das aprendizagens feitas nessa disciplina. O aluno disporia assim de alguns núcleos de conhecimentos sólidos, constituídos em torno de um vocabulário específico, em vez de uma miscelânea de pseudoconhecimentos difusos.

As pesquisas mostraram, aliás, que o aluno não adquire vocabulário aprendendo cada palavra individualmente ou procurando-a no dicionário. A criança enriquece seu vocabulário primeiramente pela escuta, pela leitura, as situações naturais de utilização das palavras. Ou seja, a criança extrai o significado de uma palavra nova de contextos em que ela a ouve ou lê. "As crianças pequenas não adquirem seu vocabulário por uma aprendizagem de associação em par de cada palavra nova com uma definição, dada de maneira benevolente pelos pais ou pelo professor. A criança média dispõe de um vocabulário de cerca de 14 mil palavras aos 6 anos de idade; um cálculo rápido sugere que ela deve aprender uma palavra nova a cada hora que passa. [...] Ninguém pode acreditar seriamente que cada uma dessas palavras tenha sido explicitamente aprendida ou explicitamente consultada em um dicionário" (Mackintosh, 2004, p. 324).

Todas as disciplinas escolares propõem um grande número de termos difíceis que o aluno supostamente deve compreender. Em geral, o aluno se encontra com dificuldade de aprendizagem simplesmente porque não compreende os termos utilizados. No âmbito da aquisição da linguagem, fala-se de *metalinguística* para designar "a linguagem especializada que se utiliza para falar e refletir sobre o ensino e sobre os mecanismos de aquisição da linguagem" (Downing e Fijalkow, 1990, p. 34). O aluno pode estar com dificuldades porque não compreende os termos utilizados para falar, por exemplo, sobre a leitura. Para um aluno pequeno, os termos "letra, palavra, frase" não são necessariamente claros, e criam em alguns uma "confusão cognitiva" que não lhes permite compreender do que se está falando e quais são as exigências colocadas. Do mesmo modo, estabelecemos um inventário de termos específicos empregados em matemática (p. ex., "potência, dividendo, perímetro, translação, polígono, bissetriz, coordenadas, etc."): um aluno de 10 anos deve conhecer perfeitamente cerca de 120 palavras só para compreender os enunciados dos exercícios de seu livro de matemática. Visto que esse vocabulário não é o do dia a dia, exige um ensino e uma aprendizagem específica.

Lieury (2000, 2004) mostrou, nos anos 1990, que a correlação entre o êxito escolar e o domínio do vocabulário era mais forte do que aquela estabelecida entre o êxito escolar e o raciocínio! Conforme os anos, as correlações são de 60 a 72 entre a riqueza do vocabulário enciclopédico e o êxito escolar[5]. "Em todos os anos, os que se saem melhor são aqueles que têm o vocabulário mais rico" (2000, p. 13). Ele mostrou também que o nível de domínio do vocabulário era muito diferente entre os melhores alunos (cerca de 4 mil conceitos) e os alunos com dificuldades (cerca de mil conceitos). "As consequências pedagógicas são evidentemente essenciais. É preciso continuar valorizando os exercícios e as práticas que visam a desenvolver os conhecimentos léxicos, aulas, leituras, constituição de dossiês e exercícios sobre as palavras, e não pensar que, por um raciocínio 'mágico', os alunos, partindo de nada, deduzirão tudo" (2004, p. 13).

Uma experiência relatada por Buzan (2004) assinala igualmente a importância de focalizar em sua aprendizagem alguns núcleos de conhecimentos:

> *Pede-se a dois grupos de alunos que estudem o conteúdo de uma obra para um exame. Informa-se o primeiro grupo que o teste incidirá sobre toda a obra, enquanto o segundo grupo é advertido de que será avaliado sobre dois ou três temas principais. Na realidade, os dois grupos recebem o mesmo exame – que incide sobre a totalidade da obra, o que deveria favorecer o primeiro grupo. Porém, o segundo grupo obtém melhores resultados. "A razão disso é que os temas principais desempenham*

o papel de ganchos, que agarram a informação em sua passagem e arrastam todo o resto. Em outras palavras, as questões principais e os objetivos funcionaram como centro de ligação e de associação para os quais qualquer outra informação convergiu sem dificuldade."
(2004, p. 148-149).

Em nossa abordagem, os conceitos podem desempenhar esse papel de "ganchos" ou de "centros de ligação". O uso do esquema heurístico (Buzan, 2004) permite, por exemplo, visualizar o núcleo de saberes e organizar os conhecimentos em torno de um "centro de ligação": o exercício consiste em colocar no meio da folha o conceito-chave e depois, em torno dele, em forma de estrela, os conceitos secundários, os exemplos, as definições, etc., constituindo uma rede de ramificações. Disponibilizamos a seguir o exemplo da carta conceitual do "tomate" na forma de um esquema heurístico (Figura 3.1).

Veremos, no capítulo consagrado à memória, que essa apresentação em estrela do esquema heurístico corresponde à realidade cerebral da organização das informações em nossa memória a longo prazo. É, de fato, graças aos conceitos que os significados são codificados na memória. "Na realidade, quando se pensa as palavras como conceitos, essas palavras são meios econômicos que autorizam manipular uma informação que faz parte deles. [...] O fato de dispor de uma palavra para designar alguma coisa ajuda-nos a acrescentar uma nova informação àquela já existente a propósito desse conceito. Por exemplo, tendo acesso à palavra *escritório*, quando você tem novas experiências associadas aos escritórios ou aprende coisas novas a respeito deles, você dispõe de uma palavra em torno da qual organiza todas as informações que dizem respeito a ela" (Sternberg, 2007, p. 237).

Na psicologia cognitiva, os pesquisadores falam de "nós" para designar os conceitos centrais e de "arcos" para descrever as ligações estabelecidas entre os conceitos da "rede" (Costermans, 2001). Ativando um nó, ativam-se igualmente todos os outros nós que têm uma ligação com o nó central: "Pode-se dizer, portanto, que ativar um conceito significa ativar o *conjunto* de nós da rede, mas cada um na exata medi-

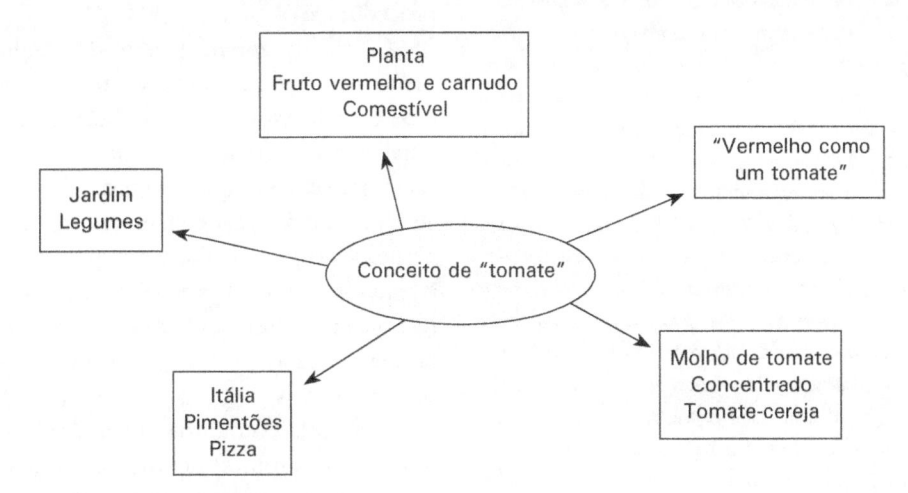

Figura 3.1 Carta conceitual do "tomate".

da de seu peso no conteúdo desse conceito. Assim, cada conceito corresponde a uma distribuição particular de ativações na rede, ou, como alguns qualificaram tão bem, a uma 'paisagem'" (op. cit., p. 143). Em outras palavras, puxando a ponta do fio, você trará para si todo o novelo, sendo que a ponta do fio é o conceito principal e o novelo é toda a rede ligada a esse conceito[6].

A aprendizagem de conhecimentos léxicos pela constituição de um glossário permite assim reconsiderar as modalidades de aprendizagem de vocabulário na escola e constituir uma bagagem de conhecimentos, certamente limitada, mas sólida.

O aluno que domina esse vocabulário pode, enfim, se engajar em atividades que compreende porque conhece as palavras "para falar sobre". Ele desenvolve então um comportamento de controle que lhe permite encarar serenamente as outras atividades (procedurais e condicionais).

Retomemos agora nosso exemplo das "palavras com sentido próximo" e vejamos de que maneira os conhecimentos léxicos serão abordados pelo professor.

> *O procedimento sugerido pelo professor possibilitou aos alunos – confrontando "exemplos positivos" de palavras com sentido próximo e "exemplos negativos" de palavras com sentido "menos próximo" – construir uma representação correta do conceito (cf. Barth, 1987, cap. 3, para uma apresentação do procedimento). O professor conclui sua aula sobre as palavras com sentido próximo explicando aos alunos que elas são chamadas de "sinônimos". Os alunos acrescentam essa palavra e a definição dela a seu glossário e memorizam essa nova palavra de vocabulário para mais tarde. Todo o trabalho efetuado hoje em vocabulário resume-se, portanto, à aprendizagem de um novo conceito, o de "sinônimo", em torno do qual se incorporarão uma definição, exemplos, conceitos próximos ou secundários e outras informações conexas.*

Conhecimentos procedurais ou estratégicos

Os conhecimentos procedurais, como o nome indica, aludem a procedimentos e estratégias de aprendizagem. Eles respondem, portanto, à pergunta "como?" e dizem respeito às habilidades, ao saber-fazer, à maneira de executar uma tarefa. Apresentam-se, geralmente, sob a forma de uma sequência de ações a executar em uma certa ordem (procedimento).

Propomos uma definição ampla dos conhecimentos procedurais, que se refere tanto aos algoritmos, às heurísticas e aos procedimentos quanto às estratégias. Quando o aluno tem que responder à pergunta "como fazer?", ele deve, portanto, mobilizar conhecimentos procedurais. O que parece estranho, e mesmo paradoxal, é que a escola exige numerosos conhecimentos procedurais, mas não os ensina! Ler, escrever, calcular, resolver um problema, sendo objetivos fundamentais, exigem, antes de tudo, conhecimentos procedurais. Ora, a escola persiste em ensinar conhecimentos declarativos nessas diferentes disciplinas, mas exige o domínio de conhecimentos procedurais.

O ensino-aprendizagem de conhecimentos procedurais deve ser feito na ação e pela ação. Assim, esses conhecimentos se atualizam em atividades concretas a realizar: trata-se, consequentemente, de propor ao aluno uma tarefa e analisar com ele sua maneira de geri-la. Pode ser que esta seja adequada e necessite apenas de alguns ajustes, mas pode ser também que ela seja totalmente ineficaz e exija uma modificação radical.

Vale esclarecer ainda que o aluno pode desenvolver conhecimentos declarativos a propósito de conhecimentos procedurais.

Por exemplo, quando aprende de cor, ponto por ponto, as diversas etapas necessárias à resolução de um problema matemático, ele desenvolve conhecimentos declarativos, e não conhecimentos procedurais. Estes últimos só são possíveis na ação, e se verificam quando da resolução efetiva do problema. A questão da proceduralização de conhecimentos declarativos é, portanto, fundamental: "Esse processo não se reduz absolutamente a uma simples aplicação de princípios gerais em contextos particulares; há uma verdadeira transformação do estatuto de conhecimentos declarativos em conhecimentos procedurais" (Crahay, 1999, p. 264). Em outras palavras, saberes acadêmicos – que podem parecer estáticos... ou até moribundos, às vezes – recobram vigor e dinamismo na ação concreta na qual são mergulhados[7]. Portanto, os conhecimentos declarativos devem ser combinados com outros tipos de conhecimentos para serem funcionais na realização de tarefas escolares.

Os alunos já sabem o que é uma palavra de sentido próximo (conhecimento declarativo) e conhecem o conhecimento correspondente (conhecimento léxico); Agora podem trabalhar sobre um procedimento particular: como encontrar uma palavra de sentido próximo? O método de pesquisa de sinônimos no dicionário será, por exemplo, a primeira parte da aula. A segunda parte poderá ser consagrada a um procedimento eficaz de pesquisa no computador. Com isso, ao final da aula, os alunos disporão de conhecimentos procedurais sobre a pesquisa de sinônimos. Saberão então "como" efetuar esse trabalho.

Conhecimentos condicionais ou pragmáticos

Os conhecimentos condicionais – chamados de *pragmáticos* por alguns autores – são responsáveis pela transferência das aprendizagens. Eles permitem responder à pergunta "quando e por quê?" e saber em que momento, em que condições e em que situação mobilizar este ou aquele conhecimento. Assim, o aluno poderá reconhecer o tipo de problema que tem diante de si e mobilizar os conhecimentos necessários. De fato, é inútil para o aluno saber resolver uma tarefa se, no momento em que se depara com essa tarefa, não sabe reconhecê-la.

Por exemplo, ensinar a um aluno uma estratégia eficaz de leitura de textos narrativos não serve de nada se esse aluno for incapaz de reconhecer um texto narrativo: ele não conseguirá mobilizar suas competências no momento certo. Ao aprender um procedimento ou uma estratégia, ele terá de aprender, paralelamente, a reconhecer as situações em que deve utilizá-lo. Ele precisa então reconhecer os elementos do contexto que justificam a aplicação de tal ou qual procedimento (Grégoire, in Depover et al., 1999).

Do mesmo modo que os conhecimentos procedurais, os conhecimentos condicionais se verificam unicamente na ação. Se, por exemplo, o aluno é capaz de dizer que precisa mobilizar esta ou aquela competência ao preparar seu ditado, ele demonstra que domina conhecimentos declarativos a respeito das condições dessa preparação. Mas apenas a mobilização do procedimento certo em contexto possibilitará verificar se o aluno domina bem os conhecimentos condicionais da preparação do ditado.

Os alunos já sabem o que é uma palavra de sentido próximo (conhecimentos declarativos), como se chama esse conceito (conhecimento léxico) e de que maneira se pode encontrar um sinônimo no dicionário ou no computador. Contudo, faltam-lhe conhecimentos pragmáticos: quando e por que procurar palavras de sentido próximo? Assim, a última aula será consagrada à transferência dessa aprendizagem às situações de composição escrita. As crianças vão aprender, por exemplo, a encontrar sinônimos quando desejam evitar repetições em seus textos. Elas saberão agora quando (em exercícios de redação) e por que (para evitar repetições) o uso de sinônimos é útil. Poderão então mobilizar seus outros conhecimentos (conhecimentos declarativos, léxicos e procedurais) em um contexto adequado.

Do uso desses diferentes conhecimentos

O breve exemplo desenvolvido acima mostra bem a complementaridade desses quatro tipos de conhecimento. O professor cuidará então de não trabalhar exclusivamente sobre conhecimentos declarativos ou léxicos. De fato, estes não são muito úteis se os alunos não sabem como, quando e por que utilizá-los. A questão do sentido das aprendizagens está, portanto, nas entrelinhas de toda esta reflexão.

A definição da inteligência – que expusemos no capítulo anterior – deve estar mais clara agora, após essa apresentação dos quatro tipos de conhecimentos. Vamos recordá-la aqui:

> A inteligência pode ser considerada a capacidade de utilizar de maneira pertinente e evolutiva conhecimentos declarativos, procedurais e condicionais que permitam adaptar suas estratégias às exigências do ambiente.
>
> Em outras palavras, para o aluno tratar-se de utilizar:
> – as estratégias certas (conhecimentos procedurais),
> – no momento certo (conhecimentos condicionais),
> – mobilizando os conhecimentos necessários (conhecimentos declarativos).

Se o aluno aprendeu a utilizar as estratégias certas e os procedimentos certos (conhecimentos procedurais), e sabe quando e por que deve utilizar seus conhecimentos declarativos e léxicos (conhecimentos procedurais), pode-se afirmar que ele manifesta um comportamento "mais inteligente" em relação à tarefa. Em outras palavras, sua "inteligência" da situação é melhor: o aluno se tornou assim, segundo nossa definição, mais inteligente. A inteligência é entendida, portanto, nessa abordagem, como a aptidão a mobilizar, no momento certo, os conhecimentos e as estratégias necessárias à realização correta da tarefa.

Apresentamos separadamente esses diferentes conhecimentos, mas é preciso esclarecer agora que, na realidade, eles estão estreitamente imbricados. Assim, ao planejar uma sequência de ensino-aprendizagem, o professor deveria prever que lugar deseja atribuir a esses quatro tipos de conhecimento e como vai articulá-los entre si.

3.4 FUNCIONAMENTO COGNITIVO E PROCESSOS MENTAIS

Neste item, vamos apresentar um modelo de funcionamento cognitivo e definir o papel dos diferentes processos mentais – cognitivos e metacognitivos – em seu funcionamento. Construiremos um esquema passo a passo, ponto por ponto, explicitando claramente seus diferentes componentes. Assim, o esquema final, completo, será apresentado no final. Os mais audaciosos já podem descobri-lo agora (cf. Figura 3.10).

Esquema básico

Apresentamos primeiro uma figura simplificada do esquema que nos possibilitará compreender globalmente o modelo. Depois vamos apresentar cada um de seus componentes completando o esquema. Por último, agruparemos as diferentes partes em um esquema completo (Figura 3.10).

Construímos esse esquema do funcionamento cognitivo a partir de vários modelos (Atkinson e Shiffrin, 1969 e 1971; Feuerstein, 1990; Tardif, 1992; Crahay, 1999; Lemaire, 1999; Dias, 2003; Sternberg, 2007). Esses modelos distintos apresentam muitas vezes a mesma estrutura global, mas diferem quanto ao lugar dos diversos elementos ou quanto ao vocabulário utilizado. Procuramos fazer uma síntese deles e apresentar um esquema claro, utilizando um vocabulário simples.

Vale esclarecer, antes de tudo, que o funcionamento cognitivo é comandado pelo aluno – que desempenha efetivamente um papel muito ativo em todo o processo. É ele quem decide – e apenas ele – se deseja aprender e como vai fazer isso. O trabalho cognitivo consiste em transformar ativamente uma informação proveniente de seu ambiente em um conhecimento pessoal, isto é, em se apropriar realmente de um saber, em integrá-lo ao seu campo semântico, trabalhando – no sentido metafórico que se dá à atividade do ceramista sobre a argila – as representações que faz *a priori* dos saberes considerados. "O sistema cognitivo é um sistema de tratamento da informação ativo, e não passivo. Isto é, não registra passivamente as informações. Ele manipula símbolos, transforma-os em representações mentais. É um sistema simbólico ativo" (Lemaire, 1999, p. 42).

O esquema que apresentamos neste capítulo é um modelo de funcionamento cognitivo muito geral e, consequentemente, aplicável ao conjunto das tarefas cognitivas. Seu interesse está em sua grande generalidade, podendo ser utilizado para analisar qualquer tarefa cognitiva, da mais simples – como comprar um bilhete no guichê da estação[8] – à mais complexa – como resolver um problema matemático.

Simplificando muito, poderíamos dizer que toda tarefa cognitiva se resume a três etapas principais: a obtenção de informação, que se efetua no ambiente da pessoa (*input* ou entrada), o tratamento dessa informação (processador central) e a expressão da resposta da pessoa ao seu ambiente (*output* ou saída).

O exemplo a seguir ajudará a compreender melhor esse modelo de funciona-

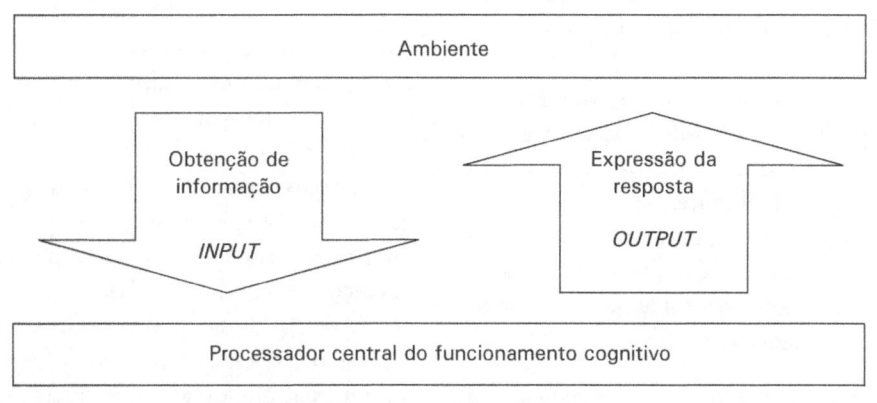

Figura 3.2 Esquema simplificado do funcionamento cognitivo.

mento. Quando desejo tomar o trem, preciso antes de tudo analisar meu ambiente imediato, buscando informações no meio em que me encontro: procuro saber onde é o guichê, leio os horários, identifico a plataforma, ouço os avisos, etc. Essa primeira fase de *input* sensorial me permite obter uma série de informações em meu ambiente – no caso, a estação. Na segunda etapa, vou tratar essas informações no processador central de meu cérebro (localizado no córtex frontal/pré-frontal), organizá-las, compará-las, discriminar as que são importantes daquelas que posso desprezar, planejar as tarefas que preciso cumprir para tomar meu trem na hora certa e na plataforma certa. Por exemplo, vou comparar o horário que tenho diante dos olhos com o aviso feito no autofalante; vou selecionar o guichê onde a fila de viajantes é menor; vou organizar minhas tarefas, decidindo primeiro comprar o bilhete, depois ir à padaria comprar um lanche e, finalmente, dirigir-me à plataforma; vou planejar essas tarefas em função do tempo disponível. Em uma terceira fase de expressão (*output*), vou enfim realizar atos (dirigir-me ao guichê, pedir meu bilhete, informar-me sobre o horário) que constituem respostas transmitidas ao meu ambiente. Esse funcionamento cognitivo em três tempos possibilitou-me, assim, adaptar meu comportamento ao meio em que me encontro, graças à obtenção de informações nesse ambiente, a um tratamento cognitivo dessas informações e a uma resposta – traduzida em atos – que atualizo nesse mesmo ambiente.

Imaginemos agora como se articulam, em situação escolar, essas três fases ao se resolver um pequeno problema matemático. Eis o enunciado do problema:

> *Quando se mudou para o seu novo apartamento, Philippe comprou um conjunto de móveis de cozinha composto de três cadeiras e uma mesa. A fatura total é de 2.150 euros. Sabendo que a mesa custou 980 euros, quanto custou cada cadeira?*

Em um primeiro momento (fase de *input*), o aluno precisa se apropriar do enunciado do problema – fornecido por seu "ambiente" – lendo esse pequeno texto. Sua atenção deve focalizar as diferentes informações contidas no problema. O enunciado é curto, mas as informações a memorizar são numerosas (situação inicial, número de cadeiras, número de mesas, custo total, custo da mesa, pergunta). Provavelmente, essa fase de obtenção de informações não poderá se efetuar em uma única leitura. Além disso, não se trata apenas de ler o enunciado, mas de realmente dar sentido a cada uma das informações.

Depois que o enunciado é lido e compreendido, o processador central precisa tratar todas essas informações. O aluno deve discriminar as informações importantes (custo total da mesa e das cadeiras, por exemplo) das informações secundárias (mudança para um novo apartamento). Deve igualmente selecionar as informações que tem de utilizar primeiro e aquelas que deixará de lado no momento. O processo de indução também o ajudará a compreender que a "fatura total" refere-se à compra das cadeiras e da mesa, o que o texto não diz explicitamente. A última fase deve merecer um tratamento cognitivo particular: a primeira parte traz uma indicação suplementar (custo da mesa), enquanto a segunda parte constitui a pergunta propriamente dita. Finalmente, o aluno deve planejar as operações a serem realizadas.

Agora, o aluno pode passar à fase de expressão da resposta (*output*)[9]. Ele poderá, por exemplo, organizar as operações em sua ficha numerando-as pela ordem em que foram efetuadas. Poderá também desenhar os móveis acrescentando, a cada um deles, uma etiqueta com o preço. Quando tiver chegado à resposta, talvez decida tirar uma prova, multiplicando o preço de cada cadeira pelo número de cadeiras e depois somando o total obtido ao preço da mesa. Em seguida, o aluno escreverá uma frase de resposta do tipo: "Philippe pagou por cada cadeira...". Finalmente, comunicará a resposta ao professor entregando-lhe sua ficha (resposta transmitida ao ambiente).

O interesse desse modelo geral de tratamento da informação reside na possibilidade, de um lado, de analisar o funcionamento do aluno em tarefas escolares diferentes (avaliação dos recursos e das dificuldades na utilização de processos mentais) e, de outro lado, de proporcionar-lhe uma ajuda direcionada a uma ou outra dessas três fases. Alguns alunos apresentam sistematicamente falta de controle da impulsividade nessa fase de obtenção de informações, enquanto outros, preocupados demais em realizar as operações, perdem o objetivo visado quando da fase de tratamento. Outros, enfim, são incapazes de comunicar claramente o resultado de sua reflexão e são sempre penalizados, porque o professor avalia o produto, e não os processos empregados.

A divisão em três fases, evidentemente, é um pouco artificial. Quando, por exemplo, o aluno lê o enunciado do problema, ele não se limita a obter informações de forma passiva, mas já efetua um trabalho de identificação das informações pertinentes, de comparação dos números apresentados ou de organização dos dados importantes – que já fazem parte da fase de tratamento das informações. Do mesmo modo, quando expressa sua resposta (*output*), ele não o faz mecanicamente, mas talvez releia o enunciado (nova fase de obtenção de informações) para verificar se os cálculos são coerentes.

O ambiente e as estimulações sensoriais

Vamos agora reler – e portanto complexificar um pouco mais – nosso esquema básico do funcionamento cognitivo, reconstruindo passo a passo o esquema apresentado no fim do capítulo. Iniciamos esse exercício pela análise das estimulações sensoriais que provêm do ambiente.

Seja qual for o ambiente em que nos encontramos, somos continuamente bombardeados por estímulos sensoriais. Levante a cabeça deste livro por um instante e tome consciência das múltiplas informações que chegam aos seus sentidos. Talvez ouça um carro passando na rua, a música que sua filha mais nova está ouvindo no quarto ou, ainda, o ruído do coelho em sua casinha; pode também ver à sua volta inúmeros objetos aos quais pode ou não dirigir a atenção; mas a visão e a audição não são os únicos sentidos aos quais se pode estar atento: o odor do jantar ou o calor do cômodo podem constituir igualmente estímulos sensoriais provenientes do ambiente. Na verdade, estamos constantemente em contato com o mundo graças aos nossos sentidos e às estimulações do meio. Assim, esses *sinais sensoriais* provenientes do ambiente transitam pelo sistema sensorial para depois serem tratados em um nível perceptivo.

Se nossos receptores sensoriais são defeituosos, a via de acesso aos processos de tratamento da informação do processador central é travada. Esses receptores correspondem aos nossos sentidos: podem ser visuais, auditivos, olfativos, gustativos, ci-

```
┌─────────────────────────────────────────────────────────┐
│                         Ambiente                        │
│   Estimulações sensoriais                               │
│   provenientes do ambiente                              │
└─────────────────────────────────────────────────────────┘
                          ▼
```

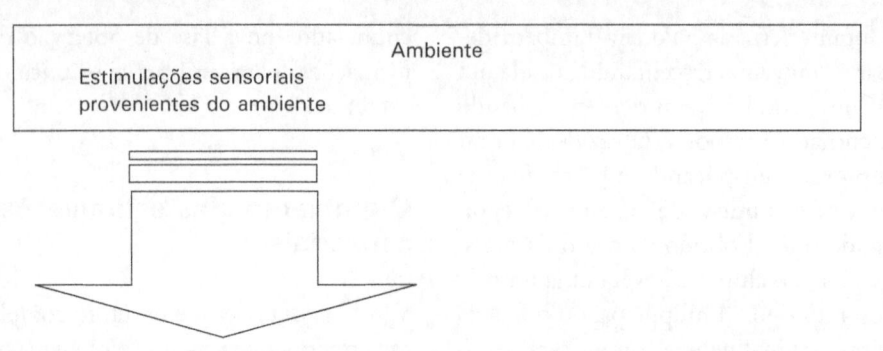

Figura 3.3 Esquema do funcionamento cognitivo: o ambiente e as estimulações sensoriais.

nestésicos ou táteis. Quando trabalhamos sobre os receptores sensoriais com nossos alunos, ficamos surpresos ao constatar que eles têm muita dificuldade de indicar quais são as "entradas" que possibilitam alimentar nosso cérebro de informações. A conscientização desse primeiro trabalho de obtenção de informações em nosso ambiente é, muitas vezes, uma revelação para eles.

Felizmente, somos capazes de selecionar – em geral de forma inconsciente – as numerosas informações que provêm do ambiente. O registro perceptivo é capaz, portanto, de separar as boas informações e eliminar as informações inúteis. Quando você lê – como neste momento –, os processos atencionais do registro perceptivo eliminam, por exemplo, os ruídos ou as estimulações visuais sem interesse (a máquina de lavar, o barulho do chuveiro ou o gato pulando do sofá). Ao contrário, se você ouve seu filho chorando – ainda que baixinho – seu registro perceptivo vai reter a informação, transmiti-la ao cérebro e solicitar um tratamento cognitivo mais aprofundado. Esse fenômeno de triagem de informações pelo registro perceptivo ainda é muito misterioso; por exemplo, as pesquisas mostraram que pessoas que ignoram informações semânticas em uma situação podem ser sensíveis à evocação de seu nome nessa mesma situação[10]. Portanto, o registro perceptivo não desempenha unicamente um papel passivo de transportar informação, mas já trata as estimulações sensoriais provenientes do meio.

Registro perceptivo e obtenção da informação *(input)*

Como dissemos acima, somos continuamente bombardeados por estímulos sensoriais, mas nem sempre temos consciência disso. Em nossa obra, chamamos de *registro perceptivo* a estrutura cognitiva que seleciona as estimulações sensoriais e só retém aquelas que são objeto de uma atenção particular. Alguns autores falam de *fase de apreensão* ou *fase de recepção* para designar essa primeira etapa de tratamento da informação.

Essa fase de obtenção de informação permite à pessoa analisar a tarefa a ser realizada, identificar e selecionar as informações importantes. Portanto, é fundamental para a sequência de operações mentais. Por exemplo, se o aluno não lê bem o enunciado ou não analisa globalmente sua ficha antes de se lançar ao trabalho, ele corre o risco de ter grandes dificuldades depois. Além disso, como assinala Dias (2003), os alunos com dificuldades de aprendizagem

```
┌─────────────────────────────────────────────┐
│                  Ambiente                   │
└─────────────────────────────────────────────┘
         ┌──────────────────────────┐
         │   REGISTRO PERCEPTIVO    │
         │   Receptores sensoriais  │
         │   Processos atencionais  │
         │       **Obtenção**       │
         │     **de informação**    │
         │        ***INPUT***       │
         │         Percepção        │
         └──────────────────────────┘
                     ▽
```

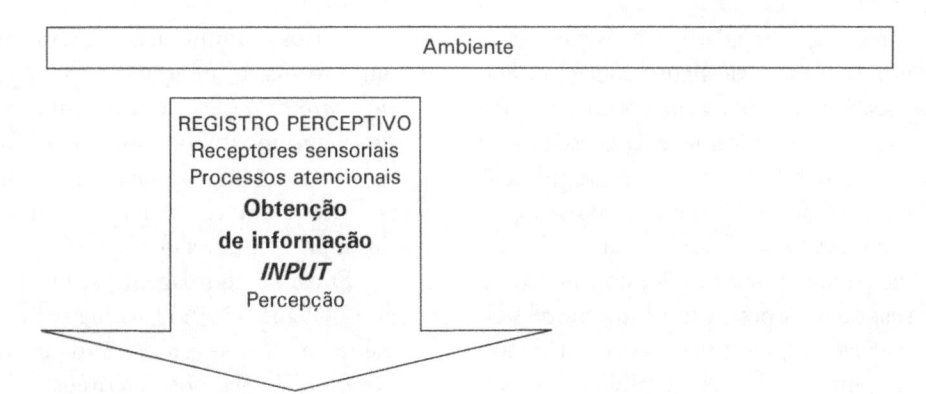

Figura 3.4 Esquema do funcionamento cognitivo: o registro perceptivo.

costumam apresentar nessa fase um "comportamento impulsivo, pouco refletido, pouco sistemático, impreciso e não planejado". Nessa etapa, o aluno deveria colocar-se algumas questões importantes antes de realizar efetivamente a tarefa: qual a natureza do problema a resolver? Já me deparei com problemas semelhantes? Como os resolvi? Quais os métodos disponíveis para resolver esse problema? Quais os dados pertinentes a reter? O que estão me perguntando exatamente?

Distinguimos muitas estruturas diferentes no registro perceptivo:

1. O nível sensorial: "Esse nível é o do tratamento das características dos sinais físicos na entrada de nossos órgãos sensoriais" (Da Silva Neves, 1999, p. 12). Os receptores sensoriais – na sala de aula, os mais solicitados são a visão e a audição – captam sinais provenientes do ambiente, que depois são transmitidos às estruturas que possibilitam sua percepção. Portanto, os receptores sensoriais são encarregados de registrar os sinais do ambiente e de confiá-los em seguida ao nível perceptivo que dará sentido a eles: o sinal torna-se, assim, informação. Esse nível sensorial de análise dos sinais foi tratado no capítulo anterior. Por isso, não o desenvolveremos aqui.

2. O nível perceptivo (ou percepção)[11]: os sinais físicos não têm sentido em si mesmos; portanto, para dar-lhes sentido, devemos analisá-los e identificá-los. É nesse nível que se faz a integração das diferentes características dos sinais físicos em um percepto ou em uma imagem mental identificável e significante. A percepção permite atribuir um significado às informações sensoriais. Visto que esse processo é particularmente importante, consagraremos a ele o próximo item.

3. Os processos atencionais[12]: a qualidade de trabalho do registro perceptivo depende, evidentemente, da atenção e da motivação da pessoa. O estudo dos processos atencionais exigiria, por si só, uma obra inteira. "A atenção não é um processo unitário correspondente a uma operação mental única. A atenção pode ser fragmentada em uma variedade de componentes" (Camus, 2002, p. 11). Os pesquisadores que estudaram essa questão distinguem assim diferentes tipos de atenção. Arriscamos aqui uma

apresentação rápida – não sistemática e não exaustiva – de alguns conceitos. Ela possibilitará ao leitor uma primeira abordagem de complexidade da questão.

Camus (op. cit.) distingue primeiramente a *atenção exógena* da *atenção endógena*. Quando aparece um estímulo inesperado, por exemplo, no campo visual de uma pessoa, ela interrompe sua atividade e presta atenção ao estímulo. Essa atenção exógena é rápida e breve: "Ela corresponde a uma forma automática de orientação atencional desencadeada por uma estimulação externa" (p. 13). Quanto à atenção endógena, "ela se desenvolve de maneira mais lenta, mas dura mais tempo e, uma vez empenhada, permite resistir à distração. [...] A atenção endógena constitui uma orientação deliberada e intencional da atenção" (op. cit.). Esses dois tipos de atenção têm um papel complementar, na medida em que a atenção endógena se alterna com a atenção exógena.

A *atenção seletiva*, por sua vez, refere-se ao "tratamento diferencial de fontes de informação simultâneas" (Gagné, 1999, p. 123). O aluno deve escolher entre dirigir a atenção a esta ou àquela informação (por exemplo, uma informação proveniente do ambiente – fonte externa – e uma informação "privada" proveniente de seu trabalho mental – fonte interna). A atenção seletiva consiste, portanto, em levar em conta certos estímulos e ignorar outros. Ela permite à pessoa focalizar a atenção em um estímulo particular do ambiente. Graças à nossa atenção seletiva, somos capazes, por exemplo, em uma festa, de dirigir a atenção, entre todas as conversas que estão ocorrendo, às palavras de nosso interlocutor.

Certos autores acrescentam uma outra forma de atenção, a *atenção partilhada ou dividida*, que permite gerir simultaneamente duas ou várias fontes de informação ou atividades diferentes; permite assim coordenar a realização simultânea de diversas tarefas.

Em uma abordagem psicopedagógica, Gagné (1999) distingue, finalmente, a *atenção voluntária* da *atenção involuntária*. Já nos referimos a esta última quando falamos de recursos atencionais: nós a exercemos de maneira automática e não consciente. Levine (2003) fala dessa forma de atenção quando explica que "inconscientemente, mas com uma persistência virtuosa, a atenção inspeciona todos os candidatos à admissão no cérebro, filtra e rejeita o que julga desinteressante, acolhe no campo da consciência um número restrito de estímulos cuidadosamente selecionados e depois convida os elementos mais pertinentes e mais informativos entre essas escolhas a penetrar de forma suficientemente profunda para serem compreendidos ou memorizados, ou ainda para serem utilizados imediatamente" (p. 86).

A *atenção voluntária* está ligada à motivação: o aluno decide, voluntariamente, dirigir a atenção a um objeto que lhe interessa ou a uma aula que o motiva; constatamos com frequência, a esse respeito, que supostas dificuldades de atenção tinham a ver, na realidade, com problemas de motivação.

Percepção

No registro encarregado da obtenção de informação, a percepção tem, evidentemente, um papel central. Sem um trabalho de construção do sentido, seríamos obrigados a reagir automaticamente, instintivamente, aos estímulos de nosso ambiente. Ora, o estímulo que se inscreve no registro perceptivo é submetido de imediato a uma análise perceptual, que possibilita à pessoa identificar seu significado. Quando nossos receptores sensoriais veem uma forma redonda e vermelha, suspensa em uma planta verde de tamanho médio, em uma horta, nossos processos de percepção concluem rapidamente que se trata de um "tomate". Em outras palavras, quando da percepção, a pessoa faz uma representação mental da informação sensorial formando um percepto mental a partir de estímulos provenientes do ambiente. La Garanderie (2001, 2005) fala, a esse propósito, de um trabalho de *evocação*.

Em nosso esquema de funcionamento cognitivo, situamos a percepção na primeira fase, a de obtenção de informação (*input*). Fizemos essa escolha para deixar claro que essa fase de recepção não é uma fase secundária do tratamento da informação, mas desempenha um papel ativo na elaboração do raciocínio. Destacamos aqui, portanto, a relevância do *registro perceptivo* no tratamento da informação[13]. Com isso, enfatizamos o papel ativo e dinâmico do registro perceptivo e contestamos a imagem redutora de uma fase de obtenção de informação encarregada unicamente de um ato passivo de registro de sinais visuais ou auditivos. Costermans (2001) assinala igualmente o trabalho ativo de reconhecimento de sinais sensoriais e de construção da percepção: "Na percepção, considera-se naturalmente que as informações transitam dos órgãos periféricos para o sistema central; mas, em oposição a isso, os trabalhos sobre a atenção seletiva sugerem que o sistema central pode, ele próprio, comandar certos ajustes periféricos e, sobretudo, certos tratamentos de nível baixo, de forma a filtrar as informações que chegarão até ele" (p. 18).

Lemaire (1999) relata uma experiência realizada já em 1947 por Bruner e Goodman. Esses dois pesquisadores pediram a dois grupos de crianças que estimassem o tamanho de moedas. "O primeiro grupo compreendia crianças originárias de famílias pobres; o segundo grupo era constituído de crianças de famílias ricas. Eles observaram que as crianças originárias de famílias pobres tinham a tendência a perceber as moedas como maiores do que as crianças de famílias ricas. É como se, para as crianças pobres, o dinheiro tivesse mais valor e as moedas que representavam esse valor eram percebidas como maiores." (p. 54)

Essa experiência mostra claramente que a percepção não é passiva, mas é influenciada pelo estado emocional e pela cognição dos indivíduos. Por isso, queremos valorizar em nosso esquema essa fase de obtenção de informação. Assim, em nosso modelo, as informações visuais e auditivas são transformadas, no registro perceptivo, em códigos simbólicos de natureza visual ou auditiva. Não se trata, portanto, de uma "fotografia" ou de um "registro" fiel das informações visuais ou auditivas provenientes do ambiente, e sim de uma verdadeira reconstrução pessoal dessas informações. Lieury (2000) distingue a esse respeito a *memória sensorial visual ou auditiva*[14] – que é fugidia – e as *memórias figurada e léxica (ou verbal)*, que são construções sólidas e duradouras.

A percepção pode ser definida assim como um "conjunto de mecanismos psicológicos que possibilitam à pessoa reconhecer, organizar, sintetizar e dar sentido (no cérebro) às sensações recebidas provenientes do ambiente (nos órgãos sensoriais)" (Sternberg, 2007, p. 579). Ela consiste, portanto, em organizar todos os dados sensoriais provenientes do exterior, constituindo um todo estruturado e organizado ao qual poderemos dar um significado. Esse processo de integração sensorial nos permite identificar o conceito ("é um fruto vermelho e carnudo") e lhe atribuir um nome ("é um tomate"). Trata-se então de um processo mediante o qual se constrói uma representação mental organizada das informações captadas por nossos órgãos sensoriais. Esse fenômeno da percepção encontra-se assim na base de todos os conhecimentos, pois nos possibilita construir conceitos.

A percepção só existe, portanto, quando as propriedades do meio externo (ambiente) se traduzem em uma construção interna (representação ou percepto): "Se uma árvore cai na floresta e ninguém está por perto para ouvir sua queda, ela faz barulho ao cair? Uma resposta a esse velho enigma pode ser obtida recolocando-a no contexto da percepção" (op. cit., p. 137). Assim, a percepção depende, de um lado, da informação sensorial (a árvore que cai efetivamente) e, de outro lado, do tratamento cognitivo que o lenhador pode efetuar ("reconheço – em função de meus conhecimentos e de minha experiência – que esse é o barulho de uma árvore caindo"). A atividade perceptiva é, então, uma atividade inteligente. "Não percebemos simplesmente em termos do que está 'presente à nossa volta', mas em função de nossas expectativas e de outros processos cognitivos que confrontamos em nossa interação com o que nos cerca" (op. cit., p. 161). Consequentemente, é a combinação das informações sensoriais imediatas com nossos conhecimentos anteriores que nos permite atribuir um sentido ao que percebemos.

Vamos tomar o exemplo da leitura para concluir esta apresentação do processo de percepção. Quando nossos olhos leem uma palavra em um texto, a informação sensorial deve ser traduzida em uma representação significante daquilo que é percebido. Esse processo – chamado de *codificação semântica* – baseia-se, portanto, no reconhecimento da palavra e no acesso ao seu significado armazenado na memória. Trata-se então de transformar a informação sensorial visual – por exemplo, a sequência de letras *t-o-m-a-t-e* – em significado – trata-se de um "tomate" (é "fazer uma evocação", para os leitores familiarizados com a *gestão mental* de La Garanderie[15]). Assim, a percepção em leitura possibilita à pessoa reconhecer as sensações visuais transmitidas pelos olhos e dar um sentido a elas. O exemplo a seguir mostra que esse processo não é natural para todas as crianças.

Sara é uma aluna do 2º ano primário, indicada ao apoio pedagógico por dificuldades de leitura. Para avaliar suas competências léxicas, nós lhe submetemos um texto mais ou menos longo, seguido de algumas perguntas de compreensão. Quando a aluna começa a ler esse texto em voz alta, ficamos espantados com a qualidade de sua leitura: ouvindo-a oralizar tão bem, nos perguntamos seriamente por que sua professora a indicou para uma medida de apoio. Mas, chegando ao final do texto, Sara prossegue a leitura, como se o texto não tivesse terminado! Ela encadeia a leitura do texto à das perguntas, como se fossem a continuação do texto.

Na realidade, a dificuldade da aluna não residia na técnica de decodificação, mas na compreensão do texto. Seus receptores sensoriais visuais funcionavam perfeitamente, e a obtenção de informação, graças a uma técnica de decodificação bem treinada, era absolutamente correta. Ao contrário, a aluna era incapaz de transformar as informa-

ções visuais em perceptos visuais significantes. Soubemos mais tarde que Sara tinha sido felicitada durante toda a fase de aprendizagem da leitura pela professora do 1º ano primário, e os pais achavam que ela lia com perfeição! Assim, eles haviam encorajado Sara a pensar que ler era, antes de tudo, fazer uma bela leitura...

Alça fonológica e esboço visuoespacial

Como acabamos de ver, o processo de percepção consiste em organizar todos os dados sensoriais provenientes do exterior e dar-lhes um significado. Trata-se, portanto, de construir uma representação mental organizada das informações captadas por nossos órgãos sensoriais. No contexto escolar, as informações sensoriais são, principalmente, de natureza visual e auditiva. Essas informações são armazenadas provisoriamente em um registro, a memória de trabalho, que as mantém ativas durante seu tratamento. Esse modelo, desenvolvido por Baddeley nos anos de 1970, ainda é predominante atualmente na psicologia cognitiva (Seron, 2007). "Esse modelo postula a existência de diferentes componentes: um sistema de supervisão amodal, o administrador central, que controla a atividade de dois sistemas auxiliares que têm como função o armazenamento temporário da informação. A 'alça fonológica' é destinada ao armazenamento da informação fonológica e o 'registro (ou o esboço) visuoespacial' é destinado ao armazenamento da informação visual e espacial" (Seron, 2007, p. 15). Assim, a memória de trabalho permite representar mentalmente o ambiente imediato e manter ativas as informações a tratar. Ela pode ser definida como um sistema mnésico responsável pelo tratamento e pela manutenção temporária de informações que permitem a realização de atividades cognitivas complexas, como a compreensão ou o raciocínio (Eustache e Desgranges, 2003).

Vamos então analisar aqui, de maneira mais específica, os dois processos responsáveis por esse trabalho perceptivo: a *alça fonológica* ou *alça articulatória* – responsável pela codificação verbal – e o *esboço visuoespacial* – responsável pela codificação figurada. Poderíamos dizer que a alça fonológica e o esboço visuoespacial ajudam a manter ativas as percepções figuradas e verbais e, com isso, permitem manipulá-las no processador central. "Você pode prolongar a permanência dos dados em sua memória de curto prazo de várias maneiras: repetindo a informação em voz baixa, formando imagens mentais, traduzindo a informação em palavras quando se trata de dados visuais. Com isso, conseguirá prolongar o período durante o qual a memória de curto prazo será a hospedeira de novos dados" (Levine, 2003, p. 129). Vale destacar ainda que o tratamento da informação visual parece independente do tratamento da informação verbal (Fortin e Rousseau, 1998).

No modelo inicial de Baddeley, os dois subsistemas satélites de armazenamento – a alça fonológica e o esboço visuoespacial – são coordenados e supervisionados pelo administrador central. Se admitimos, em nosso modelo, que a percepção se situa na primeira fase do funcionamento cognitivo, devemos aqui situar igualmente o papel da alça fonológica e do esboço visuoespacial. Essa concepção coincide – pelo menos em parte – com aquela apresentada em 2000 por Baddeley, que introduz em seu modelo uma *memória tampão episódica*, cuja função é armazenar temporariamente e "manter disponíveis as informações necessárias à realização da tarefa. [...] Ela pode manter ativas durante todo o tempo de seu tratamento as informações utilizadas durante a realização da tarefa – tarefa que pode se prolongar por vários minutos" (Rossi, 2005, p. 29). Essa memória tampão episódica situa-se, como em nosso modelo, entre os estímulos sensoriais e o administrador central (processador central, em nosso esquema). A alça fonológica e o esboço visuoespacial são, portanto, as "ferramentas" da percepção e da memória de trabalho: situam-se assim, logicamente, entre as informações sensoriais provenientes do ambiente e o tratamento dessas informações, que se tornaram perceptos visuais ou auditivos, no processador central.

O segundo subsistema satélite de armazenamento, a *alça fonológica*, é um circuito de repetição subvocal, alimentado pelo diálogo interior, que serve para conservar a palavra interiorizada. Sem ele, a informação auditiva sensorial (sinais sensoriais) se apaga muito rapidamente. As informações sensoriais são fugazes demais para serem manipuladas. Ao contrário, quando são realmente percebidas e entram na alça fonológica, elas podem ser manipuladas. Assim, a alça fonológica possibilita ao processador central dispor de informações sobre as quais pode agir: ela permite trabalhar sobre a percepção auditiva e manipulá-la. Armazenando provisoriamente palavras e frases, ela possibilita sua manipulação. Esse armazenamento fonológico é, portanto, essencial para a compreensão da linguagem falada e escrita. Ele permite manter disponível o material verbal e construir o significado e a coerência do discurso de seu interlocutor (Rossi, 2005). A metáfora do gravador e da fita cassete possibilitará aos alunos compreender o fenômeno e saber como "registrar" uma informação percebida auditivamente. "É bom informar à criança que o que ela escuta poderá ser ouvido de novo mais tarde" (Gagné, 1999, p. 17).

Enquanto o pensamento visual é de natureza analógica e simultânea, o pensamento auditivo é de natureza linear e sequencial (Caron, 2002): o código é analógico na representação visual, mas é simbólico quando da representação mental das palavras. Parece, de fato, que as palavras são representadas de forma proposicional, isto é, que só retemos o significado subjacente das palavras, sem levar em conta a sequência exata das palavras utilizadas. Constata-se, mais uma vez, que a percepção, sobretudo a auditiva, é um verdadeiro trabalho de construção de sentido, e não de repetição mecânica de palavras na ordem em que foram ouvidas.

> *Quando pedimos aos nossos alunos que nos contem a história que acabaram de ler ou que nos expliquem o que entenderam do enunciado lido, constatamos com frequência que eles fazem um grande esforço para reproduzir palavra por palavra o conteúdo do texto, enquanto só queremos que nos informem sobre sua real compreensão. Ou seja, pedimos que nos comuniquem sua percepção – o conteúdo de sua alça fonológica e de seu esboço visuoespacial – e eles querem nos transmitir um relato fiel da informação sensorial. Pedimos então que "não recitem de cor", mas "exponham com suas próprias palavras".*

Para Gagné (1999), a linguagem e a representação visual podem se associar para duplicar a informação (dupla codificação). "Quando tiver que mobilizar a atenção e guardar na memória dados que recebe por intermédio do canal visual, ele duplicará essa informação associando-a à linguagem. Quando a informação for percebida auditivamente, ele poderá duplicá-la associando-

-a a uma representação visual" (p. 147). Os trabalhos de Garanderie também assinalaram essa complementaridade entre as evocações auditivas e visuais. Para esse autor, o aluno pode fazer uma imagem mental auditiva ou visual do conteúdo escolar do qual deve se apropriar. Se deseja construir uma evocação visual, o aluno pode, por exemplo, observar uma imagem e constituir um protótipo mental dela. Se deseja construir uma evocação auditiva, terá de "ouvir de novo na sua cabeça" aquilo que percebeu[16].

Para La Garanderie, a evocação não é uma reprodução mental pura e simples, mas o resultado de um trabalho mental pessoal.

Alguns autores afirmam, por outro lado, que certos alunos constroem representações mentais de um modo sensorial diferente daquele pelo qual a informação chegou até eles. "A capacidade das crianças de traduzir de um modo sensorial uma informação inicialmente percebida em uma outra modalidade é um hábito cognitivo essencial. Por exemplo, traduzir em palavras aquilo que é visto ou sentido, fazer uma imagem de um texto ouvido" (Caron, 2002, p. 16). A informação apresentada visualmente pode, por exemplo, ser traduzida em um código fonológico.

Registro perceptivo e dificuldades de aprendizagem

As dificuldades que podem se apresentar à criança no registro perceptivo são, portanto, múltiplas. Por exemplo, seus processos atencionais podem colocar dificuldades muito grandes quando da obtenção de informação: o aluno pode estar distraído e não perceber certas informações. O aluno pode igualmente deter-se em detalhes do texto ou em uma ilustração pouco significativa; pode ainda trabalhar de maneira impulsiva, sem planejar seu trabalho; pode, finalmente, ser parasitado por seu pensamento privado que perturba uma obtenção objetiva de informação. Suas dificuldades podem provir também de dificuldades de percepção: os receptores do aluno captam a informação sensorial, mas ele não as transforma em perceptos significantes.

Quando o aluno enfrenta uma tarefa, ele pode se deparar então com inúmeras dificuldades ligadas à obtenção de informação. Se o registro perceptivo transmite informações incompletas, ou mesmo inteiramente falsas, ao processador central, é evidente que o resultado de seu tratamento cognitivo não será correto. Portanto, essa primeira fase é determinante no êxito global da atividade. Procuramos, de resto, demonstrar sua importância concedendo ao registro perceptivo um papel de recepção dos sinais sensoriais, mas atribuindo-lhe igualmente a responsabilidade pela atenção e pela percepção.

Quando o registro perceptivo cumpre sua função de obtenção de informação, o processador central pode ativar-se e tratar essas informações. É essa fase que vamos desenvolver agora, apresentando o papel do processador central no tratamento da informação.

O processador central de tratamento da informação

Como vimos no item anterior, o conceito de *memória* é utilizado para mostrar que as informações provenientes do registro perceptivo são "memorizadas" para o tempo em que dura o tratamento. Essa memória é, efetivamente, uma *memória de trabalho*, pois seu papel é "trabalhar" a informação, "manipulá-la" – "cognitivá-la", deveríamos dizer – e tratá-la. O termo *memória de trabalho* dá ênfase, portanto, à dimensão ativa desse sistema. Ele descreve bem o aspecto dinâmico e operacional do processador central. Outros autores falam de *memória de curto prazo* para mostrar que as informações são mantidas no processador central unicamente durante o tempo de seu tratamento. Em seguida, elas desaparecem ou são transferidas à memória de "longo prazo". Desse modo, as informações são temporariamente armazenadas no processador central, o que justifica a utilização do termo "memória de curto prazo".

Em nosso modelo, referimo-nos ao conceito de *processador central de tratamento da informação*, pois ele nos parece perfeitamente adaptado à sua função. Trata-se, de fato, de um:

– **Processador**: as ferramentas do processador são os processos; distinguiremos dois tipos de processos: os *processos metacognitivos* – encarregados do comando do processador central – e os *processos cognitivos* – encarregados do tratamento efetivo da informação. Consagraremos os dois próximos capítulos à distinção entre esses dois tipos de processos.
– **Central**: no modelo proposto de funcionamento cognitivo, o processador é realmente central. E é duplamente "central": seu posicionamento no esquema mostra-nos, antes de tudo, que ele está no centro do funcionamento cognitivo, entre o registro perceptivo (*input*), a memória de longo prazo e a fase de expressão da resposta (*output*); é igualmente central em seu papel, pois é responsável por tratar as informações, identificando-as, comparando-as, classificando-as, organizando-as, analisando-as, etc.
– **De tratamento da informação**: o papel do processador central é tratar a informação. É preciso então submeter os perceptos a um verdadeiro tratamento, triturando-os, modificando-os, acomodando-os, manipulando-os, do mesmo modo que o ceramista, ao dar uma nova forma à argila. Com isso, a informação torna-se conhecimento por um verdadeiro trabalho pessoal de transformação da informação em conhecimentos pessoais e significantes.

O *processador central* é responsável, portanto, por interpretar e tratar a informação proveniente do registro perceptivo. Nele, a informação é submetida às manipulações necessárias para a sua transformação em conhecimento pela pessoa. Corresponde à memória viva do computador. Depois de ter sido tratada, a informação é ou esquecida – se não apresentar mais nenhum interesse ou se tiver esgotado seu potencial informativo – ou transferida à memória de longo prazo – para ser armazenada ali por um período mais longo.

O processador central é encarregado, portanto, das tarefas cognitivas consideradas mais difíceis, como o raciocínio, a compreensão da linguagem, a inferência, a dedução ou a tomada de decisão. Nos próximos itens, veremos justamente a variedade de processos que podem ser mobilizados no processador central de tratamento da informação.

Para Levine (2003), o processador central desempenha quatro papéis principais:

1. Abrir um espaço mental que permita elaborar ideias e combiná-las, como, por exemplo, reter o início da aula do

> **Processador central de tratamento da informação**
>
> **Processos metacognitivos (controle executivo)**
>
> Antecipação, planejamento, tomada de decisão, autocontrole, supervisão da ação, regulação, transferência
>
> ⇕   ⇕   ⇕   ⇕
>
> **Processos cognitivos**
> Exploração, identificação, comparação, discriminação, seleção, seriação, categorização, classificação, organização, estruturação, compreensão, análise, indução, dedução, conceitualização.

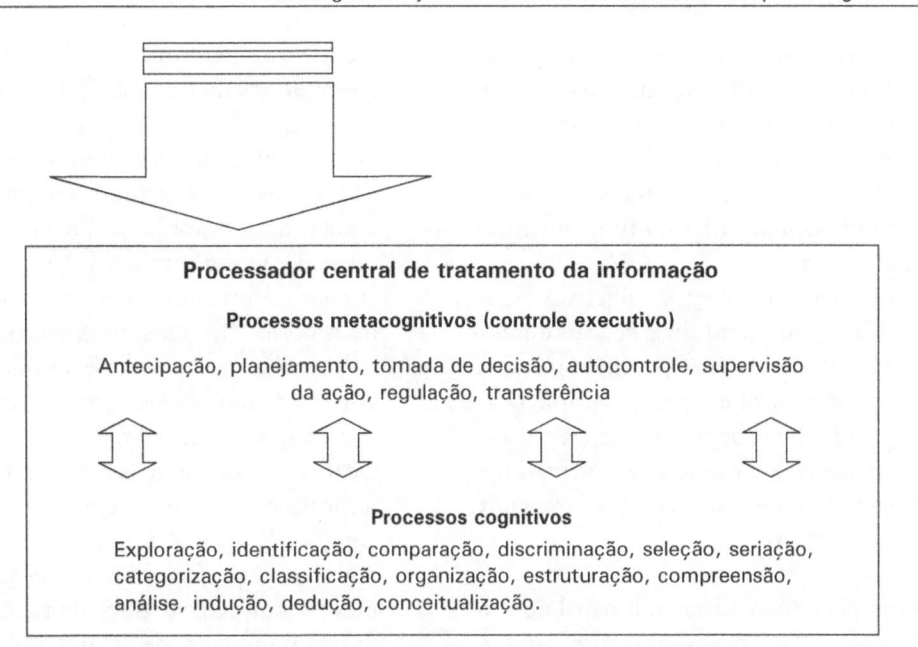

Figura 3.5 Esquema do funcionamento cognitivo: o processador central de tratamento da informação.

professor enquanto se ouve a sequência. Essa função é importante quando lemos, ouvimos alguém ou, de maneira mais geral, refletimos. Quando lemos um texto, devemos de fato reter o que lemos no início de uma página para compreender a continuação e relacionar as diferentes informações do texto. Do mesmo modo, o processador central deve manter ativas as informações transmitidas por nosso interlocutor – em uma aula, por exemplo –, compará-las, organizá-las em sequências de sentido, analisá-las e, finalmente, construir o sentido global das explicações dadas.

2. Guardar na cabeça os diversos componentes da tarefa a realizar durante a execução de uma atividade, como, por exemplo, lembrar do lugar onde foi colocado o compasso enquanto se executa uma rotação. Ao se realizar uma tarefa, é muito importante jamais perder o seu fio condutor enquanto se está ocupado na execução de operações intermediárias. Em geral, é preciso realmente pensar na tarefa que se acabou de executar ao mesmo tempo em que se realiza outra tarefa e já se imagina a sequência das operações.

3. Constituir um local de encontro entre o registro perceptivo e a memória de longo prazo, como, por exemplo, recordar a pergunta do professor (proveniente do ambiente) enquanto se procura a resposta vasculhando a memória de longo prazo. O processador central é, de fato, o lugar onde a memória de trabalho e a memória de longo prazo comparam, confrontam, retrabalham as informações provenientes de duas fontes: o registro perceptivo e a memória de longo prazo. Para fazer seu trabalho, o processador central deve

efetivamente receber a informação. Essa informação provém, como vimos, do registro perceptivo, mas também da memória semântica. Voltaremos logo abaixo ao papel importante que a memória desempenha no funcionamento cognitivo.

4. Guardar na cabeça os objetivos perseguidos e o plano de execução durante a realização da tarefa, como, por exemplo, efetuar uma operação aritmética e guardar na cabeça a sequência das etapas a executar e o objetivo a atingir (encontrar uma resposta para a pergunta do problema).

Como podemos constatar, o papel do processador central é determinante no funcionamento cognitivo. Ele é o responsável pelas tarefas cognitivas mais difíceis, como a compreensão e o raciocínio. Quando refletimos, nós o solicitamos bastante. O processador central deve, portanto, se proteger e garantir seu funcionamento, apesar das numerosas solicitações. Para isso, ele apresenta dois sistemas de segurança – que podem nos parecer dois limites de seu funcionamento:

1. A duração da atividade do processador central é limitada a alguns segundos (de alguns segundos a 1 minuto, segundo os pesquisadores); ela possibilita, nesse momento preciso, que você mantenha ativas as informações da frase que está lendo e construa o sentido do texto. Possibilita, portanto, tratar o sentido das palavras que você está lendo e organizá-las em sequências de sentido. Assim, a construção do significado deste parágrafo é possível graças ao trabalho do processador central.[17]

Depois de alguns segundos, as informações são esquecidas, porque simplesmente desaparecem. Somente a repetição mental possibilitará reter as informações disponíveis no processador central. Se o prazo entre a chegada da informação na memória de trabalho e sua utilização for longo demais, o esquecimento é garantido. É como se as antigas informações fossem expulsas pelas novas. "Essa memória foi comparada muitas vezes a um reservatório que armazena informações provisoriamente. Quando atinge o limite de sua capacidade, ela não pode armazenar novas informações, a não ser que descarte as antigas" (Rossi, 2005, p. 21). Portanto, o tempo de presença dos elementos no processador central é restringido pela duração limitada de manutenção da informação, mas também porque uma nova informação expulsa a outra.

As experiências mostraram igualmente que as primeiras informações apresentadas são mais bem retidas do que as seguintes. Esse fenômeno é chamado de *efeito de primazia*. As últimas informações, por sua vez, resistem melhor ao esquecimento do que as informações apresentadas no meio. Trata-se do *efeito de recensão*. Comparando-se agora os dois efeitos, constata-se que o efeito de recensão é superior ao efeito de primazia (Rossi, 2005); em outras palavras, as informações apresentadas no final são as que se retém melhor.

2. A duração da atividade do processador central é limitada, mas também sua capacidade de tratamento – ou espaço mental. De fato, o processador central fica rapidamente saturado de informações: os pesquisadores estimam que mais ou menos sete informações (de 5 a 9, para a maioria dos pesquisadores) podem ser tratadas simultaneamente. Esse problema do espaço mental

("*mental space*", Pascual-Leone, 1970) deve ser resolvido organizando as informações para que elas não preencham rápido demais todo o lugar disponível. A saturação do processador central se manifesta, por exemplo, quando esquecemos a pergunta feita enquanto respondemos a ela! Vale assinalar também que o espaço mental se amplia com a idade: de uma unidade aos 3 anos, possibilita o tratamento de sete unidades aos 15 anos (Dias, 2003).

Para compreender bem o funcionamento desse espaço mental, imaginem sete casas, cada uma podendo conter uma informação. Assim, o espaço mental pode ficar saturado, por exemplo, com sete informações diferentes que ocuparão, cada uma delas, uma casa. Você pode fazer o seguinte exercício: tente memorizar uma lista de 15 palavras diferentes (por exemplo: gato, relógio, livro, cadeira, boné, menina, montanha, escudo, telefone, gaiola, piano, sol, martelo, anel, canção) e constatará que retém cerca de sete (duas a mais ou a menos). O exercício pode ser feito com números, imagens, letras ou objetos, e o resultado será o mesmo: suas sete casas serão preenchidas rapidamente. Não acredito, você dirá, é muito pouco! Felizmente, existe uma estratégia, chamada de *estratégia de agrupamento*, que ajuda a contornar o problema: de fato, se você constituir categorias com as palavras a reter, não ocupará mais do que uma casa por categoria (por exemplo, se você imaginar que o *gato* está sentado na *cadeira* em uma *gaiola* ao lado do *boné*, ocupará apenas uma casa para quatro palavras; você constituiu assim um *chunk*, um grupo de elementos).

Com essa estratégia de agrupamento, é possível aumentar consideravelmente a capacidade da memória de trabalho. Cada casa pode ser ocupada não apenas por palavras ou números isolados, mas também por uma frase inteira, um conceito, uma ideia ou mesmo uma proposição (relação entre vários conceitos). Utilizamos essa mesma estratégia de agrupamento ao ler: as palavras da frase são agrupadas em unidades ou sequências de sentido; depois, é o sentido do parágrafo que é sintetizado em um único *chunk*; depois, o sentido de toda a página; depois, do capítulo.

Fala-se de *sobrecarga cognitiva* quando a memória de trabalho está saturada. O fenômeno é muito frequente, mas pouco conhecido dos professores. Por exemplo, para ler um enunciado, o aluno precisará abordar um grande número de informações, mesmo que o enunciado seja curto. Em gramática-análise, o enunciado "sublinhe em verde, quando possível, os grupos complementos de frase e indique sua natureza" comporta pelo menos sete informações (sublinhe / em verde / quando possível / os grupos / complementos de frase / indique / sua natureza). Se o aluno não agrupa em *chunk* certas informações, há o risco de atingir seu limite de saturação, mesmo que o enunciado seja curto.

> *Vincent é um aluno do 5º ano primário que está no apoio por suas dificuldades em matemática. Em exercícios de cálculo mental, ele é incapaz de realizar operações aparentemente simples. Quando se solicita, por exemplo, que efetue a soma 456 + 128, ele perde-se nos cálculos e tem que recomeçar as operações várias vezes. E quando, finalmente, chega a um resultado, ele geralmente é falso.*
>
> *Uma análise de sua maneira de fazer o cálculo nos mostra que Vincent decompõe*

corretamente os números e utiliza um procedimento adequado: soma primeiro 400 e 100, depois 50 e 20 e por último 6 e 8. A dificuldade reside na sobrecarga cognitiva de seu processador central. Vincent é, de fato, incapaz de reter os resultados das diferentes operações (500, 70 e 14) enquanto efetua cada uma delas. Quando faz a última operação, seu espaço mental está ocupado pelo cálculo a efetuar (6 + 8), e as somas obtidas antes são esquecidas. Propusemos ao aluno que aliviasse sua memória de trabalho registrando no papel as diferentes somas, de maneira a poder adicioná-las ao final do procedimento.

Portanto, o aluno pode se ver rapidamente com dificuldades diante de uma tarefa que *a priori* parece simples. Quando realiza uma atividade mais complexa, ele precisará utilizar, como acabamos de ver, a estratégia do agrupamento, se não quiser se sentir completamente suplantado pelas exigências da tarefa. Gavens e Camos (in Dessus et al., 2006) propõem ainda duas outras estratégias que ajudam a aliviar a memória de trabalho. Quando uma atividade mobiliza uma grande quantidade de recursos atencionais, o professor poderá fornecer ao aluno um suporte escrito, liberando assim uma parte da carga cognitiva. Podem ser suportes coletivos, como a faixa numérica fixada na parede da classe, ou individuais, como uma ficha de procedimento (ficha-guia)[18], descrevendo a conduta a seguir ou as etapas a respeitar. Apresentamos, em anexo, várias fichas desse tipo, úteis em diferentes disciplinas escolares. O aluno deve interiorizar progressivamente o modo de proceder e deixar de lado a ficha. Contudo, esse tipo de suporte pode ser necessário no início de uma nova aprendizagem.

"Um outro meio de 'aliviar' a memória de trabalho é decompor a atividade de tratamento. Assim, pode-se propor subetapas (uma progressão passo a passo) no nível dos processos ou no nível das estratégias. No que se refere aos processos, trata-se de fazer o aluno manipular e armazenar temporariamente uma pequena quantidade de informações, o que evita que se sinta sobrecarregado (colocar as subtrações no início da aquisição da técnica operatória da divisão, por exemplo). No que se refere às estratégias, podemos ajudar os alunos propondo-lhes uma sucessão de etapas intermediárias que permitam atingir o objetivo final do exercício (grade de releitura na produção de escritos ou na resolução de problemas, por exemplo, ou ajuda metodológica de maneira mais geral)" (op. cit., p. 101).

Este item possibilitou uma melhor compreensão do funcionamento global do processador central. Agora vamos analisar com mais precisão os processos que podem ser ativados quando uma tarefa cognitiva é realizada. Se você se reportar à Figura 3.10, constatará que o processador utiliza duas categorias de processos: os metacognitivos e os cognitivos. Esses dois tipos de processos não têm a mesma função no tratamento da informação. De fato, alguns processos são mais importantes do que outros, sendo solicitados em todas as atividades cognitivas, enquanto outros são ativados apenas em tarefas muito mais específicas. Além disso, alguns processos exercem uma função de controle sobre outros processos. Pode-se falar então de uma organização hierárquica dos processos. O prefixo "meta" designa a superioridade de certos processos. Vamos apresentar a seguir essas duas categorias de processos, procurando mostrar seu papel específico e sua complementaridade.

Processos cognitivos e metacognitivos

Como você deve ter notado desde o início desta obra, os termos utilizados para designar uma mesma realidade às vezes são diferentes, e o vocabulário ainda não está totalmente estabilizado no campo da psicopedagogia cognitiva[19]. Nós precisamos fazer uma escolha entre os termos *processos cognitivos*, *metacomponentes*, *processos executivos*, *funções executivas*, *processos de controle*, *processos superordenados* ou, ainda, *metacognição*[20]. Reservamos o termo *processos metacognitivos* para mostrar a "superioridade" desses processos sobre os processos cognitivos – o que é assinalado pelo prefixo "meta" –, mas também para mostrar seu parentesco – trata-se, nos dois sistemas, de *processos* que têm um papel importante na *cognição* do indivíduo.

A maioria dos autores confirma esses dois níveis de tratamento da informação:

- O primeiro nível – metacognitivo – desempenha um papel de controle executivo da atividade cognitiva. Os processos metacognitivos antecipam, planejam, coordenam, controlam, guiam e regulam as ações efetuadas pelos processos cognitivos. Trata-se, portanto, de processos cognitivos superiores ou processos de controle executivo.
- O segundo nível – cognitivo – é subordinado ao sistema metacognitivo. Os processos cognitivos são encarregados de realizar as ações decididas pelo sistema de primeiro nível. São, portanto, processos elementares ou processos cognitivos subordinados[21].

Portanto, os processos metacognitivos supervisionam o funcionamento de todo o sistema. Seu papel é coordenar, controlar, organizar e articular o funcionamento dos processos cognitivos. Os processos metacognitivos podem ser comparados a controladores aéreos que comandam a pista, gerem a decolagem e a aterrissagem dos processos cognitivos, decidem quem deve intervir e quando. Por sua vez, os pilotos dos processos subordinados dão informações regularmente à torre de controle para que ela possa saber qual a posição de cada processo no movimento geral da reflexão.

Processos metacognitivos

Os principais processos metacognitivos do controle executivo são os seguintes:

Antecipação e planejamento: esses dois processos são responsáveis pela antecipação – o desdobramento, o objetivo a atingir e as eventuais dificuldades que possam se apresentar – e pelo planejamento das tarefas cognitivas. Em outras palavras, permitem fixar um objetivo e orientar a ação para esse objetivo. Agrupamos esses dois processos, mas os distinguimos: a antecipação é uma construção hipotética que possibilita pensar como poderiam ser o desdobramento da tarefa e o objetivo a atingir; o planejamento é uma organização das etapas necessárias à realização. Ou seja, o planejamento é uma operacionalização das tarefas antecipadas. A antecipação decifra *grosso modo* a paisagem da atividade a realizar, e o planejamento constrói uma nova via possível em direção ao objetivo.

Antes de empreender uma tarefa, o aluno deve considerar as estratégias a serem aplicadas para resolver o problema apresentado. "Antes de se lançar em uma sequência de ação nova ou complexa, costuma-se consagrar um certo tempo a pensar naquilo que vamos fazer, em como melhor atingir o objetivo, em que ordem executar as ações individuais e na quantidade de tempo e esforço que precisaremos investir na tarefa" (Mackintosh, 2004, p. 378). Mais precisamente, as diferentes tarefas de planejamento consistem, em um primeiro momento, em examinar a tarefa a realizar para compreendê-la globalmente, depois em estimar o tempo necessário à sua realização, estabelecer os objetivos, ativar os conhecimentos anteriores, efetuar uma análise mais precisa da tarefa e se imbuir de intenções (adaptado de Saint-Pierre, 1994). Trata-se, portanto, de prever o objetivo a atingir, o desempenho esperado, as eventuais dificuldades e os meios de atingir o objetivo. Aliás, para alguns autores (particularmente Brown), o processo de *previsão* é independente do processo de planejamento.

A antecipação e o planejamento do trabalho são particularmente importantes para a realização de determinadas tarefas, sobretudo aquelas que levam mais tempo para serem executadas. Por exemplo, a redação de um texto exige um planejamento maior do que a cópia de um resumo. "A capacidade de antecipação é tão essencial ao processo de aprendizagem que deve ser ensinada explicitamente na escola. Sempre que possível, deve-se pedir aos alunos que apresentem um plano detalhado descrevendo a forma final de um trabalho" (Levine, 2003, p. 104).

A antecipação e o planejamento são efetivamente dependentes do objetivo fixado. "Se o aluno não consegue conceber o objetivo, isto é, avaliar uma produção visada, não apenas é impossível a guiagem autônoma, autorregulada, que exige relacionar procedimentos e objetivos, como também é impossível a própria ajuda à guiagem pela tutela do professor, pois seu principal objeto, seu meio de ação, é fazer o aluno refletir sobre sua atividade, que se define por essas mesmas relações meios-fim" (Doly, in Grangeat et al., 1997, p. 30).

Inspeção da ação ou monitoramento (guiagem): esse processo é encarregado de controlar, durante a execução da tarefa, se as estratégias escolhidas são eficazes e se possibilitam atingir o objetivo fixado; serve, portanto, para verificar, revisar e avaliar as estratégias postas em prática. Assim, o aluno deveria ser capaz, durante a realização de sua atividade, de verificar se o que está fazendo tem sentido e de controlar o progresso da ação no sentido do objetivo visado. Trata-se, portanto, de uma atividade de guiagem que consiste em inspecionar o andamento das tarefas e verificar se as coisas se encaminham bem para o objetivo fixado. O monitoramento "consiste, para o aluno, em avaliar permanentemente a eficácia das estratégias de aprendizagem que ele está utilizando, a fim de ajustá-las à sua necessidade. [...] O monitoramento também possibilita ao aluno verificar se ele está bem atento ou se perdeu o foco, não se lembrando mais do que leu, e assim controlar seu grau de atenção" (Viau, 2003, p. 86).

Alexandre é um aluno de 8 anos que sofre há vários anos de um severo déficit de atenção. Em nossa primeira entrevista, ele nos fala de sua dificuldade e tentamos compreender juntos como exatamente se manifestam para ele suas dificuldades atencionais. Alexandre nos informa que tudo o distrai: o ruído da classe, os movimentos dos colegas, as intervenções que o professor dirige a um outro aluno, um ruído proveniente do pátio, etc. Terminamos a sessão de apoio tentando identificar, junto com ele, quais são exatamente os gestos que faz e os movimentos que realiza que demonstram que ele perdeu a atenção. Quando retorna, na semana seguinte, Alexandre ostenta um belo sorriso. Ele nos explica que descobriu um truque para dominar sua atenção: toda vez que levanta a cabeça de sua ficha, ele faz um risco em um papelzinho que preparou para esse fim. Alexandre se dotou, sozinho, de um meio operacional para dominar sua atenção. Em outras palavras, esse aluno mobilizou seu processo de monitoramento identificando os momentos em que abandonava a tarefa levantando a cabeça de seu trabalho. Alexandre fez muitos progressos durante o ano escolar, sempre utilizando esse pequeno suporte de inspeção da ação.

Às vezes, quando executa a tarefa, o processo de monitoramento obriga o aluno a interromper decididamente seu trabalho e a reconsiderar todo o seu planejamento. Essa fase é acompanhada, em geral, por um profundo suspiro e pelo gesto de coçar o couro cabeludo bem atrás da orelha. Trata-se então de identificar a causa do problema e de modificar sua estratégia.

Autocontrole ou autoavaliação: esse processo possibilita um controle consciente do resultado obtido pelo indivíduo; enquanto a inspeção da ação se realiza ao longo da efetivação da tarefa, o autocontrole é feito preferencialmente no final da atividade e permite verificar se o resultado condiz com as expectativas. Seu papel é comparar o resultado obtido com o objetivo visado. Os alunos, em geral, têm muita pressa de entregar o trabalho ao professor, mas aqueles que controlam sistematicamente seu resultado podem se corrigir e entregar um trabalho de melhor qualidade. Esses alunos têm menos tendência a repetir seus erros e pensam mais facilmente em regular sua atividade quando realizam uma próxima tarefa idêntica.

Os professores deveriam então encorajar os alunos não apenas a relerem seu trabalho – o enunciado é um pouco vago –, mas também a se perguntarem se o resultado obtido parece correto, se estão satisfeitos com seu trabalho e, sobretudo, o que aprenderam ao realizar essa atividade. Um suporte escrito pode ajudar os alunos nesse autocontrole. Uma lista de controle (*checklist*) ou uma lista de perguntas permite aos alunos assinalar os diferentes elementos a serem controlados em sua produção ou responder a algumas perguntas importantes que devem ser feitas para verificar a qualidade de seu trabalho. Portanto, esse processo de autocontrole intervém sobretudo na etapa final de execução da tarefa. Voltaremos a isso ao tratarmos da fase de expressão da resposta (*output*).

Regulação[22]: a regulação da atividade segue-se a um autocontrole (regulação interna feita pelo próprio aluno) ou a um *feedback* externo (regulação externa feita, por exemplo, pelo professor) que possibilitou constatar uma dificuldade na realização da tarefa. Ela permite um ajustamento contínuo das estratégias utilizadas ou uma reorientação quando elas já não são adequadas. Portanto, a regulação permite reduzir a distância entre o resultado atual e o resultado visado (objetivo). Como destaca Buysse (2007), referindo-se a Piaget, "os processos de regulação explicam 'o *como* da equilibração', ou, se preferirem, como as perturbações são tratadas pelo sistema para chegar a um estado de equilíbrio" (p. 14). O processo de regulação intervém após o processo de inspeção da ação – que indicaria, por exemplo, uma falha no andamento das tarefas – ou após o processo de autocontrole – que indicaria um erro no resultado obtido.

Transferência: a transferência refere-se à capacidade do indivíduo de aplicar a outros contextos as aprendizagens realizadas em um determinado contexto. Trata-se, portanto, de um processo, ou melhor, de um conjunto de processos complexos e indispensáveis. De fato, para que serviriam as aprendizagens realizadas na sala de aula se os alunos fossem incapazes de reutilizá-las em outro lugar, em outros contextos? Dada sua importância, não desenvolveremos essa problemática aqui, mas consagraremos a ela todo o Capítulo 5.

Como se pode ver, esses diferentes processos metacognitivos possibilitam ao indivíduo dominar sua impulsividade e trabalhar de maneira ponderada e refletida. Esse trabalho metacognitivo é geralmente consciente e se apoia no diálogo interno: "As crianças podem manter um discurso que sustente seu esforço de autocontrole, coisa que as crianças cujo diálogo interno é pouco desenvolvido dificilmente conseguirão fazer. Consequentemente, essas últimas se tornam impulsivas" (Caron, 2002, p. 31). Quando topamos com uma tarefa que resiste a nós, ocorre-nos de subvocalizar o uso de processos metacognitivos. Por exemplo, temos neste momento um aluno que fala baixinho consigo mesmo durante todo o tempo em que executa uma tarefa ("Então, agora vou ler o enunciado; pedem que eu grife os verbos em vermelho; onde está o meu lápis vermelho? Vou procurar no meu estojo; etc."). O professor pode estimular os alunos a manterem um discurso interior que os guie em suas ações. Essa aptidão para o discurso interno é importante para gerir os processos metacognitivos.

Queremos assinalar, finalmente, que o prefixo "auto" poderia aplicar-se a todos os processos metacognitivos apresentados aqui, e não apenas ao autocontrole[23]. De fato, quando o aluno planeja suas tarefas, ele na verdade "autoplaneja" suas tarefas. Quando inspeciona a ação, ele "autoinspeciona" suas atividades. É claro que o professor intervém, às vezes, para ajudar o aluno nesse trabalho, mas, no fim das contas, o aluno está sozinho para realizar a tarefa. Consequentemente, a ativação ou não de seus processos metacognitivos depende somente dele, o que justificaria o prefixo "auto".

Processos cognitivos

Como acabamos de ver, os processos metacognitivos comandam a reflexão, escolhendo os processos cognitivos necessários ao tratamento eficaz da informação. Simplificando, poderíamos dizer que os processos cognitivos são, portanto, as "ferramentas" à disposição dos processos metacognitivos: eles possibilitam "construir" o raciocínio e "produzir" uma resposta adequada.

Os *processos cognitivos* são chamados também de *processos específicos*, *processos elementares* ou, ainda, *processos subordinados*. São *específicos* porque cada uma dessas ferramentas intelectuais tem uma função precisa (identificar, comparar, selecionar, induzir, etc.). São igualmente *subordinados* porque obedecem aos processos metacognitivos, que decidem quais são as ferramentas necessárias para resolver esta ou aquela tarefa intelectual. Poderíamos dizer então que os processos cognitivos ficam guardados em uma "caixa de ferramentas intelectuais" e são utilizados somente quando os processos metacognitivos julgam que eles são apropriados para a tarefa a realizar. Assim, certos processos cognitivos são utilizados com frequência – porque são funcionais em numerosas tarefas –, enquanto outros permanecem por muito tempo na caixa de ferramentas, aguardando serem solicitados para uma tarefa bem específica.

Enquanto os processos metacognitivos intervêm em todas as tarefas – visto que o comando é sempre necessário –, os processos cognitivos subordinados dependem da análise de cada tarefa particular. Eles entram em ação somente quando o problema a resolver requer a utilização de sua função específica. Assim, a natureza da tarefa a resolver determinará os processos que serão solicitados. Por exemplo, a leitura de um texto exige uma utilização intensiva do processo de inferência; já quando se trata de efetuar um cálculo mental, esse processo raramente é solicitado.

Quais são então as principais "ferramentas" de que nossa inteligência dispõe para gerir tarefas cognitivas? É difícil responder com precisão e de maneira exaustiva a essa pergunta. Os psicopedagogos cognitivistas estudaram muito certas ferramentas (a indução e a dedução, por exemplo), mas se debruçaram relativamente pouco sobre outras. Ainda assim, vamos tentar fazer um rápido inventário das ferramentas disponíveis em nossa "caixa de ferramentas intelectuais".

Podemos distinguir duas categorias principais de "ferramentas". Os primeiros processos apresentados podem agrupar-se em torno do *processo de organização*; os processos de identificação, exploração, seleção, comparação, seriação, categorização e estruturação servem, de fato, para organizar os dados; são, portanto, ferramentas que servem para trabalhar as informações, amoldá-las, prepará-las e submetê-las a um primeiro tratamento indispensável à sua manipulação posterior. A segunda categoria de ferramentas é necessária à *compreensão* da informação: pode-se então agrupar a análise, a indução, a dedução, a abdução e a conceitualização em torno do processo de compreensão. Esses processos são excelentes ferramentas: de fato, eles possibilitam construir a compreensão a partir do mate-

Ferramentas de organização

- Processo de exploração
- Processo de identificação
- Processo de seleção
- Processo de comparação
- Processo de organização
- Processo de classificação
- Processo de seriação
- Processo de estruturação
- Processo de categorização

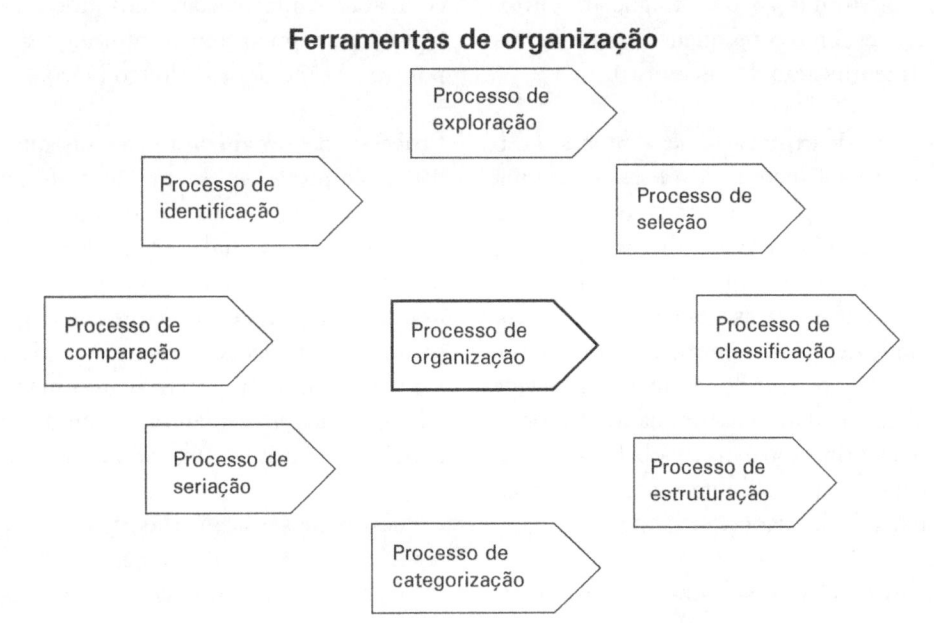

Figura 3.6 Ferramentas de organização.

rial cognitivo preparado pelas ferramentas de organização. Vamos apresentar agora cada uma dessas ferramentas, agrupando-as em torno de dois processos centrais.

Processos de identificação ou de discriminação: como o nome indica, servem para identificar o tipo de problema e para discriminar as características do objeto ou da tarefa. Quando é feita a leitura de um texto, esses processos servem, por exemplo, para distinguir uma receita culinária de uma poesia ou de um texto narrativo. Eles são importantes, então, pois possibilitam ao aluno identificar o tipo de texto e, com isso, mobilizar as estratégias adequadas ao seu tratamento. De fato, não se lê da mesma maneira uma poesia e uma receita. Agrupamos esses dois processos porque seu papel é globalmente similar. Contudo, podemos apontar uma pequena nuança entre eles: a identificação possibilita determinar as características e os atributos de um objeto (identificação de semelhanças), enquanto a discriminação o distingue de outros objetos e, como consequência, o individualiza (identificação de diferenças).

Processo de exploração: esse processo trabalha paralelamente ao processo anterior. Possibilita explorar a tarefa e fazer uma observação global. É ele o responsável, por exemplo, por determinar como é organizada uma ficha. Graças a esse processo, o aluno pode demarcar o número de exercícios, sua ligação, o lugar dos enunciados, o tema geral da atividade, etc. Enquanto o processo de identificação é mais global, o processo de exploração possibilita uma análise mais sistemática dos dados.

Processo de seleção: uma vez explorada globalmente a tarefa, trata-se de selecionar as informações pertinentes. O aluno deve então fazer a triagem entre as informações importantes e as menos importantes, eliminar as informações inúteis e escolher as informações mais pertinentes, aquelas que lhe permitem atingir o objetivo. Por exemplo, quando se lê um enunciado, algumas palavras são determinantes para o êxito da tarefa. Outras serão importantes mais tarde e certas informações podem ser desprezadas sem prejuízo para a realização da tarefa.

Processo de comparação: o processo de comparação é uma ferramenta particularmente importante, pois permite distinguir os objetos entre eles, determinar suas semelhanças e suas diferenças. É ele, de fato, que possibilita ao aluno selecionar as informações importantes e depois organizá-las em função de suas semelhanças e de suas diferenças. Como, de fato, escolher as informações importantes sem compará-las? Como classificá-las e organizá-las sem confrontá-las? Esse processo permite igualmente comparar as informações transmitidas pelo registro perceptivo com as informações disponíveis na memória de longo prazo.

Processo de organização: depois que os dados importantes foram identificados, trata-se de organizá-los. Quais informações vou utilizar em seguida? Quais delas precisarei mais tarde? Em que ordem vou mobilizá-las? O processo de organização é igualmente responsável por relacionar os dados. E permite ainda sintetizar as informações, selecionando os elementos importantes e reorganizando-os em um todo coerente.

Processos de seriação, classificação e categorização: essas ferramentas têm formas e funções que se assemelham e que são úteis ao processo de organização. Portanto, fazem parte da mesma família de ferramentas. A organização de dados consistirá, às vezes, em seriá-los. Quando, por exemplo, pede-se a um aluno para classificar as frases na ordem cronológica, o processo de organização em uma sequência temporal é ativado graças à seriação. A classificação, por sua vez, permite associar objetos semelhantes ou que apresentam certas características ou critérios comuns. Desse modo, aproxima-se bastante do processo de categorização, mas é menos rigorosa do que ela. A categorização será útil, por exemplo, quando o aluno tiver de agrupar, em vocabulário, palavras da mesma família. Ela consiste em assegurar que todos os elementos da categoria comportem as características necessárias e suficientes da categoria em que são colocados. Constituir categorias é ser capaz "de extrair as características comuns a um conjunto de objetos, de constituir classes com base nessas semelhanças e de ter representações mentais dessas classes" (Rossi, 2005, p. 132).

Processo de estruturação: às vezes, o aluno terá de decompor um problema em subproblemas. Ele deve então estruturar sua tarefa em etapas e subetapas organizadas. Quando decide compor um texto, esse processo lhe permitirá constituir um plano de redação. Por exemplo, o aluno se ocupa das ideias gerais antes de pensar na redação efetiva do texto. O processo de estruturação é, portanto, a ferramenta privilegiada dos processos cognitivos de antecipação e de planejamento[24].

Processos de indução de inferência: esses processos foram objeto de inúmeras pesquisas[25]. Eles são muito importantes no tratamento da informação, e por isso vamos nos prolongar um pouco mais na sua apresentação.

A *inferência* possibilita produzir novas informações a partir de outras informações. É um processo particularmente importante na compreensão da linguagem oral ou escrita. De fato, muitas informações não são explícitas nos textos que lemos, e o leitor deve reconstruir a coerência da história inferindo as informações implícitas. Muitas vezes, o leitor terá de buscar em sua memória de longo prazo as informações que faltam. Leiamos, por exemplo, o pequeno texto a seguir:

A partida vai chegando ao final, mas Philippe avança em direção ao gol com a bola nos pés e

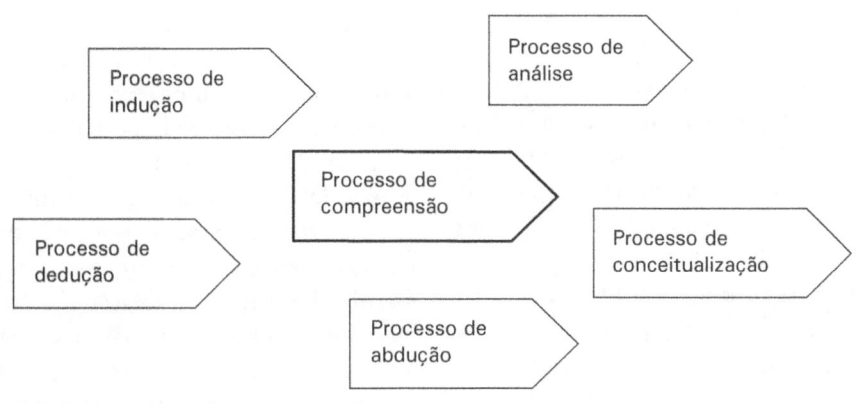

Figura 3.7 Ferramentas de compreensão.

dá um chute magnífico. O público se levanta como se fosse um homem só e aplaude lançando gritos de alegria.

Ao ler esse pequeno texto, você provavelmente fez várias inferências: compreendeu que se tratava de uma partida de futebol, embora essa informação não esteja presente no texto; com certeza, imaginou que Philippe tenha feito um gol, o que também não é dito; finalmente, talvez tenha pensado que Philippe fosse um menino, embora nada lhe diga isso explicitamente. De fato, essas diferentes informações não se encontram no texto. Você as construiu, graças ao processo de inferência, apoiando-se em seus conhecimentos pessoais sobre o futebol, disponíveis na memória semântica. O processo é o mesmo quando você fala com alguém: muitas informações não são explícitas, mas inferidas graças aos seus conhecimentos pessoais.

O processo de inferência é também mobilizado intensivamente quando você lê uma história em quadrinhos. Enquanto as imagens de um filme se sucedem de maneira a reproduzir fielmente as cenas da história, os quadros das HQs apelam à capacidade do leitor de reconstruir as imagens que deveriam aparecer logicamente entre dois quadros. O indivíduo deve, portanto, inferir o conteúdo de imagens que permitem uma boa compreensão da transição entre duas cenas. Para captar a trama, o leitor precisa então fazer esse trabalho de inferência entre os quadros. Para compreender bem o fenômeno, tomemos o exemplo de uma piada de Greg[26]: na história escolhida, Achille Talon resiste a comprar escovas, manifestando claramente ao vendedor porta a porta que não tem necessidade delas e que não suporta o próprio princípio da venda em domicílio. No penúltimo quadro, Achille Talon fica sabendo que o vendedor não é outro senão o irmão de seu diretor. A última imagem mostra nosso herói exaltando, para um atônito Lefuneste, os méritos das várias escovas que acaba de adquirir. Para compreender a piada, o leitor deve preencher o vazio entre os dois últimos quadros fazendo várias inferências: deve compreender, por exemplo, que Achille Talon passou do jardim ao seu quarto, embora nada indique esse deslocamento; nada indica, tampouco, o tempo transcorrido entre os dois momentos; as razões da presença de Lefuneste devem igualmente ser imaginadas, pois ele não aparece antes na história; o leitor deve compreender também que foi a ligação de parentesco entre o vendedor e o diretor que levou Achille Talon a adquirir todas essas escovas; visto que a venda também não foi mostrada, apenas um trabalho inferencial permite compreender que Achille Talon acabou aceitando a oferta do vendedor. Portanto, a mobilização desse processo é constante na leitura de HQs, e só o trabalho cognitivo possibilita passar de um quadro a outro sem perder o fio da história.

A *indução*, por sua vez, mantém ligações com o processo de inferência, mas permite tirar conclusões mais gerais e reportar fatos às leis ou às regras. Ela parte do particular para o geral. Assim, esse processo permite a generalização: a partir de dados particulares, o indivíduo tira conclusões e leis gerais. A indução de uma regra é um processo que utilizamos o tempo todo. Por exemplo, quando a criança pequena utiliza ao falar a forma "fazeu" para conjugar o verbo "fazer" no pretérito perfeito, ela recorre à indução da regra "verbo no presente, na terceira pessoa do singular + terminação do pretérito perfeito". Embora a regra seja válida para muitos verbos, ela não funciona para o verbo "fazer". Se a criança acha que "fazeu" é a forma correta, é porque ela supôs que bastava acrescentar a terminação do pretérito perfeito à forma do presente. Portanto, ela procedeu, baseando-se em um conjunto de exemplos específicos e por inferência, a uma generalização – aqui abusiva – da regra de produção do pretérito perfeito.

Como sustenta Sternberg (2007), "pode-se perceber ainda melhor nossas capacidades de inferência quando se generalizam certos saberes ampliados a partir de um conjunto de exemplos específicos. Quanto mais se observam outros exemplos, mais se consegue ampliar nossa compreensão ou inferir exceções direcionadas a saberes mais gerais. Por exemplo, tendo observado pássaros suficientemente, pode-se inferir que os pássaros são capazes de voar, mas, quando se observam pinguins e avestruzes, se acrescentarão ao nosso conhecimento generalizado exceções específicas para os pássaros que não voam[27]" (p. 471). Assim, esse processo de inferência indutiva, generalização indutiva ou raciocínio indutivo é fundamental, pois nos permite encontrar regras gerais a partir de casos particulares (Lemaire, 1999).

Processo de dedução: o processo de dedução ocorre geralmente no final da tarefa e permite dar um desfecho à reflexão. A relação de causa e efeito, por exemplo, tem a ver com o processo de dedução. A compreensão da causalidade possibilita ao aluno prever o que vai se passar e saber o resultado de sua ação antes mesmo de efetuá-la. Portanto, o processo de dedução será solicitado pelo processo metacognitivo da antecipação. Enquanto a conclusão tirada de um processo de indução pode ser discutida (no exemplo citado anteriormente, talvez o público tenha se levantado porque o goleiro adversário fez uma defesa magnífica), no raciocínio dedutivo a conclusão decorre necessariamente das premissas. Se digo, por exemplo, que todos os mamíferos são animais vertebrados e que o golfinho é um mamífero, posso deduzir com certeza que o golfinho tem uma coluna vertebral. "O raciocínio dedutivo é um processo de pensamento que consiste em raciocinar a partir de um ou vários enunciados gerais acerca de conhecimentos para chegar a uma conclusão certa em termos de lógica. [...] Ao contrário, o raciocínio indutivo é um processo de pensamento que se apoia em fatos ou observações específicas para chegar a uma conclusão plausível que possa explicar os fatos. O traço fundamental que distingue o raciocínio indutivo do raciocínio dedutivo é que, na indução, jamais se consegue chegar a uma conclusão certa no plano da lógica" (Sternberg, 2007, p. 455).

Processo de abdução: esse processo está na origem da formação de hipóteses. Para compreender bem a diferença entre abdução, dedução e indução, podemos tomar um pequeno exemplo. Se digo que essas bolas são vermelhas e que todas as bolas do saco são vermelhas, posso lançar a hipótese de que essas bolas vêm desse saco. Trata-se de um processo de abdução. Se digo agora que todas as bolas desse saco são vermelhas e que essas bolas vêm desse saco, posso deduzir, sem o risco de me enganar, que essas bolas são vermelhas. Trata-se de uma dedução. Finalmente, se digo que essas bolas vêm desse saco e que essas bolas são vermelhas, posso inferir que todas as bolas desse saco são vermelhas, mas sem estar absolutamente certo disso. Dessa vez, procedi a uma indução.

Processo de compreensão: essa ferramenta é, sem dúvida, essencial. Sem a compreensão, é difícil levar a reflexão mais adiante e, por exemplo, analisar ou conceitualizar. Esse processo, evidentemente, estabelece ligações com os processos de indução e de dedução. Na prática, é o processo de compreensão que permite descrever, reformular, explicar, resumir, etc. Os professores geralmente se preocupam com a compreensão de seus alunos, mas será que sempre sabem exatamente o que esperam deles? Se desejassem verificar a compreensão dos alunos, os professores teriam interesse em pedir-lhes para "dizer com suas próprias palavras" (reformular), em vez de fazer a pergunta: "Compreenderam?".

Processo de conceitualização: a conceitualização é o "parente nobre" do processo de categorização que apresentamos antes. De fato, a categorização está na origem da formação de conceitos. Como afirma Rossi (2005), "a importância das categorizações na construção do sentido é reafirmada pelo fato de que elas estão na origem da formação de conceitos. Extrair os invariantes, desprezar as diferenças para agrupar os objetos, indivíduos ou acontecimentos que apresentem semelhanças e, portanto, constituir classes são atividades cognitivas que participam diretamente da construção do sentido" (p. 130). Já destacamos suficientemente, no item 3.3, o papel dos conceitos no funcionamento cognitivo, e por isso não precisamos falar aqui da importância do processo de conceitualização.

Processo de análise: esse processo permite analisar os componentes de um objeto e ver quais são suas ligações. As ligações entre os diferentes componentes podem ser de natureza distinta (Beckers, 1999): cronológicas, espaciais ou lógicas (de causa e efeito, de classificação, de seriação). O processo de análise é uma ferramenta de compreensão que trabalha em estreita colaboração com certos processos de organização. Ele permite, de fato, realizar uma síntese do trabalho executado pelos processos de identificação, discriminação, exploração, seleção e comparação.

Neste item, analisamos os processos cognitivos utilizados no processador central de tratamento da informação. Vamos agora apresentar um pequeno exemplo para ilustrar a maneira como utilizamos esses diferentes processos em uma tarefa de raciocínio simples.

Análise dos processos utilizados em um exercício de raciocínio

Vamos tomar o exemplo de um exercício de tipo matrizes de Raven – que são bons suportes de análise de processos cognitivos.

Agora damos alguns segundos para que você tente encontrar a figura que falta no quadro a seguir:

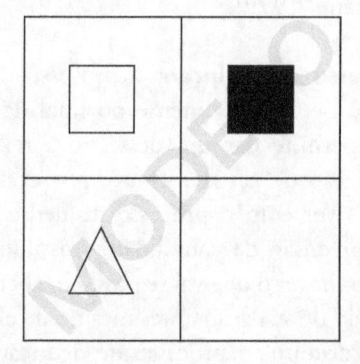

Se pensou em um triângulo preto, você fez uma inferência correta. Vamos tentar analisar juntos como provavelmente chegou a essa resposta.

Com certeza, você procedeu da seguinte maneira:

1. Em uma primeira fase de tomada de informação (*input*), você observou a grade (*processo de exploração*) e fez um inventário das características dessas diferentes formas: quadrado, triângulo, branco e preto (*processo de identificação*). Em seguida, comparou as formas (*processo de comparação*) e constatou que um quadrado era branco, e o outro, preto. O *processo de categorização* permitiu-lhe identificar dois tipos de figuras (quadrado e triângulo).
2. O trabalho efetuado no ponto 1 permitiu-lhe coletar muitas informações e organizá-las (*processo de organização*). Você pôde então tratá-las com seu *processo de inferência*. Em outras palavras, você utilizou, a partir dessas informações, o *processo de indução* da regra de organização das figuras no quadro: os quadrados foram colocados na primeira linha, e a segunda linha é prevista para os triângulos; a primeira coluna é branca, e a segunda, preta. Assim, pôde deduzir (*processo de dedução*) que a forma a desenhar é um triângulo preto.
3. Você pôde passar finalmente à fase de expressão da resposta (*output*), formulando-a verbalmente ou desenhando a figura que falta no quadro.

O exercício que acabou de fazer é muito simples. No entanto, como você pôde constatar, ele solicita vários processos mentais. Analisamos aqui os processos cognitivos, mas também poderíamos ter identificado os processos metacognitivos que foram mobilizados para executar essa tarefa. Por exemplo, você teve que planejar a realização dessa tarefa (observar, depois analisar, depois deduzir, etc.), inspecionar sua realização, verificando se continuava perseguindo o objetivo visado, e regular sua ação, caso necessário. Um autocontrole final permitiu-lhe constatar que tinha encontrado a resposta certa.

Os professores nem sempre têm consciência da dificuldade das tarefas que propõem aos seus alunos. *A priori*, a atividade parece simples, mas o aluno tem dificuldade. Uma análise mais apurada dos processos necessários à realização correta da tarefa revela geralmente a complexidade do raciocínio e permite compreender melhor por que o aluno encontra problemas.

Apesar da importância atribuída aos processos metacognitivos, esperamos ter conseguido mostrar, neste item, que os processos cognitivos também têm um papel importante a desempenhar no funcionamento cognitivo. De fato, o que fariam os processos de comando se não dispusessem das ferramentas para efetuar o trabalho?

Destaque-se finalmente que, não obstante todas as pesquisas atuais, boa parte do funcionamento do processador central ainda é um mistério. Restam inúmeras questões a serem elucidadas. O *insight* – que descreve um processo de "compreensão súbita" – é um bom exemplo de um processo que ainda escapa em larga medida à nossa compreensão. Esse fenômeno consiste na possibilidade de nosso sistema cognitivo construir ou reconstruir uma visão totalmente nova do problema a resolver. Implica ver de outro ponto de vista a situação apresentada. E é também responsável por uma nova combinação de dados que mostra a situação de um ângulo bem diferente: as informações são as mesmas, mas sua nova organização abre perspectivas novas e inesperadas. A *compreensão súbita* é responsável pelo "mas é claro!" que expressamos quando aparece a solução, evidente em sua simplicidade e em sua coerência. Como, então, somos capazes, às vezes, de encontrar a solução em um estalo, enquanto outras vezes penamos em problemas mais simples? Voltaremos a essa questão da "compreensão súbita" – ou *insight* – no Capítulo 12, consagrado ao raciocínio.

A memória de médio e longo prazo

Como acabamos de ver, o processador central é encarregado do tratamento das informações provenientes do registro perceptivo. Note-se que as informações não provêm unicamente do ambiente, mas também de nossa memória de longo prazo. Vamos então analisar o papel da memória no funcionamento cognitivo. Assim, prosseguimos na construção de nosso esquema incorporando a ele o registro da memória e os processos de codificação, armazenamento, recuperação e resposta automatizada.

A memória de longo prazo corresponde ao disco rígido do computador. É responsável, portanto, pelo armazenamento de informações. Enquanto o processador central – chamado também de "memória" de trabalho – possibilita armazenar as informações unicamente durante seu tratamento (de alguns segundos a um minuto), a memória de longo prazo é capaz de guardar informações durante toda uma vida.

Em nosso esquema falamos de *memória de médio e longo prazo*, e não apenas de *memória de longo prazo*. Neste ponto, concordamos com os autores que acreditam que esse registro pode guardar as informações na memória durante alguns minutos ou algumas horas – na memória de médio prazo –, ou durante dias, semanas ou anos – na memória de longo prazo. A duração do armazenamento depende da frequência de utilização das informações e das estratégias mnemônicas utilizadas para a codificação. No Capítulo 4, analisaremos com mais precisão o funcionamento da memória de longo prazo e as estratégias úteis ao seu bom uso. Aqui, vamos esclarecer apenas que se não utilizamos certas estratégias – a maior parte conhecida há décadas – as informa-

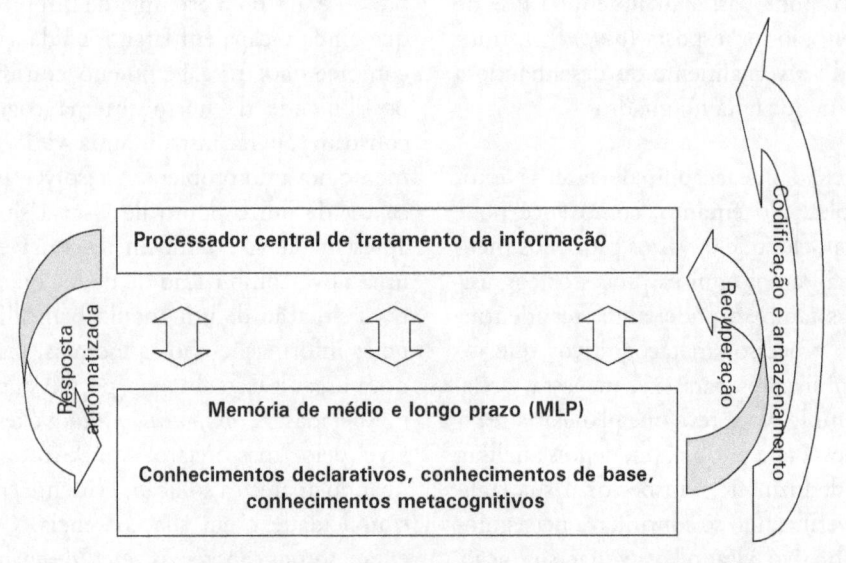

Figura 3.8 Esquema do funcionamento cognitivo: a memória de médio e longo prazo.

ções desaparecem rapidamente da memória de médio e longo prazo.

Dissemos que o papel da memória de médio e longo prazo (MLP) era armazenar informações. Na verdade, deveríamos falar de "conhecimentos", e não de informações. De fato, quando o indivíduo trabalhou, manipulou, "cognitivou", modificou e transformou a informação em seu processador central, ele coloca na MLP um produto diferente, enriquecido e personalizado da informação, que podemos chamar então de *conhecimento*. Assim, o conhecimento é o fruto de um trabalho de "parto" do processador central que resulta no "nascimento" (conhecimento) de uma informação nova – um novo "bebê de saber" – que é colocado na MLP. Essa metáfora do parto do saber e do nascimento de conhecimentos, a partir da transformação das informações, assinala a "dor cognitiva" da produção de um novo saber. Aprender é, de fato, modificar permanentemente suas próprias representações – disponíveis na MLP –, graças às informações que as põem em questão. Mudar opiniões, conhecimentos ou representações é sempre um pouco doloroso. Aliás, não se fala de "conflitos cognitivos", "objetivos--obstáculos" ou "situações-problema" para enfatizar o trabalho de confrontação entre *nossa* realidade e *a* realidade sem mais? Assim, o processador central é a matriz que possibilita o crescimento de novos conhecimentos[28], a partir de informações provenientes do ambiente e da MLP.

Quando refletimos, apoiamo-nos, portanto, nos conhecimentos já estocados na MLP para elaborar nossas respostas. As flechas bidirecionais que ligam o processador central e a MLP no esquema mostram-nos que os vaivéns entre a memória de trabalho e a memória de longo prazo são constantes. Ao realizar-se uma tarefa cognitiva, o processador central irá "dirigir as demandas pertinentes à memória de longo prazo para tornar disponíveis os conhecimentos necessários, que serão então conectados às informações recebidas do ambiente" (Tardif, 1992, p. 172).

Tomemos o exemplo do aluno que tem de concordar o verbo na seguinte frase: "Na Idade Média, a maioria dos cavaleiros praticava a caça com a ajuda de falcões adestrados". Para concordar corretamente o verbo, o aluno deverá buscar na sua MLP várias informações determinantes: primeiramente, precisará ler a frase e construir seu sentido graças aos conhecimentos que adquiriu do significado das palavras; ele encontrará, por exemplo, a definição de "cavaleiros" e de "falcões" em sua memória de longo prazo. Talvez se recorde da demonstração de adestramento de falcões a que assistiu em suas últimas férias. As lições sobre a Idade Média, memorizadas na aula de história, são igualmente úteis para a compreensão da frase. Como se trata de concordar o verbo, o aluno mergulhará também em sua MLP em busca da regra de concordância do verbo ("concordância com o sujeito"). Depois de identificar o sujeito, a MLP será solicitada ainda para reativar a regra particular de concordância com o sujeito que começa por "a maioria" ("o verbo concorda com o núcleo do sujeito").

Com esse pequeno exemplo, podemos constatar que o processador central não pode dispensar os conhecimentos disponíveis na MLP para concordar corretamente o verbo. Visto que as informações fornecidas pela frase são insuficientes, suas ferramentas cognitivas precisam recorrer aos conhecimentos do aluno – disponíveis em sua memória semântica – para funcionar corretamente. Assim, as informações fornecidas pelo ambiente são confrontadas, no processador central, com as informações fornecidas pela MLP.

Levine (2003) assinala ainda a importância desses vaivéns entre o processador central e a

MLP. Para ele, essa capacidade de estabelecer ligações poderia explicar os bons resultados obtidos pelos "estudantes de espírito ativo". "Sempre que ouvem falar de uma nova ideia ou que fazem uma nova leitura, eles a comparam imediatamente com aquilo que aprenderam no passado, como uma peça de quebra-cabeça. Além disso, verificam se não há contradição – ou seja, em que uma coisa que acabaram de aprender difere daquilo que imaginavam anteriormente –, e se conseguem ligar quase tudo o que estão aprendendo a experiências que viveram ou a coisas que observaram por si mesmos" (p. 95).

Vale destacar igualmente que a memória de longo prazo é um registro com capacidade e duração de armazenamento ilimitadas. Em outras palavras, podemos sempre acrescentar conhecimentos novos em nossa MLP e, se os memorizarmos corretamente, podemos guardar essas informações durante toda a vida.

Os conhecimentos armazenados na MLP podem ser de natureza diferente. Vamos apresentá-los com mais precisão no Capítulo 4. Para simplificar, podemos distinguir aqui três categorias principais de conhecimentos disponíveis na MLP:

– Conhecimentos declarativos ou conhecimentos de base: agrupam os fatos, os conhecimentos enciclopédicos, as definições, os conceitos, as regras, etc. Correspondem aos saberes.
– Conhecimentos autobiográficos: nossa memória de longo prazo armazena igualmente as recordações pessoais e os acontecimentos de vida que nos marcaram. Enquanto os conhecimentos declarativos são principalmente de natureza cognitiva, os conhecimentos autobiográficos apresentam uma conotação afetiva importante.
– Conhecimentos metacognitivos: agrupam os conhecimentos de habilidade, como os procedimentos, as estratégias, as condutas, assim como as condições de utilização dessas habilidades.

Dois processos de memorização são responsáveis pelas ligações que se estabelecem entre o processador central e a MLP: o *processo de codificação e de armazenamento* e o *processo de recuperação*. No item anterior, apresentamos os processos cognitivos mais importantes, mas não abordamos esses dois processos porque eles não estão diretamente ligados ao processador central, mas se situam entre o processador central e a MLP. Para explicar sua função de ligação, nós os inscrevemos nas laterais do esquema, e não no registro do processador central (cf. Figura 3.8).

O *processo de codificação e de armazenamento* é encarregado de guardar na MLP os conhecimentos elaborados no processador central. Esse processo é muito importante na escola, e por isso dedicaremos todo o item seguinte a compreender melhor a organização da MLP e o processo de codificação. De fato, as leis da memorização são bastante conhecidas dos pesquisadores, mas, estranhamente, têm dificuldade de se impor na escola. Contudo, a escola solicita permanentemente esses processos. Vamos tentar então apresentá-los e louvar seus méritos no Capítulo 4.

O *processo de recuperação* é encarregado de recuperar na MLP os conhecimentos necessários ao trabalho do processador central. Às vezes, a recuperação é difícil: a informação está lá, em algum lugar da MLP, mas o processador não tem acesso a ela. É como se a informação estivesse fora de ordem: com certeza, ela está disponível em algum lugar, mas o processador central se cansa de procurá-la e acaba desistindo. "A maioria dos pesquisadores acredita que esses conhecimentos, quaisquer que sejam, estão sempre disponíveis; a incapacidade de recordá-los não se explica por não estarem mais presentes na memória de longo prazo, mas sim pelo fato de a pessoa não encontrar mais as indicações corretas ou, na linguagem da inteligência artificial, o endereço correto para trazê-los de volta à consciência" (Tardif, 1992, p. 173). O fenômeno é particularmente exasperante quando temos a resposta "na ponta da língua": sabemos que a resposta está lá, em algum lugar, mas não conseguimos encontrá-la; basta que alguém nos dê a resposta para constatar que, de fato, a resposta estava bem armazenada em nossa MLP, mas – sabe-se lá porque – encontrava-se temporariamente indisponível.

Como acabamos de ver, a memória de longo prazo armazena os conhecimentos declarativos, autobiográficos e metacognitivos, mas armazena igualmente hábitos, estereótipos motores, condicionamentos e atitudes automáticas. Ao contrário de outros conhecimentos, os conhecimentos automatizados deixam a memória de longo prazo sem passar pelo processador central. Como se trata de respostas automatizadas, não é necessário tratar os conhecimentos antes de utilizá-los. Assim, no esquema, a flecha correspondente às respostas automatizadas deixa a MLP e retorna ao ambiente sem fazer um percurso pelo processador central. Quando o aluno responde 56 à operação 7 × 8, ele busca automaticamente a resposta certa em sua MLP. Ao contrário, quando tem de efetuar a multiplicação 7 × 152, a passagem pelo processador central torna-se necessária. Como afirma Dias (2003), quando do funcionamento cognitivo automático, "a execução da atividade se desenvolve rapidamente, exige pouco esforço e investimento. Já o funcionamento cognitivo controlado requer mais investimento. Em termos de recursos destinados ao tratamento da informação e sua elaboração, esse funcionamento exige mais tempo, atenção e controle direto do indivíduo. Esse controle é exercido quando o indivíduo começa a executar uma nova atividade, o que implica um certo tempo e um grande esforço cognitivo" (p. 119).

Embora pareça evidente que certas respostas são automatizadas, coloca-se a seguinte questão: quem decide se a resposta é dada automaticamente ou se o processador central deve ser ativado? Para Mazzoni (2001), ao apresentar o sistema atencional supervisor (SAS) de Normam e Shallice, "dois sistemas de controle coexistem: um sistema automático de resolução de conflito entre esquemas, chamado de organizador de competições, e um sistema atencional consciente, chamado de SAS. Este último entra em jogo em tarefas que exigem a elaboração de um projeto ou de uma decisão, em situações de conflito entre esquemas, nas quais o sistema de resolução automática não produz solução, e em tarefas novas, ainda pouco dominadas ou muito difíceis. Ao contrário, todas as ações habituais ou fáceis de executar são controladas pelo sistema automático" (in Doudin et al., p. 76). Em outras palavras, diante da tarefa "7 × 152", o aluno não pode ativar seu sistema automático, e então mobiliza seu SAS, visto que a resposta automática não está disponível, tal como na MLP.

Vimos anteriormente que o processador central tem capacidades limitadas de tratamento. A automatização dos processos é, portanto, um meio muito interessante de liberar o espaço cognitivo passando diretamente da MLP à resposta transmitida ao ambiente. A condução de um automóvel é um bom exemplo de resposta automatizada: de fato, posso dirigir meu carro solicitando muito pouco o processador central, o que me permite observar a paisagem, continuar conversando com os passageiros e ouvir rádio. O motorista novato, ao contrário, utilizará "plenamente" seu processador central – que às vezes, inclusive, estará com sobrecarga cognitiva – e terá muita dificuldade de efetuar outra tarefa paralelamente. Na escola, o fenômeno é o mesmo no âmbito da leitura: o *expert* poderá consagrar todos os seus recursos cognitivos à compreensão, pois a decodificação é automática; já o novato está tão ocupado em decifrar que tem dificuldade de compreender o que lê (Tardif, 1992).

Destacamos, ao longo deste item, o papel complementar do processador central e da memória de médio e longo prazo. Essas funções distintas foram evidenciadas por pesquisas aprofundadas no campo da neuropsicologia, particularmente graças ao imageamento cerebral. De fato, as pesquisas forneceram a prova de uma distinção necessária entre a memória de trabalho e a memória de longo prazo. Além disso, evidenciou-se a existência de zonas cerebrais distintas envolvidas nos diferentes aspectos da memória de trabalho[29] (Sternberg, 2007).

Expressão da resposta (*output*)

A última etapa do desenvolvimento cognitivo consiste em traduzir o resultado da elaboração efetuada no processador central em uma resposta adaptada ao ambiente que vai acolhê-la. A expressão da resposta (*output*) mobiliza competências de comunicação e atualiza-se, no âmbito escolar, principalmente pela linguagem oral ou escrita. A reflexão do indivíduo é então transmitida ao ambiente de uma forma que deve ser reconhecida pelo destinatário da mensagem.

Essa etapa de expressão da resposta é fundamental, pois apenas a mensagem dirigida ao ambiente pode ser analisada pelo receptor. De fato, na sala de aula, somente o produto da reflexão do aluno é avaliado pelo professor. Uma expressão mal formulada da resposta pode, portanto, trair uma reflexão de boa qualidade. Quando o professor corrige um exercício, ele vê apenas a resposta escrita do aluno. Contudo, o produto exprime somente uma pequena parte da reflexão do aluno – a parte visível do *iceberg* –, enquanto o processador central está totalmente "submerso". Assim, é comum a criança ser penalizada porque não soube comunicar bem o fruto de sua reflexão. Por trás das respostas que às vezes parecem absurdas ao professor, esconde-se frequentemente um raciocínio muito interessante.

De fato, nenhum observador pode ver os processos cognitivos. O que o professor pode observar são ações, indícios, verbalizações a partir dos quais pode formular inferências sobre os processos. Um exemplo nos permitirá compreender melhor que, muitas vezes, por trás do produto visível do aluno, aparentemente absurdo, pode se esconder uma reflexão bastante interessante. A situação tomada como exemplo apresenta uma entrevista pedagógica que fizemos com uma aluna do 3º ano primário.

Marta foi indicada para o apoio devido a dificuldades em matemática. Nós a submetemos a um teste, em forma de um questionário de múltipla escolha (QME), onde se apresentam 21 pequenos exercícios abordando a maior parte das áreas do programa de terceiro ano (numeração, operações, geometria, etc.).

```
┌─────────────────────────────────────────────┐
│              Ambiente                        │
│              Resposta transmitida            │
│              ao ambiente                     │
└─────────────────────────────────────────────┘
                      ▲
                 ┌─────────┐
                 │Expressão da│
                 │ resposta   │
                 │            │
                 │  OUTPUT    │
                 │            │
                 │ Linguagem e│
                 │comunicação │
                 └─────────┘
```

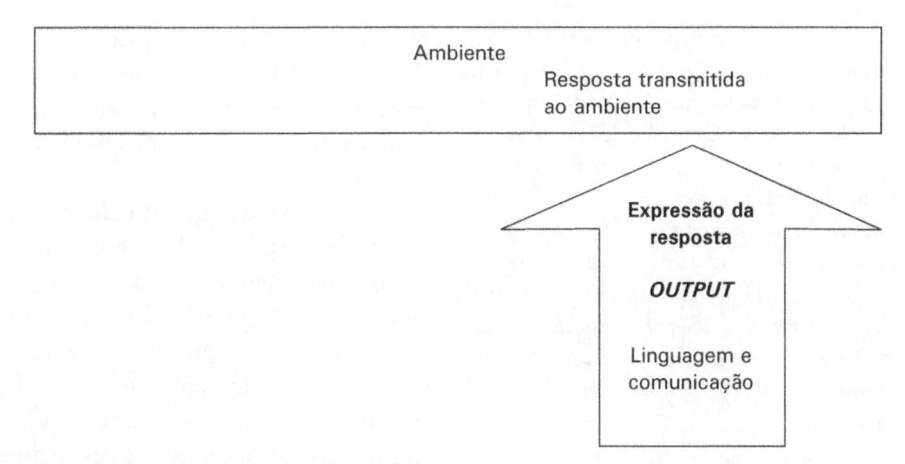

Figura 3.9 Esquema do funcionamento cognitivo: a expressão da resposta (*output*).

Os *"observáveis"* e os *"produtos"* trazem poucas informações sobre as estratégias da aluna: em um QME, a aluna deixa poucos indícios de seu raciocínio na folha, e a observação da aluna pelo professor é igualmente insuficiente para compreender os procedimentos empregados. Fazemos então uma entrevista pedagógica com a aluna depois que ela termina o teste. Para cada exercício, pedimos a Marta que nos explique como chegou à resposta. Com isso, evitamos interpretar de saída os erros da aluna, mas vamos tentar compreender os procedimentos utilizados e as representações que a aluna tinha da tarefa.

Apresentamos aqui o exercício 17:
Exercício 17

A aluna escolhe a primeira solução (1, 4). Em uma primeira análise, a resposta de Marta parece absurda: esperávamos a solução 1, 3 e somos tentados a rejeitar a resposta da aluna. Se transmitíssemos essa mensagem à menina, não aceitando sua resposta, rejeitaríamos também o raciocínio que permitiu elaborar essa resposta.

Quando lhe perguntamos como encontrou a resposta, Marta explica que o círculo representa a Terra e que *"se pode ir do Polo Norte ao Polo Sul partindo na direção do 1 ou na direção do 4"*; a aluna escolheu a primeira resposta, *"assim, vai-se no mesmo sentido"*.

Se não tivéssemos ouvido a explicação da aluna, poderíamos ter arriscado uma explica-

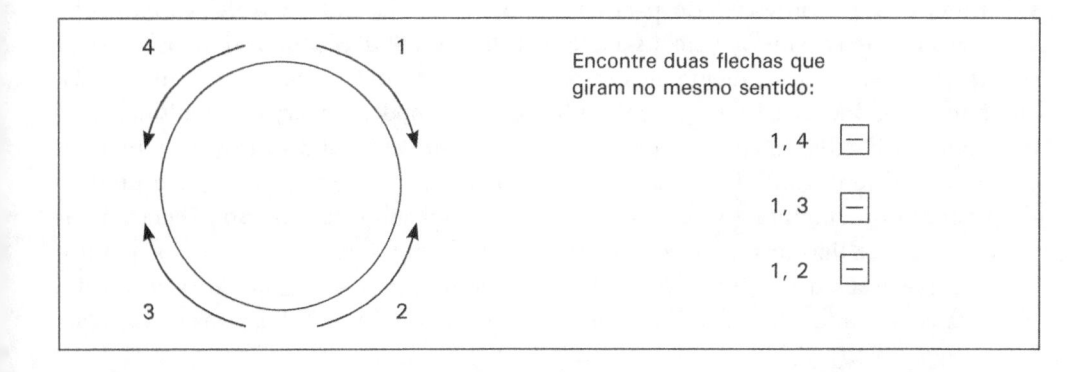

```
   4         1
    ↘      ↙
      ◯
    ↗      ↖
   3         2
```

Encontre duas flechas que giram no mesmo sentido:

1, 4 ☐

1, 3 ☐

1, 2 ☐

ção – que só teria convencido a nós mesmos! – que permitisse justificar a segunda resposta (1,3) comparando o círculo ao botão de um aparelho de som. Contudo, Marta tinha a representação de um globo terrestre ao ver o círculo. Fazendo essa pequena entrevista, pudemos compreender o raciocínio feito pela aluna em seu processador central. Se tivéssemos nos contentado com a resposta transmitida "ao ambiente", não teríamos descoberto que, por trás dessa resposta aparentemente absurda, escondia-se um raciocínio bastante interessante.[30]

Esse exemplo nos mostra bem que o produto apresentado pelo aluno pode trair seu raciocínio. O professor corre o risco então de interpretar de forma muito precipitada a resposta do aluno – e implicitamente seu raciocínio – a partir do produto apresentado. Trata-se, portanto, de ajudar o aluno a formular corretamente a resposta que transmite ao ambiente; com isso, permitirá que ele mostre a qualidade de sua reflexão ao expressar a resposta.

O papel do registro do *output* – ou expressão da resposta – é, portanto, "controlar a saída" e verificar se a resposta transmitida ao ambiente é correta. Mais precisamente, esse registro é encarregado de uma última verificação: ele assegura que o objetivo visado foi atingido, que o enunciado foi respeitado, que o plano previsto foi executado corretamente, que a precisão da resposta é suficiente, que o meio escolhido para comunicar a resposta é o melhor, etc. Essa fase de *output* requer, consequentemente, que o aluno tome distância e avalie a pertinência da resposta elaborada pelo processador central. Trata-se de um "controle de qualidade" da produção que implica, evidentemente, uma conduta de tipo metacognitivo. Dois aspectos essenciais devem ser controlados nessa fase: a conformidade do trabalho realizado (a tarefa cumprida corresponde às exigências? As respostas dadas estão corretas?) e a qualidade da comunicação (a mensagem pode ser compreendida por um terceiro?).

É grande a tentação do aluno de parar o trabalho quando acaba sua fase de elaboração. Mas, quando pensa ter acabado, o aluno deve proceder ainda a uma última verificação de sua produção. Sempre nos surpreendemos ao constatar que, frequentemente, os alunos com dificuldades entregam sua produção ao professor mesmo sabendo que o resultado não está correto. Parece que, para certos alunos, o contrato se cumpre quando a ficha é preenchida!

O registro de *output* desempenha igualmente um papel importante no controle da impulsividade (inibição da resposta). O aluno deve desenvolver a capacidade de utilizar um tempo de resposta que lhe permita fazer um último controle antes de comunicar o resultado de sua reflexão. Feuerstein (1990), em particular, insiste bastante nesse aspecto. Para ele, muitos alunos estão fracassando porque são incapazes de diferenciar a expressão da resposta. "Eles sofrem, quase sempre, de impulsividade. Eles se lançam logo na ação, sem se dar um tempo para refletir – geralmente por medo de fracassar – e com isso fracassam inevitavelmente em razão mesmo de sua incapacidade de se dar um tempo para considerar os diferentes elementos envolvidos na tarefa" (Debray, 2000, p. 30). Se dominassem essa capacidade de controlar sua impulsividade, eles poderiam fazer um último controle que, em muitos casos, lhes permitiria corrigir seus erros antes que o produto fosse avaliado pelo professor. Feuerstein dá tanta importância a esse aspecto que inscreve na primeira página de cada um dos instrumentos de seu Programa de Enriquecimento Instrumental (PEI) o *slogan*: "Um minuto... estamos pensando!". Como afirma Debray (2000), "a dimensão do tempo, indispensável para qualquer atividade de reflexão, merece ser particularmente destacada, tanto mais que a resposta habitual das crianças desprovidas culturalmente sempre coloca na frente a descarga motriz e, portanto, a impulsividade, impedindo qualquer trabalho de pensamento" (p. 48).

Dias (2003) fala a esse propósito de "dicotomia impulsividade/reflexividade": "A dimensão da reflexividade refere-se à tendência de uma pessoa a inibir suas respostas iniciais e a refletir sobre a exatidão de suas respostas. A dimensão da impulsividade refere-se à dificuldade da pessoa em inibir sua resposta inicial. Os estudos indicam que os indivíduos impulsivos não recorrem a processos cognitivos superiores. Eles são menos conscientes dos objetivos de uma tarefa, enquanto os indivíduos reflexivos, sobretudo nas tarefas de transferência, fazem um uso maior de estratégias e recorrem mais à sua metamemória do que os indivíduos impulsivos" (p. 66). Em outras palavras, o domínio da impulsividade pode ser trabalhado com o aluno para que se conscientize da importância dessa fase de expressão da resposta. A tomada de consciência das três etapas principais de todo procedimento cognitivo – *input*, tratamento e *output* – permite à criança trabalhar muito mais pausadamente e, portanto, controlar melhor sua impulsividade.

Esquema do funcionamento cognitivo

No item anterior, apresentamos inicialmente uma representação simplificada do funcionamento cognitivo (Figura 3.2) e depois analisamos cada um de seus componentes complementando esse esquema inicial. Aqui, agruparemos as diferentes partes em um esquema completo (Figura 3.10).

Como já dissemos, construímos esse esquema do funcionamento cognitivo a partir de vários modelos (Atkinson e Shiffrin, 1969 e 1971; Feuerstein, 1990; Tardif, 1992; Crahay, 1999; Lemaire, 1999; Dias, 2003; Sternberg, 2007). Esses diferentes modelos teóricos apresentam geralmente a mesma arquitetura global. Procuramos fazer uma síntese deles e apresentar um esquema claro, utilizando um vocabulário simples.

Vamos tentar resumir esse funcionamento: primeiro, as estimulações sensoriais provenientes do ambiente entram no sistema cognitivo pelo registro perceptivo (*input*). Este ativa dois processos principais: a atenção e a percepção. Em seguida, o processador central entra em ação, tratando essas informações. Ele dispõe, para isso, de vários processos que classificamos em duas categorias: os processos metacognitivos e os processos cognitivos. O tratamento da informação no processador central é feito a partir de duas fontes: as informações provenientes do ambiente e os conhecimentos disponíveis na memória de longo prazo. Quando o tratamento da informação é concluído, o registro do *output* é responsável por verificar uma última vez o trabalho do processador central e expressar a resposta de uma forma compreensível para o ambiente que vai recebê-la.

Evidentemente, esse esquema do funcionamento cognitivo não é o único possível. Sternberg (2007), por exemplo, apresenta o esquema de Engle (1994), no qual "a memória de curto prazo, a memória de trabalho e a memória de longo prazo podem ser vistas como um conjunto de esferas concêntricas nas quais a memória de trabalho compreende apenas uma porção ativada mais recentemente da memória de longo prazo, enquanto a memória de curto prazo contém apenas uma parte ínfima e efêmera da memória de trabalho" (p. 185). Portanto, nesse modelo, a informação passa de maneira mais suave e mais natural de um registro a outro. O tratamento da informação não se realiza mais em uma sucessão de etapas um pouco rígida, mas a interação entre as diferentes memórias é constante. O nível em que se encontra a informação depende do tratamento que lhe é necessário. Assim, a informação armazenada na memória de longo prazo (MLP) pode ser chamada a remontar à memória de trabalho (MT) para ser submetida a um tratamento cognitivo. Do mesmo modo, a memória de trabalho, segundo suas necessidades, fará a informação entrar e sair da memória de curto prazo (MCP).

O esquema que propomos nesta obra não é perfeito, obviamente, mas é funcional[31]. Comprovamos muitas vezes que sua utilização era pertinente na ajuda a alunos em dificuldade de aprendizagem. De um lado, ele possibilita ao professor compreender como funciona a cognição de seus alunos e assim identificar, ou mesmo localizar, as dificuldades deles. De outro lado, possibilita ao aluno compreender melhor seu próprio funcionamento intelectual e assim melhorar seu sentimento de controlabilidade. Naturalmente, nunca apresentamos aos alunos o esquema do funcionamento cognitivo na forma da Figura 3.10. Já as versões simplificadas (Figura 3.2 e Anexo 5) são bons suportes de discussão com o aluno. A propósito, mostraremos no item a seguir o trabalho de avaliação e de remediação que fizemos com um aluno graças a esse modelo teórico de funcionamento cognitivo.

Em síntese, o exemplo da leitura

O interesse desse modelo de funcionamento está em permitir analisar todas as tarefas cognitivas. Concluiremos este item com a apresentação das diferentes etapas de tratamento da informação tomando o exemplo da leitura. Bentolila et al. (2006) analisaram as competências léxicas quando da construção do sentido no leitor experiente. Seguiremos as etapas de nosso esquema introduzindo nele os elementos de análise desses autores (p. 9-11).

1. A tomada de informação (*input*) consiste, para o leitor experiente, em identificar as palavras por um rastreamento visual das linhas do texto. Todas as palavras são percebidas pelo registro perceptivo, mas o adulto raramente utiliza a decodificação para reconhecer as palavras. De fato, ele dispõe de um estoque de palavras que reconhece automaticamente quando as encontra em um texto. Fala-se geralmente de *via direta* ou *via ortográfica* para designar esse acesso direto ao sentido da palavra quando do exercício da leitura.

Vamos testar agora, por meio de um exemplo, suas capacidades de tratamento cognitivo na leitura de uma pequena história.

Exemplo: Leia o seguinte texto:

"Quando o patinho mergulhou pela primeira vez na lagoa, ficou totalmente imerso e pareceu muito surpreso com a experiência. Felizmente, a mamãe pata estava cuidando dele e pôde tranquilizá-lo"[32].

Análise: Para ler e compreender essa história, você teve que rastrear com os olhos as linhas do texto e identificar cada palavra dele. Provavelmente,

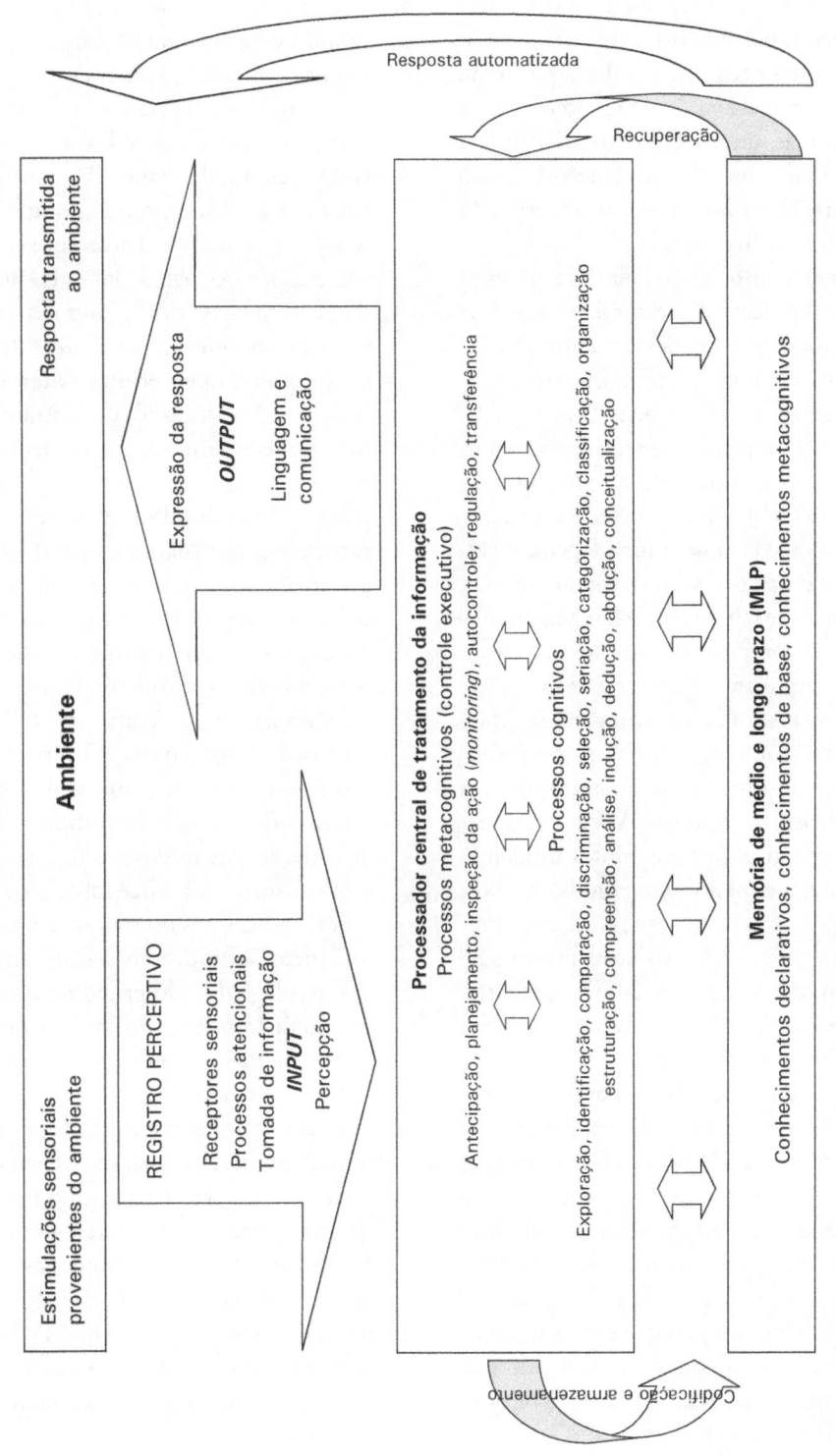

Estratégias de ajuda a alunos com dificuldades de aprendizagem **101**

Figura 3.10 Esquema do funcionamento cognitivo.

percebeu e compreendeu automaticamente as palavras do texto sem precisar fazer uma decodificação letra por letra. Talvez a palavra "imerso" tenha sido objeto de uma atenção particular, ou eventualmente de uma decodificação que terá então, pontualmente, atrasado um pouco sua leitura.

2. Depois que o leitor identifica as palavras, o processador central se ocupa de reuni-las em unidades de sentido maiores ou menores. O leitor constrói assim um sentido local do texto. Em seguida, essas miniunidades de sentido são reunidas em conjuntos mais amplos, que são chamados agora de *proposições semânticas* e que constituem uma espécie de resumo do texto. No processador central, efetuam-se também as inferências necessárias à compreensão do que não é dito explicitamente no texto escrito.

Análise: Na primeira etapa, cada palavra foi reconhecida e compreendida. Trata-se agora de reuni-las em unidades de sentido. Você talvez tenha constituído as seguintes unidades: [quando o patinho mergulhou] [pela primeira vez] [na lagoa], [ficou totalmente imerso], [e pareceu muito surpreso com a experiência]. [Felizmente], [a mamãe pata] [estava cuidando dele] [e pôde tranquilizá-lo].

Você também fez várias inferências. Por exemplo, não se diz explicitamente que o pato se molhou ao pular na água. Mas, provavelmente, você inferiu que o patinho ficou surpreso com as propriedades da água (note-se, de passagem, que não se fala de "água" no texto). Você concluiu ainda que esse patinho ficou surpreso porque essa era "a primeira vez": nova inferência, já que o "por que" não foi mencionado no texto.

3. A construção dessas miniunidades de sentido e de sua relação exige conhecimentos sintáticos, como a ordem lógica das palavras na frase (em princípio, o sujeito precede o verbo) e uma boa compreensão do papel da pontuação (quando se vê um ponto, a unidade de sentido termina). O leitor deve conhecer também o papel das preposições, das conjunções, dos pronomes relativos, das retomadas anafóricas (papel do pronome que permite evitar as repetições substituindo o substantivo), mas também indicações do feminino ou do plural. Todos esses conhecimentos estão disponíveis, para o leitor experiente, em sua memória de longo prazo. Assim, a pessoa terá de buscar constantemente nesse estoque as regras de sintaxe que lhe permitem construir corretamente o sentido do texto.

Análise: Para construir a compreensão global dessa história, você precisou recorrer aos seus conhecimentos sintáticos a fim de compreender a articulação das diferentes unidades de sentido entre elas. Você sabe, provavelmente, graças aos seus conhecimentos, que [quando] indica uma subordinada, que [na lagoa] é um grupo de complemento de frase que situa a ação, que [e] coordena duas proposições e que [ele] substitui [o patinho].

Para compreender o texto, o leitor deverá ainda relacionar as informações contidas nele com os conhecimentos que já possui sobre o tema tratado. Esses conhecimentos também estão armazenados na memória de longo prazo do leitor. Sua compreensão está diretamente ligada, portanto, à sua cultura pessoal e aos seus conhecimentos do mundo.

Análise: Seus conhecimentos do mundo lhes permitiram situar a ação em um contexto significante: trata-se de um pato, e é provável então que passeie junto a uma lagoa; trata-se de um "patinho" que, consequentemente, não tem muita experiência; como ainda é pequeno, não surpreende que sua mãe esteja próxima dele; etc. Os conhecimentos armazenados em sua memória de longo prazo permitiram-lhe igualmente compreender as palavras mais difíceis do texto (*imerso*, por exemplo).

4. Se o leitor deve recorrer ao seu estoque conhecimentos quando lê, ele poderá, ao final da leitura, guardar em sua memória de longo prazo os novos conhecimentos adquiridos graças ao texto. Durante o ato léxico, há, portanto, uma "troca de bons procedimentos" entre o processador central e a memória de longo prazo: o processador, para funcionar bem, deve utilizar os conhecimentos guardados na memória de longo prazo, mas ele guarda também novos conhecimentos e, assim, a enriquece com novos saberes.

Análise: Você buscou na memória de longo prazo as regras sintáticas e os conhecimentos necessários à compreensão desse pequeno texto. Agora pode guardar essa historinha na memória e contá-la aos seus filhos à noite. Assim, você enriqueceu bastante sua cultura geral graças a esse pequeno exercício[33].

5. Em uma última etapa, o leitor poderá comunicar sua compreensão do texto ao ambiente em que se encontra (*output*). Ele será capaz, por exemplo, de responder a perguntas escritas sobre o texto (estudo do texto) ou expressar sua opinião sobre o conteúdo dele a um interlocutor.

Análise: Vamos verificar agora, nessa fase de expressão da resposta, se suas capacidades de tratamento cognitivo são *ad hoc* e se você dispõe de um funcionamento intelectual eficiente.

Responda verdadeiro ou falso a essas três afirmações sem reler a historinha:
a. A história fala de um elefante rosa.
b. Mamãe pata consolou seu patinho.
c. Mamãe pata cuidava do elefante rosa.

Se você respondeu "verdadeiro" ao item *a*, pare de beber imediatamente.

Se você respondeu "verdadeiro" ao item *b*, você fez uma inferência: na realidade, a mamãe pata "tranquilizou" seu patinho; se você acha que ela o "consolou", talvez tenha inferido que o patinho estava chorando. Isso não é impossível, mas você não foi fiel ao texto.

Se você respondeu "verdadeiro" ao item *c*, ou você teve dificuldade com a retomada anafórica (papel do pronome "ele" que substitui o substantivo "patinho"), ou você não parou de beber.

Se você respondeu "verdadeiro" aos três itens, você é estranhamente dócil!

3.5 O EXEMPLO DE GREGÓRIO

Vamos expor agora, de forma mais ou menos extensa, o trabalho de avaliação e de remediação que fizemos com Gregório. Graças ao modelo teórico do funcionamento cognitivo apresentado no item anterior, pudemos avaliar a atitude desse aluno diante da tarefa e conceber um dispositivo de remediação adaptado. Poderemos constatar assim que, embora o modelo teórico pareça relativamente complexo, sua utilização na ajuda a crianças em dificuldade escolar pode ser bastante funcional.

O titular da 5ª série do primário, o professor Fort, entrou em contato conosco no final do ano letivo: um de seus alunos, Gregório, não alcançou a média porque tem muita dificuldade em matemática. Seus resultados em francês são medíocres, mas em matemática são catastróficos (média anual de 3,1 na 5ª série)[34]. O professor Fort hesita entre fazê-lo repetir a 5ª série ou promovê-lo à 6ª série com a prescrição de um programa adaptado de matemática. Apesar de suas enormes dificuldades, o aluno dispõe de muitos recursos (cf. o PPI, no Anexo 1): sua integração com a turma é excelente e seu comportamento na sala de aula não causa nenhum problema; além disso, os resultados em francês são suficientes, ainda que não sejam muito elevados. Decidimos então, juntamente com o titular, propor a Gregório e seus pais uma promoção à 6ª série com um apoio intensivo em matemática.

Na descrição que faz das dificuldades de Gregório, o professor Fort destaca um elemento que o preocupa muito: na verdade, ele tem a impressão de que o entendimento de Gregório é muito bom nas lições coletivas ou quando lhe dá uma ajuda individual; porém, quando o aluno se encontra sozinho diante da tarefa, seu desempenho é muito fraco. "Tenho certeza de que ele entendeu e, no entanto, faz tudo errado...", resume o professor.

Trabalhamos com Gregório desde o início da 6ª série do primário. Dedicamos as cinco primeiras semanas à avaliação precisa dos recursos e das dificuldades do aluno (cf. PPI, no Anexo 1) e à implementação do programa adaptado de matemática.

A avaliação de Gregório

A avaliação do aluno incide sobre vários aspectos: avaliamos principalmente seu comportamento, sua atitude diante da tarefa (avaliação cognitiva e metacognitiva) e suas competências em matemática. Temos várias fontes de informações para essa avaliação: já nos reunimos com o professor Fort – que nos expôs sua visão da situação; dispomos também do dossiê do aluno e, particularmente, do "Formulário de Identificação para uma Medida Especializada", que foi preenchido pelo titular e pelo professor especializado do ano anterior.

Nos primeiros encontros com Gregório abordamos questões muito gerais sobre sua escolaridade, a integração na turma, passatempos, interesses, motivação, etc. As palavras de Gregório confirmam os recursos e as dificuldades apontadas pelos professores que trabalharam com ele. Sua aversão a matemática sobressai de maneira muito intensa.

A avaliação de Gregório em sua atitude diante da tarefa

Para avaliar a atitude de Gregório diante da tarefa (avaliação cognitiva e metacognitiva), propomos a ele várias tarefas de naturezas muito diversas. Desejamos com isso observar sua atitude diante de diferentes situações de aprendizagem e identificar eventuais dificuldades excessivas. Aplicamos então ao aluno exercícios escolares de francês e matemática, jogos de raciocínio, exercícios variados no computador, etc.

Por meio dessas diferentes avaliações, tentamos compreender, sobretudo, por que o aluno aparentemente compreendeu certas noções difíceis quando das sequências de ensino coletivas, mas é incapaz de mostrar ou demonstrar suas competências em tarefas individuais ou nas provas.

Os suportes de avaliação que utilizamos são, principalmente, a "Grade de Avaliação da Atitude diante da Tarefa", a "Grade de Processos Mentais" e a "Grade Destinada ao Aluno" (Anexos 2, 3 e 4), além de grades elaboradas no PACSM (cf. Capítulo 9)[35].

Várias situações nos chamam a atenção:

- No jogo "Le Compte est bon"[36], constatamos que Gregório trabalha tranquilamente e parece muito empenhado na busca da solução. Utiliza corretamente os números e as quatro operações. Porém, faz uma única tentativa: depois de utilizar os seis números à disposição, ele nos entrega a folha e avisa que terminou. Ao ver o resultado – que está muito longe do número "alvo" –, perguntamos a Gregório se ele está satisfeito com seu trabalho. Primeiro ele parece surpreso com a pergunta, depois diz que provavelmente cometeu vários erros de cálculo e que o resultado está longe do número buscado.
- A atitude do aluno diante da tarefa no jogo do Logix[37] é mais ou menos a mesma: Gregório parece empenhado durante a realização da tarefa; parece inclusive proceder a uma autorregulação na fase de elaboração, voltando várias vezes à ficha de instruções para verificar se seu trabalho está correto. Porém, quando nos entrega a tarefa, diz claramente que acha que o resultado contém erros.
- Igualmente interessante é a observação da atitude do aluno diante de uma tarefa escolar. Aqui, apresentamos a Gregório o seguinte probleminha de matemática:

"O pai de Pedro vai para o trabalho de trólebus*; todo dia faz quatro corridas e paga 3 francos. Pedro também faz quatro corridas e paga 2 francos".

Segue um quadro onde o aluno pode preencher o número de dias, o número de corridas e o preço pago por cada uma. Depois, ele deve responder a uma dezena de perguntas do tipo: "Quanto o pai de Pedro tem de pagar para 4 dias? Quando o filho e o pai pagam juntos 15 francos, quantas corridas cada um fez?", entre outras.

Primeira constatação: Gregório preenche apenas a primeira linha do quadro (embora este tenha 10 linhas). Segunda constatação: Gregório responde a todas as perguntas, mas as respostas estão todas erradas.

Quando termina seu trabalho, fazemos uma entrevista de explicitação com ele (Vermersch, 1994 e 1997), que nos ajuda a compreender como procedeu. Graças a essa entrevista, constatamos dificuldades nas três fases propostas por Feuerstein:

1. *INPUT*: constatamos que Gregório não compreendeu o enunciado do problema: ele acredita, por exemplo, que "trólebus" é o nome do lugar onde Pedro e seu pai se encontram. Ele acha que cada corrida custa 3 francos para o pai e 2 francos para o filho, embora esse seja o preço para quatro viagens. Ele imagina, finalmente, que as duas pessoas se deslocam de bicicleta (ele associa estranhamente "corrida" a "corrida ciclística" e, portanto, a "bicicleta").
2. ELABORAÇÃO: no momento de elaborar seu raciocínio, ele só preenche a primeira linha do quadro e, por isso, não estabelece nenhuma ligação entre o quadro – e a possibilidade que lhe é oferecida de usar esse suporte – e as perguntas que se seguem. Na coluna "número de dias", ele escreve 265, imaginando es-

---

* N. de R.: Espécie de ônibus movido a eletricidade, transmitida por cabos aéreos suspensos.

tranhamente que estão lhe perguntando quantos dias tem o ano. Ele parece tratar isoladamente cada informação da ficha, e não vê nela uma coerência global.
3. *OUTPUT*: depois de ler toda a ficha e de dar uma resposta para cada pergunta, Gregório acha que terminou o trabalho que lhe foi solicitado. Ao fazer a correção, constatamos que o aluno não está totalmente convencido do acerto de suas respostas. À pergunta "Quanto os dois viajantes devem pagar juntos por uma semana de 6 dias?", ele responde 42, justificando sua resposta pela multiplicação: 6 dias × 1 semana de 7 dias! À pergunta sobre quanto Pedro gastou quando o pai pagou 60 francos, ele responde 30, explicando que "é mais barato para uma criança" (ele supõe que as crianças se beneficiam de meia tarifa...).

A análise da atitude do aluno diante desse pequeno problema nos revela, quanto aos recursos, que Gregório trabalha com tranquilidade, lê todos os enunciados, conhece os cabeçalhos do quadro e responde a todas as perguntas.

Suas dificuldades são as seguintes: em primeiro lugar, ele se contenta com uma compreensão muito aproximativa do enunciado e das perguntas. Em segundo lugar, ele "faz por fazer": supõe que é preciso efetuar as operações e escrever uma resposta para cada pergunta nessa ficha – e ele faz isso. Porém, confunde os preços, as corridas e os dias e não compreende a proposta da ficha e a articulação entre as três partes (sobretudo o papel do quadro). Trata cada pergunta isoladamente, não as compreende... e mesmo assim responde a elas. Finalmente, ele não está muito convencido do acerto de suas respostas, mas entrega o trabalho depois de terminar com a sensação de dever cumprido.

Constatamos ainda que o aluno não sabe definir o que é um "problema de matemática" e que procedimento deve adotar para resolvê-lo.

Dessas várias observações, tiramos as seguintes conclusões:

– Para Gregório, o importante é realizar a tarefa; a qualidade do trabalho ou a precisão da resposta pouco importam; para ele, é fundamental apresentar a imagem de um aluno aplicado, que faz as tarefas que lhe passam sem jamais se queixar. A mãe confirmará, em uma entrevista com os professores, a preocupação de Gregório em apresentar uma imagem positiva de sua pessoa também fora da escola.
– O aluno tem consciência, quase sempre, de que a tarefa que realizou está incorreta, mas mesmo assim entrega o trabalho ao professor. Para ele, o ofício de aluno consiste em atender às supostas expectativas do professor (contrato didático) e, portanto, em entregar uma tarefa terminada. A qualidade do trabalho pouco importa. Por isso, nunca procede a uma verificação final do acerto de seu trabalho. Para Gregório, o importante é *fazer*.
– Agora compreendemos a frase do titular: "Tenho certeza que ele compreendeu e, no entanto, faz tudo errado..." Na realidade, Gregório dispõe de todos os recursos cognitivos para ter pleno êxito escolar e, nas aulas, mostra uma boa compreensão das tarefas e um raciocínio muito bom. Porém, nas tarefas individuais, seu objetivo é "fazer": uma vez realizada a tarefa, o contrato está cumprido. Seu nível de expectativa é baixo.

Em resumo, Gregório apresenta dificuldades nas três fases propostas por Feuerstein (1990):

1. Sua tomada de informações tem lacunas (*INPUT*).
2. A elaboração revela mais improviso do que uma reflexão organizada.
3. O autocontrole é inexistente e o aluno se dá por satisfeito quando termina a tarefa, qualquer que seja o resultado obtido (*OUTPUT*).

Gregório, no entanto, dispõe de recursos cognitivos e metacognitivos importantes:

– Ele parece muito à vontade na objetivação: os diálogos pedagógicos são sempre muito ricos e ele compreende perfeitamente o interesse de falar de suas condutas e procedimentos.
– O aluno é perseverante e se dispõe e enfrentar os desafios que constituem as diferentes tarefas propostas. Ele não desiste facilmente e é capaz de trabalhar por longos minutos na mesma tarefa, mantendo total concentração.
– Ele apresenta um bom potencial de aprendizagem: aproveita a ajuda oferecida pelo professor para melhorar seu trabalho e, com isso, progride regularmente e sabe regular sua atitude.

Objetivos fixados com Gregório

A avaliação global da situação do aluno permitiu tornar manifestas as dificuldades, ligadas principalmente a uma atitude inadequada e ineficaz diante da tarefa. E essa atitude diante da tarefa parecia estar ligada à importância que o aluno atribui à sua autoimagem e à imagem que apresenta aos outros. A ajuda oferecida a Gregório será, portanto, sobretudo cognitiva e metacognitiva.

Já podemos agora definir objetivos nos três seguintes campos:

1. Atitude diante da tarefa (em ligação com a autoimagem como aluno).
2. Comportamento na classe durante as atividades de matemática.
3. Recuperação em matemática.

Traduzido em objetivos específicos, o trabalho será orientado da seguinte maneira (trechos do PPI apresentado no Anexo 1):

PRIORITARIAMENTE PARA O APOIO
Atitude diante da tarefa:
– apropriação do modelo em 3 fases de Feuerstein: *INPUT*, ELABORAÇÃO, *OUTPUT*;
• *INPUT*: rememorar corretamente e com precisão o enunciado, a instrução, a pergunta, o objetivo, etc.; analisar globalmente a tarefa;
• ELABORAÇÃO: analisar a coerência global da tarefa (ligações entre as diferentes partes da tarefa);
• *OUTPUT*: fazer uma verificação final (autocontrole) antes de entregar o trabalho ao professor e visar um patamar elevado de êxito (precisão do trabalho).

Matemática:
– programa adaptado em matemática: garantir núcleos de conhecimentos sólidos (pouco, mas bem!);
– familiarização com os novos temas (conforme planejamento do professor);
– vocabulário matemático: dominar perfeitamente o vocabulário da 6ª série;
– numeração e operações: História com contas, Cuisenaire*, abordagem linguística, base 10 e valor de posição (números decimais).

---

* N. de R.: O material Cuisenaire é formado por barras de madeira coloridas de diferentes tamanhos, que auxiliam o aluno na compreensão de diversos conceitos e operações matemáticas.

> **PRIORITARIAMENTE PARA A CLASSE**
> Para o professor:
> – solicitar a participação de Gregório durante as aulas de matemática.
> Para Gregório:
> – aproveitar a ajuda de seu vizinho (tutorial);
> – solicitar a ajuda do adulto, em caso de dificuldade;
> – participar durante a aula de matemática: enfrentar o risco de participar e, portanto, de mostrar suas debilidades, mas também seus recursos (autoimagem).

Remediação

Não apresentaremos aqui o trabalho realizado com o aluno no campo da matemática, o que nos desviaria da proposta desenvolvida nesta obra; ao contrário, vamos mostrar o procedimento sugerido a Gregório para superar suas dificuldades cognitivas e metacognitivas.

O trabalho de remediação consiste, primeiramente, em informar claramente ao aluno os resultados da avaliação e os objetivos perseguidos. O envolvimento do aluno no projeto é indispensável para o seu êxito. Assim, a fase de remediação com Gregório começa por um trabalho de objetivação. O procedimento aqui é, portanto, principalmente cognitivo. O aluno deve ser capaz de explicitar seus recursos, suas dificuldades e os meios a serem empregados para superar seus problemas. Os objetivos são igualmente discutidos com o aluno.

Gregório consegue explicar agora que seus resultados são medíocres porque ele não gere corretamente as três fases: *INPUT*, *ELABORAÇÃO* e *OUTPUT*. Antes de tudo, ele precisa tolerar um tempo de frustração quando lê os enunciados ou os dados do problema: de fato, a compreensão de um longo enunciado ou de um dado nunca é imediata, e se efetua, geralmente, após várias leituras e numerosas idas e vindas entre o texto e a rememoração que o aluno faz dele. Gregório deverá então se habituar a ler várias vezes os enunciados e os dados, a rememorar, a verificar se sua compreensão está correta, etc. e, consequentemente, a aceitar um tempo de "indecisão" – desestabilizante para a maioria dos alunos com dificuldades – no qual se constrói a compreensão.

Na fase de ELABORAÇÃO, ele deve comandar suas atividades mediante uma regulação permanente de suas tarefas e se assegurar de que continua perseguindo o objetivo fixado; deve ainda analisar a coerência global da tarefa e averiguar as ligações entre as diferentes partes do exercício.

Na fase de *OUTPUT*, deve reservar um tempo para verificar a qualidade e a precisão de seu trabalho antes de entregar ao professor o resultado de suas reflexões. A fórmula "Um minuto... estamos pensando" de Feuerstein (Debray, 2000, p. 48) encontra aqui toda a sua pertinência.

Essa vigilância constante permitirá a Gregório assumir progressivamente o comando de seus processos cognitivos. Ele deve então efetuar uma dupla tarefa: realizar concretamente seu trabalho – isto é, ler, escrever, calcular, fazer as operações, desenhar, etc. – e verificar se o trabalho realizado está correto.

A missão é, provavelmente, muito mais complexa do que parece. A metáfora que segue talvez ajude a compreender melhor a dificuldade do exercício. Na condução de um automóvel, o motorista dirige o veículo, mas o carro "assume" uma parte do êxito da operação: o motor funciona sem intervenção direta do motorista, o mecanismo de frenagem é operacional, as rodas aderem ao solo graças a leis conhecidas da física, etc. O papel do motorista é "unicamente" assegurar que a rota – o objetivo –

ainda está clara e que os meios empregados respeitam as possibilidades do veículo e as regras elementares de segurança. Pode-se dizer então que o motorista, ao dirigir, faz principalmente um trabalho de regulação: visto que muitos gestos são automatizados, ele pode cuidar do bom desempenho da atividade – que é "fisicamente" realizada pelo veículo. Portanto, o procedimento do condutor é, antes de tudo, metacognitivo.

Embora essa metáfora tenha limites, ela nos possibilita compreender que a tarefa a ser realizada por Gregório é bem mais complexa. De fato, sua atividade é dupla: o aluno é, ao mesmo tempo, o condutor de sua atividade cognitiva e o veículo que permite essa atividade. Ele deve então gerir simultaneamente aspectos cognitivos – os processos mentais ativos na tarefa – e metacognitivos – o comando desses mesmos processos mentais.

Para dar um exemplo simples, quando realiza o algoritmo da divisão em colunas, Gregório deve, ao mesmo tempo, efetuar operações (por exemplo, multiplicar a cifra do quociente pelo divisor) e verificar se essa atividade é coerente com o objetivo perseguido (realizar corretamente a operação). Portanto, deve simultaneamente dirigir o "veículo" de seu pensamento – por exemplo, pensar que "o momento agora é de frear: a operação está difícil de fazer" – e frear efetivamente – "será que estou mesmo seguro de que o resultado de 7 × 8 é 56?". Para uma criança como Gregório, o tempo todo ocupado em "fazer", a tarefa é complexa e exige um comando procedimental extremo. Visto que o aluno funciona há anos por "pilotagem automática" – com o objetivo único de executar, de efetuar, de escrever, etc. –, o trabalho exigido é difícil de realizar.

Dado que esse controle metacognitivo pode se atualizar em todas as tarefas, são muitas as oportunidades de trabalhar com Gregório no desenvolvimento dessas competências. Assim, trabalhamos com ele, durante vários meses, sobre esses procedimentos, realizando as atividades de matemática do programa e exercitando uma utilização consciente do processo de regulação da atividade. Para ajudar nessa tarefa, elaboramos com Gregório uma ficha-guia apresentando as três fases de maneira esquemática (cf. figuras 3.11, 3.12 e 3.13 ou o Anexo 5). Com isso, ele podia se remeter constantemente ao procedimento escrito e interiorizar pouco a pouco o procedimento sugerido.

Pudemos observar na prática – e com certa rapidez – os progressos do aluno: seus tempos metacognitivos de suspensão da atividade se tornavam cada vez mais visíveis. Quando tinha de resolver um problema (por exemplo, construir o quadro de conversão das unidades de extensão), Gregório geralmente parava, refletia, depois anotava de novo e, se necessário, apagava e corrigia seus erros. A observação dos movimentos oculares do aluno também permitia "vê-lo pensar". Era possível constatar também um tempo de autocontrole no final da atividade. Na avaliação diagnóstica, embora o aluno largasse o lápis depois de preenchida a ficha, agora ele fazia um último controle antes de se dirigir ao professor. Deveríamos ter filmado Gregório no início e no final do ano letivo: teríamos observado primeiro um "veículo descontrolado", correndo a toda velocidade e seguindo uma trajetória incoerente ("*Apertem os cintos... O piloto sumiu*"); e mais tarde, uma condução que se tornava cada vez mais prudente, racional (porque refletida), que lhe permitia acelerar nas linhas retas, frear nas curvas e parar, caso fosse preciso, a fim de verificar se era possível e/ou necessário prosseguir o percurso.

Apresentação do funcionamento cognitivo ao aluno

Para deixar bem claro para o aluno o funcionamento de seus processos de pensamento, fizemos um pequeno esquema que apresentamos a ele nas primeiras intervenções.

1. Fase de *INPUT*

Nessa primeira etapa, o aluno precisa estar atento a todas as informações disponíveis. Ele deve, por exemplo, compreender o enunciado e o desafio da tarefa a efetuar, perguntar-se se já realizou uma tarefa semelhante, quais os conhecimentos que possui sobre a tarefa, se está à vontade com esse tipo de exercício, etc. A tomada de informação (Figura 3.11) é feita ou de maneira auditiva – por exemplo, quando o professor dá uma instrução oralmente a toda a classe – ou visual – quando, por exemplo, o aluno tem de ler um enunciado. A fase de *INPUT* refere-se, portanto, à atividade do aluno antes de mergulhar ele próprio no exercício e de se dedicar à realização efetiva da tarefa.

Para exemplificar o procedimento, vamos apresentar uma atividade de resolução de problema realizada por Gregório em aula, depois de várias semanas de trabalho com o professor especializado.

O problema apresentado é o seguinte:

"Em uma piscina, foram emitidos em uma semana:
12 inscrições anuais a 150 francos por inscrição
25 inscrições para 10 sessões a 3 francos por sessão
248 ingressos de adulto a 4 francos
407 ingressos de criança a 2 francos
Se os custos de exploração aumentarem para 2.074 francos por semana, que soma restará em caixa no final desse período?"

Na fase de *INPUT*, Gregório faz várias leituras atentas do enunciado. Seu trabalho de tomada de informação parece sistemático: todas as informações são identificadas. O domínio da impulsividade é bom: Gregório parece tolerar uma construção progressiva de sua compreensão do enunciado. O conjunto de informações recolhidas é coerente, e Gregório estabelece ligações entre as diferentes informações.

Porém, é preciso apontar duas dificuldades – que afetarão as duas fases seguintes (ELABORAÇÃO e *OUTPUT*):

– Gregório não compreende a formulação "25 inscrições para 10 sessões a 3 francos por sessão": ele não consegue imaginar uma inscrição que fixe o preço de uma sessão, embora o princípio mesmo da inscrição implique, a rigor, que o cliente não paga para entrar quando vai à piscina.

Figura 3.11 *INPUT*: a fase (auditiva e/ou visual) de tomada de informações.

– Gregório não compreende o termo "custos de exploração". Contudo, não pede a ajuda do professor para uma explicação a respeito. Prefere considerar secundária essa informação e se contenta em construir o sentido do enunciado a partir de outras informações.

Essas duas dificuldades são da mesma natureza: Gregório não possui os conhecimentos declarativos necessários para uma boa compreensão da situação descrita no problema. Ele não conhece os diferentes tipos de inscrições possíveis e nunca ouviu falar de "custos de exploração".

Figura 3.12 A fase de ELABORAÇÃO.

2. Fase de ELABORAÇÃO

Uma vez tomadas todas as informações disponíveis no enunciado do problema, o aluno precisa organizá-las, selecioná-las e, eventualmente, desprezar algumas: há informações que não são pertinentes; há aquelas que só serão utilizadas depois; outras ainda devem ser ligadas (Figura 3.12: as informações são tratadas). Em seguida, precisa organizar seu procedimento: o que devo fazer primeiro? E na sequência? O que devo fazer no final?

O aluno precisa também verificar, ao longo de toda a atividade, se continua perseguindo o objetivo fixado. O controle da impulsividade deve incidir, como vimos, na fase da tomada de informações, mas tem de estar presente também na fase de elaboração. Assim, durante o exercício, o aluno deve realizar o trabalho solicitado tendo presentes, "metacognitivamente", o objetivo da tarefa e os meios a empregar para atingi-lo.

Seguindo com o mesmo exemplo, constatamos que agora Gregório tem uma compreensão bem razoável da "história" contada no problema de matemática. Ele elaborou uma representação mental do problema, e sua rememoração da situação é clara. A análise do produto (a folha do aluno) mostra que o trabalho é sistemático: Gregório faz primeiro as multiplicações (por exemplo, 407 × 2 francos para os ingressos de crianças), depois adiciona os produtos e, por último, subtrai os 2.074 francos da soma obtida. As informações úteis – tomadas na fase de *INPUT* – foram então reunidas, comparadas, selecionadas e organizadas logicamente. O problema foi decomposto em três etapas (multiplicações, depois uma adição e, finalmente, a subtração): portanto, os meios mobilizados são pertinentes e sua utilização é correta. O procedimento de resolução é lógico, e o aluno persegue o objetivo (encontrar a soma que resta em caixa) durante toda a atividade.

Porém, Gregório comete dois erros nessa fase:

– Ele opera 12 × 15 para calcular a receita das inscrições anuais, embora o preço da inscrição seja 150 francos, e não 15 francos. A dificuldade é dupla: de um lado, faltou-lhe precisão ao copiar o número (transferência visual) e, de outro lado, ele não reage à estranheza da resposta obtida: Gregório deveria ter antecipado uma resposta possível e confirmar, depois de obter o resultado da operação, se estava correto.

- Para o cálculo de inscrições para 10 sessões, Gregório efetua duas operações distintas: 10 × 30 e depois 30 × 25. Constata-se que a dificuldade apontada na tomada de informação (*INPUT*) se traduz aqui em operações incorretas. Não sabendo o que fazer com os três números apresentados (25, 10 e 3), ele decide – estando em um procedimento de multiplicação – efetuar uma operação que não tem nenhuma coerência com o enunciado (10 × 30 = 300), como ele próprio constatará ao não utilizar o resultado obtido (300) na sequência da resolução.

Em resumo, duas dificuldades aparecem aqui: a falta de precisão na utilização dos dados sobre as inscrições anuais e a dificuldade de utilizar de maneira pertinente a informação sobre as inscrições para 10 sessões.

3. Fase de *OUTPUT*

Chega, enfim, o momento de apresentar a resposta. Essa etapa deve ser particularmente cuidadosa: de fato, avalia-se o trabalho realizado pela qualidade da produção; apenas o produto da reflexão do aluno – em forma escrita e/ou oral – será visível para o professor. Se a criança é incapaz de expressar claramente o fruto de sua reflexão, o professor deduzirá que ela não compreendeu, ainda que a dificuldade talvez resida em explicitar sua reflexão ou em comunicar por escrito o resultado de seu trabalho. As perguntas que o aluno deve se fazer após o exercício podem ser as seguintes: eu revisei todas as minhas respostas? Estou contente com meu trabalho? Será que me saí bem nessa tarefa?

Na fase de *OUTPUT*, o aluno pode expressar sua resposta – ou sua reflexão – oralmente ou por escrito. A Figura 3.13 mostra que a resposta pode "sair da cabeça da criança" de duas maneiras: oralmente ("pela boca") ou por escrito ("pela mão").

Nessa última fase, Gregório revela novamente boas competências cognitivas e metacognitivas. A qualidade da escrita e a organização das operações na folha mostram claramente que a conduta do aluno é controlada. O procedimento em três etapas (multiplicações, adição e depois subtração) aparece no "produto". As operações são formuladas corretamente e a conduta é visível na folha do aluno. O trabalho é cuidadoso:

Figura 3.13 A fase de *OUTPUT* (expressão da resposta).

nota-se que nada foi apagado ou riscado, o que prova que Gregório passou à fase de escrita das operações somente após uma fase de apropriação do enunciado e de organização de sua reflexão.

Duas dificuldades aparecem nessa fase. A falta de precisão apontada acima se traduz, primeiramente, em uma multiplicação errada devido à transferência visual incorreta do "150". Depois, a exatidão da resposta não se verificou para o preço das inscrições anuais.

Na entrevista pedagógica que se seguiu, Gregório conseguiu explicar perfeitamente sua conduta global, mas foi incapaz de justificar a operação incorreta (10 × 30). Com isso, o professor teve a confirmação de sua hipótese sobre uma das dificuldades encontradas pelo aluno na resolução desse problema: conhecimentos declarativos insuficientes sobre o próprio conteúdo do problema.

Do interesse da objetivação dos processos de pensamento

Durante toda a fase de remediação, fizemos um trabalho explícito de objetivação dos processos cognitivos e metacognitivos utilizados pelo aluno. As vantagens de esclarecer para a criança sua conduta de pensamento são inúmeras.

Em primeiro lugar, a objetivação dos processos permite à criança compreender que suas condutas de pensamento podem ser controladas. Em geral, o aluno – e às vezes o professor! – tem uma concepção errônea da inteligência: está convencido de que esta é inata, herdada ao nascer, fixa, estável, não evolutiva, etc., e que, consequentemente, não tem nenhum poder sobre ela. Assim, atribui o êxito escolar a uma boa disposição hereditária – ou a uma inteligência inata – e o fracasso à fatalidade de uma herança desfavorável, ou mesmo de um defeito da família –, o que o conduz à resignação. Essa concepção da inteligência provoca na criança um sentimento de incontrolabilidade. Inversamente, se ela considera – o que, infelizmente, ainda é muito mais raro – que a inteligência é evolutiva e modificável, a criança investirá no âmbito escolar para enriquecer seus conhecimentos e se tornar "mais inteligente".

Vale destacar aqui que muitos professores têm uma concepção que se refere à estabilidade da inteligência; por isso, não é surpreendente que levem seus alunos a desenvolver uma tal concepção da inteligência. Inúmeras pesquisas revelam, de fato, que "ainda hoje a maioria dos professores e dos pais tem a convicção de que a inteligência é inata e, portanto, não modificável" (Crahay, 1999, p. 286).

A reflexão proposta aqui ao aluno permite-lhe assim compreender que pode dominar seus processos de pensamento e que, portanto, pode utilizar sua inteligência de maneira consciente, organizada e eficaz. Essa nova compreensão de seu funcionamento cognitivo é, em geral, uma verdadeira revelação para a criança. Vai possibilitar a ela modificar radicalmente sua concepção da inteligência e restituir-lhe o poder sobre suas aprendizagens. Não se trata, portanto, unicamente de propor ao aluno novas condutas ou procedimentos, mas de lhe permitir uma verdadeira conversão paradigmática! O desafio é enorme: possibilita ao aluno abandonar sua atitude de resignação e desenvolver seu sentimento de controlabilidade.

De maneira mais geral, o professor deverá então levar o aluno a tomar consciência de que pode controlar seus próprios pensamentos: "Quando se ensina os indivíduos a compreender e controlar o funcionamento de seu pensamento, eles conseguem se livrar da influência das convicções negativas que têm a propósito de suas capacidades ou do temor de fracassar" (McCombs, 2000, p. 26). Os alunos recuperam assim o poder sobre seus desempenhos, podem se automotivar e se tornar atores, ou mesmo diretores, de suas aprendizagens. Os alunos descobrem que têm um controle pessoal sobre o funcionamento de seu pensamento e percebem que se saem melhor quando exercem um controle eficaz sobre sua atividade cognitiva.

O que dá segurança ao aluno, particularmente, é a tomada de consciência de que, nesse tipo de abordagem, é tolerado, ou mesmo encorajado, um tempo de suspensão da compreensão. O que ocorre em geral é que, quando lê um enunciado, por exemplo, o aluno está convencido de que sua compreensão deve ser imediata e que uma releitura demonstraria sua incapacidade de resolver corretamente a tarefa. Mas, separando a atividade cognitiva em três fases (*INPUT*, ELABORAÇÃO, *OUTPUT*) – como fizemos para Gregório –, o aluno compreende que uma tomada de informações correta é difícil e, portanto, requer grande prudência. Várias leituras sucessivas lhe parecerão então necessárias e naturais. Consequentemente, o aluno aprende a tolerar a existência de uma fase – muito desestabilizante para a maioria dos alunos com dificuldades – em que ainda não sei o que devo fazer e em que sei – sobretudo! – que não sei, e que é normal não saber ainda: "No momento, não sei, mas essa etapa é normal, vou dar o tempo necessário à compreensão e agir de maneira organizada e serena".

O professor poderá assim levar o aluno a atribuir suas dificuldades a uma organização insuficiente de seus processos de pensamento, e não a uma falta de aptidões ou a uma inteligência medíocre. Esse "treinamento atribucional" (Dweck, 1975) conduzirá o aluno a uma maior perseverança diante da dificuldade. O desafio da ajuda é, em última análise, permitir à criança encontrar causas internas, modificáveis e específicas para suas dificuldades (cf. Figura 2.1, Capítulo 2). Em resumo, trata-se então de ajudar o aluno a tomar consciência de que a inteligência é composta de um conjunto de conhecimentos e de estratégias cognitivas e metacognitivas, fundamentalmente evolutivas e suscetíveis de serem apreendidas.

Do interesse da objetivação dos processos de pensamento: o exemplo de Gregório

Se analisamos agora o interesse da objetivação dos processos de pensamento na situação de resolução analisada acima, podemos tirar conclusões muito interessantes para compreender o funcionamento cognitivo e metacognitivo de Gregório.

Em primeiro lugar, constatamos uma evolução muito positiva do aluno em sua atitude diante da tarefa – aqui um problema de matemática. De fato, a gestão de seus processos cognitivos é muito mais refletida do que no início do trabalho de apoio. Quando apresentamos a Gregório o "problema do trólebus", na fase de avaliação diagnóstica do aluno, havíamos constatado várias dificuldades:

– *INPUT*: Gregório não compreendera a situação apresentada no problema; contentava-se com uma compreensão muito aproximativa do enunciado e

das perguntas. Sua tomada de informações era falha.
- ELABORAÇÃO: no momento de elaborar seu raciocínio, ele não estabelecia nenhuma ligação entre as diferentes partes do exercício (enunciado e quadro). Parecia tratar cada informação da ficha isoladamente e não via a coerência global da ficha. A resolução dependia mais da improvisação do que de uma reflexão organizada.
- *OUTPUT*: depois de ler toda a ficha e de dar uma resposta para cada pergunta, Gregório acreditava ter concluído o trabalho solicitado: ele *fazia por fazer* e tratava cada pergunta de forma isolada; ainda que não as compreendesse necessariamente, respondia a todas as perguntas feitas. No final, não estava muito convencido do acerto de suas respostas, mas mesmo assim entregava o trabalho ao professor ao terminar. O importante era cumprir a tarefa; a qualidade do trabalho ou a precisão da resposta pouco importava. O autocontrole era inexistente, e o aluno se mostrava satisfeito ao concluir sua tarefa, qualquer que fosse o resultado obtido.
- O professor especializado constatava, finalmente, que o aluno não sabia definir o que era um "problema de matemática" e que procedimento devia adotar para resolvê-lo.

Se comparamos esse trabalho com aquele efetuado para a resolução do "problema da piscina", os progressos são evidentes:

- A tomada de informações agora é globalmente correta. Gregório rememora o enunciado do problema e sua compreensão da situação apresentada é boa, apesar de algumas imprecisões decorrentes de conhecimentos declarativos insuficientes.
- As diferentes informações são organizadas pelo aluno, e seu procedimento de resolução é coerente. A reflexão é organizada.
- A resposta dada é lógica e coerente com o conjunto da reflexão. A construção rigorosa do procedimento aparece no produto. Se antes Gregório "*fazia por fazer*", agora ele "*faz para encontrar*" (isto é, para encontrar uma resposta correta para a pergunta feita no problema). Além disso, os resultados obtidos nas sete operações realizadas estão corretos, o que demonstra, mais uma vez, que agora Gregório trabalha de maneira sensata, refletida e efetua um autocontrole permanente da qualidade de seu trabalho (a preocupação com a qualidade e a precisão do trabalho se traduz aqui em uma realização perfeita das sete operações efetuadas).

Contudo, persistem algumas dificuldades que justificam o prosseguimento do trabalho com o aluno. Após essa análise, pensamos juntos em como melhorar sua eficácia na resolução futura de problemas de matemática:

- Gregório deve, antes de tudo, verificar sua compreensão de cada um dos termos utilizados no enunciado do problema. Se seus conhecimentos declarativos forem insuficientes para compreender o enunciado, ele deve se preocupar com isso e buscar as informações que lhe faltam em documentos de referência ou com o professor. Deve, portanto, reagir à perda de sentido, quando lê, e depois pensar nos meios

de superar essa dificuldade, com ou sem a ajuda do professor.
- Ele não deve efetuar operações que não seja capaz de justificar. O risco – frequente nos alunos com dificuldade em matemática – é sentir-se obrigado a utilizar todos os números apresentados no problema (explicamos dessa maneira seu 10 × 30). O efeito da "idade do capitão"[38] está sempre por perto...
- Ele deve ter o cuidado de garantir a transferência visual dos números que copia: o autocontrole deve funcionar igualmente nos próprios detalhes da realização das operações.
- Gregório deve, finalmente, verificar se os resultados obtidos são realistas. Para isso, precisa fazer um último controle analisando os resultados em relação ao enunciado global do problema.

Todo esse trabalho de análise permite evidenciar os progressos alcançados pelo aluno – que podemos qualificar de notáveis – na condução de seus processos de pensamento, e circunscrever algumas regulações que ele ainda precisa fazer para dominar melhor sua estratégia de resolução de problemas de matemática.

Graças a esse trabalho nas três fases propostas por Feuerstein, Gregório conseguiu, ao final, compreender alguns princípios importantes:

- *INPUT*: o aluno sabe agora como pode transmitir ao seu cérebro as informações úteis: as "entradas" são visuais ("as informações podem entrar em meu cérebro pelos olhos") e auditivas ("pelas orelhas"). O cérebro só poderá tratar informações se elas forem corretamente conduzidas até ele. A fase de *INPUT* é determinante, pois, sem ela, o cérebro não funciona. Em outras palavras, o registro perceptivo é solicitado nessa fase e o aluno deverá mobilizar aqui seus processos atencionais.
- ELABORAÇÃO: quando as informações são transmitidas corretamente ao cérebro, este pode começar seu trabalho de tratamento da informação. Agora, o processador central funciona a todo vapor e o processo de inspeção verifica se não se perdeu de vista o objetivo perseguido e se os meios empregados são eficazes.
- *OUTPUT*: o aluno compreendeu que será avaliado sobre o produto e não sobre a qualidade de sua reflexão. De fato, apenas o resultado visível – ou audível – é avaliado pelo professor. Portanto, a qualidade da linguagem e da comunicação é determinante nessa primeira fase. Uma atenção muito particular deve ser dada, então, à maneira de comunicar os frutos de sua reflexão.

Na Figura 3.14, apresentada a seguir, é demonstrada o funcionamento cognitivo de maneira simplificada – e portanto acessível aos alunos – permitindo visualizar esse procedimento em três fases.

Finalmente, uma última observação: o exemplo da ajuda cognitiva proposta a Gregório demonstra – se é que isto ainda é necessário nesta etapa da reflexão... – que as capacidades de raciocínio matemático podem ser trabalhadas com o aluno e melhoradas de forma muito significativa. Na verdade, certos professores têm uma imagem fatalista da "falta de raciocínio": segundo um sentimento comum, ou se tem um "bom raciocínio" ou não. Como vimos, o debate sobre a inteligência – ou sobre a motivação – geralmente partilha do mesmo fatalismo. Assim, o discurso sobre o "raciocínio" dos alunos funciona geral-

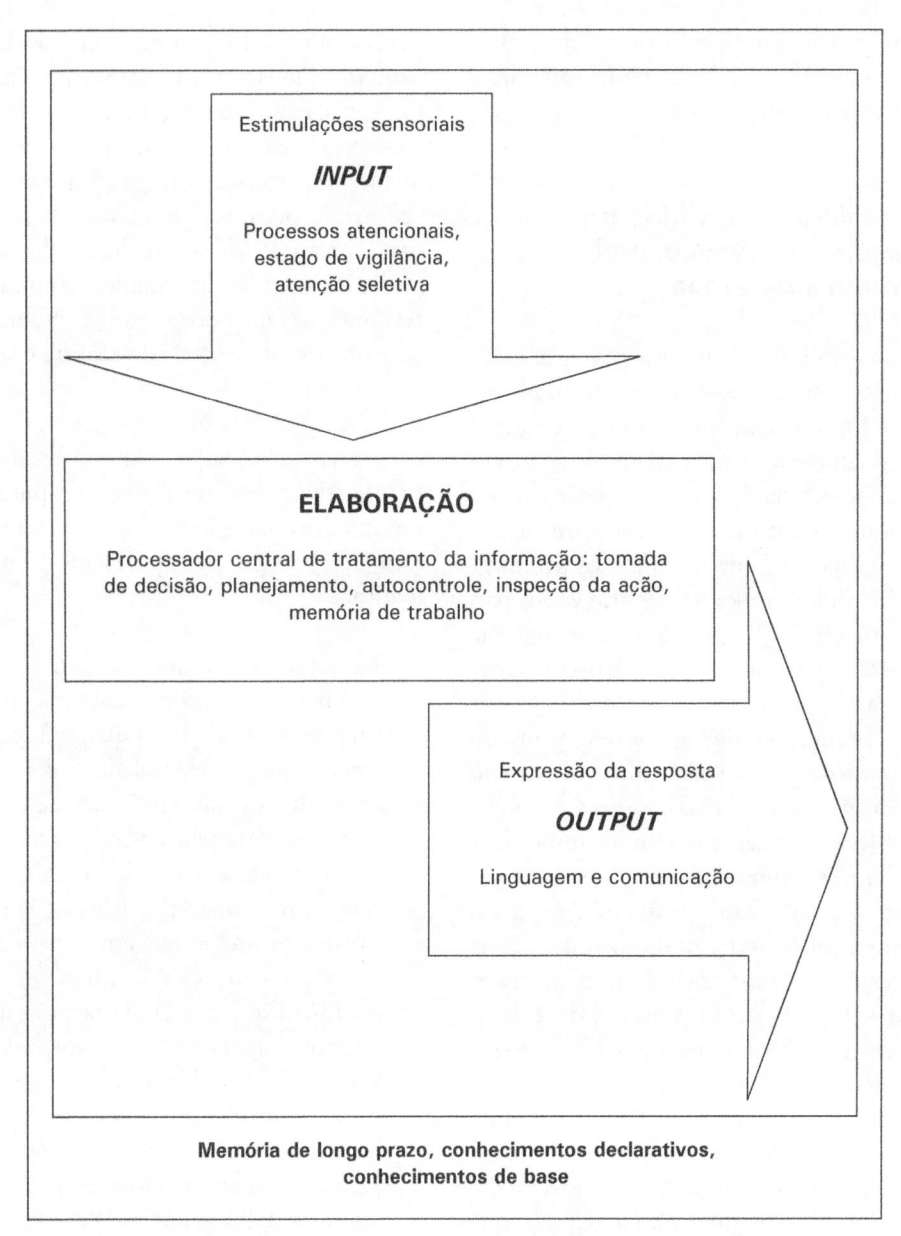

```
┌─────────────────────────────────────────────────────────┐
│         ┌─────────────────────────────┐                 │
│         │   Estimulações sensoriais   │                 │
│         │         *INPUT*             │                 │
│         │   Processos atencionais,    │                 │
│         │    estado de vigilância,    │                 │
│         │      atenção seletiva       │                 │
│         └──────────────┬──────────────┘                 │
│                        ▼                                │
│         ┌─────────────────────────────┐                 │
│         │        ELABORAÇÃO           │                 │
│         │ Processador central de tratamento da informação: tomada │
│         │ de decisão, planejamento, autocontrole, inspeção da ação, │
│         │        memória de trabalho          │         │
│         └─────────────────────────────┘────────▶        │
│                  ┌─────────────────────────────┐        │
│                  │    Expressão da resposta    │        │
│                  │         *OUTPUT*            │        │
│                  │    Linguagem e comunicação  │        │
│                  └─────────────────────────────┘        │
│                                                         │
│         Memória de longo prazo, conhecimentos declarativos, │
│                    conhecimentos de base                │
└─────────────────────────────────────────────────────────┘
```

Figura 3.14 Os processos de funcionamento cognitivo (adaptado de B. Dias, inédito).

mente como uma manifestação de impotência pedagógica. A explicação da "falta de raciocínio" é utilizada frequentemente em desespero de causa, como uma explicação final, inevitável e impeditiva da dificuldade do aluno, em particular no campo da matemática. Aparece como uma força psicológica mágica: a tendência então é entender o raciocínio como uma faculdade sobre a qual não se tem muito poder. Esperamos ter demonstrado, com o exemplo de Gregório, que os processos eficazes de raciocínio podem ser trabalhados e que, consequentemente, a criança pode aprender a "raciocinar melhor".

Os resultados obtidos por Gregório na avaliação formativa de etapa

Como explicamos no início deste item, Gregório estava prestes a ser reprovado na 5ª série, principalmente em razão de grandes dificuldades em matemática (média anual de 3,1 na 5ª série)[39]. Apesar dos resultados insuficientes – que teriam justificado a repetência da 5ª série – os professores decidiram propor a Gregório e seus pais a promoção à 6ª série com um programa adaptado e um apoio intensivo em matemática.

Os progressos de Gregório no primeiro semestre da 6ª série são espetaculares não só em matemática, mas também em francês. Eles se traduzem em notas muito boas em francês e notas bastante aceitáveis em matemática: de fato, no final do primeiro semestre da 6ª série, o aluno obtém uma média de 4,7 em francês (enquanto na 5ª série tinha 4,1 nessa matéria) e de 4,2 em matemática (2,9 no final da 5ª série), o que representa uma progressão excepcional de 1,3 ponto entre a 5ª e a 6ª série. Diante disso, a professora da 6ª série, no final do primeiro semestre, propõe a Gregório e aos seus pais que se interrompa o programa adaptado para que, no segundo semestre, o aluno possa perseguir os objetivos da 6ª série. No final do ano, Gregório obtém a média em matemática, e assim pode seguir normalmente sua escolaridade no nível secundário.

Como complemento dos resultados numéricos muito encorajadores, procedemos, no final do ano, a uma avaliação formativa de etapa: para isso, submetemos Gregório, mais uma vez, a várias tarefas que havíamos passado a ele no início do ano, quando da avaliação diagnóstica. Esse procedimento permitiu uma análise comparativa da atitude do aluno diante da tarefa: pudemos assim avaliar melhor se nossas intervenções eram pertinentes, comparando os processos utilizados pelo aluno no início do ano com aqueles utilizados após nossas múltiplas intervenções remediadoras.

Relataremos aqui alguns resultados significativos dessa avaliação. Propusemos novamente a Gregório o jogo do "Compte est bon", o Logix e um problema de matemática.

– No jogo do "Compte est bon"[40], constatamos que Gregório tem uma atitude inteiramente adaptada diante da tarefa: nessa avaliação, ele trabalha calmamente, analisa os números antes de efetuar as operações e permanece concentrado durante toda a atividade. A maior diferença em comparação à avaliação diagnóstica se traduz em uma busca ativa de várias soluções diferentes: se antes, no início do ano, ele fazia uma única tentativa, agora apresenta ao professor vários cálculos diferentes. O objetivo é claramente identificado pelo aluno, e ele não se contenta mais em *fazer por fazer*, mas deseja realmente aproximar-se o máximo possível do número "alvo". Sua atitude é, portanto, muito mais voluntarista e seu procedimento é claramente dirigido ao objetivo. Além disso, o aluno melhora a cada novo exercício, manifestando assim um bom potencial de aprendizagem.

Contudo, persistem algumas dificuldades: Gregório escolhe mal os números sugeridos e utiliza as operações à disposição de maneira pouco eficaz. Por exemplo, ele não utiliza as multiplicações quando o número alvo é elevado, e insiste em adicionar os números, ficando assim muito distante do resultado a obter. No entanto, constatamos aqui que a dificuldade é de natureza matemática, e não mais estratégica.

– Propusemos também ao aluno efetuar várias fichas do jogo Logix[41]. A constatação é igualmente agradável: Gregório tornou-se mais reflexivo, e analisa a tarefa antes de agir; ele autoavalia a qualidade de sua tomada de informações antes de colocar qualquer peça do jogo, e pede a ajuda do professor para ter certeza de que compreendeu bem o enunciado (*INPUT*). Antes de apresentar o resultado de seu trabalho ao professor, ele faz um último autocontrole. Constatamos então que agora ele se preocupa com a exatidão, a qualidade e a correção de seu trabalho. Além disso, é capaz de fazer as correções necessárias quando não está absolutamente seguro de sua resposta.

O progresso alcançado aqui em sua atitude diante da tarefa é absolutamente espetacular: enquanto no início do ano o aluno se contentava em entregar o quadro ao professor sabendo com razão que o resultado tinha erros, agora ele realiza todo um trabalho de verificação da qualidade de seu trabalho – na forma de um autocontrole que efetua durante a tarefa, mas também na fase de *OUTPUT*.

– A última tarefa que apresentaremos aqui é a da resolução do probleminha de matemática de Pedro e seu pai. Recordemos primeiramente o enunciado do exercício:

"O pai de Pedro vai para o trabalho de trólebus; todo dia faz quatro corridas e paga 3 francos. Pedro também faz quatro corridas e paga 2 francos".

Após o enunciado do problema, apresenta-se um quadro onde o aluno pode completar o número de dias, o número de corridas e o preço pago por cada um. Em seguida, o aluno deve responder a uma dezena de perguntas do tipo: "Quanto o pai de Pedro tem de pagar para 4 dias? Quando o filho e o pai pagam juntos 15 francos, quantas corridas fez cada um?", etc.

Também aqui, a atitude de Gregório é muito diferente daquela que tinha no início do ano letivo. Enquanto na avaliação formativa do início ele tinha dado uma resposta a cada pergunta – sem qualquer ligação com o problema apresentado –, agora se recusa a preencher a ficha! De fato, após várias leituras sucessivas do enunciado, o aluno solicita a ajuda do professor: ele não compreende o sentido da palavra "corrida" e se recusa a prosseguir na tarefa sem uma explicação clara do termo. Ele não se permite completar a ficha sem ter uma compreensão completa do problema apresentado. Prefere então não fazer nada a fazer qualquer coisa.

A diferença em relação à avaliação diagnóstica é manifesta: Gregório faz uma autoavaliação de sua compreensão e reage à perda do sentido na leitura do texto, o que não acontecia absolutamente no início do ano. Ele deseja realizar um trabalho de qualidade e é capaz de dominar a impulsividade diante da tarefa. Assim, tolera uma fase de "indecisão", na qual sua compreensão se constrói aos poucos, e solicita judiciosamente a ajuda do professor quando não compreende o enunciado do problema.

Podemos tirar as seguintes conclusões dessa avaliação final:

- A qualidade do trabalho e a precisão da resposta tornaram-se agora importantes para Gregório. Ele prefere solicitar a ajuda do professor, em caso de dificuldade, enquanto antes tinha a preocupação de esconder suas dificuldades para salvaguardar uma imagem externa positiva de sua pessoa. O trabalho realizado no apoio permitiu-lhe modificar suas representações do erro, principalmente na resolução de problemas de matemática.
- Quando percebe que está diante de uma dificuldade e que o resultado da tarefa está errado, Gregório, agora, não apresenta o trabalho ao professor. Para ele, o ofício de aluno não consiste mais em atender, custe o que custar, às supostas expectativas do professor (contrato didático), entregando-lhe uma tarefa concluída mesmo que o resultado não esteja correto. Assim, Gregório procede a uma verificação final da correção de seu trabalho (autocontrole) antes de transmitir o resultado ao professor. Para o aluno, o importante não é mais fazer por fazer. Agora, seu nível de expectativa é elevado.

Constatamos então, para concluir, que os progressos do aluno são evidentes e se traduzem em notas plenamente aceitáveis. Evidentemente, é sempre muito difícil interpretar a razão do progresso de um aluno. As razões podem ser inúmeras: mudança de professor, de programa, de maturidade, ou mesmo – e é esse particularmente o caso de Gregório – de contexto familiar. Contudo, estamos convencidos de que o trabalho realizado com o aluno sobre seus processos cognitivos teve um papel fundamental[42] nos progressos do aluno. Conhecendo as grandes dificuldades de transferência e de generalização das competências cognitivas e metacognitivas, ficamos surpresos com os resultados igualmente espetaculares alcançados pelo aluno no campo do francês. Nossa hipótese é de que as atitudes diante da tarefa trabalhadas em matemática também possibilitaram ao aluno uma melhor utilização de seus processos cognitivos em francês.

Para concluir o Capítulo 3, queremos apresentar rapidamente dois modelos que marcaram profundamente nossa reflexão sobre o funcionamento cognitivo: o modelo de Reuven Feuerstein e o de Robert J. Sternberg. Não apresentaremos aqui o conjunto de seu pensamento, mas vamos completar a reflexão iniciada no item anterior assinalando algumas características essenciais do funcionamento cognitivo segundo esses dois autores.

3.6 O MODELO PROPOSTO POR REUVEN FEUERSTEIN

O trabalho de Feuerstein consistiu em ajudar crianças com grandes dificuldades de aprendizagem desde o final da Segunda Guerra Mundial. Portanto, sua teoria foi construída a partir da situação real de crianças e da ajuda que tentou dar a elas.

Feuerstein identificou, primeiramente, os processos mentais que poderiam criar dificuldades para a criança em seu trabalho cognitivo. Depois, classificou essas "funções cognitivas deficientes" conforme interviessem na *fase de input* (tomada de informação), de *elaboração* (processador central) ou de *output* (expressão da resposta). Constatou, em particular, que a fase de apreensão de dados (*input*) apresentava, para muitas crianças, dificuldades características: ele destaca antes de tudo uma percepção vaga e não sistemática dos dados e uma dificuldade em gerir várias fontes de informação ao mesmo tempo. Evidentemente, uma má apreensão dos dados afetará as duas fases seguintes (elaboração e comunicação de resultados): como, de fato, o aluno poderia elaborar corretamente seu raciocínio com base em dados mal apreendidos? Dificuldades de orientação espacial ou temporal podem igualmente afetar as funções cognitivas no nível do *input*.

A fase de ELABORAÇÃO (processador central) também pode ser deficiente. Alguns alunos têm dificuldade de perceber a existência de um problema e, consequentemente, de defini-lo. Outras crianças têm dificuldade de separar os dados pertinentes e os não pertinentes. Pode ainda ser deficiente o pensamento inferencial ou hipotético.

A fase de *OUTPUT* pode igualmente impor dificuldades para a criança. Uma comunicação egocêntrica dos resultados torna aquilo que é dito pelo aluno não compreensível para o professor. A imprecisão na expressão da resposta pode também trair a qualidade da reflexão elaborada pela criança. Meios verbais limitados ou um comportamento impulsivo podem igualmente alterar o processo de comunicação da resposta.

Para Feuerstein, as deficiências cognitivas resultam de uma falta de "experiência de aprendizagem mediada". Em outras palavras, o aluno não se beneficiou, na gestão de seus processos cognitivos, da mediação de um adulto. As dificuldades apresentadas não são, portanto, incapacidades estruturais ou elaboracionais, mas decorrem da falta de aprendizagem. A experiência de aprendizagem mediada permite, por exemplo, uma mediação do significado das atividades realizadas: o adulto é responsável por explicar à criança o sentido desta ou daquela atividade. O papel do professor é ainda mediar a consciência que o aluno deve ter da modificabilidade cognitiva. "Trata-se de transmitir à criança a consciência de que ela é capaz de se modificar, isto é, de mudar e, portanto, de progredir. Essa é uma atitude que contrasta profundamente com a de inúmeros pais e professores que estão sempre reafirmando os fracassos da criança e sua impossibilidade de remediá-los" (Debray, 2000, p. 32). A dimensão afetivo-emocional está presente, portanto, nessa abordagem de ajuda cognitiva.

Feuerstein insiste ainda na importância de dominar um vocabulário metacognitivo. Ele não hesita em apresentar aos alunos os termos "*input*, elaboração, *output*, etc." e quer que dominem esse vocabulário específico.

Feuerstein não se contenta em identificar as funções cognitivas deficientes, mas elabora um programa de ajuda cognitiva, o Programa de Enriquecimento Instrumental (PEI). O objetivo principal desse programa é aumentar a modificabilidade cognitiva do indivíduo. Feuerstein deseja desenvolver no indivíduo as capacidades de compreensão e de avaliação dos próprios processos de pensamento. "O objetivo geral do Programa de Enriquecimento Instrumental é criar condições de modificabilidade cognitiva, isto é, aumentar a capacidade de automodificação do indivíduo quando ele é confrontado diretamente com os estímulos do ambiente" (Dias, 1995, p. 72).

Para além do interesse evidente do modelo de funcionamento cognitivo de

Feuerstein, suas contribuições nos parecem particularmente importantes porque ele postula a enorme potencialidade de desenvolvimento de todo indivíduo. Para ele, o desenvolvimento da inteligência mostra uma enorme plasticidade. Por isso, considera que as deficiências do indivíduo não são definitivas, mas que, ao contrário, é possível modificar seu funcionamento cognitivo. "As deficiências cognitivas que resultam de uma falta de Experiência de Aprendizagem Mediada refletem mais deficiências nas atitudes, nas motivações, nos hábitos de aprendizagem e de trabalho do que reais incapacidades que afetariam a própria estrutura da organização mental do indivíduo" (Debray, 2000, p. 36). A abordagem de Feuerstein permite ao aluno passar de um papel passivo de receptor da informação a um papel ativo de produtor da informação. Trata-se, portanto, de levar o aluno a compreender que desempenha um papel determinante na aquisição de conhecimentos. É graças à sua atividade, então, que ele será capaz de adquirir conhecimentos e reutilizá-los quando for necessário.

A teoria de Feuerstein suscitou um grande interesse, sobretudo entre professores especializados, mas também sofreu fortes críticas. Contestou-se a possibilidade de mudar a própria estrutura cognitiva do indivíduo. A mudança cognitiva postulada por Feuerstein é uma mudança de natureza estrutural. É por isso que o PEI propõe exercícios independentes de conteúdos escolares. Cada instrumento permite trabalhar uma função cognitiva específica. Deixamos claro, na introdução desta obra, que não compartilhamos o otimismo desse autor quanto a uma modificabilidade estrutural da inteligência. Mas acreditamos que a utilização de processos cognitivos depende, antes de tudo, da natureza da tarefa. Consequentemente, preferimos trabalhar sobre os suportes escolares e ensinar os alunos a mobilizarem os processos cognitivos necessários à realização de cada tarefa.

3.7 O MODELO PROPOSTO POR ROBERT J. STERNBERG

Sternberg (1985, 1999, 2007) desenvolveu um modelo de inteligência segundo três eixos fundamentais, a *teoria triárquica da inteligência*: o eixo contextual assinala a importância do contexto em que o indivíduo se encontra; o eixo experiencial se interessa pela experiência que o indivíduo tem na tarefa que deve realizar; e, finalmente, o eixo componencial apresenta um modelo de funcionamento cognitivo e de tratamento da informação. Vamos expor rapidamente as principais características de cada um desses eixos, inspirando-nos particularmente na última obra de Sternberg (2007).

Primeiramente, o *eixo contextual* mostra que a inteligência se desenvolve para responder cada vez melhor ao ambiente do indivíduo. Essa concepção da inteligência reafirma uma característica apontada pela maioria dos psicólogos (cf. item 3.2): a inteligência é uma capacidade de adaptação ao ambiente. Como vimos no modelo de funcionamento cognitivo apresentado nesta obra, o indivíduo seleciona no seu meio as informações necessárias à sua adaptação e, depois, após um tratamento cognitivo, transmite uma resposta a esse mesmo meio. Assim, nosso esquema destaca igualmente a importância primordial do ambiente e mostra que o indivíduo, graças à sua inteligência, adapta-se ao meio no qual evolui. As atividades mentais, os conhecimentos, as competências e os comportamentos se constroem então para permitir que o indivíduo se adapte às exigências de seu ambiente. A avaliação dos processos mobilizados pelo indivíduo deverá ser feita, portanto, em função de sua adequação à tarefa.

O *eixo experiencial*, por sua vez, interessa-se pelo papel da experiência no tratamento da informação. Sternberg considera que a experiência do indivíduo é determinante em sua capacidade de resolver o problema ou a tarefa que se apresenta a ele. Se, por exemplo, o aluno é confrontado com uma atividade totalmente nova, ele terá dificuldade de mobilizar os processos cognitivos necessários à resolução da tarefa. Algumas pesquisas mostraram que o conteúdo dos problemas de matemática tinha uma influência determinante na capacidade de resolução dos alunos: para uma dificuldade igual, se o campo abordado no problema for familiar ao aluno, este terá muito mais facilidade de resolvê-lo. Se, ao contrário, o aluno não viveu nenhuma experiência próxima da situação descrita, ele terá dificuldade para encontrar a solução.

Finalmente, o *eixo componencial* apresenta um modelo de funcionamento cognitivo. Refere-se à atividade mental propriamente dita da inteligência. Para tratar a informação, o indivíduo dispõe, para Sternberg, de *componentes* – que chamamos de *processos* em nossa obra. Sternberg define cinco tipos de componentes[43]:

- *metacomponentes*: são os processos metacognitivos responsáveis pelo controle executivo: planejamento, tomada de decisão, regulação, supervisão dos processos cognitivos e avaliação;
- *componentes de desempenho*: correspondem aos processos elementares encarregados da execução de estratégias cognitivas; são responsáveis por levar a cabo as instruções provenientes dos metacomponentes;
- *componentes de aquisição*: servem para aprender e, depois, para conservar os conhecimentos na memória de longo prazo;
- *componentes de retenção*: são mobilizados para reativar os conhecimentos armazenados na memória;
- *componentes de transferência*: permitem utilizar os conhecimentos e as competências em contextos diferentes daquele no qual se realizou a aprendizagem.

Para Sternberg, esses componentes não funcionam isoladamente, mas têm uma grande interdependência: "Suponhamos que lhe pedem para fazer um trabalho escrito para o trimestre. Você poderia empregar metacomponentes para escolher um tema, planejar o trabalho, controlar a escrita e avaliar a qualidade do produto final para ver se corresponde às metas que fixou. Poderia utilizar os componentes de aquisição de conhecimentos a fim de saber mais sobre o tema que escolheu. Poderia recorrer aos componentes de desempenho na própria redação do trabalho" (2007, p. 553).

Partindo de seu modelo triárquico da inteligência, Sternberg estudou o funcionamento cognitivo de três categorias de indivíduos (Dias, 2003).

1. Certos indivíduos apresentam uma deficiência intelectual que se deve a dificuldades de mobilizar seus metacomponentes e seus componentes de desempenho e de aquisição. Por exemplo, alguns alunos estão em dificuldades porque não planejam suas tarefas. Outros não ativam os conhecimentos necessários à resolução do problema. A lentidão no tratamento da informação

também pode explicar certas dificuldades. Os problemas de memorização podem se explicar igualmente por uma má utilização dos componentes de aquisição.
2. Certos indivíduos em dificuldade não têm problemas no nível dos metacomponentes, mas apresentam dificuldades específicas ligadas a uma má utilização dos componentes de desempenho. Por exemplo, alguns alunos não sabem que processos mobilizar para cumprir esta ou aquela tarefa. Suas dificuldades dependem, portanto, da natureza da tarefa.
3. Finalmente, os alunos dotados mostram uma utilização eficaz dos metacomponentes: compreendem de imediato a natureza do problema, selecionam a estratégia correta, controlam sua adequação ao problema apresentado e verificam sistematicamente suas respostas.

Sternberg distingue igualmente três categorias de aptidões: o *pensamento analítico*, que permite resolver problemas familiares mobilizando, por exemplo, processos de comparação ou de análise; o *pensamento criativo*, que é solicitado quando o indivíduo enfrenta problemas de um tipo novo, diante dos quais precisa conceber soluções novas e analisar de outra maneira o problema; e finalmente, o *pensamento prático*, que permite resolver problemas da vida cotidiana.

Para concluir este importante Capítulo 3, queremos destacar as contribuições determinantes das duas abordagens que acabamos de apresentar. Nosso próprio modelo de funcionamento cognitivo, evidentemente, deve muito a Feuerstein e Sternberg. Teremos oportunidade ainda, na terceira parte da obra, de mostrar a importância deles nos procedimentos remediadores que propomos no contexto escolar.

Notas

1 Se o leitor ainda não se expressa assim, que fique tranquilo: ao concluir a leitura da obra, ele já poderá introduzir esta frase numa conversa com seus colegas.

2 Chamamos de "palavra-instrução" uma palavra que é utilizada especificamente nos enunciados, como, por exemplo, os verbos "risque, sublinhe, assinale, complete, ligue, etc.". Poderíamos falar também de "termo imperativo".

3 A noção de controle executivo faz referência às funções executivas (ou funções frontais) que, antes de tudo, coordenam as outras funções cognitivas. Por exemplo, o processo metacognitivo de planejamento permite organizar o desdobramento das etapas necessárias à realização de uma tarefa. Apresentaremos detalhadamente esse modelo de funcionamento cognitivo no item 3.4.

4 Evidentemente, não queremos vê-los sucumbir com essas questões existenciais:
– A pítia, chamada de "oráculo de Delfos", é incumbida de dar conselhos, em nome de Apolo, às pessoas que a consultam; depois de ter bebido água de uma fonte sagrada e mascado folhas de louro, ela pronunciava palavras obscuras, inspiradas por Apolo (ou pelo efeito das ervas...).
– Os cromossomos, presentes em toda célula, contêm genes, suportes materiais da hereditariedade; o DNA (ácido desoxirribonucleico) é o constituinte essencial dos cromossomos.
– Para a autorreprodução por mitose, queiram se dirigir a um colega biólogo. No fim das contas, nossa especialidade é a ortopedagogia.

5 Vale esclarecer aqui que uma correlação não indica uma relação causal. Por isso, é preciso analisar de forma cautelosa esses resultados.

6 A esse propósito, os efeitos de desencadeamento semântico foram objeto de inúmeras pesquisas, sobretudo na análise de mecanismos cognitivos envolvidos na leitura (Ferrand, 2001).

7 Assinalamos mais uma vez aqui, pela questão da proceduralização, a importância de fazer os conceitos "comer poeira" (cf. o efeito Héracles apresentado na introdução).

8 Para um cognitivista, essa tarefa – comprar um bilhete no guichê da estação – já é complicada: ela requer, de fato, numerosos processos cognitivos e um procedimento complexo.

9 Situar a fase de *output* no exterior do processador central é uma maneira simplificada – mas funcional – de apresentar o tratamento de informação. Na realidade, os processos envolvidos nessa fase também dependem do processador central. Contudo, situá-los na fase de *output* possibilita identificar melhor os processos que estão envolvidos mais especificamente na expressão da resposta.

10 Os leitores interessados tirarão proveito da leitura do Capítulo 3 de Sternberg (2007), que apresenta pesquisas muito interessantes sobre as teorias da filtragem e dos recursos atencionais.

11 O termo *percepção* é utilizado em psicologia cognitiva em uma acepção muito diferente do sentido comum; em geral, quando se fala de percepção de uma cor ou de um odor, pensamos na recepção por nossos sentidos da luz e das fragrâncias; em psicologia, a percepção designa não a simples recepção, mas o tratamento da informação e a construção de seu significado.

12 A inclusão dos processos atencionais no registro perceptivo é discutível – e muito discutida (Camus, 2002). As ligações entre a atenção e o funcionamento do processador central são, evidentemente, mais estreitas na realidade do que no modelo que propomos nesta obra. Van der Linden e Collette (2002) esclarecem, de fato, que "vários estudos recentes evidenciaram cone-

xões estreitas entre a memória de trabalho e certas funções atencionais" (p. 48). Contudo, situamos os processos atencionais no nível da obtenção de informação, o que permite distinguir sua função de controle do acesso ao processador central. Essa escolha – ainda que não respeite toda a complexidade do funcionamento dos processos atencionais – permite dispor de um modelo funcional em nosso contexto de trabalho com alunos em dificuldade.

13 Podemos recordar aqui a observação feita anteriormente para a fase de *output*: os processos que situamos no registro perceptivo estão ligados, de fato, ao processador central. Contudo, situá-los na fase de *input* possibilita identificar melhor os processos que são envolvidos mais especificamente quando a informação é obtida. Foi por isso que decidimos qualificar esse registro de "perceptivo" e não de "sensorial": o papel que atribuímos ao *registro perceptivo* não coincide inteiramente com as pesquisas realizadas em psicologia cognitiva sobre o *registro sensorial*. Essa escolha, porém, permite dispor de uma modelização funcional no contexto psicopedagógico.

14 Alguns autores (Fortin e Rousseau, 1998) falam de *memória ecoica*, para a memória sensorial auditiva, e de *memória icônica*, para a memória sensorial visual.

15 Os trabalhos de Antoine de La Garanderie têm recebido hoje numerosas críticas. Contudo, parece que sua teoria da *gestão mental* é inteiramente compatível com as pesquisas atuais em psicologia cognitiva, mesmo que seus fundamentos teóricos nem sempre sejam muito sólidos. Além disso, a gestão mental tem o mérito de haver possibilitado a muitos professores uma entrada salutar em psicopedagogia cognitiva e metacognitiva, e isso desde os anos 1980.

16 As noções de "evocação auditiva ou visual" de La Garanderie foram criticadas por vários autores. A pesquisa mostrou, efetivamente, que as memórias sensoriais são limitadas e efêmeras: "As informações visuais ou auditivas fundiram-se rapidamente em um código simbólico superior: o código léxico ou o código figurado, que não pode ser confundido com a dicotomia auditivo/visual" (Crahay, 1999, p. 252). Essas críticas nos parecem, em parte, injustas. De fato, La Garanderie apresenta a evocação não como um copiar-colar da realidade, mas como um verdadeiro trabalho de construção, reconstituição e representação de imagens mentais.

17 Se você está confuso com a leitura deste parágrafo, fique tranquilo, é normal: é realmente muito difícil ler e compreender o conteúdo do texto (processos cognitivos) e, ao mesmo tempo, se observar ler e se observar compreender (metacognição). Se você não está confuso, então você é uma mulher! Por isso, é capaz de gerir várias atividades cognitivas ao mesmo tempo.

18 Falaremos de "ficha de procedimento" ou "ficha-guia" para designar o suporte do aluno que apresenta a conduta ou as etapas a seguir, a estratégia a adotar ou então, mais simplesmente, os pontos a respeitar para realizar sua tarefa. Essas fichas também possibilitam ao aluno autoavaliar sua produção e regular sua ação.

19 O risco de confusão é ainda maior quando se compara o vocabulário utilizado em campos próximos; a psicologia cognitiva, a neuropsicologia, as neurociências e a psicopedagogia cognitiva desenvolveram um vocabulário específico que torna difícil a utilização dos conceitos e sua comparação.

20 Os termos apresentados aqui não são equivalentes, e cada autor, pela escolha de novos conceitos, destaca uma abordagem específica. Por exemplo, em Sternberg, o termo "metacomponente" designa os processos executivos de ordem superior utilizados para escolher os componentes que vão intervir, para controlá-los enquanto eles intervêm e para avaliá-los posteriormente.

21 São Butterfield e Belmont (1977) que distinguem os processos subordinados ("*subordinate processes*") – que possibilitam realizar ações – dos processos dominantes ("*superordinate processes*") – que coordenam, guiam e controlam os processos subordinados.

22 Para alguns autores (Flavell, por exemplo), o processo de regulação agrupa os processos de antecipação, previsão, inspeção da ação, guiagem, controle, avaliação, ajustamento e revisão. O termo *regulação* corresponderia, portanto, para alguns autores, aos *processos metacognitivos*, segundo a definição que atribuímos a eles nesta obra.

23 Reservamos o prefixo "auto" para os termos autocontrole e autoavaliação porque na escola o controle e a avaliação geralmente são externos e praticados pelo professor. Por isso, no âmbito dos processos metacognitivos, é importante destacar, mediante o prefixo "auto", o caráter interno desses processos.

24 Podemos constatar aqui que a distinção entre processos metacognitivos e cognitivos nem sempre é fácil de estabelecer. Simplificando, poderíamos dizer que os processos metacognitivos refletem, avaliam e dão ordens – sem pôr a mão na massa –, enquanto os processos cognitivos são as ferramentas que executam o trabalho. É mais ou menos como na vida: o papel dos chefes nem sempre é muito claro e, às vezes, os operários têm a impressão de que são eles que fazem todo o trabalho...

25 Costermans (2001) e Rossi (2005), por exemplo, estudaram as inferências necessárias à construção da linguagem.
26 Essa piada tem como título "Frère aider frère: c'est toujours travailler..." ["Irmão ajudar irmão: é sempre trabalhar..."] e é extraída do álbum *Pas de pitié pour Achille Talon* [*Sem compaixão por Achille Talon*], do excelente Greg (1976, Éditions Dargaud).
27 Não obstante suas inúmeras competências cognitivas, Sternberg esqueceu aqui de mobilizar seus processos metacognitivos de controle: o pinguim pode muito bem voar!
28 Tendo assistido a três partos, acho que não vou prosseguir com essa metáfora: as dores do parto me pareceram, de fato, de natureza diferente das dores da acomodação cognitiva...
29 Assim, por exemplo, a "alça fonológica, que mantém a informação ligada ao discurso, parece ter que ativar de forma bilateral o lobo frontal e o lobo parietal. É interessante observar que o esboço visuoespacial parece ativar zonas um pouco diferentes, dependendo da extensão do intervalo de retenção. [...] Por último, as funções do administrador central parecem ter que envolver prioritariamente a ativação dos lobos frontais" (Sternberg, 2007, p. 186).
30 Vale esclarecer, no entanto, que Marta provavelmente faz confusão entre os termos "girar no mesmo sentido" e "ir na mesma direção".
31 Portanto, nosso modelo não é o único válido, evidentemente, e tampouco está isento de críticas. Ele não apresenta *realmente* o funcionamento cognitivo: todo modelo é necessariamente redutor, pois a inteligência não pode se reduzir a um esquema, por mais completo que seja.
32 Apesar da qualidade inegável desse pequeno texto, podemos garantir que ele é de nossa autoria. Por isso, não mencionamos referência bibliográfica. As editoras interessadas em publicar essa história poderão entrar em contato conosco diretamente.
33 Não me agradeçam, foi um prazer.
34 Em Valais, a maior nota é 6 e a média necessária para a aprovação é 4 (cf. Quadro de correspondência entre classes e idades nos sistemas escolares promófonos no Anexo 20).
35 O PACSM designa o Programa de Aprendizagem Cognitiva Escolar Mediada, que elaboramos com um grupo de professores especializados de Valais. Apresentaremos esse trabalho no Capítulo 9.
36 O jogo "Le Compte est bon" [A conta está certa] é um conhecido *videogame*: o jogador deve obter um certo número "alvo" com a ajuda de seis outros números sorteados e utilizando as quatro operações.
37 Nesse jogo, o aluno deve colocar formas (por exemplo, um quadrado amarelo, um círculo azul, etc.) em uma grade de nove casas, seguindo uma instrução dada de maneira visual em uma ficha anexa. Os exercícios são progressivos e apresentam um número mais ou menos reduzido de informações, o que aumenta bastante a dificuldade.
38 O efeito da "idade do capitão" refere-se à reação de certos alunos a problemas cujos enunciados contêm informações que não permitem encontrar a solução da pergunta feita. S. Baruk (1998), em particular, mostrou a reação de alunos aos quais se apresentam enunciados absurdos ("Em um navio, há 26 carneiros e 10 cabras. Qual é a idade do capitão?" ou "Há 7 fileiras de 4 carteiras na classe. Qual é a idade da professora?") e que, mesmo assim, dão uma resposta ("O capitão tem 36 anos [26 + 10] e a professora 28 [4 × 7 = 28]"). Embora esses problemas coloquem perguntas sem nenhuma ligação com os dados, a maioria dos alunos com dificuldade responde a elas: o peso do contrato didático parece ser mais forte que o absurdo do enunciado...
39 Recordando: em Valais, a nota mais alta é 6 e a média necessária para aprovação é 4.
40 Cf. nota no item 3.5.
41 Cf. nota no item 3.5.
42 O trabalho do professor de apoio é geralmente muito gratificante, mas comporta sempre uma grande frustração, que se traduz em uma pergunta ontologicamente fundamental: "Foi minha intervenção – ou um outro fator – que possibilitou uma melhora da situação da criança?"
43 Sternberg (2007) agrupa os três últimos componentes (aquisição, retenção e transferência) nos *componentes de aquisição de conhecimentos*.

4

Manutenção das aprendizagens

Há vários anos, a escola dá muita importância aos procedimentos de raciocínio e de compreensão. Mas acreditamos que a memória de nossos alunos ainda é – felizmente – bastante solicitada. Não se trata, portanto, de opor o raciocínio e a compreensão à memória. O esquema apresentado no capítulo anterior deixa claro que os registros do processador central e da memória são interdependentes.

Como afirma Trocmé-Fabre (1987), a memória está ligada à identidade da pessoa. As doenças e os transtornos que afetam as competências mnemônicas mostram bem que o indivíduo se constrói e se define pelas experiências, conhecimentos e competências que memorizou.

Vamos apresentar então, neste capítulo, a problemática da manutenção das aprendizagens. Antes de tudo, voltaremos ao funcionamento da memória de longo prazo – que abordamos rapidamente no Capítulo 3. Em seguida, exporemos as estratégias mnemônicas que os alunos – e os professores – deveriam conhecer para memorizar de maneira eficaz.

4.1 A MEMÓRIA DE LONGO PRAZO E SEU FUNCIONAMENTO

Já vimos no Capítulo 3 que a memória de longo prazo é um reservatório de conhecimentos armazenados, no qual o processador central vai buscar as informações de que necessita. A memória de longo prazo possibilita, portanto, depositar conhecimentos, graças ao processo de armazenamento, e buscá-los, se necessário, por processos de recuperação. Tradicionalmente, a psicologia cognitiva identifica assim três operações distintas: a codificação, que permite inscrever o novo conhecimento na rede de conhecimentos de base; o armazenamento, que é encarregado de conservá-lo a longo prazo; e a recuperação, que permite utilizar o conhecimento.

Esclarecemos, de antemão, que a capacidade da memória de longo prazo parece infinita. Por isso, não existe risco de saturação. Ao contrário, parece que quanto mais extensos são os conhecimentos de um indivíduo, mais aumentam suas capacidades mnemônicas. Em outras palavras, quanto maior é a rede de conceitos, mais fácil será enxertar um novo conhecimento na rede existente. No nível biológico, o fenômeno parece idêntico: o aumento das conexões neuronais permite à memória se complexificar e se reforçar. Além disso, parece que nossa memória de longo prazo armazena muito mais conhecimentos do que supomos. Algumas pesquisas mostraram, porém, que a informação pode estar presente em nosso cérebro, mas só é recuperável em determinadas condições: "Às vezes não esquecemos as coisas, mas esquecemos onde as colocamos. O desafio que se coloca à nossa memória de longo prazo consiste, portanto, em armazenar a informação de forma sistemática e colocá-la em um lugar onde possamos encontrá-la mais tarde" (Levine, 2003, p. 146). Nossas competências são assim nitidamente superiores em tarefas de reconhecimento (saber se já vi essa palavra nessa lista) do que nas tarefas de rememoração (recordar-se de todas as palavras de uma lista).

A psicologia cognitiva distingue vários tipos de memórias de longo prazo:

– *Memória autobiográfica*: refere-se às experiências pessoais passadas do indivíduo. Armazenamos nessa memória os acontecimentos, os episódios ou as lembranças de nossa vida pessoal. Ela é responsável por nossa identidade pessoal e, portanto, é única: toda pessoa tem uma memória autobiográfica singular. A memória autobiográfica parece depender do contexto em que os acontecimentos ocorreram e está associada às emoções vividas no momento dos acontecimentos.
– *Memória semântica ou declarativa*: é o reservatório de nossos conhecimentos gerais e enciclopédicos sobre o mundo. Corresponde, portanto, aos conhecimentos declarativos[1]. Uma parte de seu conteúdo pode ser comum a um conjunto de pessoas. Por exemplo, a derrota de Napoleão na Batalha de Waterloo em 1815 é um conhecimento declarativo que se encontra na memória semântica de (quase) todos os habitantes.
– *Memória procedural*: é encarregada de armazenar o conjunto de habilidades do indivíduo (habilidades motoras ou cognitivas). A maneira de dirigir um automóvel, de realizar uma divisão em colunas ou de redigir um texto encontra-se na memória procedural.

As pesquisas em psicologia cognitiva mostraram igualmente que a memória de longo prazo se organiza em um conjunto de conceitos[2] interconectados e estruturados. Para descrever essa organização, foram utilizados vários termos: rede semântica, rede conceitual, mapa conceitual, mapa cognitivo, estrutura em arborescência, esquema. Os trabalhos de Collins e Quillian (1969) foram determinantes a esse propósito, e possibilitaram modelizar a organização da rede semântica. O exemplo a seguir, que apresenta a organização da rede semântica do conceito "canário", já se tornou clássico.

Compreende-se bem, na leitura desse esquema, que a rede de elementos interconectados pode se estender ao infinito, pois cada conceito (nó) está ligado a novos conceitos, conectados, por sua vez, a outros nós[3]. Por exemplo, a cor amarela do canário está ligada ao conceito de cor, que, por sua vez, compreende a cor vermelha, que nos remete particularmente a tomate que, por sua vez, nos remete a fruta (cf. Figura 3.1), etc.

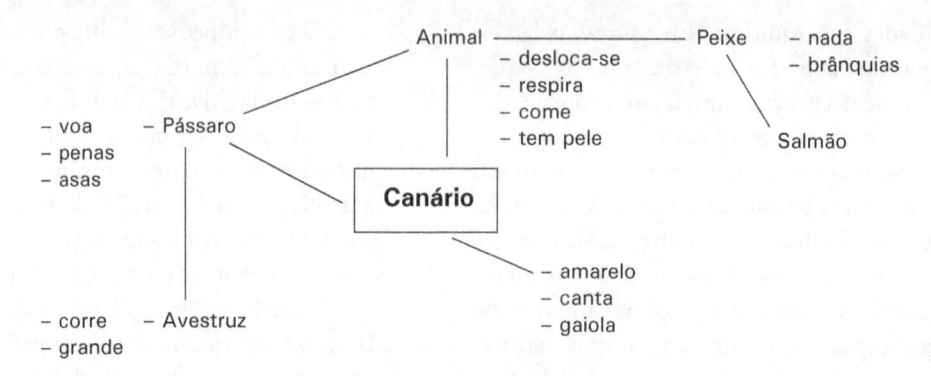

```
                        Animal ─────── Peixe    – nada
                       – desloca-se            – brânquias
                       – respira
                       – come
   – voa   – Pássaro   – tem pele
   – penas                                      Salmão
   – asas
                    ┌─────────┐
                    │ Canário │
                    └─────────┘
                              – amarelo
                              – canta
   – corre  – Avestruz        – gaiola
   – grande
```

Figura 4.1 Rede semântica segundo Collins e Quillian (1969).

As conexões entre os diversos nós – os *arcos* – podem ser de natureza diferente. Em nosso exemplo, a ligação entre "canário" e "animal" remete ao pertencimento a uma categoria. Já "amarelo" é um atributo de "canário" e "gaiola" remete a um contexto particular. Os nós podem igualmente ser ativados ou não. Se um nó é ativado, então os nós vizinhos também se tornam mais sensíveis a uma ativação. Ao contrário, "a ativação diminuirá a partir do momento em que nós mais numerosos são ativados e em que a difusão da ativação se afasta cada vez mais da fonte inicial" (Sternberg, 2007, p. 298).

A organização dessas redes foi objeto de numerosos trabalhos muito interessantes. Por exemplo, alguns autores (Schank e Abelson) sustentam que os nós podem ser ligados entre eles de acordo com um *script* – ou cenário – definido em função de um contexto particular. Assim, o *script* de "restaurante" remete a objetos (mesa, cadeira, toalha de mesa, conta), papéis (cliente, garçom, cozinheiro), cenas (fazer o pedido, comer, pagar), etc. Os *scripts* são muito práticos na vida cotidiana, pois nos permitem saber precisamente, por antecipação, a sequência de acontecimentos e os papéis a assumir em um contexto particular. Por exemplo, passear de sunga, com uma tolha nos ombros e calçando chinelos convém mais a uma piscina do que a um restaurante...

Outros autores acreditam que cada conceito participa, na rede, de várias *proposições*. Uma proposição representa uma relação semântica entre dois ou vários conceitos[4]. Por exemplo, quando leio "o canário solitário assobia em sua gaiola dourada", não retenho a formulação literal da frase, mas uma proposição que resume o sentido do enunciado (canário / assobiar / gaiola). Assim, eu teria dificuldade de reproduzir perfeitamente a frase, palavra por palavra (o canário "assobia" ou "canta"?), mas poderia formular o sentido global do enunciado sem dificuldade ("trata-se de um canário que canta em uma gaiola; ele está sozinho na gaiola"). A rede semântica seria constituída, portanto, de conceitos e de relações entre os conceitos que se estabeleceriam sob a forma de proposições. Costermans (2001) vai mais longe ainda ao considerar que um nó pode ser representado não somente por um conceito, mas por toda uma proposição: "É efetivamente possível representar a proposição enquanto tal sob a forma de um nó **p** que teria como função integrar um certo número de conceitos. [...]

A proposição parece armazenada e acessível como uma totalidade" (p. 147-178).

Rossi (2005), por sua vez, distingue o *esquema cognitivo* de unidades habitualmente representadas nas redes semânticas. O *esquema de ação* descreve, por exemplo, as sequências de ações que são realizadas para cumprir uma tarefa. Pode-se admitir então que a rede semântica não é composta unicamente de conceitos interconectados, mas também de procedimentos inteiros que se pode ativar para realizar uma tarefa. Assim, a memória não armazena apenas conceitos, mas igualmente condutas, procedimentos e planos de trabalho. Para Rossi, as imagens e os traços figurativos também são integrados à rede semântica. "O principal defeito das redes semânticas é se limitarem à representação do sentido associado às palavras. A situação, os *scripts* e os esquemas de conhecimentos são constitutivos da memória; fazem parte daquilo que é portador de sentido. [...] Toda representação da memória semântica deve integrar esquemas de conhecimentos e *scripts*. A relação entre as unidades deve ser reconceitualizada sobre essa base" (op. cit., p. 228). Nesta obra, compartilhamos essas "perspectivas abertas" do funcionamento da rede semântica.

Esse modelo de organização dos conhecimentos em redes semânticas tem implicações diretas em nossa maneira de pensar as aprendizagens na escola. Remetemos o leitor ao item 3.3, onde apresentamos os conhecimentos léxicos e a aprendizagem do vocabulário. Agora se compreende melhor o papel que pode desempenhar a memorização de um conceito e seu lugar na arquitetura dos saberes. "Evocando" um conceito em minha memória de longo prazo, posso mobilizar todos os conceitos vizinhos e estender minha compreensão a todos os âmbitos conexos. "Assim, tratar o conceito 'canário' é também ativar, mas sem dúvida em menor grau, todos os nós ('pássaro', 'amarelo', etc.) que têm uma ligação com esse conceito, e depois, em um grau ainda menor, todos aqueles que têm ligação com estes últimos, e assim sucessivamente. Pode-se dizer, portanto, que ativar um conceito é ativar *o conjunto* dos nós da rede, mas cada um na exata medida de seu peso no conteúdo desse conceito. Segue-se que cada conceito corresponde a uma distribuição das ativações na rede, ou, na feliz definição de alguns, a uma *paisagem*" (Costermans, 2001, p. 143). Pode-se desenvolver assim uma compreensão profunda de um campo memorizando-se apenas alguns conceitos-chave. Nesse sentido, aprender uma noção nova consiste em tecer ligações entre o novo conceito e os conceitos já instalados em nossa rede semântica.

Nas implicações pedagógicas, podemos pensar igualmente nos trabalhos de Giordan (1998), que enfatiza a importância de levar em conta as representações dos alunos quando é realizada uma nova aprendizagem. Constatamos aqui que o papel dos conhecimentos anteriores é fundamental na abordagem construtivista, mas também na abordagem cognitiva das aprendizagens. Em termos cognitivistas, isso significa que o professor deve considerar a rede semântica do aluno e compreender sua organização se quiser ajudar a integrar um novo conceito à rede existente. Se o professor não consegue ligar a nova noção ao mapa conceitual do aluno, a aprendizagem não se realizará. Se, ao contrário, o aluno é capaz de integrar os novos conceitos ao seu mapa semântico e de reorganizar corretamente seus conhecimentos, ele constituirá um tecido sólido de saberes. O traço distintivo da superioridade cognitiva dos *experts* "tem a ver com a boa organização dos seus conhecimentos. Isso permite igualmente explicar a melhor memorização de informações novas que podem ser integradas em uma rede conceitual já fortemente estruturada" (Crahay, 1999, p. 259-260).

Se o aluno quer integrar uma nova informação, ele precisa, portanto, transformar a estrutura de seus conhecimentos, modificando as conexões entre os diferentes conceitos. Deve trabalhar sobre suas representações segundo três modalidades possíveis (op. cit., p. 262):

– Se suas representações do saber são corretas, o aluno enriquecerá seus esquemas existentes pela junção de novos elementos; por exemplo, poderá acrescentar ao seu mapa cognitivo do "canário" que esse pássaro faz parte do gênero *serinus*.
– Se suas representações do saber são parcialmente corretas, ele modificará seus esquemas existentes por meio de reajustes mais ou menos importantes, mas que não afetam a estrutura do esquema; por exemplo, o aluno poderá modificar parcialmente suas representações do canário ao aprender que ele não vive unicamente em gaiolas, mas que é um pássaro selvagem muito comum nas Ilhas Canárias.
– Se suas representações são errôneas, ele terá de reestruturar completamente seus esquemas ou criar novos esquemas; se o aluno acha que o canário é uma "língua dravidiana falada no Karnataka", isso significa que deve modificar fundamentalmente seu mapa cognitivo...[5]

Nessas três situações, o aluno deve partir, então, de suas representações do "canário" para desenvolver sua aprendizagem. A não consideração do mapa cognitivo dos alunos pelo professor coloca, portanto, sérios problemas para o ensino-aprendizagem. Esse modelo permite assim compreender por que uma explicação magistral do professor tem pouco efeito sobre as aprendizagens do aluno: o discurso geralmente é insuficiente para abalar a organização dos conceitos na rede cognitiva da criança. O aluno, de fato, se apega ao seu mapa cognitivo; ele não vê, *a priori*, o que justificaria uma nova organização de seus conceitos. Assim, todo dispositivo pedagógico deve mexer com as representações do aluno. Sem modificações da rede conceitual não há aprendizagem! Mas é sempre difícil renunciar às nossas certezas – e, portanto, modificar nosso mapa conceitual. Consequentemente, apenas as situações-problema e os conflitos cognitivos levarão o aluno a modificar suas representações.

A organização dos conhecimentos na memória semântica é então fundamental para o armazenamento e a recuperação da informação. A experiência a seguir mostra a importância disso: quando se pede a crianças de 10 anos, jogadoras de xadrez, que recordem a posição das peças em um tabuleiro, constata-se que elas são bem melhores que os adultos não jogadores, ainda que as capacidades mnésicas dos adultos sejam superiores em outros campos. A explicação reside na capacidade dos jovens jogadores de organizar a informação na memória (Lemaire, 1999): a posição das peças lembra a eles outras posições clássicas e lhes permite memorizar facilmente a configuração do jogo, ao passo que os adultos não jogadores não podem memorizar uma posição organizada, mas têm de se contentar em memorizar a posição de cada peça, independentemente de sua ligação no tabuleiro. "A diferença maior se deve ao fato de que os *experts* em xadrez armazenaram e organizaram na memória dezenas de milhares de posições particulares no tabuleiro. Quando veem alguma delas, podem explorar o conhecimento guardado na memória, valendo-se da lembrança de posições variadas no tabuleiro em forma de agrupamentos de informação integrados e organizados. Mas, quando se trata de peças distribuídas ao acaso no tabuleiro, o conhecimento dos *experts* já não tem nenhuma utilidade e, portanto, não os coloca em vantagem em relação aos novatos" (Sternberg, 2007, p. 423). A diferença entre os *experts* e os novatos reside, portanto, na organização dos conhecimentos em sua memória de longo prazo.

Outra consequência desse modelo diz respeito à própria memorização. De fato, "quanto maior a frequência com que se estabelecem ligações particulares entre os nós, mais essas ligações se tornam sólidas. De maneira complementar, a ativação tem mais chances de se produzir ao longo das vias de conexão geralmente emprestadas do que ao longo de conexões pouco utilizadas. [...] Assim, dentro das redes semânticas, o conhecimento declarativo pode ser apreendido e mantido pelo reforço das conexões, obtido graças à sua utilização frequente" (Sternberg, 2007, p. 298-299). Em outras palavras, é indispensável reativar constantemente uma noção para que ela se inscreva na memória de longo prazo. Os professores não esperaram os pesquisadores cognitivistas para constatar que o esquecimento é certo quando as repetições não são frequentes. É como se as ligações entre os conceitos se solidificassem, se reforçassem, se tornassem mais espessas pela repetição. Por exemplo, toda vez que a criança pequena vê um canário amarelo, a ligação estabelecida entre "canário" e "amarelo" se torna mais espessa e, portanto, resiste melhor ao esquecimento, até se estabelecer definitivamente na rede cognitiva da criança.

A repetição é, consequentemente, um meio eficaz para consolidar as aprendizagens. Ela tem como efeito "criar um traço mais profundo na memória, mais ou menos como a água que escorre incansavelmente no mesmo sulco" (Poissant et al., 1994). Para ser mais correto, o esquema da Figura 4.1 deveria apresentar então conexões mais ou menos espessas, conforme a força e a intensidade das ligações tecidas entre os diferentes conceitos.

Muitas pesquisas procuraram verificar se o modelo da memória apresentado neste capítulo – princípio de organização em uma rede de conceitos – estava correto. Lieury (2004), por exemplo, apresenta uma pesquisa na qual se avalia o tempo de reação dos indivíduos quando lhes dizem que "um canário é amarelo" ou que "um canário tem pele". Se o modelo está correto, o indivíduo deve reagir mais rapidamente na

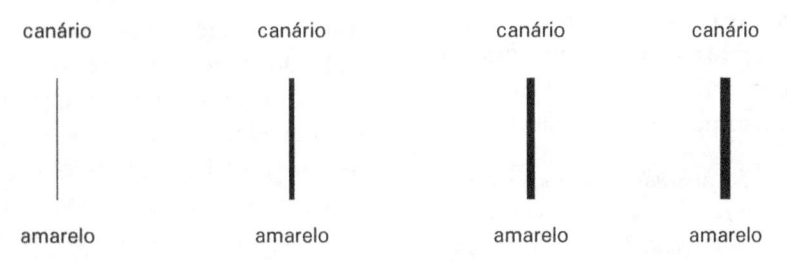

canário   canário   canário   canário

  | | | |
  | | | |

amarelo   amarelo   amarelo   amarelo

Figura 4.2 Evolução das conexões em função da frequência da ativação.

primeira afirmação, pois o atributo "amarelo" está mais próximo de "canário" do que a característica "tem pele". Em outras palavras, a distância a percorrer entre "canário" e "amarelo" é mais curta do que aquela que liga "canário" a "pele" (cf. Figura 4.1), e, portanto, o tempo de reação é mais curto. As pesquisas sobre o desencadeamento semântico trouxeram respostas interessantes para essa questão: elas mostram, efetivamente, que o tempo de reação aumenta com a distância a percorrer na rede, o que confirma o modelo de uma organização em rede dos conceitos na memória semântica.

Dissemos, na introdução deste capítulo, que a escola geralmente privilegiava o raciocínio e a compreensão em detrimento da memorização. Contudo, esse modelo de rede semântica mostra que nossos conhecimentos são organizados em um tecido de conceitos e que o papel da memória é então muito importante no funcionamento cognitivo. Ressaltamos aqui, mais uma vez, o papel que deve desempenhar a escola na aprendizagem do vocabulário e a importância da memorização de conceitos para o êxito escolar. Em nossa prática de professor de apoio, quando ajudamos um aluno com dificuldades de aprendizagem em uma disciplina escolar específica, estabelecemos normalmente uma lista de conceitos dessa disciplina que pedimos ao aluno para memorizar. Sempre que um aluno vem para o apoio, trabalhamos, durante os primeiros 5 minutos, um ou dois conceitos para que memorize. Assim, depois de alguns meses, o aluno domina perfeitamente uma centena de conceitos-chave nos quais pode se apoiar para compreender e raciocinar.

Antônio foi indicado para o apoio no final da 5ª série por dificuldades crescentes em matemática – dificuldades que existem desde o início da escolaridade da criança, mas que se tornaram tão grandes agora que põem em risco sua promoção.

No início da 6ª série, fizemos uma avaliação dos recursos e das dificuldades da criança. De fato, Antônio tem grandes dificuldades em matemática, mas sua atitude diante dessa disciplina preocupa mais que suas lacunas: Antônio interiorizou o fato de que é "nulo em matemática" e que o problema é grande demais para ter esperança de encontrar uma solução para suas dificuldades. Um elemento interessante apareceu na avaliação inicial: as lacunas de Antônio se devem em parte a um vocabulário matemático muito reduzido – o que, diga-se de passagem, é muito frequente em crianças com dificuldade em matemática.

Decidimos então "reenquadrar" a situação, explicando a Antônio, ao seu professor e aos seus pais que não, Antônio não tem grandes dificuldades em matemática, mas tem dificuldades em vocabulário! Consequentemente, será muito fácil atingir o objetivo: vamos ajudar Antônio a memorizar as palavras necessárias para a compreensão dos enunciados de matemática.

O estudo do vocabulário matemático no apoio evidentemente ajudou a esclarecer também os conceitos conexos, pois explicamos as noções correspondentes às palavras aprendidas e sua utilização.

Esse trabalho específico sobre o vocabulário e sobre os conceitos de matemática permitiu a Antônio superar suas dificuldades e obter média em matemática no primeiro semestre da 6ª série.

Esse pequeno exemplo mostra que, em um campo como a matemática – onde o raciocínio é fortemente valorizado –, as dificuldades do aluno podem ser vistas do ângulo do vocabulário. Em geral, quando o aluno em dificuldade domina os conceitos que permitem "falar de...", ele adquire segurança, pois pode ligar as noções aprendidas na classe com alguns conceitos-chaves que as resumem. Portanto, essa modalidade de ajuda aos alunos com dificuldades ajusta-se perfeitamente ao modelo da memória apresentado neste capítulo.

Concluímos este item com uma constatação espantosa... De fato, é surpreendente constatar que a organização de uma rede conceitual assemelha-se curiosamente à organização dos neurônios de nosso cérebro. Assim como os conceitos da rede semântica, os neurônios de nosso cérebro podem ser ativados ou inibidos. O tecido de interconexões entre os conceitos pode ser comparado à rede de neurônios interconectados por sinapses. Os mecanismos fisiológicos do cérebro podem, assim, constituir uma metáfora das ligações que se estabelecem entre os conceitos da rede semântica. As conexões entre os neurônios do cérebro e os arcos que ligam os conceitos do mapa cognitivo apresentam, de forma idêntica, graus variáveis de excitabilidade. Além disso, quanto mais uma conexão é utilizada – nos dois modelos –, mais ela se torna sólida e funcional. Podemos constatar então que o modelo de funcionamento da memória de longo prazo descrito neste capítulo revela analogias surpreendentes com o funcionamento do cérebro.[6] Daí a tirar considerações de ordem filosófica...

4.2 AS ESTRATÉGIAS MNEMÔNICAS

No item anterior, apresentamos o funcionamento da memória de longo prazo. Aqui, vamos apresentar as estratégias que permitem utilizar de maneira eficaz a nossa memória. Veremos neste item que as implicações pedagógicas da compreensão do funcionamento da memória de longo prazo são muito importantes para o professor.

É preciso esclarecer, antes de tudo, que "a memória não é um 'músculo' cuja tonicidade aumentaria com treinamentos" (Demnard, 2002, p. 108). Como vimos acima, nossa memória se constrói pouco a pouco graças à aprendizagem de novos conceitos que vêm enriquecer nossa rede semântica. A memória não funciona "no vazio", mas se elabora a partir de atividades de aprendizagem múltiplas e variadas. As obras que sugerem exercícios para estimular a memória nos fazem pensar em "musculação" cerebral. Você pode efetivamente treinar para memorizar listas de palavras ou sucessões de números e achar que está desenvolvendo suas capacidades mnemônicas – assim como aumenta o bíceps levantando peso –, mas está tão distante de uma real atividade cognitiva quanto o jogador de futebol está distante de uma atividade esportiva quando se limita a pedalar em uma bicicleta ergométrica para melhorar seu jogo no campo. Mackintosh (2004) relata, por exemplo, o caso de uma pessoa capaz de recordar, após dois anos de treinamento, uma lista de mais de 80 cifras, praticamente sem cometer erros. Mas essa pessoa – com uma extensão mnésica notável nesse exercício com cifras – se revelou incapaz de transferir sua competência para memorizar letras ou palavras! Eis então uma competência muito útil...

Consequentemente, este capítulo não tem a ambição de transformar nossas crianças em macacos adestrados. O que propomos são estratégias mnemônicas úteis para aprender noções novas em contextos de aprendizagem significativos, em vez de exercícios – tão cansativos quanto inúteis – que lhes permitiriam desenvolver uma hipotética capacidade global de memorização.[7]

Os alunos que têm êxito na escola dispõem de estratégias eficazes que lhes permitem memorizar facilmente numerosos conceitos acadêmicos. Constatamos, mais uma vez, que a escola exige a utilização constante da memória sem jamais fornecer aos alunos os passos a serem seguidos na realização de uma atividade. No entanto, o funcionamento da memória é conhecido há muito tempo, e as regras de memorização não são difíceis de compreender. Por que, então, não ensinar essas estratégias aos alunos, possibilitando a eles aumentar sensivelmente suas aptidões mnésicas? Muitos alunos fracassam simplesmente porque não conhecem as regras elementares de uma memorização eficaz.

Procuraremos mostrar então quais estratégias são eficazes quando é preciso utilizar a memória na escola. Agrupamos as estratégias em 10 regras básicas da memorização.

Regra 1: Compreender para memorizar

Para muitos alunos, memorizar e compreender são atividades diferentes e desconectadas. Mas sabemos bem que é quase impossível aprender noções que não compreendemos. O aluno deve então, por exemplo, fazer uma primeira leitura da lição para verificar se compreendeu, antes de pensar em memorizar. Como vimos no item anterior, uma nova noção teria que encontrar lugar na rede conceitual já tecida pelo indivíduo. É necessário, portanto, criar ligações entre os saberes novos e os saberes já constituídos. "Quanto mais o elemento a fixar tem sentido, melhor ele se deixa incluir em uma rede de elementos e mais facilmente será fixado e retido. Por outro lado, nomes de personagens sobre os quais não se sabe nada, datas isoladas, fórmulas incompreendidas que não se sabe a que estão relacionadas constituem elementos pouco estruturáveis que o aluno terá muita dificuldade de reter. [...] Aprende-se mais facilmente o que se compreende, porque compreender é justamente integrar o elemento novo a um conjunto já existente, é introduzi-lo em uma rede de relações, em uma estrutura já estabelecida cujos elementos se sustentam entre eles. Compreender não é reter; mas o que é compreendido tem tudo para ser retido" (Osterrieth, 1988, p. 143).

A compreensão se constrói, consequentemente, a partir de representações do aluno. Quando ele aborda um conteúdo novo, deve relacioná-lo a seus próprios conhecimentos. "Na medida em que o cérebro procede essencialmente por interconexões, inter-relações, o interesse surge aqui a partir do vivido, conhecido, de maneira a despertar um eco, uma ressonância no aprendiz. É importante também, para que o aluno memorize de maneira eficaz a informação, que, desde que ela é aprendida, multiplique as ligações com os conceitos próximos e ressitue a noção a adquirir em relação às aulas anteriores" (Chevalier, 1998, p. 25). Trata-se, portanto, de ajudar o aluno a estabelecer conexões, ligações, associações entre a informação nova e os saberes já adquiridos.

Um meio simples para o aluno verificar se compreendeu bem o conteúdo da lição é repeti-la com suas próprias palavras. Além disso, ao reformular o que acaba de ler ou ouvir, ele efetua um primeiro trabalho de apropriação da matéria. A reformulação tem, portanto, várias funções essenciais e complementares: verificar se a mensagem foi compreendida, resumi-la expressando com sua própria linguagem o essencial de seu conteúdo e fazer uma primeira apropriação, uma primeira memorização.

A questão do significado está relacionada à compreensão da noção a memorizar, mas também, de maneira mais geral, ao próprio sentido da aprendizagem exigida. Se a informação é "vaga" para o aluno e é impossível associá-la a um contexto significativo, a motivação será fraca, e a memorização, difícil. Se o aluno acredita que é totalmente inútil aprender as diferentes partes do sistema digestivo, a memorização pode ser bem difícil. Ao contrário, se o professor consegue mostrar ao aluno o sentido dessa aprendizagem – por exemplo, para compreender melhor o interesse de uma alimentação saudável – o aluno estará muito mais disposto a memorizar essas noções.

Regra 2: Aprofundar sua compreensão (estratégias de elaboração e de organização)[8]

Quando o aluno precisa memorizar uma noção nova, é importante para ele aprofundar sua compreensão da matéria. Os conhecimentos a memorizar se beneficiam quando "triturados", manipulados, transformados, isto é, aprofundados, para serem retidos. Essa estratégia não parece *a priori* muito natural. O aluno tende mais a simplificar a informação para memorizá-la. Aqui, ao contrário, trata-se de enriquecê--la. O modelo apresentado no item anterior permite compreender a eficácia dessa estratégia: quanto mais a rede conceitual se amplia, se estende, se solidifica, melhor é a memorização.

Uma pesquisa de Brobow e Bower (1969) destaca a influência da profundidade do tratamento sobre a memorização: pede-se a algumas pessoas que memorizem frases; no primeiro grupo, as frases são propostas pelo pesquisador, enquanto no segundo grupo são elaboradas e redigidas pelas próprias pessoas. Os resultados mostram que o segundo grupo memorizou muito melhor as frases que o primeiro (apenas 29% de reprodução correta para o primeiro grupo e 58% para o segundo). A explicação dessa diferença reside no tratamento da informação: quando os próprios sujeitos construíram as frases, eles realizaram um tratamento mais profundo da informação e foram mais ativos cognitivamente (in Lemaire, 1999). A qualidade da memorização depende, portanto, da profundidade do tratamento: "A persistência do traço mnésico aumenta em função da profundidade da análise. Uma análise profunda produzirá um traço mais elaborado, mais duradouro e mais forte. A memória é percebida então como um *continuum* que vai do produto transitório das análises sensoriais aos produtos muito duradouros das operações semânticas" (Fortin e Rousseau, 1998, p. 189).

Essa regra reafirma assim a pertinência de trabalhar sobre uma boa quantidade de material, que possibilite um aprofundamento do tema a ser estudado. A memorização começa, portanto, com leituras diversas, dinâmicas e aprofundadas sobre o tema. Quanto mais o aluno se informar sobre a noção a ser memorizada, mais conseguirá tecer ligações e estabelecer associações entre as informações. "Um material relativamente vasto permite o estabelecimento de um maior número de associações e possibilita uma melhor organização interna dos elementos do que um material reduzido; em certos limites, é mais fácil reter um capítulo bem estruturado do que um parágrafo isolado e sem relação com nada" (Osterrieth, 1988, p. 146). Essa regra de aprofundamento condiz com a reflexão que fizemos no item 3.3 sobre a aprendizagem do vocabulário: a memorização de conceitos-chave deve prosseguir, ou mesmo concluir, um longo trabalho, e não preceder a aprendizagem de um novo âmbito.

A escola, infelizmente, tem a tendência de segmentar o saber – cujo sabor se perde com esse fracionamento – e a privilegiar o domínio de micro-objetivos. As estratégias de elaboração e de organização, ao contrário, levam a aprofundar a compreensão da matéria e a memorizar, ao final, apenas alguns conceitos-chave, que resumem todo o saber, e que se integram em um conjunto organizado e coerente de conceitos. "A memória retém conjuntos organizados, e não fatos díspares. [...] Se os dados não se integram em uma arquitetura coerente, os aprendizes têm a impressão de algo amontoado e disperso" (Chevalier, 1995, p. 24).

Eis algumas pistas que possibilitam ao aluno aprofundar sua compreensão e, com isso, memorizar mais facilmente:

- trabalhar em duas ou mais pessoas e se fazer perguntas mutuamente sobre o tema a memorizar;
- elaborar quadros, gráficos, diagramas, esquemas, etc., sintetizando a matéria;
- transformar a informação, reorganizá-la, resumi-la, apresentá-la de outra forma, dar exemplos, criar categorias, sublinhar as ideias importantes, etc;
- parafrasear, explicar com suas próprias palavras;
- criar analogias, metáforas, buscar semelhanças, estabelecer comparações ou oposições.

Essa regra de aprofundamento da compreensão comporta ainda uma estratégia curiosa, a da *superaprendizagem*. Os pesquisadores constataram, de fato, que a memorização era sensivelmente superior quando o indivíduo prosseguia sua aprendizagem... mesmo depois de considerá-la concluída. É interessante que, quando se prossegue o trabalho de memorização além do momento em que já se é capaz de reproduzir corretamente o conteúdo, atinge-se um nível de memorização nitidamente superior. "Assim, por exemplo, prolongando em 50% o trabalho de memorização, a partir do momento em que se chega a uma recitação correta, a lembrança, após um intervalo de sete dias, se revela seis vezes superior ao que garante a aprendizagem comum. Uma "superaprendizagem" de 50% é, portanto, uma medida comprovadamente muito econômica, sobretudo para a lembrança de longo prazo" (Osterrieth, 1988, p. 157). Em outras palavras, se o aluno prossegue seu trabalho de memorização além do momento em que se sente satisfeito com o trabalho, ele aumenta a satisfação a longo prazo! No momento, o aluno tem a impressão de estar fazendo um trabalho adicional inútil, mas sua retenção será bem superior depois de alguns dias.

Regra 3: Memorizar de maneira dinâmica

Para memorizar, as releituras numerosas e passivas são inúteis. Em vez disso, o aluno deve variar as modalidades de trabalho quando estuda as lições. Pode-se estabelecer uma ligação entre essa regra e a anterior: memorizar de maneira dinâmica possibilita aprofundar a compreensão. O nível de tratamento da informação será superior se o aluno retrabalhar as noções de maneira dinâmica. Ele poderá, por exemplo, recitar em voz alta ou por escrito, responder a perguntas, fazer uma pesquisa na internet, reproduzir o conteúdo da lição com suas próprias palavras, acompanhar um programa de rádio ou de TV sobre o tema ou, ainda, contar a alguém o que aprendeu.

Memorizar não consiste, portanto, em ler e reler dez vezes o mesmo texto. A "gestão mental" mostrou bem que a primeira etapa da memorização passa pela evocação: o aluno deve então reconstituir mentalmente o conteúdo da lição logo após a primeira leitura. Na classe, igualmente, o professor deve dar um tempo aos alunos para que realizem um primeiro trabalho dinâmico de apropriação da matéria: "Vou dar-lhes um tempo agora para que revejam em sua cabeça ou repitam o que acabamos de explicar". É preciso também controlar permanentemente a qualidade da memorização. O aluno deve empreender então um vai-vém constante entre o suporte de aprendizagem (livro, caderno, anotações, texto, etc.) e o conteúdo de sua memória. Costumamos dizer aos nossos alunos que aprender consiste em fazer o conteúdo da lição "passar" da página escrita do livro à página mental do cérebro. A lição é aprendida quando o conteúdo das duas "páginas" é claramente o mesmo. No Anexo 6, apresentamos uma ficha-guia, inspirada na gestão mental, onde se apresenta a importância desse trabalho de evocação auditiva e visual.

O aluno poderá apoiar-se ainda na *teoria da dupla codificação* (Lemaire, 1999): a memorização será melhor se o aluno construir imagens mentais da matéria (codificação visual) e duplicar sua codificação com uma representação verbal (codificação verbal). A dupla codificação – verbal e imagética – melhora a memorização: "As provas experimentais consistiram em demonstrar que um mesmo material podia ser armazenado verbalmente ou visualmente, ou das duas formas. Os dados mostram que, quando um material pode ser armazenado das duas formas, a memorização melhora nitidamente". Em outras palavras, se a informação é imagética, verbalize-a; se é escrita, transforme-a em imagem. Responder a perguntas, resumir, recitar, esquematizar, etc. também tornam o aluno mais ativo e, consequentemente, favorecem sua memorização.

Infelizmente, o aluno quase nunca tem o cuidado de codificar visualmente e de tratar as ilustrações que aparecem em seus livros escolares. Chevalier (1995) descreve, a propósito, uma pesquisa que mostra que a parte das ilustrações nos manuais é superior à do texto. Em 3.291 documentos analisados na 6ª série nas disciplinas de francês, matemática, história, geografia e inglês, os textos ocupam apenas 11,6% do espaço total, enquanto as fotos, esquemas e desenhos representam mais da metade dos documentos. O professor precisa então mostrar ao aluno que as ilustrações são suportes importantes de aprendizagem, e não estão lá apenas "para embelezar" ou para decorar a obra. "Essa representação da função das ilustrações conduz os leitores a deixar de lado uma fonte de informação que não apenas completa o texto como também pode ajudar na compreensão dele. As obras documentais caracterizam-se justamente pela complementaridade do verbal e do não verbal, pela necessidade de uma exploração conjunta, alternada, interativa do texto e da iconografia" (p. 37).

Regra 4: Memorizar para reutilizar

Para memorizar mais facilmente, muitas vezes é necessário projetar-se na situação em que se utilizará a noção aprendida. De fato, memorizamos melhor quando sabemos que as noções aprendidas nos serão úteis no futuro. "Quando se lê uma revista, só se retêm os elementos de um artigo os que se acredita que possam ser utilizados ou mencionados em determinada situação. Quando se assiste a um programa de TV, memoriza-se uma imagem ou uma sequência porque – consciente ou inconscientemente – se deseja conservá-la para comentar com outros. Quando se ouve um conferencista ou um narrador, retém-se tanto melhor uma história ou um caso quanto se projeta recontá-la" (op. cit., p. 70).

Se, na leitura desta obra, você retiver qualquer elemento é porque, provavelmente, pensa em utilizar mais tarde seus novos conhecimentos em uma situação de classe ou em sua vida pessoal. Do mesmo modo, o aluno memorizará melhor suas aulas se souber em que contextos poderá mobilizar as novas competências. Por isso, o professor tem a responsabilidade de mostrar aos alunos qual é o objetivo perseguido e em que a aprendizagem realizada lhe será útil no futuro.

La Garanderie (1982) diz, por exemplo, que quando não tem às mãos uma folha para anotar uma ideia que lhe vem à cabeça, ele se imagina no futuro, chegando em seu escritório, pegando uma caneta e anotando a ideia. Ao visualizar a cena e se projetar no futuro, ele confia à memória a tarefa de concretizá-la. Esta voltará à consciência no momento em que realizar efetivamente os gestos que visualizou antes. "Aconteceu então de retomarmos no momento oportuno, quando nem lembrávamos mais delas, ideias que nos vieram à mente enquanto passeávamos e que confiamos tranquilamente ao nosso futuro" (p. 90).

O contexto de aprendizagem também influencia a lembrança. Ou seja, se o aluno aprende a lição em casa, ele a reproduzirá mais facilmente lá do que na escola. Assim, quando memoriza uma noção, ele deve imaginar o contexto em que poderá reutilizá-la ou reproduzi-la. Por exemplo, ao exercitar a grafia correta das palavras para o ditado, ele deve reproduzi-las nas mesmas condições que terá de fazer na classe (integrando essas palavras em frases compostas pelo professor). Quanto mais próximo o contexto de aprendizagem estiver do contexto de reprodução, melhores serão os resultados. "É o que sugere um célebre estudo de Smith (1979) no qual os sujeitos tinham de memorizar uma lista de palavras em uma sala. Em seguida, todos eram conduzidos a outra sala, onde tinham de realizar uma tarefa dispersiva. Depois, metade deles voltava à primeira sala, onde eram submetidos ao mesmo teste de rememoração que os sujeitos que permaneceram na outra sala. Os resultados mostram que aqueles que fizeram o teste na sala onde foi feita a aprendizagem recordaram 25% a mais de palavras que os outros" (Da Silva Neves, 1999, p. 40).

Regra 5: Reativar e reativar de novo

Trata-se, provavelmente, da regra de memorização mais conhecida: uma noção que é abordada uma única vez tende a ser perdida. Assim, é fundamental repetir com frequência para memorizar. Como vimos no item anterior, a repetição, assim como a água que escorre sempre no mesmo sulco, cava profundamente seu leito e reforça a qualidade da memorização: as ligações entre os conceitos se adensam, se solidificam em função do número de vezes em que são solicitadas (Figura 4.2).

A metáfora do sulco e da água é particularmente interessante porque mostra que uma informação está disponível na memória se o sulco começa a ser cavado – o sujeito está memorizando nesse momento –, ou se foi cavado profundamente, talvez de uma única vez – o acontecimento tendo sido marcante –, ou ainda quando a passagem da água é frequente e, portanto, o sulco é profundo – o sujeito a reativou muitas vezes. Em outras palavras, a disponibilidade da informação depende da força com que a informação é tratada e da ativação presente dessa informação na memória de trabalho. Anderson (1990) sintetiza o fenômeno em um quadro muito interessante (Figura 4.3) que destaca as ligações entre a força do traço mnésico – na memória de longo prazo – e a ativação atual da informação – na memória de trabalho. Completamos o quadro com elementos metafóricos que ajudam a compreender melhor o fenômeno.

Essa metáfora mostra bem que os conhecimentos, para estarem disponíveis em nossa memória de longo prazo, devem ser profundamente "escavados" e apresentar um sulco profundo, visível e difícil de encobrir (força do traço mnésico elevada). Assim, várias situações podem se apresentar.

1. Está chovendo no momento. Pequenos regos se formam. O sulco é invisível agora, mas se não chover durante muitos dias, os regos vão desaparecer e não chegarão a constituir um sulco visível na paisagem. Se a noção acaba de ser trabalhada, ela está disponível na memória nesse momento, mas pode se apagar se não for objeto de reativações. Essa situação assinala a importância de um tempo de evocação que deve se seguir à sequência de ensino: um primeiro rego deve se formar imediatamente após a aprendizagem.

2. Não está chovendo, mas despejo voluntariamente baldes de água no sulco para escavá-lo mais profundamente. Pouco a pouco, "aprofundo" minha compreensão da noção. Esse procedimento voluntário corresponde à regra 2: aprofundar sua compreensão. Quanto mais se aprofunda o trabalho da noção a memorizar, mais o traço é visível e melhor é a memorização de longo prazo.

3. Chuvas leves, mas frequentes, criaram fissuras na colina. A água escorria sempre nos mesmos regos, até que aparece-

	Força do traço mnésico elevada O sulco é profundo	Força do traço mnésico baixa O sulco não é profundo	-
Ativação elevada Está chovendo	Noções perfeitamente conhecidas e sendo ativadas nesse momento. O sulco já é profundo e está chovendo nesse momento.	Noções aprendidas nesse momento. O sulco não é profundo ainda, mas, como chove, ele está sendo escavado nesse momento.	Memória de trabalho
Ativação baixa Não está chovendo	Noções perfeitamente conhecidas, mas não utilizadas nesse momento. O sulco é profundo; portanto, é visível, mesmo que não esteja chovendo nesse momento.	Noções esquecidas. O sulco foi encoberto e não chove mais; portanto, não é mais visível.	-
-	*Memória de longo prazo*	-	-

Figura 4.3 Força e ativação da informação na memória (segundo Da Silva Neves, 1999).

ram sulcos profundos que agora marcam a paisagem. Noções repetidas geralmente se inscrevem na memória de longo prazo. A regra presente – reativar e reativar novamente – destaca esse fenômeno.

4. Irrompeu uma tempestade terrível, choveu torrencialmente e sulcos profundos e definitivos marcam a paisagem. Um acontecimento único pode, de fato, marcar definitivamente a memória se for violento, forte e marcante para a pessoa. A regra 9 enfatizará o papel dos fatores emocionais e afetivos na memorização, em particular quando acontecem eventos marcantes.

Como vimos, a primeira reativação teria que ocorrer imediatamente após a aprendizagem. O professor deveria prever um primeiro tempo de apropriação e consolidação ao final de cada aula. Por exemplo, poderia pedir aos alunos que anotassem em uma folha as três noções principais ou os três conceitos-chave que retiveram da aula. Poderia prever também um tempo de discussão em pequenos grupos sobre as novas aprendizagens realizadas. A autorrepetição mental é igualmente eficaz. Trata-se, na verdade, de fazer existir mentalmente a mensagem ouvida, vista ou lida (La Garanderie fala de *evocação*). Essa representação mental é a primeira etapa de todo processo de memorização. Muitas vezes, ela parece inútil ao professor que está certo de que a noção foi memorizada, pois acabou de expô-la. Isso é completamente falso: o aluno pode ter compreendido o conteúdo da aula, mas se não fizer um exercício de evocação imediatamente após a exposição, perderá, certamente, a capacidade de recuperar a informação mais tarde.

Consequentemente, se não fizer esse primeiro exercício de memorização logo após a aula, o aluno terá muita dificuldade de efetuar esse trabalho em casa depois de muitas horas, ou mesmo depois de muitos dias. A primeira reativação deve ocorrer, portanto, imediatamente após a aprendizagem. O projeto de memorizar deveria, inclusive, estar presente no trabalho realizado na classe. La Garanderie (1988) propõe um trabalho em dois tempos:

1. Observar e escutar com o objetivo de evocar em seguida o que observo ou escuto.
2. Evocar o que acabo de observar ou de escutar com o objetivo de rever ou de repetir o que evoquei.

Para esse autor, o projeto de memorização começa, assim, com a intenção, durante as próprias aulas, de evocar (fazer existir mentalmente) o conteúdo apresentado pelo professor. Essa primeira etapa permite ao aluno uma escuta dinâmica, voltada à necessidade de, em um segundo momento, "reencontrar na cabeça" o conteúdo da aula. O aluno deve então dispor de algum tempo para verificar se é capaz de recobrar mentalmente – rever e/ou repetir – o conteúdo da aula. Durante a aula, ele não deve se contentar em escutar passivamente, mas sim evocar ativamente as noções apresentadas, isto é, repeti-las para si mesmo ou revê-las na sua cabeça. "O essencial é não se ater à percepção do enunciado, mas convertê-lo em imagens mentais" (Brissard, 1988, p. 68). Infelizmente, é muito comum que as aulas se encadeiem e não permitam esse primeiro trabalho de memorização. E se esse trabalho não é feito imediatamente, a energia que o aluno terá que despender mais tarde para memorizar será dez vezes maior.

Assinale-se, finalmente, que as oportunidades de reativação no dia a dia são numerosas e naturais. Em nosso trabalho, deparamo-nos regularmente com as mesmas noções e os mesmos procedimentos. Assim, nós os reativamos sem realmente nos dar conta disso. Mesmo nas atividades de lazer, colocamo-nos voluntariamente em situações que permitem uma reativação natural de nossos saberes ou de nossas competências. Por exemplo, o amante da arte africana cria sempre novas oportunidades de saciar sua paixão: leituras, exposições, conferências, discussões, etc. lhe permitirão reativar naturalmente seus conhecimentos sobre o tema. Na classe, ao contrário, as reativações devem ser organizadas pelo professor.

Regra 6: Organizar rigorosamente as reativações ou a "lei de Jost"[9]

A regra anterior ressalta a importância das repetições e das reativações. Várias pesquisas procuraram compreender por que e como essas reativações possibilitavam uma melhor memorização. Elas constataram principalmente que a prática da memorização deve ser distribuída – isto é, espaçada no tempo –, e não compactada – concentrada em um mesmo período. Em outras palavras, é mais útil repetir com frequência em períodos curtos do que trabalhar intensamente em um longo período. Consequentemente, a distribuição da memorização e a alternância entre seções de trabalho e fases de descanso favorecem a memorização. Osterrieth (1988) apresenta uma pesquisa que demonstra a eficácia de uma aprendizagem distribuída no tempo. Pede-se a vários grupos que memorizem noções trabalhando durante um tempo idêntico – correspondente a 24 repetições ao todo –, mas repartindo esse tempo de forma diferente: alguns sujeitos trabalham continuamente, outros procedem a quatro repetições diárias durante seis dias, outros a duas repetições diárias durante 12 dias. A conclusão é clara: "A pior fixação de um determinado material foi obtida pelo grupo de sujeitos empenhados em 24 repetições sucessivas em uma sessão contínua, e a melhor, por um outro grupo que havia procedido a duas repetições por dia durante 12 dias".

A Figura 4.4 apresenta os resultados dessa pesquisa.

Outras pesquisas procuraram compreender em que momento era necessário reativar as noções aprendidas. Constatou-se assim que a memorização aumenta pouco depois de concluído o período de aprendizagem (cf. próxima regra), e depois tem uma queda rápida que corresponde a uma perda de 80% do material memorizado nas 24 horas que se seguem (Figura 4.5, Buzan, 2004).

Número total de repetições	Número de repetições por dia	Taxa de memorização
24	8 X por dia durante 3 dias	Cerca de 25%
24	6 X por dia durante 4 dias	Cerca de 50%
24	2 X por dia durante 12 dias	Cerca de 75%

Figura 4.4 Qualidade da memorização segundo a distribuição das sessões.

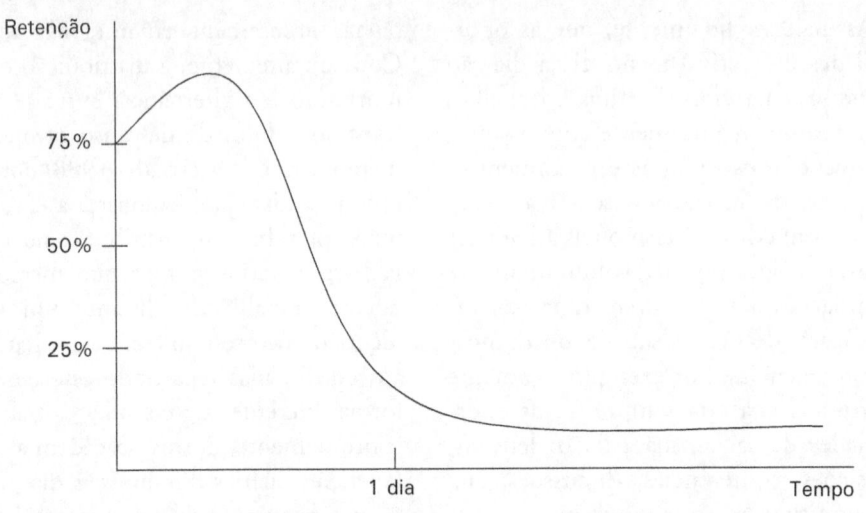

Figura 4.5 Queda rápida da memorização sem reativações (segundo Buzan, 2004).

Essa perda massiva pode – e deve! – ser evitada pela prática da reativação. É preciso, na verdade, reativar na mesma hora em que o esquecimento começa a intervir. Trata-se, portanto, de estabelecer um programa eficaz de reativações para garantir uma taxa elevada de manutenção das aprendizagens. "Deve-se estabelecer um programa de atividades de reativação, sendo que cada atividade deve ocorrer no momento exato em que a memória iniciará uma baixa" (Buzan, 2004, p. 65).

Uma boa notícia: conhecemos o ritmo ideal de reativações! Como procedimento mnemotécnico, propomos que recordem da "regra do 1, 10, 1": a primeira reativação – que na verdade não é uma reativação – consiste em fazer um trabalho de evocação diretamente após a aula, o exercício, a leitura ou o trabalho pessoal. Insistimos nesse ponto quando apresentamos a regra 5. Na prática, trata-se de tentar fazer existir mentalmente – portanto sem o suporte da aula ou do texto – o conteúdo a memorizar. É preciso tentar então, segundo os conselhos da gestão mental, rever na cabeça os esquemas, desenhos ou ilustrações apresentados, ou reproduzir para si mesmo, de forma verbal, o conteúdo do discurso do professor ou do texto lido.

A segunda reativação deveria intervir após dez minutos de pausa. Trata-se agora, sem retornar ao texto ou às anotações da aula, de reencontrar na cabeça ("convocação de evocações anteriores", segundo a gestão mental) as noções memorizadas anteriormente. Essa segunda reativação pode ser curta e referir-se apenas aos conceitos--chave. As reativações seguintes se efetuam por "1": após 1 hora, 1 dia, 1 semana, 1 mês, 1 semestre, 1 ano. Na "regra do 1, 10, 1", o primeiro 1 destaca assim a importância de evocar o conteúdo a ser estudado logo após a aprendizagem; o "10" ressalta a importância de uma pausa e de uma primeira reativação após 10 minutos, e o último "1" da fórmula (que é um 1 "plural") mostra que se trata então de reativar com frequência (após 1 hora, 1 dia, 1 semana, etc.), mas espaçando os tempos entre cada uma das reativações seguintes. A Figura 4.6

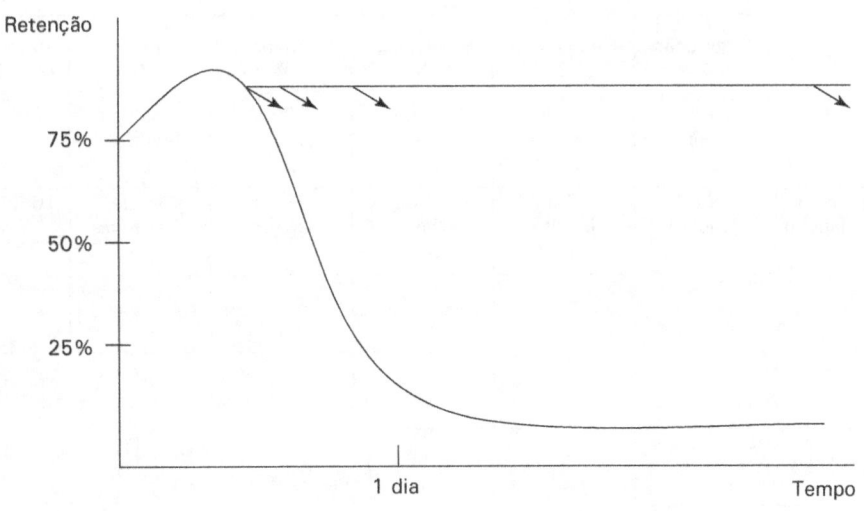

Figura 4.6 Manutenção de um bom nível de memorização graças às reativações (segundo Buzan, 2004).

mostra que a memorização pode se manter em um nível elevado graças as reativações frequentes.

Evidentemente, se a aprendizagem por reativações se pretende eficaz, ela exige uma organização rigorosa do trabalho. Experimentamos pessoalmente – com algum sucesso[10] – a utilização do quadro a seguir (Figura 4.7). Ele permite justamente reativar suas aprendizagens respeitando rigorosamente essas leis de memorização. É preciso anotar na primeira coluna o título da aula e sua data exata, e nas colunas seguintes, as datas de reativação (respeitando a "regra do 1, 10, 1"). Na situação apresentada, a aula de matemática do dia 15 de janeiro era dedicada aos nomes das superfícies ("quadrado, retângulo, losango, trapézio, etc."). Dado que as duas primeiras reativações devem ser feitas no mesmo dia, anota-se três vezes a mesma data nas três primeiras colunas do quadro. Em seguida, anotam-se as datas correspondentes às reativações seguintes: após 1 dia, 1 semana, 1 mês, 1 semestre.

Quando o quadro é preenchido, basta verificar todo dia se é necessária uma reativação em um campo particular. Por exemplo, o aluno constatará, no dia 16 de fevereiro, que precisa efetuar uma quinta reativação das regras sobre o gênero dos adjetivos qualificativos. Após cada reativação, o aluno coloca um "visto" (✓ no quadro) na casa correspondente, indicando assim que a reativação foi feita. No exemplo do quadro, estamos em 23 de janeiro e precisamos efetuar a quarta reativação da lição sobre o gênero dos adjetivos. A próxima reativação deve ser feita em 15 de fevereiro e será sobre as superfícies.

O procedimento pode parecer enfadonho, mas é, acima de tudo, de uma eficácia espantosa! Evidentemente, é preciso escolher bem as noções a inscrever no quadro. Nem todas as aprendizagens feitas na escola justificam uma memorização de longo prazo tão sistemática. É preciso ainda saber que as reativações são muito curtas (alguns minutos), pois não se trata de reaprender

Aula	Reativação 1	Reativação 2	Reativação 3	Reativação 4	Reativação 5	Reativação 6
Superfícies 15 de janeiro	15 de janeiro ✓	15 de janeiro ✓	16 de janeiro ✓	22 de janeiro ✓	15 de fevereiro	15 de junho
Gênero adj. 16 de janeiro	16 de janeiro ✓	16 de janeiro ✓	17 de janeiro ✓	23 de janeiro	16 de fevereiro	16 de junho
-	-	-	-	-	-	-
-	-					

Figura 4.7 Quadro de reativações.

as noções, mas apenas de reativá-las. E que apenas as primeiras reativações requerem um esforço, enquanto as seguintes são fáceis e demandam pouco tempo. Finalmente, elas se referem apenas aos conceitos-chave de cada aula. Como vimos acima, não se trata de aprender toda a matéria de cada disciplina, mas de sintetizar a aprendizagem em alguns conceitos-chave que permitam reconstruir todo o saber (papel de "ganchos").

Regra 7: Importância das pausas

Ao contrário do que se poderia pensar, o cérebro trabalha geralmente sem a solicitação consciente de nossa parte. Para isso, ele precisa contar regularmente com pausas. Durante essas pausas, as noções estudadas se estabelecem e se reorganizam sem que a pessoa tenha consciência desse trabalho. Uma pesquisa mostrou, por exemplo, que um poema memorizado era reproduzido muito melhor após um tempo de latência, durante o qual o sujeito não o estuda mais, do que imediatamente após sua aprendizagem (Osterrieth, 1988). Portanto, uma fase de repouso depois do esforço de memorização favorece a codificação e a recuperação do conteúdo estudado.

Tomatis (1989) propõe, por sua vez, um ritmo de trabalho que possibilita, segundo ele, memorizar de maneira eficaz durante várias horas sem se cansar demais. Desenhamos abaixo um esquema que apresenta um ciclo de 1 hora obedecendo aos seus princípios.

Para Tomatis, "essa cadência de uma hora (20' + 10' + 10' + 20') não tem limites. Bem controlada, é possível renová-la sem se cansar até quinze horas por dia" (p. 203). A prática de "ralar" durante várias horas seguidas deve ser, portanto, totalmente abolida. O cérebro necessita desse tempo de pausa para prosseguir seu trabalho calmamente e assentar a aprendizagem, do mesmo modo que o corpo inteiro, que também necessita repousar e se mexer de tempos em tempos.

Ele aconselhou então a efetuar um trabalho de memorização antes de dormir.

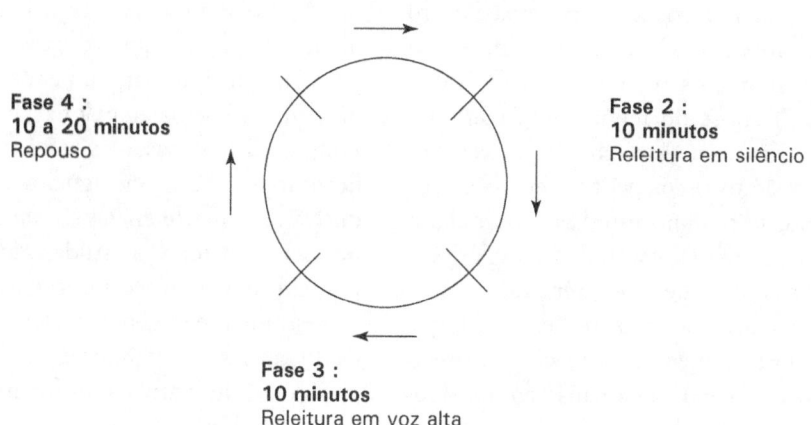

Estratégias de ajuda a alunos com dificuldades de aprendizagem

Fase 1 : 20 minutos
O estudante imerge no texto. Lê em silêncio e se impregna de todas as informações

Fase 4 :
10 a 20 minutos
Repouso

Fase 2 :
10 minutos
Releitura em silêncio

Fase 3 :
10 minutos
Releitura em voz alta

A atividade intelectual realizada antes de se deitar prossegue durante o sono. Todo mundo já experimentou isso: noções que parecem vagas ou mal assimiladas na véspera mostram-se claras e organizadas de manhã, ao despertar. Alguns pesquisadores, aliás, compararam o rendimento de sujeitos que dormiam após um trabalho de memorização com sujeitos que permaneciam acordados.

A Figura 4.8 apresenta os resultados.

Como se pode constatar na leitura desse quadro, o nível de memorização se mantém durante o sono, e se deteriora sensivelmente quando o sujeito está desperto e, portanto, ativo cognitivamente. Parece então que uma boa noite de sono ajuda a consolidar as aprendizagens efetuadas[11]. Sternberg (2007) menciona pesquisas que estudaram o fenômeno em ratos e que evidenciaram que "as células do hipocampo que são ativadas durante uma aprendizagem inicial são reativadas em períodos posteriores de sono, como se repetissem o episódio de aprendizagem inicial para finalizar a consolidação de um armazenamento a longo prazo" (p. 209-210). Essas pesquisas parecem assim confirmar, no nível biológico, o trabalho de consolidação que o cérebro realiza durante o sono.

Tempo decorrido entre a fixação e a lembrança	Porcentagem do material fixado	
	Sujeitos que ficaram acordados	Sujeitos que dormiram
1 hora	46%	70%
2 horas	31%	54%
4 horas	22%	55%
8 horas	9%	56%

Figura 4.8 Influência do sono na memorização (segundo Osterrieth, 1988).

Regra 8: Atenção às interferências!

Quando o aluno passa de um tema a outro sem se dar pausas, ele corre também o risco de que as noções memorizadas se embaralhem. Trata-se do fenômeno da interferência. Quanto mais próximas são as áreas, maiores são os riscos de interferências. Por exemplo, se o aluno estuda o vocabulário alemão depois do vocabulário inglês, são grandes os riscos de interferências.

A pesquisa mostrou, por exemplo, que uma prova de memorização é muito mais bem-sucedida após uma pausa do que após uma outra atividade cognitiva: "Apliquemos uma prova de memorização ou de evocação 30 minutos após a fixação de um determinado material. Constataremos que a evocação será bem melhor, bem mais completa quando nossos sujeitos permaneceram inativos durante os 30 minutos do que quando dedicaram esse tempo à memorização de um outro material ou a qualquer trabalho mental árduo. É o que já haviam observado Muller e Pilzecker em 1900[12]: a rememoração após repouso chegava a 56% do material fixado, ao passo que, após uma atividade mental, era de apenas 26%" (Osterrieth, 1988, p. 151). O rendimento dos sujeitos que repousam após uma tarefa de memorização é, portanto, superior ao dos sujeitos que continuam realizando atividades cognitivas. Confirma-se assim a importância das pausas, assinalada nos parágrafos anteriores, mas as dificuldades ligadas a um trabalho contínuo são acrescidas aqui de problemas de interferências caso não se estabeleçam pausas.

O esquecimento se deve, em grande parte, à interferência entre atividades mentais que atrapalham umas às outras. Você deve ter observado, por exemplo, que ao mudar de leitura sem estabelecer uma pausa sente dificuldade para se introduzir no novo texto: o conteúdo que acaba de ler perturbará sua compreensão da nova leitura.

A escola, ao desenvolver diversas atividades de aprendizagem durante seis horas por dia, contribui para um enorme desperdício dos recursos atencionais e mnésicos. Longas tardes passadas estudando uma lição após a outra são igualmente improdutivas. As interferências são tanto maiores quanto as matérias a estudar são próximas por natureza. Assim, o aluno evitará estudar sucessivamente teoremas matemáticos e leis da física. As interferências também serão maiores se duas atividades forem próximas no tempo. Finalmente, uma tarefa que mobiliza um grande esforço cognitivo interfere muito quando se segue a um exercício de memorização: "Constatou-se que, entre uma leitura fácil e a resolução de problemas difíceis na sequência de uma memorização, é a segunda atividade que provoca a maior 'perda' de lembrança, como se, mais uma vez, essa atividade intensa 'impedisse' a consolidação dos dados memorizados anteriormente" (Osterrieth, 1988, p. 155).

É interessante então para o aluno organizar a sucessão de suas tarefas respeitando algumas regras elementares:

1. Não estudar na sequência duas matérias próximas (alemão e inglês, matemática e física, ciência da religião e filosofia, etc.).
2. Prever pausas entre as atividades.
3. Alternar atividades muito diferentes (por exemplo, começar com vocabulário alemão, prosseguir com exercícios escritos de matemática e terminar com a leitura de um texto narrativo).
4. Realizar uma atividade que requer um envolvimento cognitivo reduzido após uma tarefa intelectualmente difícil.
5. Revisar uma última vez antes de se deitar.

Regra 9: Estar bem disposto para memorizar: as dimensões afetiva e emocional

A dimensão afetiva é igualmente importante. Se o aluno não vê interesse no conteúdo, se está em conflito com o professor ou se está estressado demais, ele não terá boas condições para memorizar. Evidentemente, a motivação do aluno pelo conteúdo a ser estudado favorece a qualidade da memorização. Mais uma vez, entra em jogo a responsabilidade do professor: é preciso dar sentido às aprendizagens e permitir ao aluno compreender as implicações pessoais, o significado, o valor e o sentido da tarefa. Além disso, se o aluno sabe das exigências da tarefa – objetivos, meios a utilizar, estratégias a mobilizar –, ele estará mais motivado a se envolver em seu trabalho de memorização.

O papel dos fatores emocionais e afetivos sobre a memorização é particularmente evidente em momentos de emoções fortes. Por exemplo, a lembrança de um parto é em geral muito viva e persistente, mesmo nas situações em que a duração é curta: não há necessidade de reativar a lembrança para inscrever o acontecimento em sua memória de longo prazo. Do mesmo modo, recorda-se perfeitamente de certas frases pronunciadas uma única vez, ou porque seu conteúdo era penoso demais ou, pelo contrário, muito agradável.

A memorização é influenciada também pelo contexto social – que determina a relação afetiva que o aluno mantém com a tarefa. Maret (1994) revela, por exemplo, as conclusões de uma experiência um tanto quanto desconcertantes: "Uma figura geométrica é memorizada de forma diferente conforme seja apresentada em uma aula de desenho ou de geometria. No âmbito de uma aula de desenho, bons e maus alunos obtêm resultados idênticos. Ao contrário, no contexto de uma aula de geometria, os bons alunos têm resultados nitidamente melhores que os maus alunos" (p. 23). Assim, a relação que o aluno mantém com o saber e a imagem que faz de suas competências nas disciplinas escolares influenciam o resultado da memorização.

Os afetos influenciam, portanto, a qualidade da memorização. Eles podem tornar a lembrança muito precisa e muito viva, mas também modificá-la bastante. Nesse sentido, uma lembrança objetivamente exata é muito mais rara do que se pensa. A transformação é gradual, surgem novos detalhes, outros são eliminados ou acentuados. Em suma, às vezes nossa memória adapta a realidade para torná-la mais conveniente aos nossos olhos, ou mesmo para aliviar nossa consciência...

Outro fator de "boa disposição" é a condição física da criança. De fato, o aluno não deve estar apenas mentalmente presente e ativo, mas também "fisicamente" disponível para as aprendizagens. Uma vida saudável é necessária para um trabalho eficaz. A qualidade e a duração do sono influenciam muito a memorização. Do mesmo modo, um aluno que não toma café da manhã não estará em condições ideais para estudar na escola. O cálcio e o fósforo – presentes em produtos lácteos, ovos, nozes ou peixe – desempenham um papel importante no trabalho cerebral. Frutas e legumes frescos garantirão o aporte de vitaminas. É preciso saber ainda que os neurônios são mais sensíveis que as outras células à privação de oxigênio. Em 24 horas, 2.160 litros de sangue passam pelo cérebro do homem, ou seja, 400 vezes a massa total de sangue. Imagine vinte cérebros de alunos funcionando a pleno vapor... e você se preocupará mais em abrir regularmente as janelas para arejar sua sala de aula.

Vale esclarecer ainda que a abordagem behaviorista mostrou a importância de reforços na aprendizagem: um resultado positivo, uma atividade bem-sucedida ou uma recompensa incitam o sujeito a redobrar o esforço. No contexto que nos interessa aqui, o aluno que recebe uma recompensa ou um encorajamento após um tempo de memorização reforça suas competências mnemônicas e suas aprendizagens. Antes de se lançar em um exercício, às vezes cansativo, de memorização, o aluno poderia prever uma recompensa, por exemplo, na forma de uma atividade agradável logo depois do trabalho de memorização.

Regra 10: Truques e artifícios

Existem, finalmente, truques e artifícios para memorizar, como listas de nomes, de datas ou de números. Essas estratégicas são anedóticas e não substituem, evidentemente, as regras enunciadas acima. No entanto, podem ser úteis pontualmente para aprender de cor listas de palavras ou de números, em suma, noções muitas vezes inúteis, mas necessárias para o êxito escolar!

Eis alguns exemplos:

- Formar um *acrônimo* utilizando a primeira letra ou sílaba de cada palavra para memorizar uma frase-chave para a retenção do conteúdo. Exemplo: em situação de sala de aula é comum os professores utilizarem frases como "Minha Vó Tem Muitas Joias, Sabe Usá-las No Pescoço" para garantir que o aluno memorize os nomes dos planetas do Sistema Solar: Mercúrio, Vênus, Terra, Marte, Júpiter, Saturno, Urano, Netuno e Plutão.

- Formar frases (*acrósticos*) que rimam ou não a partir de uma palavra escrita ou nome do aluno na posição vertical.
  Risonho
  Amigo
  Feliz
  Alegre
  Esperto
  Legal

- O *método dos lugares* (utilizado desde a Antiguidade[13]); associam-se palavras ou conceitos a lugares claramente identificados; quando da rememoração, basta se deslocar mentalmente de um lugar a outro para recuperar em cada lugar o elemento associado a ele. Por exemplo, se você tiver de ir ao mercado, poderá lembrar da lista de compras localizando (mentalmente!) cada produto a comprar em um móvel de sua sala: o pão na poltrona, o leite no sofá, as cebolas no piano, etc. Quando estiver no mercado, bastará passear mentalmente de um móvel a outro para recordar sua lista de compras.

- *Palavras-gancho*: Exemplo: Um, dois, Feijão com arroz; Três, quatro, Feijão no prato; Cinco, seis, Feijão inglês; Sete, oito, comer biscoito; Nove, dez, comer pastéis. Pode-se, então, facilmente "pendurar" palavras nestes ganchos. O uso de parlendas auxilia o aluno a memorizar palavras e sequências de palavras.

- Estabelecer *associações* para memorização. Solicitar ao aluno que elabore uma lista de palavras mais frequentes que contenham a dificuldade ortográfica e que ele memorize o maior número de palavras. Em seguida, pedir ao escolar que escreva sem o apoio da lista.

Como se pode constatar, esses meios mnemotécnicos são limitados, pois não trabalham a compreensão das noções, mas servem unicamente para memorizar listas de palavras, nomes ou datas. Contudo, podem ser úteis às vezes, e são eficazes para o uso a que se destinam.

Regras 1 a 10: Um resumo... para refrescar nossa memória

Regra 1	Compreender para memorizar.
Regra 2	Aprofundar sua compreensão: elaborar, organizar, enriquecer, aprender mais.
Regra 3	Memorizar de maneira dinâmica: reproduzir ativamente, recitar, utilizar a dupla codificação (verbal e imagética).
Regra 4	Memorizar para reutilizar: na aprendizagem, considerar os contextos de mobilização das noções memorizadas.
Regra 5	Reativar e reativar de novo: 1 vez por dia durante 5 dias, em vez de 5 vezes no mesmo dia.
Regra 6	Organizar rigorosamente as reativações: começar logo após a aula e reativar em seguida segundo a "regra do 1, 10, 1".
Regra 7	Fazer pausas regularmente.
Regra 8	Evitar as interferências.
Regra 9	Estar bem disposto para memorizar.
Regra 10	Utilizar truques e artifícios para memorizar listas.

CONCLUSÃO

Gostaríamos de destacar como conclusão – não obstante os enormes esforços que fizemos neste capítulo para combatê-lo – que o esquecimento é um fenômeno natural que permite separar as informações úteis daquelas que não mobilizamos o suficiente para justificar sua manutenção a longo prazo.

Vale assinalar ainda que o esquecimento nunca é total em nossa memória. Embora a informação pareça perdida, ela pode voltar à superfície de nossa consciência por um acontecimento fortuito que a mobilize novamente. Proust e sua *madeleine* estão aí para nos recordar isso: basta o autor degustar sua *madeleine* mergulhada no chá para que lembranças enterradas profundamente retornem à superfície de sua consciência[14].

Do mesmo modo, podemos, por exemplo, não lembrar mais do nome de uma pessoa, mas quando ela nos recorda vemos que já o sabíamos, embora fôssemos incapazes de lembrá-lo sem sua ajuda. Isso prova que, se nos recordamos dessas lembranças (ou desses nomes ou dessas noções), é porque elas estavam guardadas em algum lugar de nossa memória. Portanto, o esquecimento não era total; apenas a recuperação voluntária e consciente era impossível no momento. Essa dificuldade se deve então à falta de índices de recuperação pertinentes, e não à ausência total da lembrança em nossa memória de longo prazo.

Para concluir este capítulo, apresentamos abaixo a situação de Verônica, uma menina "sem memória":

Uma tarde, depois de horas de aula, uma mãe bate à porta de nossa sala de apoio solicitando uma reunião urgente. Sua filha, Verônica, "não tem memória", revela-nos de saída. Desde muito pequena, era incapaz de memorizar suas lições, embora passe muito tempo, todas as tardes, tentando em vão aprendê-las. A mãe está saindo de uma reunião com o titular da 5ª série que acabou de lhe comunicar as enormes dificuldades de sua filha. Para ela, Verônica "não tem memória", como poderia não ter braços ou pernas! A conclusão é definitiva, e a resignação, total.

Prometemos à mãe de Verônica receber de imediato sua filha e avaliar com ela suas dificuldades. No primeiro encontro, pedimos que nos reproduzisse sua lição de história, aprendida na véspera. Quando ela começa a falar, constatamos de imediato que Verônica recita de cor pedaços do texto totalmente desconexos. Fica evidente que ela não dá nenhum sentido ao que nos relata. Nós a interrompemos depois de alguns minutos e lhe pedimos que nos diga apenas qual é o tema de sua lição. Constatamos então que Verônica não é capaz sequer de nos dizer o título de sua lição! Para essa aluna, aprender é memorizar o texto de cor, como se aprendesse uma poesia. Primeira conclusão: Verônica tenta memorizar sem compreender.

Quando pedimos em seguida a Verônica que nos descreva as ilustrações, gravuras e esquemas que acompanham o texto, ela se mostra incapaz de lembrar. Contudo, as ilustrações são explícitas e poderiam ajudar a aluna a construir o sentido de sua lição recorrendo aos suportes visuais. Segunda conclusão: para Verônica, aprender uma lição é se apropriar de um texto; ela não vê as ilustrações como um suporte de aprendizagem pertinente e interessante.

Retomamos então essa lição, dedicada à vida as corporações na Idade Média, e pedimos a Verônica que estude diante de nós. Constatamos então que a aluna lê o texto várias vezes, e depois fecha o livro, informando-nos que terminou. Terceira conclusão: Verônica confunde ler e estudar. Para ela, memorizar consiste em ler e reler, dez vezes se necessário, o mesmo texto. Ela não compreende que a primeira etapa da memorização passa pela evocação.

Propomos então a Verônica ler junto com ela o texto. Fica evidente que o vocabulário contido no texto é difícil demais para ela. Os termos utilizados são complexos demais e a compreensão lhe é impossível sem ajuda. Última conclusão: Verônica padece de um vocabulário reduzido que torna difícil a compreensão do texto.

Após essas diferentes avaliações, reencontramos a mãe de Verônica e a tranquilizamos: sua filha tem uma constituição normal – dois braços, duas pernas e uma memória! – e sofre unicamente de uma utilização inadequada de suas aptidões cognitivas. Nas aulas de apoio seguintes, trabalhamos com a aluna sobre estratégias mnemônicas eficazes. Os progressos são rápidos... e a conclusão desoladora: Verônica perdeu uma energia insana, durante mais de dez anos, tentando aprender suas lições sem saber o modo de usar sua memória...

Notas

1 Rossi (2005) estabelece uma ligação interessante entre a memória semântica e a memória episódica: "Uma parte da memória semântica é construída discernindo as invariantes dos episódios vividos ou representados, o que significa que a memória semântica se constrói sobre uma base constituída pela memória episódica. [...] A repetição de episódios permite discernir as invariantes cognitivas que estruturam a memória semântica" (p. 34).

2 Um conceito é "a unidade fundamental do conhecimento simbólico – uma ideia a propósito de qualquer coisa que fornece um meio para compreender o mundo. Em geral, um único conceito pode ser apreendido em uma única palavra, como *maçã*" (Sternberg, 2007, p. 282). Dito de forma mais simples, a *palavra* é a parte visível (o invólucro) do conceito; assim, "maçã" é uma palavra que resume as características ou os traços do conceito de "fruta/ comestível/ da macieira/ come-se crua ou cozida/ produto da cidra/ etc.".

3 Para Costermans (2001), cada nó representa efetivamente um conceito, mas "não o contém". De fato, "se um conceito é uma combinação de propriedades, então o nó 'canário' deve ser um nó *vazio*, pois as propriedades que compõem esse conceito, sendo também conceitos, são representadas por outros nós a elas associados. Assim, esse nó 'canário' só pode ser o ponto de convergência de arcos que o ligam aos nós 'pássaro', 'cantar', 'amarelo' e 'pequeno'; é justamente isso que faz que eles, juntos, constituam uma unidade funcional" (p. 142).

4 "A proposição é a menor unidade semântica que pode receber um VALOR DE VERDADE, isto é, que pode ser declarada verdadeira ou falsa" (Costermans, 2001, p. 145).

5 Contudo, você cumprimentará o aluno por seu interesse pelas línguas, perguntando se não confundiu "canário" com "canará" – que é de fato uma língua falada no Sul da Índia (para sua informação, o tâmil também é uma língua dravidiana).

6 A psicologia cognitiva estuda há muito tempo a questão das redes de neurônios.

7 Lieury e Lorant (2008) analisam, por exemplo, a influência de certos jogos de computador no desenvolvimento cognitivo. Sua conclusão é clara: "Por que esses programas não funcionam? [...] Esses programas são construídos sobre a intuição de uma memória única: se treinarmos, a memória melhorará para todas as atividades. Isso é absolutamente falso, pois as memórias são múltiplas" (p. 36).

8 Alguns autores (por exemplo, Tardif, 1992) distinguem as estratégias de elaboração das estratégias de organização. A elaboração consiste em acrescentar informação às noções a memorizar, por exemplo, lendo artigos ou assistindo a programas de TV sobre o tema. A organização procede por divisão e hierarquização da informação, por exemplo, estabelecendo esquemas ou gráficos. Aqui, agrupamos essas duas categorias em apenas uma, pois, para nós, elas fazem parte do mesmo procedimento, que consiste em trabalhar e em aprofundar o conteúdo da matéria a memorizar.

9 Jost estabeleceu, há mais de um século (1897), que uma aprendizagem distribuída, incluindo pausas, era mais eficaz que uma aprendizagem concentrada.

10 Quando retomamos nossos estudos, após dez anos de prática profissional em classes de primário, estudamos nossas aulas utilizando esse quadro. Efetuamos todas as reativações de manhã,

ao fazer a barba (alguns minutos por dia são suficientes). Embora estivéssemos convencidos de dispor de uma memória muito pouco eficaz, estudamos nossas aulas, graças a esse método, com uma facilidade que nos surpreendeu bastante. Diz-se também que Einstein (mas se diz tanta coisa sobre Einstein...), quando era estudante, aprendia as noções que tinha de estudar fixando-as em lugares onde podia vê-las com frequência (porta do banheiro, por exemplo), possibilitando assim uma reativação constante que favorecia a memorização (infelizmente, esse foi o único ponto em comum que encontramos com Albert...).

11 Ao contrário, é totalmente inútil ouvir uma fita ou um CD enquanto dorme! O que se ouve dormindo não é tratado cognitivamente e, portanto, não deixa marcas duradouras na memória (Clarke, 2002).

12 Como se pode constatar aqui, as pesquisas sobre a memória datam de mais de um século. Por isso, acreditamos que a escola do século XXI não pode absolutamente deixar de utilizar agora as conclusões dessas pesquisas!

13 O método dos lugares (*loci*) remonta, ao que parece, ao século V a.C., e é atribuído ao filósofo grego Simônides. Ele possibilitava a um orador memorizar rapidamente seu texto e discorrer durante horas, encadeando logicamente e sem esquecimentos seu discurso. Aliás, preservamos em nossa linguagem cotidiana a expressão "em primeiro lugar, em segundo lugar, etc.".

14 Não resistimos ao prazer de citar a magnífica passagem da *madeleine*. Eis então: "E de súbito a lembrança me apareceu. Aquele gosto era o do pedacinho de *madeleine* que minha tia Léonie me dava aos domingos pela manhã em Combray (porque nesse dia eu não saía antes da hora da missa), quando ia dar-lhe bom-dia no seu quarto, depois de mergulhá-lo em sua infusão de chá ou de tília. [...] Mas, quando nada subsiste de um passado antigo, depois da morte dos seres, depois da destruição das coisas, sozinhos, mais frágeis porém mais vivazes, mais imateriais, mais persistentes, mais fiéis, o aroma e o sabor permanecem ainda por muito tempo, como almas, chamando-se, ouvindo, esperando, sobre as ruínas de tudo o mais, levando sem se submeterem, sobre suas gotículas quase impalpáveis, o imenso edifício das recordações." (Marcel Proust, *Em busca do tempo perdido. No caminho de Swan*, 1913).

5
Transferência e generalização das aprendizagens

Já falamos da transferência no item 3.4, descrevendo-a como um processo metacognitivo complexo. Neste capítulo, procuraremos aprofundar essa questão e dar pistas para facilitar a generalização das aprendizagens. Mas, primeiramente, vamos situar a questão, apresentando uma experiência surpreendente.

Dois pesquisadores, Godden e Baddeley (1975), pediram a mergulhadores que memorizassem uma lista de 40 palavras. Metade dos participantes memorizou as palavras a 60 metros de profundidade, no mar. A outra metade aprendeu as palavras normalmente, na terra. Na fase de rememoração, metade dos participantes trabalhou no contexto de aprendizagem – os que tinham memorizado na água retornaram a ela para a restituição –, enquanto a outra metade trabalhou no outro contexto – a restituição se efetuou na terra enquanto a aprendizagem tinha sido feita na água. Os resultados mostram que a recordação dos participantes que aprenderam e reproduziram a lista de palavras no mesmo contexto era cerca de 40% superior à dos que precisaram mudar de contexto.

Essa experiência original situa bem a questão da transferência: as aprendizagens efetuadas pelos alunos estão muito ligadas ao contexto em que foram realizadas, e sua utilização em um outro contexto pode ser problemática. "Foram muitas as tentativas de melhorar as capacidades mentais. [...] Esses métodos baseiam-se no princípio da transferência: um treinamento prévio pode facilitar uma aprendizagem. Contudo, as pesquisas mostraram que só há benefício quando as duas aprendizagens se assemelham; assim, o treinamento para aprender sílabas não facilita a aprendizagem de um poema ou de latim. [...] A explicação está na complexidade do cérebro, com seus 20 bilhões de neurônios: abrir uma estrada entre Limoges e Cahors não melhora a circulação entre Manhattan e o Brooklyn!" (Lieury, 2008, p. 235-236).

Se é verdade que abrir uma estrada entre Limoges e Cahors não melhora a circulação entre Manhattan e o Brooklyn, as competências desenvolvidas podem, no entanto, servir para desenvolver técnicas de construção de estradas! Essas técnicas e estratégias serão aplicáveis depois em todas as regiões do globo, desde que se consiga identificar as diferenças entre as situações (clima, qualidade do solo, relevo, etc.) e fazer as mudanças necessárias.

Para a escola, o desafio é enorme: como ajudar nossos alunos a utilizar as competências que desenvolvem nas aulas quando transpõem o limiar da sala? "Desde sempre, a escola assumiu como missão transmitir conhecimentos com a ambição de dotar os indivíduos de ferramentas intelectuais que sejam proveitosas para eles tanto em sua vida profissional, cidadã, quanto privada. Mas é preciso reconhecer que, nesse ponto, a escola não cumpriu plenamente sua tarefa. [...] De fato, são muitas as pesquisas que atestam que a mente do aluno é ocupada por conhecimentos inertes ou saberes mortos: muitos alunos demonstram que dominam conhecimentos de matemática e/ou científicos para se saírem bem nas provas escolares, mas não os mobilizam para resolver um problema do dia a dia" (Crahay, 2007, p. 26).

As definições da transferência são inúmeras, mas todas concordam sobre a dificuldade que consiste, para os alunos, em generalizar suas aprendizagens e utilizar seus conhecimentos e suas competências em um contexto diferente daquele em que se realizou a aprendizagem. Assim, Mendelsohn (1996) designa como transferência de conhecimentos "o mecanismo que permite a um sujeito utilizar em um novo contexto conhecimentos adquiridos anteriormente" (in Meirieu e Develay, p. 15). Para Del Giudice (1999), agrupa-se sob o termo transferência "todo processo que consiste na reutilização de um conhecimento aprendido antes. A transferência pode então recobrir indiferentemente a repetição de uma atividade cognitiva, a aplicação, a generalização e a transferência" (in Depover et al., 1999, p, 102). Barth (1993), finalmente, associa os saberes e as habilidades à definição da transferência: "A noção de transferência refere-se à capacidade de aplicar saberes ou habilidades, aprendidos em uma determinada situação, em um contexto novo: em outras palavras, trata-se da capacidade de generalizar o que se aprendeu a uma situação nova". Em nossa obra, falaremos de *generalização* quando justamente a transferência se "generalizou" à maior parte ou mesmo ao conjunto de situações nas quais a competência deve ser mobilizada. A generalização corresponde, portanto, à capacidade de utilizar as aprendizagens efetuadas em qualquer situação que exija isso; é, portanto, o ideal da transferência.

Os professores nem sempre têm consciência da dificuldade ligada à transferência e acreditam que os alunos reconhecem rapidamente os contextos nos quais devem mobilizar suas competências. Dois pequenos exemplos permitirão compreender melhor a amplitude do problema.

David, aluno da 4ª série do primário, está no apoio há várias semanas por dificuldades de ortografia. Trabalhamos com ele na análise de seus erros e em um procedimento eficaz de preparação de seus ditados. Como constatamos que seus conhecimentos de regras gramaticais são falhos, propusemos a ele trabalhar, no final de cada aula de apoio, em um programa informático que apresenta exercícios sobre os homófonos (por exemplo, mal/mau, sexta/cesta, sessão/seção, etc.). Depois de algumas semanas de trabalho no computador, David nos comunica que se cansou. Pedimos então que nos explique por que lhe propusemos efetuar esse trabalho. Para nossa grande surpresa, só nesse momento David descobre as ligações existentes entre o trabalho que fizemos no apoio, os ditados que faz na classe e esse trabalho sistemático no computador! O aluno não tinha feito nenhuma ligação entre o trabalho efetuado no software *e o trabalho realizado em classe e no apoio, no mesmo campo. No entanto, ele não se encontra a 60 metros de profundidade no mar, mas a 2 metros da sala onde realizamos um trabalho de apoio em ortografia há várias semanas...*

Julie está na 5ª série do primário e apresenta enormes dificuldades de leitura. Quando fizemos sua avaliação diagnóstica, constatamos que ela não trabalha de maneira sistemática nos exercícios de estudo de texto. Nas aulas de apoio que se seguem, nós lhe propomos vários estudos de texto que ela realiza primeiramente com nossa ajuda, e depois de maneira autônoma. O procedimento parece ter ficado claro, e Julie é plenamente capaz de realizar sozinha – e de forma eficaz – esse trabalho. Contudo, em uma aula, ela nos apresenta, junto com outras provas, um estudo de texto realizado em classe cujo resultado é insuficiente. Em sua análise, Julie não faz nenhuma alusão ao procedimento que havíamos trabalhado tão seriamente no apoio. Nós lhe fazemos então perguntas mais precisas às quais ela responde vagamente e sem jamais fazer referência ao trabalho realizado no apoio. Sem saber absolutamente onde podíamos chegar, nós lhe perguntamos, por fim, por que ela não havia utilizado o procedimento trabalhado no apoio. Ela responde então, sem pestanejar, que "não utilizou o procedimento porque não é um estudo de texto, porque as folhas estão grampeadas"! De fato, nos estudos de texto que propusemos a Julie no apoio, a folha de texto era separada da folha do questionário – a fim de facilitar uma busca no texto. Visto que a forma do exercício era diferente na classe, Julie não reconheceu um estudo de texto e, consequentemente, não mobilizou suas competências nesse campo.

Esses dois exemplos mostram bem a dificuldade dos alunos de estabelecer ligações entre os diferentes contextos de aprendizagem. Quando David trabalha no computador, ele trabalha no computador! Sem ajuda ou mediação, não vê que o conteúdo dos exercícios que realiza tem ligação direta com o apoio proposto – e na mesma sala – pelo professor. A transferência na sala de aula é ainda mais difícil: qual pode ser a ligação entre esses exercícios – feitos na sala de apoio na quinta-feira à tarde diante de um computador – e o ditado que o professor faz na terça-feira às 8 horas da manhã na sala de aula? Para Julie, um estudo de texto é um exercício feito com o senhor Vianin na sala dele, e apresentado sempre (e aqui, a falha é inteiramente nossa!) da mesma maneira (uma folha de texto e uma folha de questionário separadas). Assim, se a tarefa de avaliação é apresentada de forma diferente daquela na qual se faz o treinamento, a aluna pode se ver em dificuldade. Fica evidente que a transferência não é um processo espontâneo e automático!

Nesta obra, falamos frequentemente de "competências", mesmo sabendo da dificuldade que coloca esse conceito e sua definição aproximativa. Se utilizamos esse termo, é sobretudo para destacar a importância da proceduralização dos saberes em nossos alunos. Se o aluno é incapaz de utilizar seus saberes escolares em diferentes contextos, achamos que ele está perdendo seu tempo na escola. A ligação entre competência e capacidade de transferência é evidente para nós. Como afirma Crahay (2007, p. 26), "a noção de competência tem a ambição de preencher o fosso entre os conhecimentos construídos na escola e os saberes mobilizados na ação".

Os pesquisadores distinguem vários tipos de transferência segundo a distância que separa a situação de aprendizagem e a situação de reutilização dos saberes ou das competências. O nível de complexidade e/ou o domínio de aprendizagem pode desempenhar um papel na dificuldade da transferência: "Essa distinção introduz duas dimensões essenciais da transferência: a que se refere ao domínio da transferência (intradomínio e interdomínio) e a que se refere à distância da transferência (a transferência próxima ou a transferência distante)" (Dias, in Doudin et al., 2001, p. 134). Em outras palavras, quanto mais a tarefa a realizar está próxima da situação de aprendizagem, melhor é a transferência. Del Giudice (1999) propõe distinguir dois níveis de transferência. O nível 1 refere-se à transferência de um conhecimento – o autor fala de "transporte" – sem que o aluno tenha de modificá-lo: os conhecimentos transferidos são, portanto, os mesmos e são utilizados em contextos próximos da situação de aprendizagem. As repetições, as aplicações, os exercícios de rememoração e os exercícios de consolidação, por exemplo, entram nessa categoria. No nível 2, o conhecimento se modifica na transferência. As respostas não são mais "reprodutivas", pois a situação de transferência comporta uma parte de desconhecido, de novidade, de incerteza. Nesse caso, "o conhecimento, para ser reutilizável na nova situação, deve sofrer transformações (acréscimos, modificações, reorganizações, etc.), pois as estruturas são apenas parcialmente isomorfas" (in Depover et al., 1999, p. 103). Nesse nível de transferência há, portanto, um trabalho de acomodação – no sentido piagetiano: o aluno deve adaptar, ajustar ou reajustar seus conhecimentos ao novo contexto de sua utilização.

Alguns autores (por exemplo, Tardif, 1992) distinguem igualmente a *transferência vertical* da *transferência horizontal*. A transferência vertical é a utilização de um conhecimento anterior a fim de efetuar uma nova aprendizagem. Por exemplo, o trabalho com a discriminação e percepção de sons na fala, permitirá à criança dominar o mecanismo de conversão letra-som e, assim, ler as palavras. Estamos próximos aqui da noção de pré-requisito ou de pré-aquisição. A transferência horizontal consiste em utilizar um conhecimento em outra situação ou em outro contexto. "A transferência horizontal é a utilização de conhecimentos para resolver um problema novo ou realizar uma tarefa nova" (op. cit.). Quando o aluno domina o quadro de correspondência em classe, poderá efetuar uma "regra de três" em casa quando for necessário.

Perkins e Salomon (1988), por sua vez, distinguem a *transferência pelo alto* e a *transferência por baixo*. A *transferência por baixo* se efetua quando as duas situações de aprendizagem são muito parecidas. O aluno mobiliza facilmente suas competências porque as semelhanças entre os dois contextos são evidentes. Por exemplo, quando o aluno resolve um problema de proporcionalidade após uma aula de matemática sobre a questão, ele utilizará naturalmente um quadro de correspondência. O contexto é conhecido e o contrato didático é claro: os exercícios que se seguem a uma aula estão em ligação direta com o conteúdo da aula. A transferência por baixo ocorre, portanto, quando os estímulos são percebidos como muito próximos; é, em princípio, automática, implícita e não consciente. A *transferência pelo alto*, ao contrário, efetua-se de maneira consciente. Ela consiste em um exercício metacognitivo que permite extrair da situação de aprendizagem e do contexto particular um conhecimento geral que poderá ser reutilizado em outro contexto. A transferência se fará aqui por uma tomada de consciência pessoal e intencional. "Trata-se, portanto, de um esforço intelectual, conscientemente desejado pela pessoa que o faz" (Barth, 1993, p. 172). Quando o aluno compreende a utilização do quadro de correspondência nas situações matemáticas de proporcionalidade, ele poderá considerar os diferentes contextos de sua utilização. Será capaz então de utilizá-lo em exercícios escolares, mas também no seu dia a dia, quando, por exemplo, quiser fazer uma receita culinária em casa.

"Em relação à transferência pelo alto, Perkins e Salomon fazem ainda a distinção entre a transferência que se utiliza para uma ação futura, a *forward reaching transfer*, e aquela que se aplica 'atrás', a *backward reaching transfer*" (op. cit.). A transferência "adiante" é a mais conhecida: trata-se de considerar, no momento de uma aprendizagem, a utilização futura de suas novas competências. A transferência "atrás" é uma busca, na memória de longo prazo, de um conhecimento que permitirá ao sujeito resolver o problema com o qual está lidando no momento. Trata-se, portanto, de buscar "atrás", em suas experiências passadas, uma situação semelhante àquela com que se depara agora. Os alunos costumam abordar a tarefa como se fosse, toda vez, uma tarefa nova. Mas a transferência "atrás" os ajudará a perceber que já realizaram uma tarefa parecida ou análoga, e que podem buscar em seu repertório de conhecimentos e de experiências as competências necessárias à sua realização[1].

Os alunos devem então reconhecer, mesmo que diferenças superficiais modifiquem sua aparência, o conteúdo real das tarefas propostas. "Suponhamos que um problema de matemática se refira a um cavalo que persegue um ganso. Greta, que sente dificuldade em matemática, nunca se deparou antes com problemas que põem em cena um cavalo e um ganso. Mas, se ela for capaz de ir além da novidade desses animais, verá que o problema se refere, na verdade, a uma questão (a velocidade relativa) que ela trabalhou inúmeras vezes (pode ser que da última vez se tratasse de um cachorro e de uma lebre selvagem). [...] Estudos realizados por especialistas de diferentes campos revelaram que os adultos que são altamente competentes em seu campo de atividade têm mais habilidade para descobrir os elementos familiares diante de diferenças superficiais. Essa incrível capacidade de reconhecer elementos familiares em face de diferenças aparentes constitui um elemento essencial para o êxito da aprendizagem" (Levine, 2003, p. 154-155).

O papel do professor, mais uma vez, é determinante para ajudar os alunos a efetuar, antes de cada tarefa, uma objetivação da situação que permita uma transferência "atrás". Pode-se utilizar, por exemplo, as seguintes perguntas: "O que estão me pedindo nessa tarefa (objetivo)? Já fiz uma tarefa semelhante? Se a resposta é sim, em que contexto (na sala de aula, em casa, fora)? Que conhecimentos já possuo sobre essa tarefa? Onde se encontra a dificuldade para mim?" Nos dois tipos de transferência – adiante e atrás –, "trata-se de um ato voluntário de reflexão, de abstração e de generalização; é preciso constantemente fazer conexões, aproximar situações diferentes, estar atento às semelhanças pertinentes. Os 'pensadores *experts*' fazem isso a propósito de tudo o tempo todo, de forma quase automática; já os iniciantes têm necessidade de aprender a se servir melhor de suas 'caixas de ferramentas intelectuais'" (op. cit.).

Lara é uma aluna em dificuldade que está terminando a 4ª série do primário e, consequentemente, deve se preparar para os exames de final de ano[2]. A titular da classe nos pede para revisar as noções do programa anual e preparar a aluna para os exames finais. A di-

ficuldade dessas provas reside particularmente na grande variedade de exercícios apresentados. Os alunos devem, na verdade, ser capazes de passar em testes que cobrem o conjunto do programa do ano.

Quando começamos a trabalhar com Lara sobre os exames dos anos anteriores, constatamos que ela está completamente perdida. Tem dificuldade de utilizar os conhecimentos – que no entanto possui – nos exercícios propostos. Quando realiza os diferentes testes, os resultados são evidentemente catastróficos.

Propomos então a seguinte metáfora: "Lara, em seu cérebro, você tem uma enorme escrivaninha cheia de gavetas. Em cada gaveta você guardou, durante o ano escolar, numerosos conhecimentos, competências, estratégias, etc. Sua dificuldade decorre do fato de que você abre suas gavetas meio ao acaso e tira dali conhecimentos que nem sempre são adequados ao exercício que deve realizar. É como se tirasse de uma gaveta uma chave de fenda para bater pregos, embora, na gaveta vizinha, disponha de um martelo".

A partir dessa conclusão, proponho a Lara fazer uma transferência "atrás": "A partir de agora, toda vez que você tiver de fazer um exercício, reserve algum tempo para escolher a gaveta certa antes de realizar o trabalho. Você deve primeiro avaliar se é um exercício de francês ou de matemática. Depois, deve explicitar o tema. Por exemplo, se você determina que é um exercício de conjugação, você pode escolher na sua escrivaninha a gaveta onde classificou as terminações dos verbos no presente, no futuro e no pretérito. Agora pode começar o exercício: você dispõe de boas ferramentas e de bons conhecimentos para realizar corretamente seu teste".

O que se pede a Lara aqui é que passe de uma observação da similaridade de superfície – que se refere à aparência da situação – a uma análise da similaridade de estrutura (Di Giudice, in Depover et al., 1999). Em outras palavras, Lara não deve se contentar em mergulhar na realização da tarefa baseando-se unicamente nos elementos de superfície diretamente acessíveis (por exemplo, "é preciso completar frases com lacunas"), mas deve analisar as propriedades do exercício, os elementos apresentados, seu objetivo, etc. ("é um exercício de conjugação, que se apresenta como um exercício de lacunas que devo preencher com a ajuda de verbos conjugados; ora, eu conheço as terminações dos verbos, então posso fazer esse exercício mobilizando minhas competências nesse campo"). Evidentemente, é mais difícil identificar as semelhanças estruturais – que não são diretamente acessíveis e requerem competências de objetivação – do que as semelhanças de superfície, imediatamente perceptíveis.

O problema na escola é que a aprendizagem da transferência é deixada frequentemente por conta do acaso, e corresponde quase sempre a uma "transferência por baixo" (exercícios "de aplicação" que se seguem diretamente às sequências de ensino-aprendizagem). Em geral, as semelhanças de superfície entre duas atividades permitem ao aluno efetuar corretamente os exercícios. Por exemplo, quando tem de encontrar o sujeito de uma frase, o aluno tenderá a circundar as primeiras palavras da frase. Ele utiliza uma regra implícita que costuma funcionar, mas é incapaz de tomar um pouco de distância da tarefa e analisá-la mais globalmente. Os estímulos superficiais permitem à criança reconhecer o exercício e aplicar – às vezes por reflexo condicionado – o procedimento correto.

As dificuldades de aprendizagem afetam as aprendizagens realizadas na escola – os conhecimentos declarativos –, assim como as estratégias, os métodos, os procedimentos, etc. Nos âmbitos cognitivos e metacognitivos, a questão da transferência é igualmente central. Como assinala Mazzoni (2001), "ter um bom método de estudar implica a utilização de estratégias corretas em situações diferentes e a flexibilidade em sua utilização. Consequentemente, trata-se, antes de tudo, de ser capaz de avaliar a eficácia de uma estratégia comparando em vários momentos o resultado obtido com o objetivo fixado. Depois, é preciso conhecer outras estratégias para poder fazer escolhas. Finalmente, é preciso estar pronto para modificar uma estratégia e passar de uma estratégia a outra quando se sentir necessidade" (in Doudin et al., p. 77). Como destacamos no Capítulo 3, o aluno deve dominar os conhecimentos condicionais, aqueles que permitem justamente reconhecer os contextos pertinentes de utilização de novas aprendizagens. O aluno deve então aprender, de maneira conexa, conhecimentos declarativos e/ou procedurais e conhecimentos condicionais – que estabelecem as condições e os contextos de utilização desses conhecimentos.

O problema da transferência mostra a dificuldade que os alunos têm de utilizar as aprendizagens realizadas fora do contexto da sala de aula, assim como, inversamente, de mobilizar saberes "de fora" no interior da sala de aula. Sempre nos surpreendemos, por exemplo, ao constatar que os alunos são perfeitamente capazes de resolver certos problemas matemáticos complexos em um contexto natural, mas ficam paralisados diante de problemas simples apresentados no âmbito da sala de aula. Quando, no apoio, propomos que se imaginem dentro da situação descrita ou que representem a cena descrita no problema apresentado na ficha de matemática, constatamos que em geral as soluções aparecem naturalmente para a criança.

Pesquisas realizadas em países em desenvolvimento com crianças de rua confirmam essa dificuldade. Grégoire (1999) cita, por exemplo, uma pesquisa muito interessante de Nunes e Bryant (1996) que trabalharam com vendedores ambulantes pouco escolarizados. Eles constatam que 98% dos cálculos realizados na rua para as necessidades de seu comércio eram feitos corretamente pelas crianças, enquanto 38% dos mesmos cálculos apresentados por escrito na sala de aula estavam errados. "Como podemos explicar essa diferença de desempenho segundo o contexto? No contexto da rua, a criança ativa um procedimento eficaz por meio do qual manifesta uma real compreensão dos números naturais. [...] Por que a criança não põe em prática essa competência quando precisa fazer um cálculo do mesmo tipo na sala de aula? Simplesmente porque o contexto da sala de aula leva a ativar um algoritmo de cálculo escrito, e não um procedimento de cálculo mental" (Depover et al., p. 31).

Os resultados de uma outra pesquisa, dessa vez realizada em Genebra, mostram igualmente o efeito do contexto sobre as competências mobilizadas. Os alunos tinham de resolver problemas de adição na classe e fora da classe. A análise das produções mostra que as crianças traduziram suas operações em forma de desenhos ou em linguagem natural quando trabalharam fora da classe. Ao contrário, produziram bem mais respostas em forma aritmética quando resolveram o problema na classe. Essa pesquisa mostra, mais uma vez, a dificuldade, para os alunos, de recorrer à escrita matemática aprendida na classe quando estão fora dela. "O lugar em que são apresentadas as situações experimentais não é, portanto, estranho à atividade que a criança põe em prática para elaborar sua resposta. A criança, de acordo com o lugar onde é interrogada, tende a atribuir significações diferentes à pergunta que lhe é feita e a interpretar de forma diferente as expectativas do adulto que pergunta. Mesmo que faça parte do quadro escolar habitual, a tarefa pode mudar de significado para a criança quando é o adulto estranho ao mundo escolar cotidiano que a apresenta fora do quadro habitual" (Perret-Clermont et al., 2000, p. 273).

Essa dificuldade de transferência e de generalização parece afetar prioritariamente as crianças com dificuldades de aprendizagem, e poderia explicar seus resultados quase sempre decepcionantes. A idade parece também desempenhar um papel importante, sendo que as crianças menores apresentam mais problemas de transferência (Lemaire, 1999). Aparentemente, a capacidade de transferência se desenvolve de maneira conexa com as competências metacognitivas das crianças. "Os sujeitos que transferem melhor são aqueles que se distinguem por aptidões vistas classicamente como relacionadas à metacognição. Os 'transferidores' passam mais tempo planejando, analisando e classificando as soluções que pensam em aplicar aos problemas que lhe são passados" (Mendelsohn, in Meirieu e Develay, 1996, p. 16).

Agora que o problema foi exposto claramente, podemos nos perguntar como ajudar os alunos a fazer a transferência de suas aprendizagens. Vários caminhos são possíveis. Antes de tudo, o aprendiz deve ter consciência, em cada aprendizagem, que um saber só tem sentido se puder ser utilizado em diferentes contextos. O trabalho de explicitação e de verbalização do sentido das aprendizagens e de sua utilização em outros contextos além daqueles da sala de aula é essencial. O professor deve pedir aos alunos, por exemplo, que assinalem as semelhanças existentes entre a tarefa de aprendizagem inicial e as diferentes tarefas nas quais a transferência deve se realizar.

O professor cuidará também, quando da própria aprendizagem, de variar ao máximo as situações que permitam a apropriação das noções, possibilitando assim que os alunos construam seu saber em contextos diferentes. Portanto, a preocupação com a transferência não deve unicamente seguir a aprendizagem, mas deve ser integrada à própria dinâmica da aprendizagem. Barth (1993) insiste muito na importância de integrar a questão da transferência diretamente no ensino-aprendizagem. Acreditamos efetivamente que, com muita frequência, o saber é construído "*in vitro*", em proveta: o conhecimento é primeiro "fecundado" no meio muito protegido da classe-laboratório e depois implantado em um outro contexto onde supostamente se desenvolverá. Como assinala Barth, "essa maneira de colocar o problema parece pressupor que o saber é independente de sua utilização, que se aprende primeiro 'o conteúdo' e depois se serve dele. [...] Parece que alimentamos por muito tempo a ilusão de que a transferência de conhecimentos se produz de forma automática, independentemente das condições em que eles são aprendidos. Mas se o saber não é construído de uma maneira ativa desde o início, se não é *compreendido*, mas apenas memorizado como um objeto exposto, não há muita esperança de que possa ser generalizado a outras situações. Ele permanece inerte, ligado a um contexto específico" (Bath, 1993, p. 169).

Consequentemente, o professor proporá aos alunos situações de aprendizagem complexas, ricas, variadas, de maneira a mostrar-lhes logo de início a extensão das situações nas quais o conhecimento pode ser útil. Na verdade, o saber escolar é geralmente tão "fracionado" que o aluno se vê diante de um micro-objetivo que, em si, não tem nenhum sentido. Assim, por exemplo, em análise gramatical, ele sublinha de diferentes cores grupos de palavras durante anos sem nenhuma consciência do interesse do exercício. Ele realiza essas análises gramaticais (busca do sujeito, complementos, análise da natureza das palavras, etc.) sem compreender que esses exercícios lhe permitem redigir textos ou desenvolver suas competências de leitor.

Pode-se pedir aos alunos, por exemplo, quando aprendem as medidas em matemática, que calculem a área de uma figura desenhada em uma ficha, mas também que meçam a sala de aula, seu quarto, a superfície da videira perto da escola ou, ainda, a área de um país a partir da leitura de um mapa. O professor pode igualmente convidar um pai pintor para explicar como calcula a área das paredes e dos tetos que vai pintar, e como procede para comprar a quantidade de tinta necessária. Uma mãe arquiteta poderá falar de seu trabalho explicando a importância das aprendizagens feitas na escola nesse campo. Evidentemente, a tarefa é mais complexa para o professor do que aquela que consiste em passar vários exercícios escritos, fazendo as crianças acreditarem que o cálculo da área consiste em fazer operações estranhas em fichas escolares.

Na verdade, há uma relação estreita entre a transferência e o fato mesmo de aprender: "Realmente, aprender implica a utilização ativa de conhecimentos e de competências adquiridas no passado para compreender o objeto de novas aprendizagens. A aprendizagem consiste em utilizar ou em transferir os antigos conhecimentos para adquirir conhecimentos novos. A transferência não é apenas efeito de uma aprendizagem, mas é parte integrante da própria aprendizagem" (Dias, in Doudin et al., p. 136). Portanto, não existem, de um lado, conhecimentos disponíveis na memória semântica e, de outro, uma capacidade de transferência que seria preciso mobilizar para favorecer a generalização dos saberes. Se os conhecimentos são construídos pelo aluno, de início, em contextos diferentes, sua generalização lhe é consubstancial. Os alunos armazenariam, assim, na memória de longo prazo, não apenas saberes declarativos, mas conhecimentos ligados diretamente aos diferentes contextos de sua utilização[3]. No exemplo anterior do cálculo da área, o aluno disporia da fórmula matemática e, diretamente ligados a ela, contextos nos quais a fórmula foi e pode ser utilizada. Essa maneira de conceber a transferência está em total conformidade com uma representação da inteligência sob a forma de uma rede semântica (cf. item 4.1).

Para favorecer a transferência, as sínteses de aulas ou as discussões são igualmente muito importantes. O professor deveria mostrar, ao final das sequências de ensino-aprendizagem, em que as aprendizagens efetuadas transcendem a tarefa proposta. Os saberes abordados devem ser evidenciados, reconhecidos pelos alunos, nomeados e descontextualizados (Ermel, 1991). Numa classe infantil, o professor poderá, por exemplo, concluir a aula de matemática da seguinte maneira: "Na realidade, jogamos, as crianças e eu, o 'Jogo dos coelhos' e juntamos muitas cenouras; utilizamos um tabuleiro, dados e peões, mas o desafio era outro: aprendemos, por meio dessa atividade, a somar os números até 12. Em que outros contextos vocês poderão, a partir de agora, utilizar essa nova competência?" Assim, toda sequência de ensino-aprendizagem deveria terminar com uma fase de síntese metacognitiva durante a qual o professor ajudaria os alunos a tomar um pouco de altura (tomada de distância "meta") e a indicar as aprendizagens realizadas e sua utilização em outros contextos: "Deve-se agora verbalizar as estratégias que foram adotadas, analisar os erros que foram cometidos e explicar a maneira de evitá-los. A fase seguinte deve conduzir ao princípio de generalização que favorece o "*bridging*" (lançar pontes), ou capacidade de fazer ligações, pontes ("*bridge*"), buscando analogias entre a tarefa realizada, o mundo do trabalho, o das relações familiares e o dia a dia" (Debray, 1989, p. 180).

O desafio para o professor é efetuar um trabalho em quatro tempos: contextualização → descontextualização → recontextualização → generalização.

1. Quando o aluno aborda uma nova tarefa, ele o faz necessariamente em um contexto bem preciso. O novo conhecimento é aprendido e utilizado primeiramente de maneira a tratar uma situação particular. A aprendizagem é local, ligada à situação de origem. Constrói-se no aqui e agora e, portanto, está ligada obrigatoriamente a esse primeiro contexto de utilização. Essa fase de construção do saber é, portanto, muito contextualizada, e o saber é uma ferramenta implícita utilizada a serviço da tarefa a realizar aqui e agora (Ermel, 1991). Por exemplo, numa aula de vocabulário, o aluno realiza em grupo um trabalho de busca de uma definição no dicionário. Em um primeiro momento, a busca no dicionário é associada a essa *contextualização*, isto é, às condições atuais de realização da tarefa (essa classe, hoje, nesse universo físico, com essas pessoas e esse material, etc.). No momento, essa primeira aprendizagem realiza-se em um contexto bem preciso, representado na Figura 5.1 por um quadrado; os outros contextos ainda não foram investidos.

2. A *descontextualização* consistirá em distanciar-se da tarefa efetuada, em desligar-se dela. Inicia-se um procedimento metacognitivo de reconhecimento da competência desenvolvida. Esta é nomeada e considera-se sua utilização fora do contexto de origem. O saber,

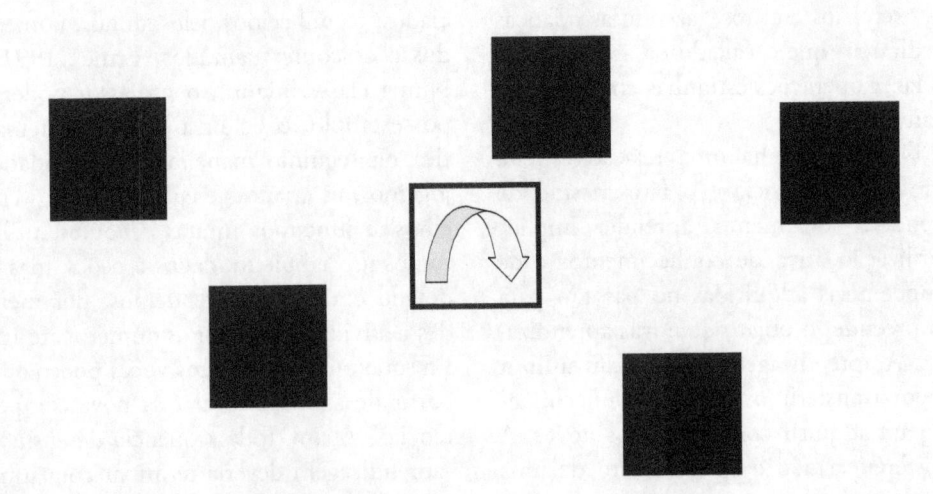

Figura 5.1 Fase de contextualização.

ferramenta implícita na fase de construção-contextualização, torna-se aqui uma ferramenta explícita sobre a qual o professor e os alunos se interrogam (Ermel, 1991). Podemos destacar mais uma vez a importância da projeção – que permite, no início de uma aula ou de um tema, compreender o que se vai aprender – e da síntese metacognitiva – que, *a posteriori*, permite compreender o que se aprendeu. Feuerstein (1990) aconselha a jamais começar um trabalho "antes de ter explicado como ele se situa, quais são seus objetivos, em que ele está ligado àquilo que já se fez e como ele prepara o que se vai fazer, quais são os meios colocados a serviço desses objetivos, como se fará o trabalho, para que serve, etc." (p. 102).

Esses dois tempos metacognitivos, antes e depois de uma sequência de ensino-aprendizagem, favorecerão a transferência. "É essa descontextualização que permite dar ao novo saber um real estatuto de conhecimento autônomo – não ligado de maneira única à situação que serviu para introduzi-lo –, nomeado, reconhecível e, portanto, espera-se que esteja disponível e mobilizável toda vez que o aluno tiver necessidade dele (Ermel, 1991, p. 42). Em nosso exemplo, trata-se de possibilitar à criança, o mais rápido possível, compreender que a leitura de uma definição vai além do exercício efetuado aqui e agora – com sua colega Julie e seu companheiro Bernard – no âmbito desse trabalho de grupo. O professor favorecerá a descontextualização, seja realizando um novo trabalho de leitura de definições em diferentes contextos significantes, seja promovendo uma discussão metacognitiva onde se destaca o interesse do exercício realizado e se permite identificar os diferentes contextos de mobilização dessa nova competência ("*bridging*").

3. O professor verificará se os alunos já são capazes de efetuar uma *recontextualização*: trata-se de exercitar, fora do

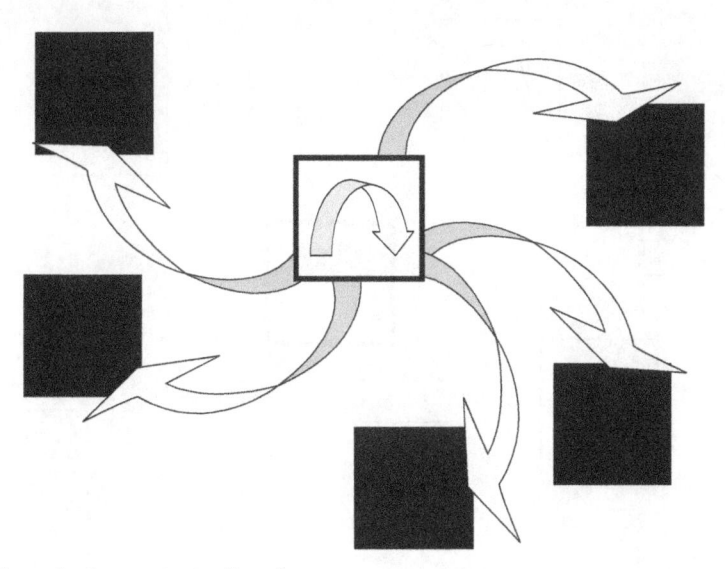

Figura 5.2 Fase de descontextualização.

contexto inicial, a competência aprendida. O professor dará ao aluno oportunidade de mobilizar suas competências em situações variadas. Assim, vai organizar agora uma fase de treinamento, de domínio da competência e de reinvestimento em contextos variados. Essa etapa permite uma autonomia da competência em relação ao contexto de origem. As aprendizagens dos alunos mostram-se funcionais em numerosos contextos mais ou menos próximos dos contextos de origem. Por exemplo, o professor estimulará seus alunos a utilizarem o dicionário quando da leitura de textos, da preparação de um ditado, da composição escrita, de um trabalho no ambiente etc. Como se pode ver na Figura 5.3, os contextos (quadrados) são mais ou menos próximos do contexto de aprendizagem de origem.

4. A última etapa é a da *generalização* e, portanto, da autonomia: depois que a transferência se "generaliza" para a maior parte – ou mesmo para o conjunto – das situações nas quais a competência deve ser mobilizada, o aluno disporá de uma real competência. A generalização corresponde, portanto, à capacidade de utilizar as aprendizagens realizadas em qualquer situação que assim exigir; corresponde, então, idealmente, a uma capacidade de transferência intradomínio e interdomínio, próxima e distante, de nível 1 ou 2, vertical e horizontal, "atrás" e "adiante", por baixo e pelo alto. "O aluno pode agora recorrer sozinho, sem que tenha sido solicitado, a um saber que ele próprio pode identificar, nomear; o saber é mobilizável em contextos diferentes daquele que serviu para introduzi-lo e para dar-lhe sentido (recontextualização). Tornou-se, ao mesmo tempo, objeto e ferramenta explícitos" (Ermel, 1991, p. 45).

Em nosso exemplo, o professor poderá controlar, sem advertir os alunos, se eles recorrem espontaneamente ao dicionário para compreender uma palavra difícil ao realizarem seu próximo

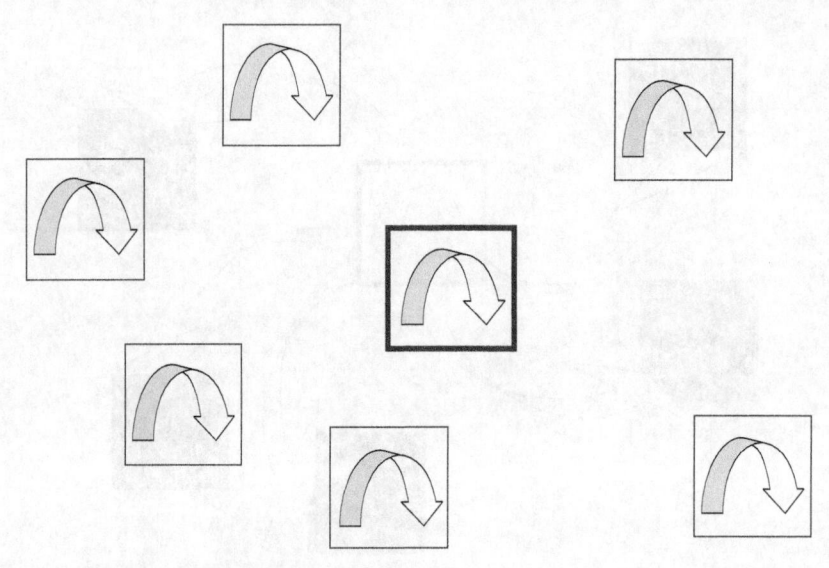

Figura 5.3 Fase de recontextualização.

estudo de texto. Se isso ocorrer, o professor poderá concluir que os alunos compreenderam a importância da tarefa efetuada durante a aula de vocabulário, e que agora são capazes de utilizar o dicionário em um contexto (aqui ainda próximo) diferente daquele em que se realizou a aprendizagem. Se for audacioso – ou muito confiante! – perguntará aos pais dos alunos se os filhos se precipitam sobre o dicionário, em casa, quando não compreendem uma palavra (transferência distante).

Na Figura 5.4, o aluno é agora capaz de se indagar sobre os contextos de mobilização da competência desenvolvida (?) e de reconhecer as situações que requerem a mobilização da competência (!). Essa fase de *generalização* nunca é totalmente acabada, pois o aluno se vê constantemente confrontado com novas tarefas que ele deve interrogar em contextos sempre novos.

Para resumir este importante capítulo, apresentamos a seguir, em síntese, os procedimentos que favorecem a transferência e a generalização das aprendizagens:

Pela objetivação:

– encorajar os alunos a verbalizarem os desafios das aprendizagens realizadas;
– explicitar as relações que existem entre as aprendizagens realizadas;
– identificar explicitamente os diversos contextos em que a competência pode ser mobilizada;
– organizar, antes da sequência de ensino-aprendizagem, uma projeção metacognitiva e, após a sequência, uma síntese metacognitiva (transferência pelo alto);
– encorajar o aluno a se indagar sobre seus conhecimentos e suas competências antes de começar uma tarefa (transferência "atrás");
– efetuar o máximo de ligações: entre as diversas disciplinas escolares; entre as aprendizagens feitas em aula e a vida cotidiana; entre os interesses das crianças e os planos de estudos; entre os ob-

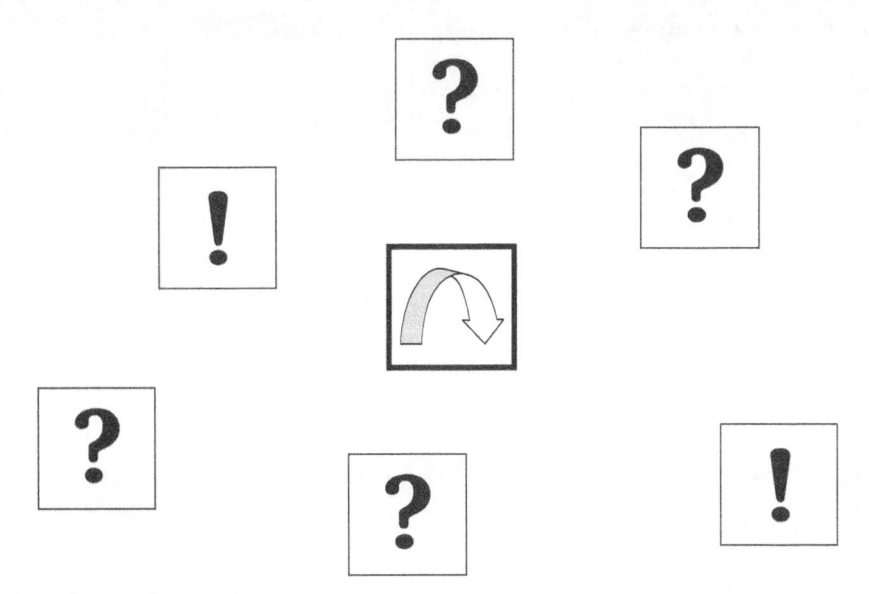

Figura 5.4 Fase de generalização.

jetivos perseguidos e as profissões dos pais, etc.;
- analisar as semelhanças e as diferenças de estruturas, comparando-as com os dados de superfície;
- direcionar a atenção do aluno para os dados de base, estruturais (por exemplo, reconhecer um problema de matemática), e não para os dados aparentes ou de superfície (por exemplo, as operações a efetuar);
- verificar a compreensão dos alunos, não apenas do conhecimento desenvolvido, mas de sua utilização (conhecimentos declarativos ou procedurais e condicionais);
- trabalhar com o aluno a noção de transferência e sua importância na escola;
- em todos os casos, favorecer "o explícito" pela objetivação.

Pela apresentação de contextos de aprendizagem variados:

- a partir de um mesmo objetivo, apresentar situações numerosas e variar os contextos de aprendizagem;
- variar as situações e dar muitos exemplos e contraexemplos no próprio momento da aprendizagem;
- apresentar tarefas complexas, globais, reais, ricas e situações-problema próximas da vida cotidiana, que tornem o aluno ativo;
- favorecer as interações que incitam os alunos a justificar seus conhecimentos, discuti-los, confrontá-los, matizá-los e exemplificá-los.

Para concluir, gostaríamos de enfatizar mais uma vez a questão fundamental da transferência das aprendizagens no trabalho dos professores. Com esta questão, tocamos na própria razão de ser da escola: permitir aos alunos utilizar fora da sala de aula, de maneira autônoma e responsável, as aprendizagens realizadas. "Que ironia se a Escola formasse apenas para aquilo que possibilita ter êxito na escola, e que energia despendida inutilmente se a formação permanente só conseguisse construir habilidades provisórias para resolver bem os exercícios que ela própria apresenta!" (Meirieu, 1996).

Notas

1 Bosson (2008), em uma revista de literatura, distingue ainda outros tipos de transferência:

- transferência específica: as tarefas de aprendizagem e de transferência pertencem ao mesmo domínio;
- transferência geral: as tarefas de treinamento se aplicam a vários domínios de conhecimento;
- transferência *low road*: transferência espontânea e automática de um conhecimento;
- transferência *high road*: necessita abstrair conscientemente um conhecimento de seu contexto (descontextualização);
- transferência positiva: uma situação anterior facilita a aprendizagem ou a resolução de um problema;
- transferência negativa: a transferência torna mais difícil a resolução da nova tarefa.

2 Em Valais, os alunos da 4ª e da 6ª séries do primário devem passar por exames cantonais no final do ano, preparados pelo Departamento da Educação, Cultura e Esporte (DECS).

3 Mendelsohn (1996) faz uma síntese bastante interessante dessa problemática na obra coletiva de Meirieu e Develay (1996), *Le transfert de connaissances en formation initiale et en formation continue*, Lyon, CRDP.

6

Avaliação dos processos cognitivos e metacognitivos

Os últimos capítulos da parte teórica desta obra serão dedicados à avaliação, à aprendizagem e ao ensino de processos cognitivos e metacognitivos. Expusemos até aqui as bases teóricas que permitem compreender o funcionamento cognitivo. No âmbito da ajuda aos alunos em dificuldade, a avaliação desempenha, evidentemente, um papel determinante. Sem uma análise profunda das dificuldades da criança, o professor não saberá como oferecer uma ajuda dirigida às suas dificuldades que seja específica e eficaz. O objetivo da avaliação é, sobretudo, recolher informações referentes aos processos mentais, aos procedimentos e às estratégias utilizados pelo aluno. É realmente indispensável compreender quais são as estratégias empregadas pelo aluno para explicar seus recursos e suas dificuldades.

Nesse sentido, a análise de uma tarefa bem-sucedida é tão interessante quanto a de uma tarefa fracassada. O que nos interessa aqui não é o acerto da resposta, mas sim as estratégias e os procedimentos utilizados pelo aluno. A resposta certa e o erro do aluno tornam-se, assim, muito interessantes para o professor, pois ajudam a compreender melhor as representações que o aluno faz para si mesmo da tarefa e das estratégias que utilizou para sua realização. "A interpretação incidirá mais sobre o caráter da estratégia ou do procedimento seguido pelo aluno do que sobre a correção do resultado a que ele chegou. Será preferível constatar que o aluno está elaborando uma estratégia promissora, capaz de levá-lo a uma compreensão real das propriedades da tarefa em questão do que perceber que ele deu uma resposta 'correta' com base em um procedimento duvidoso" (Allal, 1994, p. 53).

O objetivo perseguido pela avaliação – tal como se propõe neste capítulo – é analisar as respostas dos alunos tentando "reconstituir os procedimentos que eles empregaram para chegar a essas respostas. A experiência da formação mostra que essa descrição está longe de ser espontânea. Compreender o resultado de um simples cálculo reconstruindo o procedimento que o gerou permite reexaminar a sequência de ações ao longo das quais o erro pode ter ocorrido" (Brun, 1999, p. 7).

Vamos então nos deter agora nas diferentes maneiras de avaliar o funcionamento cognitivo de nossos alunos. "Como efetivamente ter acesso ao âmbito privado da atividade mental onde se desenvolvem os processos adotados para aprender?" (Rime, 1994). Apresentaremos primeiramente os questionários, depois as observações e, por último, os procedimentos de entrevistas, reservando um lugar particular à entrevista de explicitação de Pierre Vermersch (1994, 1997).

6.1 QUESTIONÁRIOS

Existem diferentes tipos de questionários que apresentam, todos eles, certas vantagens particulares, mas também dificuldades próprias. Por exemplo, os questionários de múltipla escolha (QME) são fáceis de completar e rapidamente analisados, mas tendem a induzir as respostas dos alunos e não permitem se desviar das afirmações propostas. O aluno pode ter utilizado uma estratégia diferente das sugestões do questionário, mas mesmo assim tem de escolher uma resposta. Quanto às questões abertas, elas permitem contornar essa dificuldade, mas são longas e difíceis de analisar.

O principal limite dos questionários refere-se ao fato de que o aluno relata ao professor o que ele quer – ou "pode" – relatar. Em geral, tenderá a expor a estratégia ideal, e não aquela que efetivamente se utilizou. Por exemplo, quando tem que concordar o verbo da frase, ele dirá que busca o sujeito fazendo as perguntas: "De quem se trata? Quem é que...?", ao passo que, na ação efetiva, ele sublinha as primeiras palavras da frase.

Para contornar essa dificuldade, o professor poderá propor ao aluno que preencha o questionário no momento mesmo em que realiza a atividade ou imediatamente após a tarefa. Se preencher o questionário durante a tarefa ou logo depois, o aluno terá mais facilidade de expor seu procedimento de maneira detalhada e de descrever com precisão as diferentes etapas realizadas do que se tiver de fazer no dia seguinte ou muitos dias depois.

Mencionemos, como exemplos, os numerosos questionários, inspirados principalmente na gestão mental, que propõem determinar se o aluno é visual ou auditivo (p. ex., Lafontaine e Lessoil, 1995; Chevalier, 1995). Na maioria desses questionários, o sujeito deve responder de maneira positiva ou negativa a perguntas – que podem estar muito distantes do contexto escolar –, permitindo determinar se a atitude do aluno decorre mais de um tratamento visual ou auditivo da informação. Eis alguns exemplos de itens utilizados:

– Quando assiste à televisão, você faz comentários?
– Quando lhe explicam o caminho a seguir, você precisa de um mapa?
– Você tem tendência a passar muito rápido à ação?
– Diante de uma fogueira, você gosta de:
  • observar as chamas
  • sentir o calor do fogo
  • ouvir o crepitar da lenha
– Para reter a ortografia de uma palavra:
  • você a visualiza na sua cabeça
  • você a escreve
  • você a verbaliza ou a pronuncia
– Se você tem de calcular 19 + 5:
  • você visualiza a operação feita na sua cabeça
  • você conta nos dedos
  • você diz para si mesmo "19, 20, 21..."

O aluno que tem necessidade de um mapa para seguir um caminho ou que "visualiza" na cabeça a ortografia de uma palavra será considerado mais visual. Ao contrário, o aluno que comenta em voz alta os programas de televisão ou que recita a sequência numérica manifesta uma tendência auditiva.

Outros questionários são dirigidos a uma disciplina ou a uma tarefa particular. Por exemplo, se o professor deseja avaliar as estratégias de aprendizagem das lições, poderá fazer perguntas do tipo:

- Quando estudo uma lição:
  - eu a recopio
  - eu a leio várias vezes
  - eu faço um resumo dela
  - eu utilizo outra estratégia
- Entre essas lições, as que aprendo mais facilmente são:
  - os nomes das cidades em um mapa geográfico
  - uma lição de história sobre a pré-história
  - a conjugação dos verbos
  - uma poesia
- Como você verifica que já domina a lição?
  - recito a lição para os meus pais
  - preparo um pequeno teste para mim
  - nunca verifico
  - outros

Ainda que esse tipo de questionário possa ser um bom suporte de entrevista, achamos que é um pouco ingênuo pensar que, destacando uma dezena de itens, será possível determinar o estilo cognitivo de um aluno. De maneira geral, acreditamos que é sempre preferível fazer uma entrevista com o aluno para tentar compreender suas estratégias. Os questionários podem, então, constituir um bom suporte de entrevista.

6.2 OBSERVAÇÕES

Em comparação com os questionários, a observação tem a vantagem de uma maior objetividade. Os fatos não mentem, ao contrário das respostas do aluno que, mesmo não querendo nos enganar, deseja muitas vezes nos satisfazer dando-nos as respostas "certas". Como destaca Rime (1994), "observar consiste em demarcar indicadores comportamentais ou fisiológicos que sejam reveladores de uma atividade mental" (p. 38). Quando, por exemplo, o professor observa várias vezes um aluno que inicia sua atividade pegando o lápis e escrevendo, ele pode, objetivamente, lançar a hipótese de que esse aluno não lê os enunciados antes de fazer os exercícios. A observação do aluno enquanto ele efetua uma tarefa pode ser então, em certas circunstâncias, uma fonte confiável dos procedimentos que utiliza.

Os indicadores que podem orientar a observação são os seguintes:

- a escrita: o aluno escreve de imediato, usa a borracha, corrige, faz pausas, escreve por cima, etc.
- os gestos: o aluno rabisca, brinca com a borracha, coça os olhos, as orelhas etc.
- o rosto: ele entrefecha os olhos, morde os lábios, faz uma careta, etc.
- o olhar: ele faz movimentos oculares, para cima, para baixo, à direita, à esquerda, etc.[1]
- a respiração: alta, rápida, profunda, suspiros, etc.
- o corpo: observar os gestos, a postura, a tonicidade, etc.
- a linguagem: sussurra, discute, fala baixinho, faz perguntas, etc.

Assim, a mera observação possibilita às vezes compreender a estratégia da criança. Por exemplo, quando o professor observa uma criança contando nos dedos para calcular 5 + 3, fazendo 5 + 1 + 1 + 1, ele pode deduzir que ela recita a sequência a partir do 5. Ao contrário, se a criança calcula mentalmente e dá a resposta, o professor não saberá se ela, por exemplo, contou na sequência ou se recuperou na memória a resposta decorada previamente. Nesse caso, é melhor complementar a observação com uma entrevista com a criança.

O professor poderá então observar o aluno também com... suas orelhas. De fato, os alunos, principalmente os pequenos, costumam pensar em voz alta quando trabalham. Em geral, verbalizam as estratégias que estão utilizando. O professor tem, assim, acesso diretamente ao procedimento adotado. Portanto, a fonte é dupla: de um lado, o professor pode observar as ações efetivas realizadas pela criança e, de outro, ouvir os comentários que ela faz sobre o procedimento. Se os alunos trabalham em dupla ou em grupo, a discussão também oferece a oportunidade de avaliar os procedimentos efetuados (Allal, 1994).

A observação pode ser informal, não instrumentada, interativa, mas pode igualmente ser feita com a ajuda de grades de observação. A vantagem da grade é que ela permite ampliar sua observação e estar atento a aspectos que não teríamos avaliado espontaneamente. Apresentamos no Anexo 2 uma grade – elaborada por nós e por alguns colegas – que permite avaliar a atitude do aluno diante da tarefa distinguindo as três fases do funcionamento cognitivo: antes do exercício (*input*), durante a realização (tratamento da informação) e após a tarefa (*output*). A divisão em três fases, embora na realidade seja um pouco artificial, facilita a observação das dificuldades e sua localização em uma das três fases, e ajuda a pensar na remediação. Outros documentos de avaliação serão propostos no Capítulo 9, ao apresentarmos o trabalho realizado com um grupo de professores especializados de Valais.

O professor pode ainda criar "artificialmente" uma situação de avaliação particular quando deseja fazer uma observação mais específica. Ele poderá propor à criança, por exemplo, um jogo ou um exercício no computador, se quiser comparar os procedimentos e estratégias mobilizados na situação escolar com aqueles utilizados em atividades mais lúdicas.

Finalmente, a observação do próprio produto ajuda às vezes a compreender o procedimento do aluno. Se, por exemplo, o aluno sublinhou em verde, em um exercício de gramática, o complemento verbal, o professor pode sugerir a hipótese de que ele confundiu o complemento nominal e o complemento verbal. Contudo, ao se analisar um produto, há sempre o risco de superinterpretar o resultado e de tirar conclusões apressadas sobre os processos utilizados. No fim das contas, só o aluno sabe que procedimento utilizou e só uma entrevista com ele possibilitará ao professor confirmar ou não sua hipótese.

6.3 ENTREVISTAS

A entrevista é, provavelmente, a técnica de avaliação mais confiável e a mais adequada para conhecer os recursos e as dificuldades cognitivas e metacognitivas do aluno. As perguntas feitas pelo professor serão destinadas a evidenciar os procedimentos e estratégias utilizados. A entrevista será obrigatoriamente individual – mesmo em um contexto coletivo –, pois se trata de saber quais estratégias cada aluno utiliza ao realizar uma tarefa. O que interessa ao professor são, na verdade, os processos que Julien ou Maria põem em prática em uma situação de aprendizagem específica.

A entrevista poderá focalizar dois aspectos diferentes e complementares: de um lado, os conhecimentos metacognitivos que o aluno possui e, de outro, as estratégias que ele realmente põe em prática ao realizar a tarefa. A avaliação dos conhecimentos metacognitivos é relativamente simples. Basta perguntar ao aluno o que ele sabe da tarefa, de suas estratégias, de suas competências e das dificuldades que sente ao realizar uma atividade cognitiva. Em leitura, por exemplo, o professor poderá fazer as seguintes perguntas: "Quais são, para você, as competências de um bom leitor? Como você procede quando realiza um estudo de texto? Quais são suas dificuldades quando tem de ler um texto narrativo (ou um documento, ou um texto obrigatório)? O que você sabe sobre seus recursos e sobre suas dificuldades em leitura? Você gosta de ler? Por quê? Qual é a diferença entre uma leitura oral e uma leitura silenciosa?".

A avaliação das estratégias empregadas, ao contrário, é mais complexa. Como avaliar com precisão os processos mentais utilizados pelo aluno? "Um primeiro problema é o da acessibilidade: quando nosso comportamento se torna automatizado, já não temos muita consciência do que fazemos em uma tarefa para ser capazes de explicar isso a um entrevistador. [...] Um segundo problema é o da memória. Quando se pede a um sujeito que relate seu comportamento cognitivo em uma tarefa realizada há muito tempo, é bem possível que ele não se lembre mais" (Giasson, in Doudin et al., 2001). Felizmente, essas duas dificuldades podem ser superadas mediante a técnica da *entrevista de explicitação* proposta por Vermersch (1994, 1997). Apresentaremos essa abordagem mais adiante, mas já podemos dar respostas a essas duas dificuldades.

Antes de tudo, é evidente que o aluno terá muita dificuldade de responder à pergunta: "Quais são os processos cognitivos e metacognitivos que você busca em seu processador central de tratamento da informação quando tem de utilizar seus *inputs* sensoriais e depois expressar uma resposta na fase de *output* e transmiti-la ao seu ambiente imediato? Se você pudesse ainda me falar um pouco sobre a utilização de seus conhecimentos declarativos, procedurais e condicionais, isso me daria um enorme prazer...". Como assinala Giasson, a acessibilidade direta ao nosso funcionamento mental não é evidente. A intuição genial de Vermersch está justamente em focalizar a atenção no aluno, não nos processos em si, mas no desenrolar da ação. Portanto, a entrevista de explicitação não enfrenta diretamente a questão dos processos, mas permite à criança descrever simplesmente o que fez ao realizar a tarefa. Será melhor então substituir a pergunta enunciada acima por: "Se você estiver de acordo, explique-me como procedeu quando começou seu trabalho. É mesmo? Você primeiro leu o enunciado? Está certo. E você pode me explicar o que diz esse enunciado? E depois, o que você fez?". Essas perguntas – e é essa a inspiração genial de Vermersch – referem-se ao procedimento efetivo realizado pela criança, não aos processos mentais em si. Depois que o aluno desenrolar – como em um filme rebobinado – as ações efetivas que realizou, o professor compreenderá melhor as estratégias e processos mobilizados. Como ressalta o autor, "a ação é uma fonte privilegiada de informação sobre os aspectos funcionais da cognição" (1994, p. 32).

A segunda dificuldade enunciada por Giasson (op. cit.) também pode ser solucionada mediante o procedimento da entrevista de explicitação. Se o aluno não se lembra mais de seu comportamento cognitivo quando realizou a tarefa, o professor o ajudará a encontrar uma "posição de palavra encarnada", isso é, pedirá ao aluno que se reporte mentalmente à situação de realização da tarefa: "Não, Philippe, não estou lhe perguntando como você prepararia idealmente um ditado, mas como você fez ontem à noite ao prepará-lo. Onde você estava? No seu quarto, certo. Mas, onde exatamente? E como procedeu?"

Naturalmente, é mais fácil entrevistar o aluno logo depois da realização da tarefa. Quanto mais próxima do momento da realização do exercício for a entrevista, mais fácil será o acesso às estratégias utilizadas. Pode-se até imaginar às vezes que o professor peça ao aluno para comentar o que está fazendo e dizer em voz alta o que está pensando durante a própria atividade. Mas aqui há o risco de o comentário imediato interferir nos processos utilizados e falsear a avaliação. "Tendo de falar em voz alta durante a tarefa, o sujeito pode realizá-la de um modo diferente do que faria sem a utilização dos protocolos verbais. Por exemplo, pelo fato de ter de verbalizar, o sujeito pode prestar mais atenção ao que está fazendo ou, ao contrário, pode alocar menos recursos cognitivos à tarefa, na medida em que deve alocá-los à verbalização." (Lemaire, 1999)

Para esse autor, citando os trabalhos de Ericsson e Simon, três condições são necessárias para garantir uma validade suficiente à análise dos protocolos verbais:

– pedir ao sujeito para verbalizar seu procedimento ao mesmo tempo em que realiza a tarefa;
– pedir ao sujeito para dizer o que está pensando no momento de realizar a tarefa, e não por que está fazendo dessa maneira;
– visto que a informação a ser verbalizada deve estar na memória de trabalho, o método dos protocolos verbais "não pode ser utilizado para atividades realizadas muito rapidamente ou para atividades realizadas muito lentamente" (Lemaire, 1999, p. 287).

A utilização de entrevistas constitui, portanto, uma abordagem muito interessante na avaliação de processos cognitivos e metacognitivos. Ela complementa bem as duas técnicas apresentadas anteriormente, mas é um pouco difícil de realizar e exige uma aprendizagem. Apresentaremos agora a técnica da entrevista de explicitação, que nos parece a mais interessante entre as numerosas técnicas de entrevista conhecidas.

6.4 ENTREVISTA DE EXPLICITAÇÃO

Vamos expor um pouco mais longamente essa técnica de entrevista, porque, como acabamos de dizer, ela nos parece muito bem adaptada à análise de processos cognitivos e metacognitivos. Essa abordagem de questionamento foi desenvolvida por Vermersch (1994, 1997). Ela visa a facilitar a descrição, *a posteriori*, do desenrolar das ações efetivas ou cognitivas postas em prática pelo sujeito quando realiza uma tarefa. Trata-se assim, para o professor, de ajudar o aluno a verbalizar a vivência de sua ação após a realização efetiva da tarefa. Essa verbalização é feita a partir de uma ação real e específica (p. ex., a ficha ou o exercício realizado) cujo desenrolar será submetido a análise. A entrevista de explicitação não visa, portanto, a avaliar os saberes, a imaginação ou as emoções do aluno, mas o desenrolar da ação realizada pelo sujeito. O entrevistado deve se encontrar então em *posição de palavra encarnada*, isto é, ele se expressará sobre o que realmente fez, e não sobre o que deveria ter feito.

Para Vermersch, a compreensão e a análise do desenrolar da ação podem se efetuar de três maneiras:

1. Pelos observáveis: correspondem aos comportamentos do aluno. Vimos acima que os observáveis podiam trazer certas informações importantes, mas não garantiam uma interpretação confiável dos processos realmente utilizados pelo aluno.
2. Pelos traços: são índices materiais (os rascunhos, as respostas, etc.); eles supõem necessariamente uma interpretação e, portanto, também estão sujeitos a hipóteses errôneas.
3. Pelas verbalizações: são às vezes a única fonte de informações disponível: é nesse nível que se opera a entrevista de explicitação.

A especificidade da entrevista de explicitação consiste, portanto, em visar a verbalização das ações do aluno. Quando o professor ouve uma criança, a maior dificuldade, evidenciada pela entrevista não diretiva de Rogers, é estar verdadeiramente à escuta da criança, e não induzir a resposta dela. De fato, não é raro perceber a surdez do adulto ao que o aluno diz. O professor faz uma filtragem permanente do conteúdo da verbalização em função das respostas dadas comumente pelos alunos. Por exemplo, quando a criança esquece de colocar "–am" no final do verbo da frase, o professor supõe geralmente que ela se esqueceu de verificar o sujeito. Porém, é possível que o motivo do erro seja bem distinto (p. ex., o aluno não reconheceu o verbo).

Na técnica proposta aqui, o objetivo é ajudar o aluno a formular em sua própria linguagem o conteúdo e o desenrolar de suas ações. Esse trabalho de explicitação de seu pensamento privado possibilitará ao professor e ao aluno compreender melhor o procedimento utilizado e a remediação necessária. A entrevista de explicitação persegue três objetivos principais:

– Ajudar o professor a se informar: a avaliação precisa do procedimento utilizado pelo aluno permitirá ao professor desenvolver uma ação pedagógica mais adaptada. Quando o professor compreende a maneira como o aluno realizou sua tarefa, ele pode oferecer-lhe uma ajuda dirigida às suas dificuldades.
– Ajudar o aluno a se autoinformar: pela entrevista de explicitação, o aluno toma consciência do fato de que utilizou um procedimento para realizar sua tarefa, e que é possível conhecê-lo e compartilhá-lo pela palavra; ele pode notar ainda que seu procedimento não é o mesmo que o dos outros, que às vezes é fonte de erros, mas que pode ser aperfeiçoado.
– Ensinar o aluno a se autoinformar: esse objetivo refere-se ao funcionamento cognitivo e ao conceito de aprender a aprender. Fazendo mais entrevistas de explicitação e conhecendo cada vez melhor as estratégias que utiliza, o aluno desenvolve uma capacidade metacognitiva importante.

Diversos princípios importantes devem ser respeitados para realizar corretamente uma entrevista de explicitação. É preciso, antes de tudo, canalizar a verbalização para a vivência da ação efetiva. A verbalização consiste em descrever a sucessão das ações que o sujeito realiza para atingir seu objetivo. Ela é sempre orientada pela tarefa concreta e pelos aspectos da vivência. No trabalho de explicitação, é a ação que é valorizada como a fonte de informações prioritária. Portanto, a verbalização é descritiva. É preciso se informar dos detalhes das ações efetivas, de seu encadeamento, de sua sucessão, da articulação entre a tomada de informações e as operações de realização. As ações podem ser de dominante mental ("Li o enunciado e me dizia que tinha de grifar os verbos em vermelho, depois procurei o verbo da frase, etc.") ou material ("Joguei o dado, depois, avancei o peão etc."). O que é mais admirável nesse tipo de entrevista é que, a partir de simples informações sobre o desenrolar da ação, é possível fazer inferências muito seguras sobre as estratégias utilizadas e sobre os objetivos efetivos perseguidos.

Uma das condições essenciais do questionamento de explicitação é, portanto, que se refira a uma tarefa real que o sujeito acaba de realizar. O professor procurará então encorajar o aluno a descrever o procedimento que utilizou para resolver uma tarefa que realizou antes. Quando a entrevista não aborda diretamente a situação de referência, ela só oferece, na maioria das vezes, informações imprecisas, genéricas, frequentemente muito pobres. Uma das condições fundamentais para conduzir bem uma entrevista de explicitação é que o entrevistado esteja em uma posição de palavra encarnada.

Uma vez exposto o quadro geral da entrevista de explicitação, vamos agora mostrar seu interesse apresentando uma situação concreta:

Sandrine é uma aluna da 3ª série do primário que manifesta dificuldades globais. Nas primeiras aulas de apoio, propusemos uma série de pequenos exercícios que ela faz primeiramente sozinha e que depois analisamos por meio de pequenas entrevistas de explicitação. Nessa primeira fase de avaliação diagnóstica, procuramos compreender como Sandrine aborda os exercícios e qual é sua atitude diante da tarefa. No exemplo apresentado abaixo, efetuamos nossa avaliação em três tempos: primeiro, fazemos uma observação da aluna enquanto ela realiza o exercício; em seguida, analisamos o produto (isto é, as respostas dadas pela aluna na sua ficha); por último, fazemos uma pequena entrevista de explicitação.

Eis um dos exercícios que passamos à aluna[2].

Temos uma lista de verbos:

encolher	*crescer*	*alargar*	*cortar*
colar	*soldar*	*serrar*	*inchar*
desinchar	*reduzir*	*aumentar*	*adicionar*
subtrair	*diminuir*	*engordar*	*emagrecer*

Se o verbo faz você pensar em: ficar maior, mais gordo, mais alto, desenhe ao lado do verbo uma flecha apontada para cima.

Se o verbo faz você pensar em: ficar menor, menos gordo, menos alto, desenhe ao lado do verbo uma flecha apontada para baixo.

Se você não compreende o verbo, desenhe um círculo preto.

Durante o trabalho da aluna, utilizamos a grade de Avaliação da atitude diante da tarefa (Anexo 2) para observá-la. Essa primeira avaliação já nos permite fazer algumas observações. Constatamos, por exemplo, que Sandrine se prepara sem demora para começar a tarefa. Dá um tempo, antes de iniciar o trabalho escrito, para ler o enunciado. Efetua esse exercício calmamente. E conclui a tarefa sem se deixar distrair.

Quando Sandrine termina o trabalho, entrega-nos a ficha, que analisamos rapida-

mente. Reproduzimos aqui apenas a lista de verbos e as respostas dadas por Sandrine (as flechas e os círculos são desenhados com lápis preto pela aluna, mas a ponta de algumas flechas é colorida com lápis verde; indicamos essas últimas com flechas diferentes ⇑).

Eis as respostas dadas pela aluna:

encolher ⇑   crescer ↑   alargar ↑   cortar •
colar •   soldar •   serrar •   inchar ⇑
desinchar ⇑   reduzir •   aumentar ↑   adicionar •
subtrair ⇑   diminuir ↑   engordar ↑   emagrecer ⇑

A análise do produto nos deixa em dúvida. A aluna indica • ao lado de verbos realmente difíceis, como "soldar" ou "reduzir", mas sinaliza igualmente com esse • que não conhece os verbos "colar" ou "cortar", o que nos surpreende bastante. Além disso, desenha apenas flechas apontadas para cima.

Como se pode constatar, a análise de suas respostas não permite emitir hipóteses verossímeis quanto ao procedimento utilizado pela aluna. Talvez pudéssemos pensar que ela não entendeu nada do exercício, ou que o fez de qualquer jeito, mas o empenho com que trabalhou nos instiga a buscar uma resposta mais plausível. Fazemos então uma pequena entrevista com Sandrine³:

Professor (P): Se você estiver de acordo, vou lhe fazer algumas perguntas sobre sua maneira de realizar esse exercício. Você concorda?

Sandrine (S): Sim.

P: Você pode me explicar o que fez ao começar o trabalho? Bem no início, quando lhe dei a folha.

S: Eu li o exercício.

P: Você leu o exercício? Mostre-me exatamente o que você leu.

Sandrine nos mostra os verbos, depois as instruções que se seguem.

P: Você leu as palavras e depois leu as linhas que estão abaixo?

Sandrine confirma com a cabeça.

P: E depois, quando terminou de ler, o que você fez?

S: Depois reli os verbos e desenhei os • e os ⇑ (ela nos mostra com o dedo).

P: Por qual verbo você começou?

S: Comecei com aquele (mostra o primeiro verbo, "encolher").

P: Vejo que você desenhou uma flecha ao lado do verbo. Você pode me explicar?

S: "Encolher", isso quer dizer ficar menor, então eu desenhei a flecha.

Aqui, não acompanhamos o raciocínio da aluna: para respeitar o enunciado, ela deveria ter desenhado uma flecha apontada para baixo.

P: Não entendi. Você pode me explicar como decidiu desenhar essa flecha?

S: Desenhei uma flecha com o verde em cima. Eles pediam isso no enunciado.

P: Se eu compreendi bem, você desenhou com o lápis verde porque o verbo queria dizer ficar menor.

S: Sim, estava marcado isso no enunciado.

*A aluna nos mostra no exercício a passagem que especifica "vers le haut" [para cima]. Compreendemos então que Sandrine, ao ler "vers le haut" [para cima] entendeu "**vert** le haut" [**verde** em cima]!*

Relemos o exercício com essa nova chave de leitura e constatamos que a aluna fez um trabalho perfeito: as flechas coloridas com "verde em cima" designam efetivamente os verbos que fazem pensar em "ficar maior, mais gordo, mais alto", como pede o enunciado! Sem essa pequena entrevista, teríamos sido incapazes de compreender o procedimento utilizado por Sandrine. Nossa remediação talvez consistisse em reler atentamente o enunciado com ela, embora sua dificuldade decorresse apenas da confusão entre os dois homófonos "vers" e "vert".

Como os erros do • ainda não foram elucidados, prosseguimos a entrevista:

P: Certo, Sandrine, já compreendi como você fez para desenhar as flechas. Você pode me explicar agora como procedeu para os círculos? Por qual você começou?

> S: Comecei por "cola". Pus um círculo. "Cola" não é um verbo.
> P: "Cola" não é um verbo?
> S: No enunciado dizem para pôr um círculo se não for um verbo.
> (...)
>
> *Prosseguimos o diálogo sobre os outros círculos. Este confirma o procedimento apresentado aqui por Sandrine.*
> *A dificuldade que a aluna manifesta nesta segunda parte do exercício, portanto, é dupla. Em primeiro lugar, Sandrine não compreendeu o enunciado: ela acha que deve colocar um círculo ao lado das palavras que não são verbos, enquanto o enunciado pede que coloque um círculo se não conhecer o verbo. Em segundo lugar, Sandrine não decifra corretamente a palavra "colar", e lê "cola" – que, de fato, pode não ser um verbo.*

Esse exemplo emblemático suscita vários comentários:

- a observação da aluna durante a tarefa permitiu lançar algumas hipóteses sobre sua atitude diante da tarefa;
- a análise do produto não trouxe nenhuma informação confiável;
- apenas a entrevista possibilitou enfim compreender as dificuldades sentidas pela aluna nesse exercício.

Evidentemente, essa mera avaliação é insuficiente para tirar conclusões definitivas sobre os procedimentos utilizados pela menina. Contudo, o professor poderá tirar conclusões seguras sobre as dificuldades da aluna ao constatar, nas diversas avaliações feitas em contextos diferentes, que os procedimentos utilizados por ela são os mesmos. As várias avaliações feitas com Sandrine mostraram, por exemplo, que os erros provêm geralmente de uma má decodificação na leitura (aqui, "cola" para "colar") e de uma compreensão aproximativa dos enunciados. A aluna revela igualmente ter um vocabulário reduzido (p. ex., não compreendeu as palavras "soldar" e "reduzir" nesse exercício). Além disso, ela nem sempre compreende a questão colocada pela tarefa e se contenta em preencher suas fichas ("fazer por fazer"). Na maioria das vezes, não faz um autocontrole ao terminar seu trabalho (o que é o caso também no exercício apresentado acima). De maneira mais geral, Sandrine se mostrou muito mais à vontade nas tarefas orais do que nas tarefas escritas.

Na condução de uma entrevista de explicação, devem ser respeitados alguns princípios básicos na maneira de questionar o aluno. Antes de tudo, o professor evitará fazer perguntas do tipo "por quê?". Com essa pergunta, o aluno tentará se justificar ou se desculpar. É preciso, ao contrário, formular perguntas que permitam ao aluno descrever o que fez, e não justificar ou argumentar. Por exemplo, se o professor está tratando com o aluno da leitura dos enunciados, ele perguntará: "O que você fez depois de ler esse enunciado?", e não "Por que você sublinhou os verbos? Você não leu o enunciado?". Ou então, após a realização de uma soma em colunas: "Como você fez para somar?", e não "Por que você escreveu 8 na primeira coluna?". O questionamento descritivo existe para documentar o detalhe da ação efetuada, até que se esteja suficientemente bem informado para compreender a lógica intrínseca da produção da resposta.

A entrevista de explicitação desenvolve-se, em geral, em quatro fases:

1) Inicializar

É preciso, primeiramente, instaurar a comunicação com o aluno e perguntar se concorda em estabelecer um pequeno diálogo: "Interessa-me saber como você fez para realizar essa figura. Você quer que eu faça perguntas? Isso poderá ajudá-lo a compreender o que você fez. Concorda?"

2) Focalizar

Em seguida, é preciso procurar com o entrevistado o ponto particular que será objeto da conversa. Uma solução eficaz é proceder a um diagnóstico que começa pelo início da ação. O início é, de fato, um momento fácil de evocar, e permite se aproximar da posição de palavra encarnada. Em geral, é no início da atividade que se podem identificar as ferramentas cognitivas empregadas pelo sujeito.

3) Elucidar

A fase seguinte consiste em esclarecer o desenrolar da ação. A elucidação está na essência da entrevista de explicitação. Como acabamos de ver, o questionamento deve estimular a descrição do desenrolar das ações e evitar os "por quê?". O professor privilegiará então as perguntas: "o quê", "o que é que", "onde", "quando", "como". Para começar a entrevista, a pergunta "O que você fez primeiro?" oferece uma vantagem importante: o início da ação é fácil de identificar. Não se deve hesitar aqui em começar pelo princípio da ação: "Então, eu lhe dei essa ficha, você pegou na mão; lembre do momento exato em que a recebeu; o que você fez logo em seguida? E depois?".

Evidentemente, o professor não pode observar os processos cognitivos do aluno. Entretanto, pode observar suas ações ou suas produções. Graças à entrevista de explicitação, ele também tem acesso às verbalizações do aluno, a partir das quais pode formular inferências sobre os processos. Por isso, o questionamento trata das ações do sujeito, e não dos processos.

Em geral, deparamo-nos com dois obstáculos nessa fase de elucidação. Em primeiro lugar, tendemos a projetar no aluno nossa própria maneira de fazer e temos dificuldade de imaginar que o aluno poderia eventualmente proceder de outra forma. Em segundo lugar, esquecemos de examinar as descrições que parecem evidentes demais, e nos convencemos muito rápido – isto é seguro! – de que compreendemos. Duas técnicas de abordagem diretiva podem nos ajudar: não temer os momentos de silêncio e reformular em eco as respostas da criança. De fato, enquanto o professor aguarda em silêncio, o aluno geralmente continua refletindo e, depois de alguns segundos, prossegue sua explicação. Do mesmo modo, a técnica da reformulação – que consiste em repetir o que o aluno diz – permite a ele completar ou retomar sua explicação.

4) Regular o diálogo

Quando a entrevista se desvia da descrição do desenrolar, o professor deve regular o diálogo. A regulação tem como principal objetivo corrigir as mudanças de rumo constatadas, por exemplo, quando a explicação do aluno deixa de ser descritiva ou é orientada para generalidades. É preciso então reconduzir a verbalização para a tarefa real e específica e para a descrição dos procedimentos utilizados. A entrevista de explicitação consiste, portanto, em transições frequentes entre uma não diretividade – quando a entrevista permanece no procedural – e uma canalização ativa – quando o aluno se afasta do descritivo. Enquanto o aluno mantém as condições de acesso à verbalização da ação, há uma escuta muito aberta. Porém, quando a verbalização se desvia, haverá intervenção por parte do entrevistador. A regulação é diretiva quanto aos âmbitos de verbalização – só se fala do "como" –, mas não diretiva quanto ao conteúdo verbalizado – pois apenas o aluno sabe como procedeu para realizar sua tarefa. Trata-se, principalmente, de jamais induzir as respostas do aluno por nosso questionamento. As intervenções do professor deveriam ser, segundo a expressão de Vermersch, "vazias de conteúdo".

O questionamento de explicitação inscreve-se perfeitamente nos procedimentos cognitivos e metacognitivos que propomos nesta obra, pois encontra seu sentido em uma pedagogia que atribui um papel importante à atenção ao procedimento próprio do aluno. Ele permite compreender como o aluno trabalhou, que dificuldades sentiu em sua tarefa, que recursos pôde explorar. Consequentemente, permite considerar a ajuda de que necessita e os objetivos a perseguir com ele. A entrevista de explicitação é, portanto, um poderoso instrumento de avaliação formativa e de diferenciação.

6.5 ANÁLISE DOS RESULTADOS

Seja qual for a técnica de avaliação utilizada – questionário, observação ou entrevista – não há dúvida de que é impossível obter resultados totalmente confiáveis que permitam avaliar com precisão as capacidades cognitivas e metacognitivas do aluno. O professor deverá então analisar os dados recolhidos e interpretá-los com cautela. Essa análise possibilitará, de um lado, comparar as estratégias utilizadas pelo aluno com aquelas utilizadas por seus colegas e, de outro lado, verificar se elas estão distantes ou não das estratégias "ideais" – as que são econômicas, eficazes e eficientes.

Vale esclarecer, antes de tudo, que o êxito ou o fracasso da criança diante de uma tarefa depende de vários fatores. Sabe-se particularmente que a apresentação da tarefa – por exemplo, a ordem em que as informações aparecem – desempenha um papel nada desprezível no êxito do sujeito. Do mesmo modo, a quantidade de informações contidas no enunciado pode desestabilizar o aluno e não lhe permitir mostrar realmente suas competências. A familiaridade do aluno com a tarefa proposta também influenciará seu êxito. Por exemplo, entre dois problemas de matemática cuja dificuldade é a mesma, o aluno resolverá melhor aquele em que os personagens e a situação lhe são familiares. "Alguns conteúdos podem ser familiares aos sujeitos, e outros, ao contrário, totalmente estranhos. Isso depende de suas experiências anteriores. Pode ocorrer de um sujeito fracassar em um teste de raciocínio por analogias quando utiliza um material perceptivo concreto (imagens de objetos) simplesmente pelo fato de não estar familiarizado com esse tipo de imagens; esse fracasso não permite de modo nenhum inferir sobre suas capacidades no âmbito do raciocínio por analogias. Um conteúdo pouco familiar ao sujeito pode reduzir sua capacidade de reativar a operação cognitiva a ser utilizada, pois ele tem de dirigir a atenção ao próprio conteúdo" (Dias, 1995, p. 113).

Vimos no item 3.5 que Gregório não tinha compreendido o enunciado do problema de matemática porque achava que "trólebus" era o nome do lugar onde Pedro e seu pai se encontravam. Se Gregório tivesse morado em uma cidade onde se utilizasse esse meio de transporte, provavelmente teria resolvido o problema.

Ainda que seja muito difícil tirar conclusões definitivas dessas avaliações, o professor poderá formar uma imagem realista das estratégias utilizadas pela criança se fizer seguidas observações e entrevistas. "Qualquer método de estudo da cognição humana pode levar o psicólogo a cometer erros em suas inferências. Essa é a razão pela qual é necessário obter dados convergentes. O psicólogo tem muito mais confiança em uma conclusão que tirou a partir de dados recolhidos por diferentes métodos" (Lemaire, 1999, p. 286). A observação vale também para o professor: por exemplo, se ele percebe – observando o aluno em diversas tarefas e fazendo várias minientrevistas com ele – que as respostas dadas jamais correspondem ao que o exercício pede, ele terá motivos para supor que o aluno não lê os enunciados. Cruzando os dados, poderá então tirar uma conclusão fidedigna de suas observações.

É preciso dizer, finalmente, que o procedimento de avaliação sugerido em nossa obra refere-se à avaliação dinâmica (Dias, 1995; Sternberg, 2007). Trata-se aqui, portanto, de um procedimento de avaliação em que o professor não está interessado apenas na resposta – certa ou errada – do aluno, mas também nas condutas, procedimentos e estratégias que ele adota. Portanto, o interesse do professor reside tanto no processo quanto no produto. Se o aluno dá uma resposta errada, o professor não se lança de imediato em um procedimento corretivo, mas envolve a criança em uma análise metacognitiva, e depois em uma reflexão remediativa. "Na avaliação dinâmica, quando a criança dá uma resposta errada, o examinador lhe fornece uma sequência gradual de conselhos guiados para facilitar a resolução do problema. [...] O examinador oferece o apoio de que as crianças necessitam para avançar de um ponto qualquer onde se encontram na resolução do problema para a etapa seguinte, que ultrapassa esse ponto" (op. cit., p. 502).

A avaliação sugerida aqui se aproxima assim, em seu espírito, da *avaliação do potencial de aprendizagem* (Feuerstein, 1979; Dias, 1995, 2001): "A avaliação do potencial de aprendizagem fundamenta-se no princípio de que os testes não devem avaliar apenas os conhecimentos e as competências adquiridas graças a experiências feitas no passado, mas também a capacidade de aprendizagem. Por isso, admite-se que um treinamento prévio ajuda a identificar melhor as capacidades de aprendizagem do sujeito" (Dias, in Doudin et al., 2001, p. 125). Concretamente, o psicólogo que faz uma avaliação do potencial de aprendizagem procede em três etapas: submete o aluno a um teste, depois lhe propõe uma aprendizagem de procedimentos úteis para passar no teste e, finalmente, dimensiona por meio de um pós-teste suas novas competências.

A avaliação do potencial de aprendizagem é, portanto, uma avaliação dinâmica que parte da convicção de que o aluno pode melhorar seu desempenho intelectual. Assim, o princípio da educabilidade dos processos cognitivos está plenamente integrado a esses procedimentos de avaliação. O professor está convencido – ele sabe! – de que a criança tem potencialidades à espera e que sua intervenção permitirá atualizar essas potencialidades. "Feuerstein infere que os indivíduos possuem um repertório de estratégias e de processos cognitivos que não utilizam habitualmente, mas que são capazes de empregar em condições de estimulação" (Dias, 1995, p. 97).

Esse procedimento de avaliação incidirá, consequentemente, na *zona proximal de desenvolvimento* da criança, tal como a define Vygotsky. Ele situa-se assim em um espaço cognitivo entre o funcionamento atual da criança – suas capacidades de realizar a tarefa atualmente – e o nível potencial de seu desenvolvimento intelectual – que se revela graças à mediação de um adulto competente. Nesse procedimento, o professor está interessado na capacidade do aluno de tirar proveito de sua interação com ele; é a apreciação dessa capacidade que será objeto da avaliação do potencial de aprendizagem.

O professor deve estar atento, portanto, a avaliar constantemente a utilização pelo aluno das estratégias e dos processos cognitivos e metacognitivos aprendidos. A avaliação ocorre assim em três tempos (Dias, 1995): um pré-teste – ou avaliação formativa inicial –, que permite identificar as estratégias e os processos utilizados atualmente pelo aluno; em seguida, uma fase de aprendizagem e de remedição, que ajuda a melhorar a atitude do aluno diante da tarefa aumentando seu repertório cognitivo (o professor praticará aqui uma avaliação formativa interativa); por último, uma fase de pós-teste, cujo objetivo é avaliar os progressos alcançados e os efeitos da remediação (avaliação formativa pontual). O suporte de avaliação pode ser o mesmo nas fases de pré-teste e de pós-teste, o que facilita a comparação dos resultados e a avaliação dos progressos obtidos. Concretamente, o professor deixa de lado a ficha utilizada no momento da avaliação formativa inicial; em seguida, durante a fase de remediação, trabalha sobre outros suportes; e, após a fase de remediação – que pode durar várias semanas –, retoma a ficha de pré-teste para fazer a avaliação formativa pontual (pós--teste). A comparação entre as diferentes avaliações realizadas ajuda a ter uma ideia do potencial de aprendizagem ou de desenvolvimento do aluno[4].

Notas

1 A PNL [Programação Neurolinguística] estudou de maneira aprofundada os movimentos oculares (Cayrol e Saint-Paul, 2005). Para essa abordagem, há uma relação entre os movimentos dos olhos durante a evocação e o tipo de representação mental utilizado. Os movimentos dos olhos nos informam, assim, sobre o sistema sensorial utilizado pela pessoa. Por exemplo, quando os olhos se dirigem para o alto, o aluno busca uma imagem na memória. Um olhar dirigido para baixo e para a direita nos indicará que a pessoa está em diálogo interior.
2 Exercício extraído de C. Lamblin (1989), *Je m'entraîne à la lecture*, Paris. Retz.
3 Visto que a entrevista não foi gravada, redigimos o diálogo após a aula de apoio, formulando o mais fielmente possível as frases emitidas pela aluna e pelo professor.
4 Vale esclarecer aqui que a *avaliação do potencial de aprendizagem* – tal como apresentada, por exemplo, por Feuerstein (1979) – exige uma metodologia muito rigorosa. O professor não tem nem tempo, nem formação, nem as competências psicológicas para efetuar essa avaliação, mas pode se inspirar no espírito do procedimento.

7

A aprendizagem e o ensino de estratégias

Depois de tratarmos da avaliação no capítulo anterior, abordamos aqui o ensino-aprendizagem de procedimentos, de estratégias e de processos cognitivos. Por muito tempo, considerou-se que essa aprendizagem era implícita: aprendendo, a criança aprende a aprender. Contudo, se isso é verdade – em parte – para os alunos que têm bons resultados, aqueles que manifestam dificuldades escolares devem contar imperiosamente com um ensino estratégico organizado e explícito.

Este capítulo é organizado em três partes: primeiramente, vamos estabelecer algumas referências que permitam compreender bem a necessidade de uma aprendizagem de estratégias; depois, abordaremos a questão de mediação-remediação; na terceira parte, apresentaremos os procedimentos de ensino-aprendizagem de estratégias.

7.1 A NECESSIDADE DE UMA APRENDIZAGEM

Antes de abordar a questão da *necessidade* de um ensino-aprendizagem de estratégias, precisamos estar convencidos da *possibilidade* disso. Esperamos que os capítulos anteriores já tenham destacado suficientemente nossa profunda convicção: os procedimentos cognitivos de aprendizagem podem ser ensinados e aprendidos. Na realidade, o postulado da educabilidade da inteligência subentende os procedimentos de ensino-aprendizagem.

Em geral, a necessidade de uma aprendizagem estratégica não aparece de forma muito clara aos olhos dos professores, dos pais e dos alunos. Trata-se, portanto, em um primeiro momento, de mostrar-lhes que, em caso de dificuldades escolares, essa abordagem remediativa é indispensável, e que a aprendizagem de conteúdos passa provisoriamente ao segundo plano. Para diversos interventores, é difícil admitir que a remediação não consiste, antes de tudo, em preencher as lacunas do aluno no âmbito dos conhecimentos declarativos, mas sim em fornecer-lhe as ferramentas cognitivas que lhe permitam ter êxito. Assim, no momento da avaliação diagnóstica, o professor procurará mostrar ao aluno que suas estratégias atuais são ineficazes ou, pelo menos, que podem ser bastante melhoradas.

Várias razões ajudam a explicar por que os alunos não mobilizam espontaneamente as estratégias eficazes (Mazzoni, in Doudin et al., 2001). Em primeiro lugar, os alunos nem sempre têm plena consciência das estratégias que utilizam – ou sequer de que as utilizam! Por isso, não podem compreender a necessidade de mobilizá-las para realizar de maneira eficaz sua tarefa, e não veem a utilidade de um trabalho estratégico. Em segundo lugar, não conhecem outras estratégias além daquelas que utilizam, e por isso, obviamente, são incapazes de avaliar sua pertinência e sua eficácia. De fato, seus metaconhecimentos são em geral medíocres. Enfim, falta a eles, muitas vezes, flexibilidade na utilização de estratégias: não sabem estabelecer ligações entre o tipo de tarefa, sua dificuldade, os meios à disposição e as estratégias possíveis.

Se os alunos não estiverem convencidos da utilidade das estratégias e de sua eficácia, eles terão dificuldade de investir nessa aprendizagem e, sobretudo, não reutilizarão os métodos aprendidos posteriormente e de maneira autônoma. O desafio para o adulto é ensinar estratégias, ao mesmo tempo mostrando sua utilidade, sua eficácia e as possibilidades de transferência que elas oferecem. Em outras palavras, o ensino-aprendizagem de estratégias é um trabalho bem real que exige tempo, método e rigor. Pessoalmente, acreditamos por muito tempo que bastava apresentar uma vez a estratégia eficaz para que o aluno compreendesse seu interesse. Não é assim. Os procedimentos não serão reutilizados espontaneamente pelo aluno se não forem objeto de uma real aprendizagem. "Não servirá de nada 'oferecer' aos alunos métodos de trabalho 'prontos para usar'; se esses métodos estiverem muito distantes de suas maneiras de fazer pessoais, eles não conseguirão representá-los nem assimilá-los; permanecerão inutilizáveis para eles" (Doly, in Grangeat et al, 1997, p. 25). Para que sejam funcionais, o aluno deve apropriar-se seriamente dos procedimentos propostos, experimentá-los muitas vezes e em diversos contextos, constatar sua eficácia e compreender, enfim, por que são eficazes. Por isso, a abordagem deve ser global: "É necessário levar em conta motivações, expectativas, atitudes, a metamemória e, de maneira mais geral, as características dos sujeitos que aprendem". Deve-se então "associar ao ensino de estratégias elementos para sustentar a motivação, as atribuições, o sentido de autoeficácia e aspectos ligados à metacognição" (Moè e De Beni, in Doudin et al., 2001, p. 101). Em outras palavras, trata-se não apenas de ensinar aos alunos como utilizar a nova estratégia, mas também por que e quando.

O aluno não renunciará, portanto, a uma estratégia que domina – mesmo que seja inadequada – unicamente porque o professor lhe apresenta outra, supostamente mais eficaz. Na realidade, ele deverá experimentá-la muitas vezes e perceber pessoalmente o interesse de adotá-la. Troadec e Martinot (2003), apoiando-se na reflexão de Siegler (1995), falam, a esse respeito, de uma verdadeira competição entre as estratégias. Assim como na teoria da evolução de Darwin, as estratégias competem entre elas – na cabeça da criança –, e só aquelas que conseguirem se impor sobreviverão. Conforme as experiências vividas pela criança, algumas se tornam mais frequentes e se instalam solidamente. Quando uma nova estratégia se apresenta, ela entra em competição com as antigas. Se, manifestamente, a nova estratégia é mais adequada, então ela se imporá. Contudo, a luta será renhida, pois as estratégias antigas, que até então ocupam de maneira eficaz o território, e há longo tempo, não aceitam ser destituídas.

A faculdade de aceitar rapidamente uma nova estratégia eficaz é muito variável de uma criança para outra. "Os resultados de Robert Siegler e seus colaboradores mostram que a maioria das crianças descobre novas estratégias ao longo da experiência. Contudo, o tempo que levam para descobri-las varia enormemente. Por exemplo, para algumas, a primeira descoberta pode ser feita na segunda sessão de treinamento, enquanto para outras só aparece na 13ª sessão" (Troadec e Martinot, 2003, p. 133). Outra diferença entre as crianças apontada pelos autores é a capacidade de transferir a nova estratégia para outros contextos: mesmo tendo descoberto uma nova estratégia eficaz, as crianças persistem em utilizar aquela que lhes é familiar.

Portanto, as crianças não passam facilmente de uma estratégia a outra. Há uma competição acirrada entre elas antes que a mais forte se imponha. A capacidade das crianças de inibir uma antiga estratégia é então determinante (Bosson, 2008). É por isso que os professores, para sua decepção, constatam com tanta frequência que, por exemplo, crianças de 11-12 anos continuam contando nos dedos, embora dominem outras estratégias bem mais eficazes.

7.2 A IMPORTÂNCIA DA MEDIAÇÃO

Antes de passar aos procedimentos de ensino-aprendizagem de estratégias, vamos nos deter um pouco mais no trabalho de mediação[1] que o professor deve empreender quando deseja ensinar estratégias aos alunos. Na psicologia cognitiva, designa-se por *mediação* "uma experiência refletida e instrutiva em que uma pessoa bem intencionada, experiente e ativa, geralmente um adulto, se interpõe entre o indivíduo e as fontes de estímulo" (Dias, 1995, p. 67). Na realidade, o aluno pode aprender de duas maneiras distintas e complementares: ou é confrontado diretamente com a tarefa e trabalha sozinho na sua resolução – trata-se da *experiência de aprendizagem por contato direto* –, ou se beneficia da mediação de um colega mais experiente ou de um adulto – fala-se então de *experiência de aprendizagem mediada*. Pode-se dizer então que o aluno que trabalha sozinho diante de uma tarefa desenvolve suas competências em uma *zona proximal de aprendizagem*, ao passo que, quando conta com a mediação de um adulto, trabalha na *zona proximal de desenvolvimento*, tal como foi definida por Vygotsky. Voltaremos a isso mais adiante.

Tomemos o exemplo da criança pequena que aprende sozinha a somar números menores jogando habitualmente o jogo de tabuleiro com dados. Nesse caso, é a experiência da criança em contato direto com os estímulos do ambiente que lhe permite desenvolver uma nova aprendizagem. Estamos próximos aqui da concepção piagetiana do desenvolvimento cognitivo da criança: jogando com a assimilação e a acomodação, ela constrói seu saber por meio de atividades cognitivas de exploração de seu ambiente, que pode empreender sozinha e espontaneamente. A "zona proximal de aprendizagem" corresponderia assim aos processos de assimilação e de acomodação disponíveis atualmente nas estruturas cognitivas da criança.

Mas essa criança pode também jogar o jogo de tabuleiro com um adulto, que a ajudará a aprender mais rápido a somar os números dos dados fazendo um trabalho de mediação. Por exemplo, o adulto mostrará à criança que é mais fácil somar dois números pegando primeiro o número maior. Nessa situação, o adulto se interpõe entre o aluno e a tarefa para efetuar um trabalho de mediação. "Na experiência de aprendizagem mediada, o mediador se interpõe tanto entre os estímulos do ambiente e o sujeito quanto entre o sujeito e suas reações. Por sua interposição entre os estímulos e o sujeito, o mediador visa a uma mudança da natureza da relação entre o sujeito e seu ambiente" (op. cit., p. 67).

Sem a mediação do adulto, a criança aproveitaria menos os estímulos do seu ambiente. Graças ao trabalho metacognitivo de objetivação, o professor pode então aumentar a capacidade do aluno de aproveitar as situações de aprendizagem que encontra. "O agente, por sua intervenção, transforma cada estímulo; ele escolhe certos estímulos, enquadra-os, ordena-os, situa-os em dimensões ao mesmo tempo temporais e espaciais, repete-os para que adquiram importância e significação" (op. cit., p. 67). O exemplo a seguir permitirá compreender melhor esse papel fundamental da mediação na aprendizagem:

> Há alguns anos, realizamos uma pequena experiência que nos ajudou a compreender a importância da mediação em nosso trabalho de professores. Uma exposição sobre o tema "a caça e o ambiente" tinha sido aberta em uma cidadezinha de Valais próxima de nós. Decidimos visitá-la e, como professores aplicados, levamos um bloco de notas para registrar informações interessantes que poderíamos depois transmitir aos nossos alunos.
>
> Assim, visitamos a exposição diligentemente, achamos muito interessante e saímos com algumas páginas de anotações.
>
> Caminhando pela praça da cidade, encontramos o museógrafo, que conhecíamos muito bem, e ele nos propôs fazer uma nova visita com um grupo, para o qual comentaria a exposição. Para ser gentil com ele, aceitamos a oferta e, para nossa surpresa, visitamos... uma outra exposição! De fato, essa segunda visita comentada nos permitiu descobrir, graças aos aportes do especialista, uma visão muito diferente da mesma exposição. Enquanto, por exemplo, tínhamos passado muito rapidamente por um esquema exposto na primeira sala, o museógrafo deteve-se longamente nele. Na realidade, o painel apresentava, de maneira sintética, o conjunto do procedimento de reflexão proposto na exposição. Mais adiante, ele parou em uma maquete – que tínhamos achado bonita, mas de pouco interesse – onde se explicava o papel dos caçadores na regulação da fauna. Em suma, graças ao trabalho de mediação do especialista, nos beneficiamos das chaves de leitura determinantes para a boa compreensão da exposição.
>
> Todos já devem ter tido essa experiência: a visita guiada a um museu permite beneficiar-se da mediação esclarecida de um especialista que sabe destacar os elementos pertinentes, indicar os conceitos a reter, dar um esclarecimento particular em um aspecto, pôr em perspectiva os pontos importantes, fazer ligações, situar as observações em um contexto mais amplo, etc. Evidentemente, em nossa primeira visita, aprendemos coisas sobre o papel do caçador na gestão do ambiente, mas a segunda visita nos permitiu, graças à mediação do especialista, ganhar em profundidade de compreensão e em riqueza de reflexão.

Para compreender bem a dificuldade do trabalho de mediação, vamos retomar agora o triângulo pedagógico de Houssaye (1993) e analisar o papel do professor. Todos devem se lembrar que, para o autor, qualquer situação pedagógica consiste em um jogo entre três elementos: o professor, o aluno e o saber (Figura 7.1): "A situação pedagógica pode ser definida como um triângulo composto de três elementos, o saber, o professor e os alunos, dos quais dois se constituem como sujeitos, enquanto o terceiro deve aceitar o papel do morto ou, em vez disso, virar o palhaço" (p. 15). No "processo de ensinar", o professor mantém uma relação privilegiada com o saber, e situa-se no processo magistral da transmissão do saber. Nessa situação, o aluno faz um pouco o papel de "morto", pois não está diretamente envolvido no processo que liga o professor e o saber. Se a situação se prolonga por muito tempo, o aluno poderá passar a fazer o papel de "palhaço" e a bagunçar. Mas o professor pode também se retirar voluntariamente da situação pedagógica, possibilitando assim que o aluno se confronte diretamente com o saber ("processo de aprender"). É o caso, por exemplo, quando o aluno se encontra diante de uma situação-problema que precisa resolver sozinho. Finalmente, o professor pode tecer relações privilegiadas com seus alunos e esquecer que estão na escola para aprender; "eles se sentem tão bem juntos que sua relação lhes basta, e basta para justificar o fato de estar lá" (p. 21) ("processo de formar").

Figura 7.1 O triângulo pedagógico (Houssaye, 1993).

Vamos tentar agora retomar esse modelo de compreensão da situação pedagógica e analisar o papel de mediação do professor. Propomos que se considere o triângulo pedagógico como um triângulo articulado – ou elástico –, podendo haver deformações no comprimento de seus lados. Pode-se imaginar então que o professor se afaste muito da relação que se estabelece entre os alunos e o saber e faça o papel de "morto", segundo a expressão de Houssaye. Nesse caso, ele observa de longe a atividade de seus alunos, mas não intervém absolutamente.

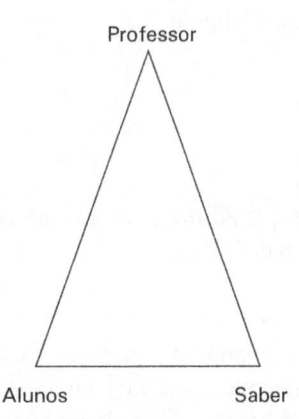

Figura 7.2 O professor faz papel de "morto".

Mas pode-se imaginar que o professor perceba que um grupo de alunos começa a tumultuar e não está mais trabalhando corretamente. O professor se aproximará então do grupo e reiniciará a atividade dos alunos com uma pergunta ou uma chamada à ordem. Com isso, ele se reaproxima da relação alunos-saber e efetua um trabalho de mediação que se poderia qualificar de "leve".

Pode ocorrer, finalmente, que o professor constate que um aluno não entendeu nada da atividade. Então ele se senta ao

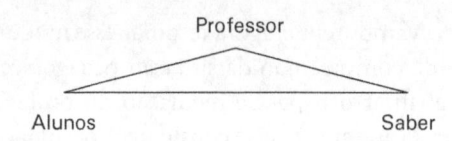

Figura 7.3 O professor faz uma mediação "leve".

lado desse aluno e se coloca resolutamente – e conscientemente – entre o aluno e o saber. Por exemplo, retoma com a criança a leitura do enunciado, verifica se ela compreendeu bem do que trata a atividade ou começa o exercício com ela. Nesse caso, o triângulo é totalmente plano, e o ápice "professor" situa-se entre os outros dois cumes do triângulo.

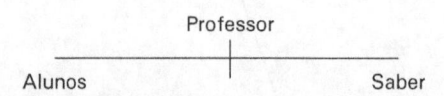

Figura 7.4 O professor efetua uma remediação "pesada".

Esse "triângulo pedagógico articulado" ajuda a explicar a difícil tarefa de mediação do professor. Se o aluno está em uma situação de aprendizagem portadora de conflitos cognitivos, seu papel é deixá-lo tranquilo: as coisas vão bem, o aluno está envolvido em uma tarefa cognitiva exigente e mobiliza ativamente seus processos cognitivos para encontrar uma solução; o erro seria, manifestamente, interromper essa relação privilegiada entre o aluno e o saber. Ao contrário, se o aluno não está mais participando, então se impõe uma intervenção mediativa, ou mesmo remediativa. "Em certos casos, trata-se de intervenções mínimas em que o professor intervém apenas por solicitação explícita do próprio aluno, enquanto em outros casos o professor está muito presente no ambiente imediato do aluno" (Tardif, 1992, p. 310).

Na realidade, a questão do "quando intervir" ou "quando deixar fazer" é muito delicada. Além disso, o professor tem a escolha entre uma mediação mais ou menos "leve" e uma remediação mais ou menos "pesada". Trata-se, portanto, de uma regulação muito sutil da distância ideal que deveria ter o cume "professor" do triângulo para não fazer demais ou fazer suficientemente. A tarefa é muito difícil, ou mesmo impossível, e a função do professor lembra muito a do malabarista: "Recordo de ter visto em um circo um malabarista girando uma dezena de pratos equilibrados em varas flexíveis. Os pratos iam perdendo pouco a pouco a velocidade e ameaçavam cair. Toda a arte do malabarista estava em perceber os pratos que estavam a ponto de cair e reiniciar sua rotação. Em uma pedagogia diferenciada bem pensada, o professor se torna um girador de pratos de um tipo particular. Ele põe os alunos em atividade e os deixa por conta própria por um instante, a tempo de ir fazer o mesmo com outros grupos. Toda a arte está em chegar bem a tempo" (Perrenoud, 2005, p. 31).

Nosso mediador tem mais ou menos a mesma dificuldade que o malabarista de Perrenoud. Ele deve se perguntar continuamente se é o momento de reiniciar a atividade do aluno e se deve se interpor entre ele e o saber. Além disso, deve escolher o tipo de intervenção mediativa de que o aluno necessita. A mediação do professor pode, de fato, referir-se a vários domínios diferentes e complementares (Dias, 2003). Por exemplo, o adulto pode explicar o objetivo perseguido e dar sentido aos exercícios realizados. Mas pode igualmente ajudar a criança a relacionar os conteúdos do ensino à vida cotidiana, possibilitando assim a generalização das aprendizagens. A atitude diante da tarefa – por exemplo, o controle da impulsividade – também pode ser trabalhada com a mediação do adulto. De maneira mais geral, o professor pode ajudar o aluno, por sua atitude e seus comentários, a desenvolver a confiança em si e o sentimento de controlabilidade; a tomada de consciência da modificabilidade cognitiva subentende toda a reflexão. Os comportamentos de socialização e de cooperação também poderão ser valorizados pelo professor. Como se pode ver aqui, a mediação do adulto pode se referir a um aspecto pontual da tarefa que o aluno está realizando ou ao desenvolvimento global da criança. Além disso, pode se traduzir explicitamente em comentários do adulto, mas também implicitamente – a informação transmitida é tanto mais penetrante – pela atitude global e não verbal do professor.

Para tentar levar ainda mais adiante a reflexão sobre a mediação, vamos nos deter um pouco na famosa *zona proximal de desenvolvimento (ZPD)* de Vygotsky. Esse conceito designa a zona que se situa entre o nível atual da criança quando realiza a tarefa sozinha e o nível que pode atingir com a mediação do adulto. Em outras palavras, "a ZPD representa a distância potencial entre o nível atual observável das capacidades manifestadas pela criança (desempenho) e suas capacidades subjacentes latentes (competência), que não são diretamente observáveis" (Sternberg, 2007, p. 401). O papel do professor é, portanto, ampliar o que chamamos acima de "zona proximal de aprendizagem" (ZPA) indicando pistas de reflexão que abram novas perspectivas para a criança. No exemplo da visita ao museu, nós nos debatíamos sozinhos, com nossos conhecimentos limitados, em uma estreita *zona proximal de aprendizagem*. O museógrafo, trabalhando em nossa zona proximal de desenvolvimento, fez explodir essa bolha e a abriu para horizontes de reflexão bem mais amplos e bem mais interessantes.

Podemos ilustrar essa abertura com a Fgura 7.5.

Como podemos ver nesse esquema, a "zona proximal de aprendizagem" permite que o aluno, com seus próprios meios

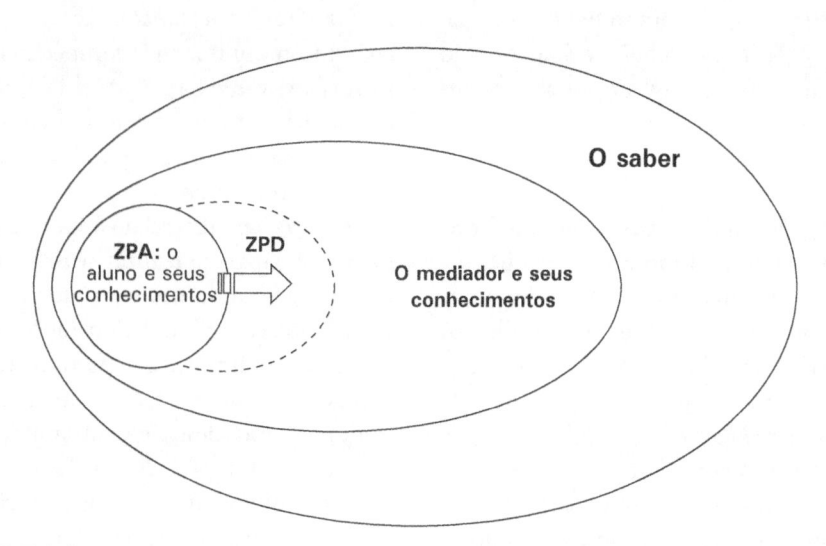

Figura 7.5 A "zona proximal de aprendizagem" e a zona proximal de desenvolvimento.

e seus conhecimentos pessoais, se aproprie de um "espaço" de conhecimentos na grande "bolha" do saber. Contudo, esse espaço é bastante reduzido. Ao contrário, a zona proximal de desenvolvimento (ZPD, em pontilhado) é bem mais ampla, pois o aluno tem acesso a uma parte dos extensos conhecimentos do professor graças ao trabalho de mediação. A flecha indica o trabalho de mediação graças ao qual a bolha do aluno se abre um pouco para a do mediador e lhe permite assim o acesso a um espaço mais amplo. Quanto à bolha do saber, ela é evidentemente mais ampla que a do mediador, cujos conhecimentos são, no entanto, mais extensos que os do aluno. A criança precisa então do adulto para ampliar sua "bolha". Quando dominar a nova competência, sua bolha será um pouco maior, e ela poderá utilizar suas novas ferramentas cognitivas de maneira autônoma.

Portanto, o papel da mediação é fundamental para ajudar o aluno a construir o seu saber. Porém, na escola, muitas vezes tem-se a ilusão de que basta colocar o aluno em atividade para que ele aprenda. "Nossas observações de classes do maternal nos mostraram que, com muita frequência, os alunos são muito pouco orientados no tratamento das tarefas propostas. Costuma-se deixá-los explorar, fazer, manipular – em suma, agir sobre os objetos sozinhos, limitando-se a verificar se terminaram seu trabalho. Ora, não é apenas 'fazendo' que se torna um bom aluno, mas é também, e sobretudo, procurando compreender o que se faz, como se faz e com que resultado" (Cèbe e Goigoux, in Talbot, 2005, p. 222). Mais uma vez, ressalta-se a importância do trabalho de mediação.

No ensino-aprendizagem de estratégias, a compreensão desse modelo de mediação é essencial. Ela condiciona a apropriação dos procedimentos sugeridos no capítulo seguinte. Na aprendizagem estratégica dos alunos, o professor se posiciona claramente como o agente da mudança. "É por meio da experiência repetida de um especialista que critica, avalia e estende os limites da experiência que o sujeito poderá desenvolver a competência para autorregular sua atividade. O mediador tem como função pré-estruturar, pré-organizar, filtrar, interpretar a realidade exterior que o sujeito procura dominar" (Doudin et al., 2001, p. 13). É graças ao adulto que a criança poderá dar sentido à aprendizagem de estratégias e compreender sua utilidade. Contar unicamente com os próprios recursos do aluno e sua ZPA é totalmente insuficiente. O procedimento deve ser voluntarista: "Os esforços feitos para colocar o mundo e o conhecimento ao alcance da criança e do aluno (sobretudo quando são deliberados, explícitos e formalizados) são os responsáveis pela aprendizagem das habilidades cognitivas e dos mecanismos de pensamento" (Paour e Cèbe, in Doudin et al.). Do mesmo modo, em um trabalho de re-mediação, o professor vai fazer novamente ("re-") uma mediação que permita ao aluno mobilizar suas competências cognitivas. A re-mediação consiste, portanto, em ajudar o aprendiz a tomar consciência dos processos mentais que deve mobilizar para ter êxito na tarefa.

Graças à mediação do adulto, a criança logo será capaz de realizar sozinha a tarefa para a qual ainda necessita atualmente de uma mediação. O trabalho feito na ZPD visa assim o ampliar o repertório de competências do aluno e torná-lo mais autônomo. Como destaca com muita beleza Vandenplas-Holper (2006), "o nível atual do desenvolvimento da criança se refere, retrospectivamente, a funções que, tal como os 'frutos', já chegavam à maturação. A ZPD refere-se, prospectivamente, às funções que, tal como os 'brotos' e as 'flores', apenas iniciaram o processo de maturação" (p. 37).

Observemos, finalmente, que esse trabalho de mediação pode ser realizado também em um grupo de colegas. "Em certas condições, uma situação de interação social que exige que os sujeitos coordenem entre eles suas ações ou que confrontem seus pontos de vista pode levar a uma modificação subsequente da estruturação cognitiva individual. [...] Pode-se induzir experimentalmente a mudança cognitiva apresentando à criança um modelo cujas condutas são de um nível genético superior ao seu, o que cria um desequilíbrio entre as expectativas da criança em relação a comportamentos do modelo e aqueles que ela percebe efetivamente" (Perret-Clermont, 2000, p. 201-202). Como podemos constatar nessa citação, o confronto de suas próprias representações com as de colegas mais adiantados pode favorecer no aluno uma melhor compreensão e desempenhar assim um papel – menos explícito que o de um adulto, mas real – de mediação. A intervenção de uma pessoa mais competente que a criança – quer se trate de um adulto ou de um colega – permite ao aluno desenvolver novas modalidades de funcionamento cognitivo. A interação social é, consequentemente, um fator determinante no desenvolvimento cognitivo da criança.

O ensino-aprendizagem de estratégias – que apresentaremos no capítulo seguinte – se fundamentará nesse trabalho de mediação. Vamos descobrir agora um procedimento de ensino-aprendizagem de estratégias. Descreveremos claramente o papel do professor e especificaremos sua função de mediação. "A mediação feita pelo professor estratégico entre o aluno e todas as situações de aprendizagem constitui igualmente um papel de extrema importância. É, entre outros, por esse papel de mediador que o professor estratégico assegura a passagem do aluno da dependência à prática guiada, da prática guiada à independência na aprendizagem" (Tardif, 1992, p. 309).

7.3 COMO ENSINAR ESTRATÉGIAS?

O ensino-aprendizagem de processos, procedimentos e estratégias apoia-se em alguns princípios básicos, e pode se organizar em várias etapas. Neste capítulo, apresentaremos primeiramente alguns princípios que é preciso respeitar quando se deseja ajudar os alunos a se apropriarem de estratégias de aprendizagem; em seguida, descreveremos as diversas etapas desse ensino-aprendizagem.

Entre esses princípios básicos, recordamos aqui o papel determinante que o professor desempenha na apropriação de procedimentos eficazes. A criança não conseguiria descobrir sozinha a importância dessa abordagem estratégica, e nem as diferentes ferramentas cognitivas à sua disposição. O papel de mediador já foi suficientemente desenvolvido no capítulo anterior, e por isso não precisamos voltar a ele.

Explicitar as estratégias

Recordemos que, frequentemente, o aluno utiliza estratégias de maneira implícita e automatizada. Assim, o trabalho do professor consistirá em analisar com ele suas estratégias e torná-las explícitas. Trata-se, portanto, como dizíamos no item 1.2, de "tirar o motor" do automóvel a fim de poder desmontá-lo, identificar a pane, consertá-lo e depois recolocá-lo no lugar. "O ensino de estratégias deve recorrer a um ensino direto e explícito. Deve-se tornar evidente o ensino de uma estratégia, nomeando-a e indicando quando e como utilizá-la. Trata-se de explicitar os objetivos da estratégia, de descrever seus principais aspectos, a aplicação de suas diferentes etapas, assim como a forma de avaliar sua eficácia" (Archambault e Chouinard, 2003, p. 89).

Uma entrada possível na aprendizagem de estratégias consiste em possibilitar uma confrontação entre os procedimentos utilizados pelo aluno (entrada pelo aluno) e uma conduta exigida pela tarefa (entrada pela tarefa, cf. item 1.2). Trata-se, portanto, de partir das representações que o aluno faz para si da tarefa e das estratégias que utiliza e, em seguida, analisá-las em função das exigências da própria tarefa. Certos procedimentos do aluno podem ser mantidos e encorajados, enquanto outros não são pertinentes porque a própria tarefa não permite a escolha da estratégia. Por exemplo, ao fazer um estudo de texto, o aluno poderá responder bem a todas as perguntas que lhe são feitas, mesmo tendo lido o texto uma única vez (se tiver feito uma leitura atenta). Ao contrário, se ele nunca volta ao texto para verificar a correção de suas respostas, corre o risco de ter dificuldade se a própria tarefa exigir o "estudo" do "texto".

Integrar a metacognição ao ensino-aprendizagem

Esse ensino-aprendizagem de estratégias será feito a partir de conteúdos previstos nos planos de estudo: o ensino estratégico tem que ser integrado ao ensino das disciplinas escolares, e não deve ser objeto de aulas específicas dedicadas unicamente a noções teóricas e desconectadas das tarefas a realizar. Como já assinalamos várias vezes, se as estratégias são aprendidas, de maneira geral, a partir de suportes não escolares, a transferência de sua utilização para contextos escolares é muito difícil de fazer. O professor não dará "aulas de metacognição", mas integrará ao seu próprio ensino as estratégias úteis. "O ensino metacognitivo não pode se restringir a um número limitado de lições, mas deve constituir uma atividade constante ao longo do ano escolar, encorajando o aluno a utilizar estratégias" (De Beni e Pazzaglia, in Doudin et al., 2001, p. 242). Por exemplo, o professor ensinará as estratégicas mnemônicas aos alunos acompanhando-os em aula, durante algum tempo, na aprendizagem das lições. Quando se tratar de resolver problemas de matemática, o professor vai discutir com os alunos as diferentes estratégias que eles utilizam, compará-las e analisar sua pertinência, permitindo-lhes, em última análise, melhorar seus procedimentos de resolução. Em outras palavras, "a utilização desses meios deve ser parte integrante do ensino, e não ser vista pelos alunos como 'interrupções' durante a aprendizagem, que parecem ser realizadas por obrigação ou sem convicção. Levando em conta diferentes dimensões da aprendizagem (cognitiva, metacognitiva, afetiva e social), essas intervenções deveriam conduzir a um ensino metacognitivo integrado no qual os alunos consigam se autoavaliar, se questionar, interagir e fazer pausas reflexivas sem que isso seja planejado explicitamente pelo professor" (Lafortune e Deaudelin, op. cit., p. 66).

A modelagem

A modelagem é, em particular, um procedimento interessante no ensino-aprendizagem estratégico. Consiste, para o professor, em executar o procedimento sugerido diante dos alunos, comentando em voz alta suas reflexões, questionando-se, identificando seus próprios erros, regulando e sempre falando do que está fazendo no momento em que está fazendo. Essa modelização é, para o professor, a ocasião de mostrar o que é preciso fazer, como e por que é preciso fazer. "Em uma aula redação, por exemplo, quantas vezes um aluno vê seu professor redigir um texto? Quase nunca, infelizmente! A única coisa que se mostra a ele são textos acabados, impecáveis e sem erros. Ora, como vai saber que, antes de redigir, até mesmo um *expert* como seu professor elabora primeiro um plano, modifica frases mal estruturadas, corrige erros de sintaxe e de ortografia, relê, etc., se nunca o vê fazer isso?" (Viau, 2003, p. 134). Os alunos têm assim a oportunidade de "ver fazer" e de "ouvir dizer" graças à modelização do professor. O modelo deve sempre ter o cuidado de proceder lentamente e de descrever todas as operações efetuadas, mesmo que elas lhe pareçam – geralmente só para ele... – elementares. A demonstração pode ser feita também por um colega, o que permite um trabalho melhor de identificação, sobretudo se for um colega apreciado. A aprendizagem por imitação – frequentemente desvalorizada na escola – pode constituir, portanto, uma abordagem bastante pertinente.

Trabalhar em grupo

O ensino-aprendizagem de estratégias, embora seja mais fácil de realizar em um trabalho individual, pode ser feito sem problemas com toda a classe. A contribuição do grupo e as trocas entre colegas podem ser muito interessantes, sobretudo no início do trabalho, quando se confrontam as próprias estratégias com a tarefa e suas exigências. O trabalho de identificação de estratégias e, depois, de análise, de discussão, de confrontação é bem mais eficaz se for realizado em grupo ou com toda a classe. Um trabalho de coavaliação pelos colegas pode igualmente favorecer a apropriação de estratégias. Para efetuar esse trabalho, os alunos podem dispor de uma grade de análise em forma de uma *checklist* ou da própria ficha de procedimento.

Síntese metacognitiva

Em todo o período de ensino-aprendizagem de estratégias, o professor organizará "tempos metacognitivos" que permitirão objetivar as aprendizagens realizadas, particularmente a projeção – que é feita no início do trabalho – e a síntese cognitiva – que se desenvolve no final: "O retorno à aprendizagem efetuada pelos alunos é muito importante. Ele tem como função levar os alunos a refletir sobre suas aquisições, a compreender que aprenderam alguma coisa, a explicitar o que aprenderam e como chegaram a isso, a identificar as dificuldades enfrentadas ao longo do percurso, assim como os meios que encontraram para resolvê-las, e a descobrir a função, a utilidade, a eficácia e a pertinência de sua aprendizagem" (Archambault e Chouinard, 2003, p. 29-29). A síntese metacognitiva possibilita assim, de um lado, efetuar um retorno às aprendizagens realizadas e, de outro, retornar igualmente às estratégias mobilizadas nessas aprendizagens. A síntese metacognitiva torna-se então um momento importante na construção de estratégias cognitivas. "Esse momento situa-se após um tempo de trabalho individual sobre as estratégias. Ele permite compartilhar e confrontar funcionamentos. É nessas sessões que algumas crianças percebem que não utilizam a estratégia correta ou que se tranquilizam porque outras também fazem como elas. Essa etapa de conflito sociocognitivo, que favorece um verdadeiro questionamento de suas representações e a construção de novas estruturas de referências, contribui enormemente para o enriquecimento do repertório cognitivo" (Bazin e Girard, in Grangeat et al., 1997, p. 89).

Utilizar uma ficha de procedimento

Quando do ensino-aprendizagem de novas estratégias, a carga cognitiva dos alunos pode ser muito alta, pois eles terão de gerir a realização da tarefa, o comando dela e a utilização da nova estratégia. Por isso, em muitos casos é útil propor às crianças fichas de procedimento escritas ou fichas-guias que aliviem seu tratamento cognitivo, oferecendo-lhes um suporte externo que descreva claramente as etapas a respeitar na realização da tarefa. Nessas fichas, é importante propor aos alunos procedimentos simples, curtos e indicando as principais etapas. Anexamos a esta obra vários exemplos nos quais se pode observar que, na medida do possível, limitamos os procedimentos a três ou quatro etapas principais. Se, para realizar corretamente a tarefa, o aluno tiver que seguir, ponto por ponto, as vinte e cinco etapas previstas, ele desanimará muito rápido e concluirá, com razão, que sua maneira de proceder é bem mais econômica (ainda que seja errada). Em seu trabalho de mediação, o professor poderá se remeter regularmente à ficha de procedimento – que constitui uma referência comum para

a criança e para o adulto – a fim de guiar a atividade do aluno. Além disso, o uso de um suporte escrito favorece a economia do aluno e a transferência da aprendizagem.

Se o aluno conta com um apoio individual prestado por um professor especializado, a ficha-guia constituirá uma ligação importante entre o trabalho realizado na classe de apoio e a necessária transferência à sala de aula da competência desenvolvida. Do mesmo modo, certas fichas "transitarão" entre a escola e a casa, e mesmo de um ano letivo a outro. Como assinala Doly (1997) muito a propósito, "a ficha tem exatamente uma função de ajuda, de tutela. Acompanham-se os passos das crianças; no início, elas recorrem à ficha o tempo todo (aquelas que têm necessidade), algumas com a ajuda individualizada do professor, e depois, pouco a pouco, a deixam de lado porque a interiorizaram (há aquelas que dizem, inclusive, que tentam não recorrer à ficha para testar seu progresso), automatizaram as competências que ela visava; depois, "ficam melhores que a ficha" e a abandonam. Ela constitui uma espécie de intermediário entre a regulação externa do professor e a autorregulação das crianças" (Doly, in Grangeat et al., 1997, p. 54).

O professor poderá também afixar na classe painéis apresentando as estratégias estudadas, o que lhe permitirá referir-se a elas sempre que necessário. O ideal seria, sem dúvida, produzir essas fichas e esses painéis com os próprios alunos, partindo de suas estratégias e adaptando-as às exigências da tarefa. "Recordemos que essa aprendizagem é metacognitiva, no sentido de que as crianças partem de seus metaconhecimentos sobre a tarefa (aos quais se acrescentaram conhecimentos construídos em comum) para construir outros mais adequados, a partir de uma reflexão avaliativa sobre suas produções e seus procedimentos – reflexão que se tornou possível graças ao controle cognitivo, com a ajuda do professor, operado sobre a atividade de escrita e que se traduziu em uma abstração-descontextualização e uma conceitualização da atividade e de seus produtos em fichas reutilizáveis em contextos diferentes"[2] (op. cit., p. 50).

No ensino-aprendizagem estratégico dirigido às crianças menores, pode ser proveitoso utilizar a metáfora sugerida por Gagné (1999). O autor associa cada processo cognitivo ou metacognitivo a um personagem. Assim, o "detetive" é encarregado da identificação dos elementos importantes da tarefa. É ele então que, com sua lupa, observa, procura indicadores, interroga-se e distingue o que é importante ou não na tarefa. O "bibliotecário" é responsável pela gestão da memória de longo prazo; ele arquiva os dados e procura os conhecimentos declarativos e procedurais necessários à realização da tarefa. Quanto à "arquiteta", ela planeja o trabalho a realizar, faz esquemas, determina as etapas a seguir e estabelece os procedimentos necessários. O "controlador" tem uma atividade caracteristicamente metacognitiva: ele verifica regularmente se tudo está caminhando bem e inspeciona o desenrolar da ação em tempo real. O "árbitro" efetua o controle final e avalia a qualidade da produção. Finamente, o "marceneiro" – que é encarregado da execução – e o "explorador" – de pensamento divergente – participam do trabalho conjunto. Esse "modelo Reflecto" permite apresentar os processos cognitivos de maneira lúdica e diferenciada. Pode-se pensar em trabalhar particularmente sobre um processo durante um período definido ou em propor a cada aluno o personagem de que mais precisaria no momento.

Outro suporte de trabalho muito interessante é o "posto de comando" sugerido por Levine (2003): o aluno tem diante de si um verdadeiro painel de bordo de avião com vários mostradores pelos quais pode avaliar o funcionamento da máquina. Por exemplo, o mostrador "antecipação" mede a capacidade de observar as coisas pacientemente e de dominar a impulsividade. O mostrador do "autocontrole" indica a capacidade de determinar como as coisas estão se desenrolando, etc. O posto de comando tem 14 mostradores e permite "pilotar" a tarefa verificando regularmente se o veículo cognitivo continua seguindo a rota certa. O quadro possibilita ao aluno se autoavaliar e regular sua ação.

Para ser eficaz, o ensino-aprendizagem de estratégias deve ser acompanhado de uma reflexão sobre a eficácia delas. Assim, o aluno precisa compreender que o procedimento sugerido é mais econômico, mais eficaz e mais útil do que aquele que utilizava até então. Precisa constatar por si mesmo e em diversas ocasiões que seu desempenho é melhor com essa nova estratégia. Nesse procedimento, suas atribuições causais (cf. Capítulo 2) devem ser internas – "essa estratégia me pertence, eu a domino" –, estáveis – "a partir de agora vou poder utilizá-la sempre que for necessário" – e controláveis – "sei que essa estratégia me fornece os meios para o meu êxito". Para ajudar os alunos a perceberem o interesse da nova estratégia, o professor poderá oferecer a eles um suporte escrito que lhes permita visualizar sua progressão:

Na primeira aula de apoio, Christian se apresenta a nós como um "nulo em ortografia". Ele está na 5ª série do primário e desde a 2ª série prepara seus ditados sem sucesso. Por isso, está totalmente resignado (resignação aprendida) e agora está convencido de que tem um defeito familiar hereditário! O professor titular, de sua parte, está convencido de que Christian não prepara seus ditados. Com os 20 ou 30 erros de seu aluno a cada ditado, ele não vê outra explicação para esses resultados catastróficos.

Constatamos muito rápido que a hipótese do professor não é a correta. Quando pedimos ao aluno que nos explique como prepara seus ditados, ele nos mostra as folhas com o texto a ser estudado que recopiou várias vezes. Ao nos mostrar suas "provas", Christian se queixa das horas que passa com sua mãe, toda terça-feira à tarde, para preparar seu ditado. Intrigados, perguntamos a ele como é o procedimento. O fato é que a mãe de Christian – a explicação parece absurda, mas corresponde exatamente à realidade – dita o texto letra por letra (!) ao filho, que o escreve – letra por letra – nas folhas. O exercício é refeito várias vezes; Christian escreve então até três vezes todo o ditado; o trabalho dura horas, a criança e a mãe se irritam, e Christian... continua cometendo mais de 20 erros no ditado.

Registramos com Christian os resultados de seu último ditado no Quadro de temperatura" (Anexo 7). Depois, propomos a ele experimentar um procedimento de preparação do ditado "mais adequado" e registrar o resultado nesse mesmo quadro. Uma única aula de apoio – dedicada à aprendizagem de um procedimento eficaz – bastou para Christian passar de 22 erros para 5 erros! Esse trabalho estratégico prosseguiu por cerca de quatro semanas, até o momento em que os resultados do aluno se estabilizaram em torno de 3-4 erros.

Graças ao "quadro de temperatura", Christian pôde visualizar seus progressos e constatar a eficácia do procedimento indicado. A aprendizagem da nova estratégia e a visualização de seus progressos permitiram ao aluno restaurar seu sentimento de controlabilidade e abandonar uma atitude de resignação mortífera. A conjugação de seu novo desempenho com a explicação de seu êxito e com a evolução de seus resultados convenceu o aluno da pertinência da nova estratégia.

Depois de ter apresentado alguns princípios básicos do ensino-aprendizagem estratégico, podemos falar agora das diferentes etapas desse trabalho. Globalmente, o procedimento está relacionado ao apoio (andaime)-retirada do apoio. Isso permite ao aluno apropriar-se progressivamente das estratégias úteis. A figura a seguir (Figura 7.6) mostra que o professor está bastante presente no início do processo, e depois cede lugar pouco a pouco ao aluno, que assume uma participação cada vez mais importante na gestão de suas ferramentas estratégicas. O espaço ocupado pela intervenção do professor, muito grande no início do procedimento, diminui na sequência. Ao contrário, o envolvimento do aluno aumenta até chegar a uma utilização completamente autônoma de suas estratégias. "Esse ensino de estratégias deveria ser concebido de modo a reforçar a autonomi-

Participação do adulto (pais, professor(a)):
procedimento de apoio (andaime) e heterorregulação

Ensino ⟶ aprendizagem ⟶ utilização autônoma

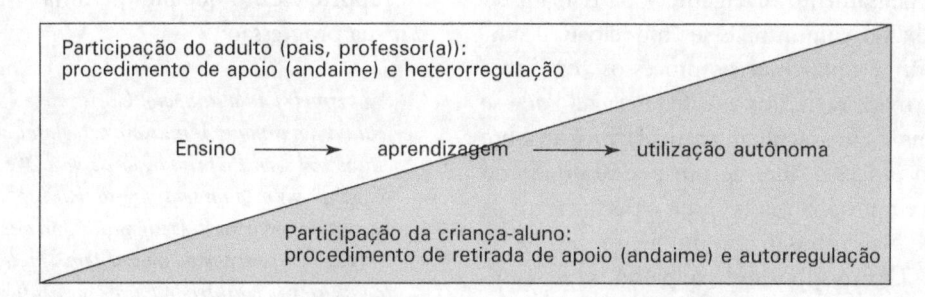

Participação da criança-aluno:
procedimento de retirada de apoio (andaime) e autorregulação

Figura 7.6 Do apoio e heterorregulação à utilização autônoma de estratégias.

zação cognitiva do aluno, que se encarregaria progressivamente da pilotagem de seu pensamento interiorizando os processos (meta)cognitivos necessários para um funcionamento intelectual ótimo" (Doudin et al., 2001, p. 29).

Mais precisamente, o procedimento pode ser decomposto em seis etapas principais:

1. Primeira etapa: o professor avalia a estratégia que o aluno utiliza espontaneamente e analisa com ele sua pertinência. Algumas estratégias se mostrarão bastante adequadas, enquanto outras serão manifestamente inadequadas. Essa primeira análise ajudará o aluno a compreender em que seus procedimentos atuais podem ser consolidados e por que, se for o caso, terá de abandoná-los por serem ineficazes. É aqui que o "motor" é retirado do cofre e desmontado. A nova estratégia será construída então a partir da tomada de consciência da criança de suas próprias estratégias.

   Se o trabalho for realizado com toda a classe, o professor pedirá às crianças que cada uma exponha sua estratégia. Com isso, os alunos poderão tomar consciência de que os procedimentos são inúmeros, e de que existem estratégias mais econômicas e mais eficazes do que outras. O questionamento de seu próprio procedimento será facilitado com a exposição de procedimentos diferentes pelos colegas. Evidentemente, o professor poderá ajudar os alunos a avaliar a eficácia relativa de cada um dos procedimentos e estimulá-los a melhorar suas estratégias.

2. Segunda etapa: o professor estabelece um projeto de aprendizagem de novas estratégias. Retoma a avaliação feita na fase anterior e a comenta; explica claramente qual é o objetivo perseguido e em que as novas estratégias propostas são pertinentes. O "quando" e o "por que" da utilização da estratégia serão abordados explicitamente. Os aspectos afetivos e conativos são igualmente importantes: trata-se de "motivar os alunos a utilizarem as estratégias mostrando-lhes que há uma ligação entre a utilização de uma estratégia e o êxito na tarefa. A motivação é essencial na aprendizagem estratégica. De fato, a menos que seja motivado para atingir um objetivo, o leitor não se empenhará na utilização de uma estratégia que exija um esforço. Sem um bom nível de autoestima e uma tendência a atribuir o sucesso ao esforço, os alunos têm pouca chance de iniciar um comportamento estratégico" (Giasson, in Doudin et al., 2001, p. 261). Essa segunda etapa consiste assim em um trabalho metacognitivo de explicitação e de objetivação: o contrato didático se torna explícito, e os alunos sabem o que está em jogo nas aprendizagens realizadas.

3. Terceira etapa: o professor trabalha com os alunos na melhora de suas estratégias. A cada fase, a estratégia pode ser apresentada de forma declarativa. O professor pode, inclusive, pedir aos alunos que aprendam "de cor" as diferentes etapas a serem respeitadas para realizar corretamente a tarefa. Como ressalta Crahay (1999), "a passagem pelo nível declarativo tem como objetivo favorecer a gestão consciente da estratégia" (p. 301). Trata-se, portanto, de desenvolver metaconhecimentos sobre os procedimentos a empreender antes de passar à utilização desses conhecimentos declarativos na hora da

realização efetiva da tarefa. O trabalho de proceduralização consiste, assim, em transformar os conhecimentos declarativos em procedimentos eficazes mobilizados em um contexto real de trabalho. Os alunos serão capazes, por exemplo, de dizer que é importante identificar a palavra-instrução ("risque, sublinhe, assinale, etc.") quando leem o enunciado de um exercício, mas incapazes de identificá-la efetivamente quando estão diante de uma tarefa real. Nesse caso, pode-se dizer que os alunos possuem conhecimentos declarativos sobre a leitura de enunciados, mas que ainda não realizaram o trabalho de proceduralização.

Nessa terceira fase, o trabalho de apropriação pode ser feito pela modelização. Como vimos acima, o professor – ou um aluno mais adiantado – coloca-se como modelo e realiza diante da classe o procedimento sugerido. Em seguida, cada aluno, por sua vez, experimenta a estratégia sob o olhar benevolente do professor (prática guiada). O *feedback* do professor – que confirma, orienta ou corrige o procedimento do aluno – é muito importante durante essa fase. O grupo também pode ser solicitado, em cada etapa.

4. Quarta etapa: os alunos tentam aplicar a estratégia aprendida e o professor dará seu apoio se necessário. Esse procedimento é mais individual: enquanto as etapas anteriores podem se beneficiar da contribuição do grupo, a apropriação aqui é individual. O aluno deve experimentar a estratégia individualmente e efetuar um trabalho pessoal de apropriação. Visto que se trata de conhecimentos procedurais, apenas o exercício frequente e uma prática sustentada possibilitarão uma real aprendizagem da estratégia.

A técnica de autoinstrução pode ser útil: primeiro, o aluno efetua a tarefa repetindo baixinho as diversas etapas a respeitar; depois, interioriza progressivamente o procedimento. Com isso, aprende a se autocontrolar e a se autorregular durante a execução da tarefa.

Nessa etapa, o adulto inspeciona "de longe" se o aluno compreendeu bem o procedimento e se está respeitando as diferentes etapas do processo. Essa etapa é um pouco cansativa, pois o aluno deve gerir conscientemente e intencionalmente suas estratégias. Seus recursos atencionais são bastante solicitados, pois ele deve ao mesmo tempo efetuar a tarefa requisitada e comandá-la de maneira consciente. O tempo de realização aumenta e o esforço consentido pelo aluno deve ser fortemente valorizado pelo professor, sem o que há um risco muito grande de desânimo.

É igualmente nessa fase que o professor sugerirá diferentes contextos de utilização das estratégias aprendidas. Na realidade, é preciso dar muitos exemplos de utilização da estratégia à criança para que ela se aproprie do procedimento e transfira suas competências.

5. Quinta etapa: agora a criança deve ser capaz de se arranjar sozinha. As estratégias aprendidas são automatizadas e o controle consciente vai diminuindo aos poucos até desaparecer completamente. O "motor" pode ser colocado de novo no cofre do veículo. "Disso decorre o paradoxo do *expert*: quanto mais se torna *expert* em um campo, mais difícil é explicar a outro como fazer" (Grégoire, in Depover et al. 1999, p. 27).

6. Sexta etapa: esta última etapa nunca termina completamente. Ela se refere à generalização da aprendizagem: a criança deve ser capaz agora de reconhecer todos os contextos nos quais é pertinente utilizar a estratégia aprendida. Ela já é totalmente autônoma e não necessita mais do adulto.

Como se pode constatar, o ensino-aprendizagem de estratégias requer um procedimento rigoroso. Quando começamos a trabalhar com essa abordagem metacognitiva, acreditávamos que bastava dizer ao aluno que era a estratégia correta para que ele a aplicasse, como se seu interesse fosse evidente. Hoje sabemos que essa aprendizagem leva tempo e não escapa às dificuldades encontradas nas outras aprendizagens escolares. "Não basta apresentar, mediante alguns exemplos, uma nova estratégia (por exemplo, como fazer um resumo), mas é necessário treinar longamente até que os alunos estejam em condições de adotá-la de maneira fácil e espontânea, generalizando--a a outras situações de aprendizagem (De Beni e Pazzaglia, in Doudin et al., 2001, p. 242-243).

Ao final, esse trabalho sobre as estratégias deveria permitir desenvolver no aluno uma "atitude metacognitiva" constante. Lafortune e Deaudelin (2001) falam inclusive de um "indivíduo metacognitivo" que conhece perfeitamente suas maneiras de aprender, seus recursos e suas dificuldades. Toda vez que se depara com uma tarefa, sabe mobilizar as estratégias pertinentes. "Ele é capaz de analisar seu processo de aprendizagem, de avaliar e de ajustar seus modos de fazer na ação. Esse indivíduo poderá então determinar o que pode ajudá-lo para realizar uma aprendizagem particular, e saberá como pode ajustar suas estratégias de aprendizagem e avaliar o conjunto de seu procedimento. A análise de seu processo mental lhe permitirá fazer melhores tomadas de consciência e abordar uma nova situação de aprendizagem tendo melhorado seus conhecimentos metacognitivos e tirando proveito de uma melhor gestão de sua atividade mental"[3] (in Doudin et al., p. 53).

Notas

1 Vale esclarecer aqui, para evitar qualquer confusão, que o termo "mediação" utilizado no campo pedagógico se distingue claramente da mediação tal como é definida no campo social. Nesse último, a mediação é um modo de resolução de conflitos que implica a intervenção de um terceiro, o mediador, que ajuda a encontrar uma solução para o impasse entre as pessoas em conflito.
2 Essa frase – trata-se de uma frase só! – é sintaticamente insólita. Diríamos o "calcanhar de Aquiles". Apesar de sua formulação intrincada, reproduzimos essa citação porque ela resume perfeitamente a questão. Mas, como nas HQs de Greg, às vezes são necessárias várias leituras para captar a sutileza da proposição...
3 Nessa descrição, o "indivíduo cognitivo" lembra muito o "o homem que valia 3 bilhões": já não se sabe muito bem aqui se é o caso de invejá-lo ou de se contentar em permanecer definitivamente um "indivíduo mesocognitvo".

PARTE II

Procedimentos remediativos

A segunda parte desta obra será dedicada aos procedimentos remediativos que ilustrarão as intervenções possíveis do professor estratégico. Já demos vários exemplos e várias pistas de intervenção na primeira parte do livro, mas desejamos abordar aqui procedimentos de remediação em ligação direta com as disciplinas escolares e os conteúdos de aprendizagem sugeridos nos planos de estudo. Enquanto a primeira parte destinava-se principalmente a abordagens centradas nos processos cognitivos e metacognitivos, nesta há uma entrada disciplinar na questão do ensino estratégico.

O primeiro capítulo desta segunda parte apresentará, de maneira sintética, alguns programas de educação cognitiva desenvolvidos por psicopedagogos cognitivistas. No Capítulo 9, vamos mostrar o trabalho que realizamos em Valais com alguns colegas professores especializados. Esse programa de intervenção – o PACEM – compartilha certos fundamentos com os programas de educação cognitiva apresentados no Capítulo 8, mas também se distancia deles por uma abordagem muito mais pragmática da remediação; ele tem como ambição inscrever-se no contexto escolar, o que nem sempre é o caso das outras abordagens.

Os três últimos capítulos serão dedicados à leitura, à escrita e à matemática. Não temos, evidentemente, a pretensão de apresentar uma abordagem cognitiva completa dessas diferentes disciplinas – somos totalmente incapazes disso –, mas procuraremos, mais modestamente, sugerir algumas pistas de intervenção estratégica para ajudar as crianças em dificuldade nesses âmbitos. Assim, esses capítulos serão ilustrações da ajuda estratégica possível em francês e em matemática, mas não constituem abordagens precisas para fazer frente às dificuldades em leitura, em escrita ou em matemática[1].

---

[1] Insistimos nesse ponto: não somos especialistas da didática, mas práticos da ajuda a crianças em dificuldade. As pistas sugeridas nesta obra mostraram seu valor na prática, e por isso decidimos apresentá-las; porém, o rigor de seu fundamento científico nem sempre é desenvolvido. Se você tiver a impressão de que a eficácia da estratégia é fraca demais ou, ao contrário, forte demais, queira se dirigir ao seu didata da família...

8

Programas de educação cognitiva

Vamos apresentar neste capítulo três abordagens diferentes da educação cognitiva: o Programa de Enriquecimento Instrumental de Reuven Feuerstein (PEI), os Ateliês de Raciocínio Lógico (ARL) e a Gestão Mental de Antoine de La Garanderie (GM). Em seguida, situaremos a abordagem que desenvolvemos com colegas de Valais no vasto campo da educação cognitiva, analisando os pontos de convergência e de divergência com os três procedimentos.

Esses programas têm em comum a preocupação de desenvolver as capacidades cognitivas dos alunos, dotando-os de ferramentas que lhes permitam uma melhor gestão de seus recursos. Portanto, favorecem os procedimentos de aprendizagem autônoma privilegiando o "aprender a aprender". O papel do mediador (cf. item 7.2) é determinante nesses diferentes procedimentos de educação cognitiva. Em todos os casos, o objetivo é a melhora do funcionamento cognitivo dos sujeitos.

8.1 O PROGRAMA DE ENRIQUECIMENTO INSTRUMENTAL DE REUVEN FEUERSTEIN (PEI)

O Programa de Enriquecimento Instrumental de Reuven Feuerstein (PEI) é, provavelmente, o procedimento de educação cognitiva mais conhecido. Foi concebido inicialmente para adolescentes em grande dificuldade escolar, mas depois foi utilizado com crianças e adultos, por exemplo, em situações de desemprego ou de requalificação profissional.

O programa é ambicioso em seus objetivos, como também em sua duração (entre 100 e 200 horas distribuídas em vários anos). Feuerstein não visa nada menos que a modificabilidade cognitiva. Seu programa deveria possibilitar desenvolver a capacidade de automodificação do sujeito. A abordagem é, portanto, estrutural (cf. item 1.2). Tem a ambição de propor uma real "reanimação cognitiva" para sujeitos passivos que perderam a confiança em sua aptidão de pensar e de refletir. "Trata-se, na verdade, de treinar o sujeito para exercícios variados, cada vez mais abstratos, proporcionando-lhe os meios de resolver os diferentes problemas colocados. Fazendo isso, ele deve descobrir o prazer que existe em saber raciocinar inteligentemente, assim como a possibilidade, nova para ele, de transferir esses procedimentos de pensamento do PEI a outros âmbitos da vida" (Debray, 1989, p. 42).

O PEI oferece numerosos exercícios de lógica que permitem treinar um conjunto de atividades cognitivas e corrigir as funções deficientes. O conteúdo é deliberadamente não escolar. O desafio é trabalhar os processos cognitivos por si mesmos, independentemente de uma determinada aprendizagem escolar. Esse grau de generalidade na abordagem deveria permitir, ao final, uma utilização de processos treinados em todos os contextos que requerem essas novas competências cognitivas. Os alunos aprendem, por exemplo, a antecipar as consequências de suas ações, a controlar sua impulsividade ou, ainda, a avaliar o resultado durante a realização de suas tarefas. A autoanálise e a tomada de consciência de seu próprio pensamento estão, portanto, na essência do trabalho realizado. A análise das funções cognitivas deficientes é efetuada segundo as três fases bem conhecidas: o *input* ou tomada de informações, a elaboração – responsável pelo tratamento dos dados – e o *output*, que é a fase de formulação da resposta.

O programa comporta 15 instrumentos. Cada instrumento permite trabalhar mais especificamente uma função cognitiva. O programa tem a ambição de cobrir a maior parte dos processos cognitivos necessários à atividade intelectual. Os instrumentos abordam a comparação, as classificações, as relações temporais, a orientação espacial, a percepção analítica, a leitura de instruções, a progressão numérica ou, ainda, as relações familiares.

Cada instrumento permite igualmente trabalhar sobre o controle da impulsividade. Na primeira página de cada caderno aparece o desenho de um menino em uma atitude de reflexão. A fórmula "Um minuto... estamos pensando!" comenta o desenho e está no cabeçalho de cada dossiê. Para Feuerstein, os alunos com dificuldades costumam manifestar uma forte impulsividade e uma passagem ao ato irrefletida que pioram bastante sua reflexão. "A dimensão do tempo, indispensável a toda atividade de reflexão, merece um destaque particular, tanto mais que a resposta habitual das crianças culturalmente carentes sempre envolve em primeiro lugar a descarga motriz e, portanto, a impulsividade, impedindo qualquer trabalho pelo pensamento." (Debray, 1989, p. 48).

O desenrolar das sessões de trabalho apresenta algumas características. "Em todos os instrumentos, os sujeitos são solicitados a definir o problema a ser executado, a compará-lo aos problemas realizados anteriormente, a elaborar e a avaliar as estratégias, a compará-las em termos de eficácia e de utilidade na resolução da tarefa" (Dias, 2003, p. 125). As sessões terminam com um exercício de "*bridging*", que visa estabelecer ligações, "pontes" (*bridge*), entre os exercícios do PEI e os outros contextos nos quais a função que se trabalhou poderá ser mobilizada. Uma das coisas que se pede aos alunos é que encontrem exemplos de aplicação das funções trabalhadas no mundo escolar, profissional ou na vida cotidiana. Essa reflexão visa, evidentemente, a transferência e a generalização das aprendizagens efetuadas. Esse tempo de discussão e de análise da tarefa também possibilita aos alunos confrontar suas estratégias. Feuerstein atribui uma grande importância ao vocabulário utilizado durante as sessões e aos conceitos subjacentes. Assim, o professor utilizará os termos "*input*, elaboração, *output*, etc." com seus alunos.

O papel do mediador é central nessa abordagem. Ele busca continuamente modificar o funcionamento cognitivo dos sujeitos, incitando-os a refletir sobre seus procedimentos e a justificar suas escolhas. Não interessa ao professor a resposta "certa"; apenas as estratégias cognitivas são visadas pelo procedimento proposto. Seu papel é particularmente importante no final da sessão, quando é preciso ajudar os alunos a objetivar seus procedimentos e a fazer uma síntese das aprendizagens realizadas. O mediador ajuda os alunos a "tomar consciência do percurso do pensamento explicitando as etapas que o delimitam a fim de desenvolver uma abordagem sistemática para a resolução de problemas. [...] Ele insiste continuamente na importância de pensar e nas perguntas que lhe podem ser feitas a propósito dessa atividade. É esse o *leitmotiv* de todo o PEI" (Debray, 1989, p. 48).

Embora a abordagem proposta por Feuerstein nos pareça muito interessante quanto à filosofia, entendemos que ela cria muitas dificuldades para o professor:

- antes de tudo, a utilização de instrumentos só é possível depois de uma longa e consequente formação dada pela equipe de Feuerstein; por isso, não é possível comprar os dossiês e experimentar algumas pistas na classe sem uma formação avançada;
- o conjunto do programa é cronófago: é difícil imaginar como um professor poderia aplicar o procedimento na classe dando continuidade, paralelamente, às aprendizagens escolares;
- apesar da preocupação de generalizar as aprendizagens – particularmente pela utilização do "*bridging*" – as pesquisas realizadas sobre o PEI nunca possibilitaram demonstrar claramente sua real eficácia em outros contextos de utilização; portanto, a questão da transferência permanece em aberto. Loarer (1998) é, particularmente, bastante severo com o PEI: depois de ter analisado numerosas pesquisas, ele constata ausência de transferência, resultados frustrantes sobre a motivação das pessoas que se beneficiaram do programa e, mais grave no que diz respeito à escola, ele observa que "o PEI é apresentado como um remédio para o fracasso escolar, mas não tem efeito sobre os resultados escolares" (p. 148).

8.2 OS ATELIÊS DE RACIOCÍNIO LÓGICO (ARL)

Os Ateliês de Raciocínio Lógico (ARL) propõem exercícios de raciocínio matemático e de lógica destinados a adolescentes ou adultos que experimentam dificuldades de aprendizagem e que terminaram a escolaridade obrigatória. Se apresentamos esta abordagem – que não corresponde diretamente à população escolar a que se refere a nossa obra –, é porque ela tem um parentesco incontestável com os procedimentos que propomos e porque chama a atenção para diversas dimensões bastante interessantes.

A fonte primeira dos ARL é a teoria do desenvolvimento intelectual proposta por Piaget. Assim como para o PEI de Feuerstein, o objetivo central do programa é ajudar os sujeitos a desenvolverem as operações intelectuais necessárias ao raciocínio lógico e, de maneira mais geral, às atividades escolares, profissionais ou da vida cotidiana. O trabalho consiste assim em reabilitar funções cognitivas deficientes nos sujeitos e em restaurar a confiança deles quanto às suas potencialidades intelectuais. "Os Ateliês visam a ajudar o aprendiz a modificar seus modos operatórios, a tomar consciência de suas potencialidades, a utilizá-las, afirmá--las, enriquecê-las, consolidá-las, generalizá-las" (Higelé et al., 1992, p. 29). A meta visada pelos ARL é, portanto, possibilitar aos aprendizes realizar, em contextos diferentes, as operações intelectuais trabalhadas nas sessões. Trata-se de um objetivo bastante ambicioso: os ateliês deveriam ajudar os aprendizes a "compreenderem melhor o mundo à sua volta e a estarem mais preparados para responder às diversas solicitações a que devem fazer frente no dia a dia" (Higelé e Dupuy., 1996, p. 74).

O conteúdo e o procedimento sugeridos aos participantes se distanciam voluntariamente das práticas pedagógicas escolares. Para esses jovens adultos com dificuldades, a vivência do fracasso é às vezes tão pesada que é preciso desenvolver novos procedimentos intelectuais próximos de sua vida atual e de suas necessidades profissionais.

Os exercícios propostos vão do nível das operações concretas ao das operações formais. Eles visam ao desenvolvimento de estruturas operatórias mais variadas e mais flexíveis, e não a aquisição de novos conhecimentos. Por isso, recorre-se constantemente aos processos de assimilação-acomodação no momento de executar os diversos exercícios propostos. Estes são organizados em módulos centrados em uma operação precisa, como, por exemplo, a seriação ou a implicação. O domínio da impulsividade também é trabalhado: "Os sujeitos têm, muitas vezes, a tendência a agir impulsivamente na situação, precipitando-se para dar uma resposta certa sem refletir. Essa impulsividade deve ceder o lugar a uma reflexão, sobretudo em caso de fracasso. Assim, parece necessário impor um tempo de reflexão, centrando-se no raciocínio" (Higelé et al., 1992, p. 31).

Os ateliês se desenvolvem em grupos de 6 a 8 pessoas, à razão de uma a duas sessões por semana com duração de 1h até 1h30min. Seu desenvolvimento é formalizado: de início, as pessoas trabalham individualmente e se encontram diante de situações-problema que devem enfrentar mobilizando novas ferramentas cognitivas. Em seguida, elas confrontam seus raciocínios em uma discussão coletiva (fase de socialização do raciocínio) que permite a cada um apresentar suas soluções e confrontá-las com as do grupo. Aqui, o conflito sociocognitivo está no centro do processo. Finalmente, a sessão termina com uma fase de compartilhamento das possíveis aplicações das estratégias e dos raciocínios trabalhados durante a sessão. Essa última etapa visa à generalização das aquisições pela procura de situações que permitam um reinvestimento das aprendizagens realizadas.

Como se pode constatar, a interação social em pequenos grupos de trabalho constitui o procedimento privilegiado pelos ARL. A tomada de consciência dos processos de pensamento se dá em uma fase de objetivação pessoal das estratégias utilizadas, seguida por uma fase de confrontação de pontos de vista com os outros membros do grupo: "Assim, o aprendiz tomará consciência de sua atividade intelectual, dos processos de pensamento em jogo, da relatividade do seu ponto de vista, da necessidade de fundamentá-lo em elementos objetivos e de enriquecer seus mecanismos" (op. cit., p. 38). Há, portanto, uma dupla alternância entre "trabalho escrito/trabalho oral" e "atividade individual/atividade coletiva". Nos ARL, o trabalho em grupo, além de suas virtudes socioconstrutivistas, tem uma outra vantagem importante: "A socialização, além de seu papel no enriquecimento das competências intelectuais, também condiciona a tomada de consciência e a autoafirmação, o re-conhecimento de si em um espaço social satisfatório, uma reapropriação positiva do sentimento de competência intelectual e, portanto, uma redefinição das questões identitárias ligadas à representação social de sua inteligência" (op. cit., p. 39).

Assim como no PEI, o papel do mediador é determinante no êxito dos ARL. Na realidade, é ele quem assegura os conflitos sociocognitivos que permitem pôr em prática estratégias, procedimentos e raciocínios mais eficazes. O desafio das atividades é possibilitar aos aprendizes refletir juntos sobre os procedimentos intelectuais, e não obter a resposta "certa". O mediador atribuirá um estatuto particular ao erro, centrando a reflexão do grupo no raciocínio e não no resultado obtido. Os sujeitos são encorajados pelo formador a se autoavaliar e a regular seus procedimentos de raciocínio. Há também uma ajuda à transferência que visa generalizar os modos operatórios aos diversos contextos de vida das pessoas em formação. Em outras palavras, o formador desempenhará um papel de mediador "entre o aprendiz e seu ambiente, ampliando as situações de aprendizagem, ligando-as a outros contextos (vida cotidiana, situações-problema, outros ensinos, etc.), buscando com ele situações que exijam pôr em prática operações intelectuais trabalhadas no Ateliê. Ele será o animador do Ateliê, favorecendo a expressão de cada um, ouvindo cada uma de suas produções. Ele deverá guiar e orientar os aprendizes para levá-los gradualmente a estruturar mecanismos cognitivos mais elaborados em situações diversas, buscando o desenvolvimento de estratégias compensatórias e gerativas (op. cit., p. 39).

Como podemos constatar, os procedimentos indicados pelos ARL e pelo PEI de Feuerstein têm muitas semelhanças: os dois programas visam a reabilitar as funções cognitivas deficientes do sujeito; a modificabilidade cognitiva está na essência das duas abordagens; o procedimento sugerido aos aprendizes distancia-se voluntariamente das práticas pedagógicas escolares; os diferentes módulos visam a trabalhar funções mentais específicas; a importância do grupo e do conflito sociocognitivo é igualmente destacada nos dois programas, assim como o papel determinante do mediador no êxito do processo; finalmente, a questão da transferência e da generalização se coloca no PEI e nos ARL.

8.3 A GESTÃO MENTAL DE ANTOINE DE LA GARANDERIE (GM)

A Gestão Mental de Antoine de La Garanderie (1980, 1982, 1984, 1988, 1990) teve um enorme sucesso entre os professores desde o início dos anos 1980. Atualmente, essa abordagem, fortemente criticada, perdeu o interesse junto aos profissionais, embora contenha vários aspectos muito interessantes para os professores. Na realidade, o autor trabalhou com crianças em dificuldade escolar e propõe uma abordagem de remediação perfeitamente adaptada ao contexto escolar, ao contrário dos programas expostos acima. O maior interesse da gestão mental é, para nós, ter vulgarizado os procedimentos cognitivos e metacognitivos e permitido a um grande número de professores entrar em um trabalho cognitivo com seus alunos. Acreditamos, no entanto, que o principal limite da GM decorre de uma simplificação abusiva dos processos em jogo na aprendizagem.

A teoria de La Garanderie foi construída em torno do processo da *evocação*, central nesse procedimento. O autor faz uma distinção entre a percepção[1] – que é assumida pelo registro perceptivo, para retomarmos a terminologia apresentada no item 3.4 – e a evocação – que é uma representação mentalizada do real. Para a GM, a evocação consiste na realidade em "se dar imagens mentais do que se percebeu, é representar isso em sua cabeça, por meio de imagens visuais ou de palavras. Quando observo uma paisagem, eu a percebo; para evocá-la, vou fechar os olhos e revê-la na minha cabeça, como se fosse uma foto onde eu poderia distinguir nitidamente as formas, as cores, a luz" (Brissard, 1988, p. 56). Quando, por exemplo, leio um texto e estou distraído, faço um trabalho de percepção – meus olhos prosseguem seu trabalho de decodificação –, mas não evoco mais – não tenho mais acesso ao sentido do texto porque não me dou imagens mentais do que estou lendo. Portanto, não é lendo e relendo um texto que se consegue compreendê-lo, mas sim evocando seu conteúdo, frase por frase, e depois como um todo coerente.

Para La Garanderie, existem duas modalidades de evocação: a evocação auditiva e a evocação visual. Os alunos auditivos apoiam-se na linguagem para gerir sua cognição, enquanto os visuais recorrem a imagens. A evocação auditiva consiste em repetir para si mesmo ou em ouvir de novo na cabeça o conteúdo da aprendizagem, enquanto a evocação visual supõe rever as imagens em sua tela mental. Assim, os "visuais" poderão facilmente evocar uma cena, um rosto ou um lugar – construindo mentalmente a imagem correspondente –, enquanto os "auditivos" terão mais facilidade com os sons, as palavras, a música, etc. "Conforme a pessoa tenha adquirido hábitos 'visuais' ou 'auditivos', ela evocará o que percebe por imagens ou por palavras. As imagens poderão ser mais ou menos nítidas, mais ou menos detalhadas, estáticas ou dinâmicas. A conversa interior que temos conosco poderá ser mais ou menos precisa, e mais ou menos rica. A natureza da evocação depende do hábito que adquirimos, e não da natureza do que percebemos: pode-se evocar visualmente o que se ouviu e evocar verbalmente o que se viu" (op. cit., p. 39). Para comprovar se suas evocações estão corretas, o aluno comparará o resultado de suas evocações com o conteúdo da aprendizagem.

Em algumas fichas de procedimentos que apresentamos em anexos, retomamos a ideia da "fotografia" – para sugerir ao aluno a possibilidade de evocar visualmente o conteúdo da aprendizagem – e da "gravação" – que permite compreender o que se ouve por evocação auditiva. Quando o professor dá aulas inspirado na GM, ele deveria, como consequência, equilibrar as técnicas verbais e as apresentações visuais: "As palavras, frases e parágrafos nem sempre constituem o meio mais eficaz para representar a reflexão. Muitas ideias são mais bem expressas e compreendidas por intermédio de imagens, mapas, diagramas, quadros e esquemas heurísticos. [...] M. C. Wittrock fez a experiência de combinar atividades verbais e visuais, e os resultados que obteve provam que as duas abordagens combinadas são superiores à abordagem verbal sozinha" (Williams, 1986, p. 42). A GM recomenda, portanto, que se apresente a mensagem em dupla codificação, de maneira visual (gráficos, esquemas, imagens, palavras-chave, etc.) e auditiva (referência temporal: antes, em seguida, depois, etc.). Ela pede também aos professores que deem um tempo aos alunos, ao final de cada sequência de aprendizagem, para que possam fazer com toda a tranquilidade esse trabalho de evocação do conteúdo que acabaram de trabalhar. Vimos no item 4.2 que essa evocação constitui a primeira etapa indispensável do trabalho de memorização.

Para La Garanderie, as evocações podem ser ainda espontâneas e inconscientes ou dirigidas e controladas conscientemente. O professor deve, portanto, ensinar o gesto de evocação para que os alunos o utilizem de maneira eficaz: "Para isso, o recurso será fechar os olhos e fazer um esforço para tornar essa evocação a mais completa, a mais exata, a mais depurada possível. Se for uma evocação visual, a imagem deve ser estável e deve-se conseguir descrevê-la; por falta de treinamento, muitos de nós evocam apenas imagens fugidias ou embaralhadas. Se for uma evocação verbal, o discurso interior deve ser ordenado, as palavras bem escolhidas, as frases devem ser completas" (op. cit., p. 59). A evocação é, portanto, uma reconstrução mental que possibilita um tratamento consciente da informação. Podemos igualmente aprender a aperfeiçoar nossas evocações nos exercitando, por exemplo, em controlar as evocações parasitas que surgem à revelia em nossa consciência e perturbam nossa compreensão.

Pode-se compreender melhor a natureza das evocações analisando-a com a ajuda de diversos *parâmetros*. Assim, o conteúdo da evocação pode ser fiel ao modelo, realista e se referir à vivência e ao concreto. Mas a evocação pode se referir também a dados aprendidos de cor e automatizados, como é o caso, por exemplo, das tábuas de multiplicação, da ortografia ou das notas musicais. Os procedimentos indutivos, dedutivos ou analógicos, por sua vez, correspondem ao parâmetro da lógica e da reflexão. O parâmetro da imaginação diz respeito ao pensamento divergente e à criatividade. Assim, o sujeito pode transformar o conteúdo, e mesmo inovar, inventar ou construir novas evocações.

Em resumo, trata-se, portanto, de construir, com a evocação, uma representação mental organizada das informações captadas por nossos órgãos sensoriais. Visto que as informações sensoriais são principalmente de natureza visual e auditiva, em particular no contexto da escola, as evocações também serão dessa natureza. Podemos, assim, constatar aqui que os dois tipos de evocação sugeridos por La Garanderie tecem ligações com os dois processos responsáveis pelo trabalho perceptivo que analisamos no item 3.4: a alça fonológica ou *alça articulatória* – responsável pela codificação verbal – e o *esboço visuoespacial* – responsável pela codificação imagética. O interesse do trabalho de La Garanderie reside em ter sugerido um procedimento adaptado ao contexto escolar, embora as noções de alça fonológica e esboço visuoespacial sejam, antes de tudo, conceitos oriundos da pesquisa em psicologia.

La Garanderie analisou ainda os principais "gestos mentais" necessários ao êxito escolar. Para o autor, os "gestos" mentais podem ser aprendidos e ensinados como qualquer outro gesto. O termo "gestão" mental pode ser compreendido igualmente em sua acepção econômica, designando os meios a que recorremos para "rentabilizar" a utilização de nossa inteligência (Brissard, 1988).

Os principais gestos estudados por La Garanderie são os seguintes:

- O *gesto de compreensão*: para compreender, é preciso evocar; o gesto de compreensão consiste no confronto entre as percepções e as evocações, e requer, portanto, muitos vaivéns entre o percebido ou o enunciado do problema e a evocação desse percebido ou desse enunciado; compreender é ter o projeto de dar sentido ao objeto de percepção.
- O *gesto de reflexão*: ele solicita a memória de longo prazo e, por isso, requer uma rememoração de evocados anteriores: o sujeito confrontará então, de um lado, sua percepção e sua evocação e, de outro, sua evocação atual com os evocados anteriores, que recuperará em sua memória de longo prazo; por exemplo, o aluno convocará uma regra gramatical que memorizou (evocados anteriores) e a confrontará com a situação atual (evocados atuais). "A reflexão é uma operação mental que se efetua em três tempos. Em primeiro lugar, evocação do enunciado (do tema da redação, da pergunta, etc.). Em segundo lugar, convocação de evocados memorizados que possam ajudar a resolver o problema. Em terceiro lugar, vaivém mental entre o evocado da pergunta e os evocados armazenados para confrontá-los até descobrir a resposta, ou leis, ou propriedades que permitam resolver o problema" (Chich et al., 1991, p. 76).
- O *gesto de atenção*: para estar atento, o aluno deve ter o projeto de transformar suas percepções em imagens mentais; por exemplo, deve ouvir o professor com o projeto de voltar a ouvir na cabeça o conteúdo de seu discurso, ou de rever na cabeça os esquemas ou as imagens apresentadas. Para La Garanderie, o "projeto" é muito importante: ele permite, de fato, mobilizar a atenção quando se põe a trabalhar (p. ex., "estou escutando o professor com o projeto de evocar o que ele diz; vou observar para rever na minha cabeça"); o projeto permite igualmente imaginar a situação futura em que se reutilizará a aprendizagem efetuada (p. ex., "vou aprender minha lição para poder reproduzi-la por escrito amanhã na classe"). Apresentamos no Anexo 8 o exemplo de uma ficha de procedimento que ajuda o aluno a compreender melhor o que se espera dele quando se pede que fique atento. Sem um projeto claro de evocação, o "fique atento" orienta a atenção do aluno para a injunção – ele está atento a estar atento – e não para o conteúdo da aprendizagem – estar atento ao conteúdo apresentado ao professor.

Ainda que as abordagens sejam muito diferentes, a Gestão Mental compartilha várias características com o Programa de Enriquecimento Instrumental e com os Ateliês de Raciocínio Lógico. Assim, para La Garanderie, "todas as crianças podem ter êxito"[2]. O princípio da educabilidade é, portanto, central para o autor, como é também para o PEI e para os ARL. Além disso, as três abordagens visam dotar o aluno de ferramentas cognitivas que ele possa mobilizar conscientemente. Finalmente, o professor desempenha um papel de mediador entre os três procedimentos: sua intervenção é necessária para ajudar o aluno a melhorar seu funcionamento cognitivo.

Contudo, há uma diferença importante que distingue essas três abordagens: a Gestão Mental permite trabalhar sobre os conteúdos escolares e visa facilitar sua apropriação, enquanto o PEI e os ARL visam dotar os sujeitos – antes – de ferramentas cognitivas que eles possam mobilizar – depois – em outros contextos. Além disso, o papel do grupo é menos importante na GM; a abordagem individual é inclusive encorajada, por exemplo, na utilização do diálogo pedagógico.

Notas

1 A *percepção*, tal como definida por La Garanderie, corresponde ao trabalho do registro sensorial em psicologia cognitiva, enquanto a *evocação* está muito próxima da percepção na linguagem cognitivista. A ambiguidade terminológica pode criar confusão no leitor, mas, no fundo, as duas abordagens acabam por convergir: os sinais físicos não têm significação em si mesmos; devemos analisá-los e identificá-los para dar-lhes sentido. É no nível perceptivo que se dá a integração das diferentes características dos sinais físicos em percepto ou um uma imagem mental identificável e significante. A percepção dos cognitivistas e a evocação de La Garanderie desempenham um papel parecido: elas permitem atribuir uma significação às informações sensoriais.

2 La Garanderie, A. de e Cattan, G. (1988), *Tous les enfant peuvent réussir*, Paris, Centurion.

9

O Programa de Aprendizagem Cognitiva Escolar Mediada (PACEM)

Um grupo de professores especializados de Valais se reuniu durante vários anos para refletir sobre a importância que poderia ter a abordagem cognitiva e metacognitiva na ajuda aos alunos em dificuldade. Esse grupo – a cujos membros agradecemos no início desta obra – constituiu-se em torno das competências do Dr. Bosco Dias[1], da Universidade de Friburgo (Suíça). Foi, na verdade, após uma formação em pedagogia especializada que os professores envolvidos tiveram o desejo de prosseguir a reflexão sobre a abordagem metacognitiva. O documento elaborado em nosso programa comporta mais de 80 fichas de trabalho. Para fazer essa classificação, partimos das fichas de francês e de matemática propostas no material oficial, e discutimos quais processos os alunos deveriam mobilizar para resolver corretamente os exercícios propostos. Apresentaremos neste capítulo apenas o procedimento empreendido e alguns exemplos de fichas (Anexos 2 a 4 e 9 a 14).

Enquanto a maioria dos métodos de educação cognitiva se propõe desenvolver o funcionamento cognitivo sem utilizar suportes ou conteúdos escolares, nosso programa inscreve-se resolutamente em um contexto disciplinar de aquisição de conhecimentos. Na introdução desta obra, desenvolvemos nossos postulados teóricos: nós nos propomos aprender a aprender, mas "aprendendo alguma coisa" (Loarer, 1998, p.138). As pesquisas sobre a eficácia dos programas de educação cognitiva mostraram, de fato, que os sujeitos não adquirem processos cognitivos gerais ou estruturas gerais de pensamento, mas aprendem procedimentos a partir de conteúdos precisos: "As pesquisas que acabam de ser divulgadas oferecem algumas razões para pensar que os métodos de educação cognitiva seriam mais eficazes, sem dúvida, se incidissem diretamente no campo que se procura melhorar. Tirar lições dessas pesquisas consiste então em abandonar a ideia de que é possível desenvolver diretamente procedimentos gerais de pensamento" (op. cit., p. 155). Assim, nosso programa inscreve-se claramente nos métodos de educação cognitiva "de segunda geração" (p. 157).

As perguntas na origem do presente trabalho eram as seguintes:

- como avaliar com precisão os processos cognitivos deficientes na criança em dificuldade?
- quais processos mentais são necessários para realizar tal trabalho escolar, tal ficha?
- quais são os meios de remedição nesse campo?

Para responder a essas perguntas – que afetam a avaliação e a remediação – retivemos principalmente dois procedimentos:

1. Optamos primeiramente por uma "entrada" na problemática através dos meios. Selecionamos as fichas, extraídas de documentos oficiais, e as analisamos, procurando ver que processos cognitivos deveriam ser atualizados pela criança para realizar os exercícios propostos.
2. Em um segundo momento, decidimos "entrar" no procedimento, emprestando, desta vez, a "porta" dos processos cognitivos: se, por exemplo, a criança sentia dificuldades na tomada de informações – discriminando mal as informações importantes –, nós nos questionamos sobre que exercícios poderíamos propor a ela para remediar suas dificuldades.

Antes de apresentar muito concretamente o material elaborado por nosso grupo, gostaríamos de abordar os princípios básicos que guiaram nossa reflexão. Como vimos nesta obra, a abordagem metacognitiva tem interesse nos procedimentos, nas condutas, nas estratégias que a criança adota em face das tarefas. O PACEM favorece assim a reflexão do aluno sobre sua maneira de trabalhar e, consequentemente, estimula sua autoavaliação. Os conhecimentos metacognitivos são adquiridos pela tomada de consciência de seu funcionamento, de sua maneira de aprender, de enfrentar a tarefa, de resolver problemas, etc. Para melhorar o desempenho dos alunos, é preciso então instigá-los a "um envolvimento ativo, controlado, consciente e refletido na execução de uma atividade e a tirar proveito de suas experiências" (Dias, 1996). Por isso, privilegiamos em nosso documento a tomada de consciência pelo aluno dos processos empregados em uma tarefa escolar. A análise dos procedimentos ajuda a verbalizar o que geralmente fica implícito e dá ao aluno a oportunidade de verificar a adequação de suas estratégias à tarefa solicitada.

A esse propósito, Dias (op. cit.) distingue duas espécies de conhecimentos metacognitivos:

- Os conhecimentos relativos à maneira de trabalhar e de aprender, que possibilitam ao aluno avaliar seus procedimentos e o nível de eficácia alcançado. As perguntas que o aluno se coloca aqui são do tipo: "Estou identificando todos os dados do problema? Estou definindo um plano de trabalho preciso e sistemático? Estou dando o tempo suficiente a este exercício?", etc.
- Os conhecimentos relativos à natureza da tarefa, que estão ligados ao próprio problema a resolver. As perguntas importantes aqui podem ser: "O problema a resolver é semelhante a outros problemas conhecidos? Onde estão as dificuldades desta tarefa? A que conhecimentos de base o exercício se reporta?", etc.

Essa importante distinção interessa diretamente ao procedimento sugerido em nosso documento. Na realidade, para a elaboração de nosso material, partimos de conhecimentos relativos à natureza da tarefa analisando as fichas escolhidas. Esse primeiro trabalho foi realizado com a ajuda das "funções cognitivas deficientes" emprestadas de Feuerstein. Realizamos esse trabalho "a frio", analisando os exercícios propostos e retendo os processos necessários à realização das fichas. Esse primeiro procedimento pode então ser realizado sem o aluno, limitando-se a analisar as fichas e os processos envolvidos em sua realização.

Ao contrário, a análise dos conhecimentos relativos à maneira de trabalhar e de aprender deve ser feita "a quente", observando o aluno durante a realização da tarefa e fazendo uma entrevista com ele após a realização efetiva dos exercícios (cf. Capítulo 6). É essa categoria de conhecimentos que é necessário avaliar no trabalho com a criança em dificuldade. É também nesse nível que a remediação é possível. Um primeiro exemplo nos ajudará a compreender melhor o interesse de uma análise aprofundada da atitude da criança diante da tarefa.

Manuela é uma aluna da 2ª série do primário que deixa o professor desorientado por seus resultados irregulares. Embora pareça aprender normalmente na hora das lições coletivas, seus resultados nas tarefas escritas são geralmente catastróficos. Para compreender melhor a atitude da aluna nas tarefas escritas, nós lhe passamos, na fase de avaliação diagnóstica, uma ficha de vocabulário tirada do PACEM.

A aluna faz seu trabalho sem pedir ajuda, e depois nos entrega a ficha terminada (Anexo 9). Durante seu trabalho individual, já podemos preencher nossa ficha de análise observando sua atitude diante da tarefa. Em seguida, fazemos uma pequena entrevista para compreender bem seu procedimento e depois complementamos os itens da ficha de análise.

Essa primeira avaliação já nos fornece inúmeras informações que nos ajudam a compreender melhor as dificuldades de Manuela. De fato, graças à ficha que analisa justamente os diversos processos necessários à realização dos exercícios, já podemos registrar várias informações interessantes:
- *a aluna leu o título da ficha, mas é incapaz de nos dizer qual é o campo trabalhado (vocabulário, as famílias de palavras);*
- *ela acha que a ficha tem apenas dois exercícios; para ela, o primeiro enunciado é, na realidade, o enunciado que corresponde ao quadro; por isso, acredita que os exercícios 1 e 2 são um exercício só; compreendemos então por que ela não completou o exercício 1 (que para ela não existe);*
- *sabemos que leu o primeiro enunciado, pois ela nos pediu um dicionário;*
- *ela compreende o termo "recipiente" no quadro, mas lê "continua" em vez de "conteúdo" no cabeçalho da segunda coluna;*
- *na entrevista, ela nos diz que escreveu "bombom" e "chocolate" porque essas palavras eram "próximas do açúcar" – que ela viu desenhado no alto da página;*
- *ela escreve em seguida "taça, salada, pera e jarro" porque, segundo ela, "é preciso fazer um trabalho sobre as palavras e completar o quadro";*
- *o enunciado do exercício 3, ao contrário, Manuela compreendeu muito bem: ela circunda então corretamente "saleiro, molheira e açucareiro", mas é incapaz, na entrevista, de nos explicar o sentido de "saleiro, molheira, bomboneira, confeiteira, pimenteiro, oleiro e chaleira".*

Dessa avaliação, podemos tirar as seguintes conclusões:
- *Manuela não examina globalmente a ficha antes de se lançar aos exercícios;*
- *não compreende do que trata a atividade, a saber, que essa ficha refere-se a "famílias de palavras";*
- *não faz nenhuma ligação entre os três exercícios, nem entre as duas partes do quadro;*

- *completa a ficha sem se preocupar com a qualidade dos resultados;*
- *seu vocabulário é reduzido.*

Em compensação, constatamos os seguintes recursos:
- *ela trabalha calmamente e de maneira aplicada;*
- *leu o título da ficha e os enunciados dos exercícios.*

Evidentemente, nunca tiramos conclusões definitivas sobre as dificuldades de um aluno depois de uma única avaliação, mas podemos constatar a riqueza das informações recolhidas sobre a atitude da criança diante da tarefa obtidas graças a uma observação instrumentada.

Se os resultados se confirmarem nas próximas avaliações, poderemos pensar em trabalhar com Manuela sobre sua maneira de entrar nas fichas e convencê-la a abordar globalmente seu trabalho, estabelecendo ligações entre o título, os enunciados e os diferentes exercícios propostos. Ajudando-a a fazer uma síntese das diversas informações que ela pode obter antes de começar a realizar efetivamente seu trabalho (fase de recepção), poderemos oferecer a ela uma ajuda determinante em sua atitude diante da tarefa.

Como vimos ao longo desta obra, as condutas inteligentes se aprendem e, portanto, devem ser ensinadas. Antes de tudo, nosso documento possibilita, de um lado, destacar os recursos da criança e, de outro, pôr em evidência as atitudes inadequadas diante da tarefa. A remediação que se seguirá a essa avaliação possibilitará trabalhar sobre as dificuldades da criança e facilitar a emergência de condutas "mais inteligentes", mais adequadas às exigências da tarefa. Visto que os processos mentais envolvidos em uma tarefa escolar são muito numerosos, apenas uma avaliação mais profunda dos procedimentos da criança é capaz de revelar não apenas os procedimentos inadequados, mas também aqueles que a criança utilizou corretamente.

Para resolver os problemas que lhe são apresentados, o aprendiz analisa, planeja, elabora estratégias e solicita atividades mentais (atenção, percepção, memória, conhecimentos adquiridos, etc.). É justamente nesse nível que se situa nossa abordagem, possibilitando ao aluno tomar consciência dos processos que deve empregar para resolver corretamente suas tarefas escolares. A originalidade do procedimento remediativo que propomos no PACEM está em favorecer um trabalho sobre os processos cognitivos a partir de fichas e de exercícios escolares. O aluno pode, assim, desenvolver uma reflexão metacognitiva que lhe permita lançar um olhar "meta" sobre a tarefa, analisar seu desempenho, a eficácia dos procedimentos escolhidos ou, ao contrário, sua utilização inadequada, e isso diretamente a partir dos exercícios propostos na classe.

Enquanto os processos metacognitivos intervêm em todas as tarefas escolares, os processos cognitivos subordinados dependem da análise particular de cada tarefa. Eles "entram em ação somente quando o problema a resolver necessita da utilização de sua função específica. [...] Esses processos devem ser inventariados segundo a natureza da tarefa a resolver" (op. cit.). A análise que realizamos das fichas faz parte dessa abordagem. Escolhemos os exercícios que nos pareceram mais interessantes e procuramos determinar quais processos cognitivos subordinados essas tarefas solicitavam. Observamos, por exemplo, que certos exercícios exigiam, antes mesmo de planejar o trabalho, uma identificação da natureza do problema a resolver. Outras fichas pediam uma exploração sistemática do conjunto da tarefa, enquanto outras ainda eram mais fáceis de abordar isolando cada exercício.

Na análise das fichas de nosso documento, procuramos levar em consideração também as três categorias de conhecimento apresentadas no item 3.3: os conhecimentos declarativos, procedurais e condicionais. Assinalamos, por exemplo, a importância do domínio de vocabulário em algumas fichas de matemática (conhecimentos léxicos) ou indicamos o procedimento eficiente a utilizar nos exercícios que exigem o respeito estrito de etapas determinadas (conhecimentos procedurais). Foram indicados ainda os conhecimentos condicionais indispensáveis quando o aluno deve generalizar suas aprendizagens. Estes se tornam determinantes, por outro lado, na fase remediativa de nosso trabalho, quando tentamos ajudar a criança a mobilizar seus conhecimentos em todas as tarefas em que eles forem necessários – na sala de aula, em casa, etc. –, e não apenas na classe de apoio com o professor especializado.

Jean tem 9 anos e está na 3ª série do primário. Foi designado para o apoio por dificuldades em matemática. Completamos a avaliação inicial dos recursos e dificuldades do aluno em matemática com uma avaliação de sua atitude diante da tarefa. Apresentamos aqui uma das fichas utilizadas com Jean; ela se refere ao trabalho do espaço e, mais precisamente, aos deslocamentos (Anexos 11 e 12).

A observação do aluno durante a realização dos exercícios e a entrevista feita em seguida nos trazem as seguintes indicações:
- *a leitura do enunciado feita pelo aluno é manifestamente imprecisa; Jean não compreende que o menino "está voltando para casa"; em seguida, ele desenha os trajetos a lápis no papel, mas não com cores diferentes, como diz o enunciado; e passa várias vezes pelo mesmo "trecho de rua";*
- *a leitura de um quadro com dupla entrada não é familiar ao aluno; por exemplo, para Jean, "Michel foi apenas ao zoológico";*
- *a falta de cuidado é evidente: os traços são desenhados sem capricho e há uma linha mal apagada.*

A avaliação de sua atitude diante da tarefa também ajuda a identificar alguns recursos importantes:
- *Jean faz a ligação entre as três partes da ficha: o enunciado é identificado como tal e o aluno compreende que o quadro dá indicações sobre os deslocamentos que é preciso desenhar no plano;*
- *reconhece um exercício de matemática sobre os deslocamentos;*
- *revela uma boa compreensão do vocabulário utilizado na ficha ("trajeto, trecho, catedral, estádio, etc.").*

Que conclusões tirar dessa avaliação?
- *Jean parece ter dificuldade de gerir o conjunto das informações contidas no enunciado; parece haver um problema de sobrecarga cognitiva (cf. item 3.4);*
- *ele revela um bom domínio do vocabulário (conhecimentos declarativos);*
- *suas dificuldades se devem principalmente a conhecimentos procedurais insuficientes, sobretudo na leitura dos enunciados;*
- *seus conhecimentos condicionais são bons: ele compreende do que trata a ficha e o exercício é situado corretamente no tema dos deslocamentos; assim, o aluno mobiliza de forma pertinente suas competências matemáticas.*

A ficha de análise apresentada aqui foi extraída da parte do nosso documento em que se recomenda observar os diferentes tipos de conhecimentos (declarativos, procedurais e condicionais) que o aluno deve mobilizar para realizar corretamente sua ficha. A utilização dessa grade possibilita uma avaliação bem mais rica do que uma simples observação não instrumentada. O interesse da ferramenta fica evidente mais uma vez: uma simples avaliação feita em alguns minutos já possibilita emitir hipóteses interessantes sobre os recursos e as dificuldades cognitivas e metacognitivas do aluno. Evidentemente, elas precisam ser confirmadas por outras observações.

Como vimos no item 8.1, Feuerstein, assim como a maioria dos cognitivistas, concebe a inteligência como uma organização das funções cognitivas que intervêm na interação do sujeito com seu ambiente. O pesquisador estabelece assim uma lista dessas funções e as classifica segundo as três fases do ato mental: a fase de recepção (ou de apreensão: *input*), a fase de elaboração e a fase de expressão (ou de comunicação dos resultados: *output*)[2]. Para Feuerstein, podem surgir dificuldades em cada uma dessas três fases, isto é, quando me passam um trabalho, quando começo a executá-lo ou quando comunico minha resposta. Por exemplo, a apreensão dos dados pode ser perturbada por uma percepção vaga, imprecisa ou impulsiva das informações. A fase de elaboração pode se revelar deficiente porque o aluno não distingue os dados pertinentes dos que não são, porque não sabe comparar as informações disponíveis ou, ainda, porque não planejou sua conduta. Finalmente, as dificuldades podem situar-se no nível da comunicação dos resultados, quando o aluno expressa uma resposta imprecisa ou não compreensível pelo outro.

No PACEM retomamos essa classificação dos processos mentais em três fases. Naturalmente, há quase sempre importantes interações entre esses diferentes níveis. No entanto, essa classificação possibilita fazer uma observação mais focada dos problemas da criança e, na fase de remediação, permite circunscrever as dificuldades e pensar em uma ajuda eficaz. Assim, para elaborar nossas fichas de trabalho, utilizamos a lista de funções cognitivas deficientes de Feuerstein. Para cada exercício, analisamos as funções que o aluno deveria fazer emergir se desejasse realizar corretamente as fichas propostas.

Como destacamos acima, a originalidade de nossa abordagem consiste em partir de exercícios escolares efetivamente utilizados nas aulas. A opção de aproveitar fichas extraídas diretamente dos meios de ensino justifica-se pelo fato de os pesquisadores terem evidenciado, há muitos anos, os problemas importantes que se colocam aos alunos em matéria de transferência de conhecimentos (Capítulo 5). De fato, o trabalho que propomos favorece a transferência de aquisições, e isso em vários níveis. Antes de tudo, assinalamos acima a importância atribuída aos conhecimentos condicionais em nosso procedimento. Ora, esses conhecimentos são determinantes para favorecer a transferência. Depois, o trabalho efetuado nas fichas escolares possibilita verdadeiramente um reinvestimento dos procedimentos aprendidos com o aluno. Finalmente, os próprios pesquisadores se voltam a modelos nos quais as competências cognitivas das crianças se desenvolvem a partir de tarefas bem delimitadas. De fato, segundo Doudin e Martin (1992, p. 22), "a mudança cognitiva deveria incidir mais sobre a melhora das competências em um campo específico e bem delimitado". Como já indicamos, nos modelos mais ambiciosos – que visam, por exemplo, uma modificação das próprias estruturas da inteligência – a transferência de competências desenvolvidas nos âmbitos da escola e da vida cotidiana "é difícil na maioria dos casos" (op. cit.). Doudin e Martin propõem então "apoiar-se em noções específicas que estejam em relação com o contexto escolar, [...] tendo sempre como objetivo a melhora dos processos de pensamento" (op. cit.). É efetivamente essa abordagem que privilegiamos no PACEM.

Apresentaremos agora de forma mais precisa algumas fichas de trabalho, procurando mostrar a utilização possível de nosso documento. A maior parte das fichas que propomos em nosso documento permite uma dupla utilização:

– elas podem servir primeiramente para avaliar a conduta do aluno diante da tarefa, e são utilizadas então como instrumento diagnóstico;
– elas também podem ser utilizadas com a criança para o trabalho de remediação.

Na utilização desse instrumento diagnóstico, procedemos geralmente da seguinte maneira: o professor apresenta ao aluno uma ficha – que corresponde em princípio ao grau em que ele se encontra – e pede que realize os exercícios sem ajuda. Durante esse tempo, o professor observa o aluno e assinala na sua grade de análise os itens correspondentes aos procedimentos utilizados por ele. Quando o aluno termina o trabalho, o professor faz uma "entrevista de explicitação" e completa sua grade de análise. Nos Anexos 10, 12 e 14 há exemplos de grades preenchidas.

O professor também pode utilizar as fichas e grades de análise privilegiando uma "estratégia intensiva". O material é utilizado então como instrumento formativo. O aluno completa sua ficha explicitando no momento os procedimentos que está utilizando. O professor intervém, se necessário, fornecendo um complemento de informações ao aluno. Por meio da grade de análise, ele pode ajudar o aluno a tomar consciência de sua maneira de trabalhar, das estratégias que emprega, das dificuldades que encontra, etc. O PACEM possibilita, assim, uma utilização diagnóstica e/ou intensiva dos meios de ensino utilizados nas salas de aula.

Quando começamos a analisar com nossos colegas os exercícios utilizados em aula, nossa primeira surpresa foi constatar as inúmeras dificuldades que a maioria das fichas poderia impor aos alunos.

Vamos apresentar agora o exemplo de utilização de uma grade de análise extraído do PACEM, mostrando de forma um pouco mais precisa a fase de avaliação diagnóstica e os objetivos fixados para a remediação. Com isso, poderemos perceber, em particular, que um exercício aparentemente simples solicita numerosos processos cognitivos para sua realização.

O exercício analisado foi extraído do programa de matemática da 3ª série do primário (Anexo 13). Como podemos constatar ao ler a Grade de processos mentais (Anexo 14), a análise precisa da tarefa põe em evidência todas as dificuldades que o aluno deve superar para completar corretamente a tarefa. Se analisamos apenas como o aluno deve "entrar" nesse exercício para realizá-lo corretamente, constatamos em particular que ele:

- *deve proceder a uma leitura global do exercício para situar o tema e o desafio da tarefa;*
- *deve ser capaz de identificar as diferentes características de cada carta;*
- *deve identificar os dois enunciados e as quatro regras;*
- *deve compreender o sentido dos termos utilizados: "disposição, torre quebrada, porta preta, direita (colocar à direita)".*

A situação apresentada aqui é a de Shadia, uma aluna da 3ª série do primário que foi indicada para o apoio no final do primeiro semestre por dificuldades globais. Seus resultados são fracos em todas as disciplinas e o professor quer saber como pode ajudá-la. Propomos a ele fazer uma avaliação diagnóstica com a aluna, em apoio individual. Primeiramente, submetemos a Shadia o exercício dos Castelos localizados (Anexo 13), propondo que realize a tarefa sozinha.

Enquanto a aluna trabalha, nós a observamos discretamente e registramos nossas constatações (os "observáveis") na Grade de processos mentais (Anexo 14). Verificamos, por exemplo, que Shadia dá um tempo para espalhar as cartas na mesa e examiná-las. Notamos também que ela lê as regras do jogo, mas não parece dar atenção aos desenhos.

Quando Shadia avisa que terminou o trabalho, verificamos que ela cometeu muitos erros (análise do "produto"). A entrevista que se segue permite-nos igualmente completar nossa ficha de análise (Anexo 14). Com base nessa avaliação, fizemos as seguintes constatações:

Fase de recepção:
- *Shadia é capaz de nomear as características de cada carta;*
- *ela identificou os enunciados e as regras;*
- *ela não compreende o termo "disposição";*
- *ela solicita nossa ajuda várias vezes para a compreensão do enunciado.*

Fase de elaboração:
- *Shadia volta a solicitar nossa ajuda várias vezes quando tem de organizar a disposição das cartas;*
- *as etapas da execução são incoerentes: a aluna não pensa em selecionar primeiro as cartas mais fáceis de colocar; ela controla as regras de colocação quando põe uma carta, mas não verifica o resultado final; ela não respeita simultaneamente os dois enunciados e as quatro regras; quando modifica a disposição, não faz um novo controle de todas as cartas.*

Fase de expressão da resposta:
- *Shadia jamais controla o resultado final de sua disposição depois de ter colocado todas as cartas; ela confia ao professor a análise do produto e deixa por conta do adulto a responsabilidade da avaliação;*
- *ela não é capaz de repetir o objetivo visado no jogo.*

Assinalamos mais uma vez a riqueza das observações feitas com a ajuda da ficha de análise. Note-se que essa atividade de matemática foi escolhida porque permite avaliar as capacidades de autocontrole dos alunos. Ela desempenha bem seu papel na avaliação de Shadia, pois mostra claramente essa dificuldade da menina.

Essa primeira observação nos permite tirar as seguintes conclusões:
- *as regras do jogo foram bem compreendidas pela aluna;*
- *Shadia não tem persistência, logo desanima e recorre muito rápido à ajuda do professor;*
- *a qualidade do resultado final conta pouco para ela; nunca faz um autocontrole do resultado;*
- *ela trabalha por tentativa e erro e se contenta em colocar as cartas sem se preocupar realmente com a qualidade do trabalho.*

Essa primeira avaliação é complementada por uma observação da aluna quando da realização de dois jogos, o Logix[3] e o "jogo de cubos"[4]. Esclareça-se aqui que julgamos importante avaliar a atitude de nossos alunos diante de tarefas diferentes (exercícios escolares, *softwares* didáticos, jogos, etc.). Se as constatações são idênticas nesses diferentes contextos de trabalho, podemos tirar conclusões relativamente sólidas sobre os processos utilizados pela criança. Para fazer essas avaliações complementares com Shadia, utilizamos a grade de Avaliação da atitude diante da tarefa (Anexo 2). Essa análise mostrou principalmente os seguintes elementos: quando Shadia é confrontada com tarefas que acredita dominar, ela apresenta uma atitude diante da tarefa perfeitamente adequada: entra rapidamente no trabalho e analisa a tarefa antes de agir; consegue explicitar o objetivo a ser atingido, planejar corretamente seu trabalho e utilizar estratégias adequadas; mantém-se concentrada e chega sem problemas ao final de sua atividade; a fase de expressão da resposta também não apresenta nenhuma dificuldade.

Com a observação da aluna no trabalho, a análise do produto realizado e a entrevista que se seguiu, pudemos completar a "grade de análise do processo" e ter agora uma ideia precisa do procedimento que a criança estabeleceu diante de cada tarefa. Podemos lançar a hipótese de que Shadia está com dificuldades porque se desestabiliza muito rápido quando encontra uma tarefa que resiste a ela. Manifesta assim uma forte necessidade de controlabilidade. Sua atitude em face da tarefa é, portanto, muito contrastante: ou entra confiante na atividade e tem uma atitude cognitiva e metacognitiva perfeitamente adaptada, ou duvida de sua capacidade de realizar a tarefa e se mostra lenta, hesitante, dependente do adulto e sem autocontrole. Assim, não ousa entrar em uma tarefa que não conhece e sobre a qual sente que não tem domínio; teme cometer erros, sobretudo nos testes com nota, e não se aventura em uma tarefa sem estar segura de que domina todos os seus aspectos. É, portanto, pouco segura diante da novidade, logo se desestabiliza e é pouco persistente quando se depara com uma dificuldade. Ela tende, então, a recorrer muito rápido à ajuda do adulto ou a trabalhar por tentativa e erro, confiando o controle da tarefa ao professor.

Após essa avaliação, sentimos necessidade de fazer mais uma entrevista com Shadia sobre suas atribuições causais (cf. Capítulo 2). Partimos de uma avaliação insuficiente em matemática para fazer algumas perguntas à aluna. Shadia nos confessa que fica "completamente desconfortável" quando faz um exame. Ela "tem medo de repetir e de levar uma bronca dos pais". As respostas que nos dá sobre as causas prováveis de suas dificuldades nesse teste nos mostram que suas atribuições causais são em parte internas ("precisaria me concentrar um pouco mais, escutar melhor") e em parte externas ("pode ser que o barulho me perturbe, o helicóptero fazendo a pulverização, os alunos da educação infantil no pátio"), mas sempre modificáveis. Ela se diz "inteligente" ("todos somos inteligentes, todos temos um cérebro") e não acredita na oportunidade para ter êxito na escola ("não é com a oportunidade que se consegue, mas com a cabeça").

Com essas diferentes avaliações, pudemos fixar os seguintes objetivos: Shadia terá de desenvolver seu sentimento de controlabilidade:

- objetivando suas competências em matemática: "saber o que sei e em que posso me apoiar";
- objetivando suas atribuições causais: analisar ao final de cada teste as razões de seu êxito ou de suas dificuldades;
- desenvolvendo atribuições internas, modificáveis e controláveis pelo domínio de estratégias cognitivas e metacognitivas eficazes e explícitas.

Como se pode ver na situação de Shadia, quando se analisam os procedimentos utilizados por um aluno, há algumas constantes: um é incapaz de dizer, para qualquer ficha, qual é o título dela – alguns alunos são incapazes de dizer se fizeram uma ficha de francês ou de matemática –, outro descuida sistematicamente da leitura dos enunciados, outro não faz nenhuma ligação entre os diferentes exercícios da ficha, outro entrega a ficha sabendo muito bem que metade das respostas está errada, etc.

O documento que elaboramos permite assim evidenciar as dificuldades do aluno em sua atitude diante da tarefa. A técnica da "entrevista de explicitação" apresentada no item 6.4 é de grande utilidade aqui. Quando o professor tiver demarcado a dificuldade da criança, ele poderá pensar em uma ajuda apropriada. Como já dissemos, nosso documento é, portanto, igualmente útil na fase de remediação.

Essa avaliação da atitude do aluno diante da tarefa nos parece essencial. O trabalho apresentado neste capítulo permite justamente uma avaliação mais aprofundada dos procedimentos que o aluno utiliza diante de uma ficha escolar. Depois de identificar as dificuldades estratégicas do aluno, o professor poderá oferecer-lhe uma remediação adaptada.

Evidentemente, há outras utilizações possíveis do material. Pode-se pensar, por exemplo, em começar com uma avaliação e prosseguir, na mesma ficha, com um trabalho mais formativo. Pode-se pensar igualmente em dar informações à criança, no momento da avaliação, e assim observar de que maneira ela tira proveito das ajudas recebidas: tende-se então para uma forma de avaliação do potencial de aprendizagem da criança. Finalmente, com alunos mais velhos, podem-se utilizar diretamente as grades de análise como suporte para a reflexão metacognitiva.

Quanto à organização, nosso documento apresenta várias partes distintas e complementares: a primeira parte, intitulada "Trabalho sobre as operações mentais", agrupa grades de análise muito depuradas de seis fichas extraídas dos meios de ensino da 1ª à 6ª série do primário[5], de francês e matemática. As grades referem-se às "funções cognitivas", tal como definidas por Feuerstein. A segunda parte é um trabalho mais dirigido aos processos cognitivos; partimos aqui dos processos a desenvolver na criança e escolhemos as fichas que permitiam trabalhar essas funções. Assim, essa parte ajuda a pensar um trabalho transdisciplinar e um trabalho de eliminação das barreiras entre os diferentes graus da escolaridade. Elaboramos então alguns documentos cobrindo os principais processos cognitivos utilizáveis em todas as disciplinas.

Quando concluímos a análise das fichas de francês e de matemática dos diferentes graus de escolaridade, nosso grupo de trabalho sentiu necessidade de ter algumas grades mais gerais, que pudessem ser utilizadas em outras atividades além daquelas que tínhamos analisado especificamente. Acrescentamos à obra três desses documentos (Anexos 2, 3 e 4), que possibilitam justamente uma utilização mais ampla e que são pertinentes nas diversas tarefas escolares.

Evidentemente, nosso documento PACEM não tem a ambição de tratar de maneira exaustiva todos os processos cognitivos. Contudo, ele possibilita fazer a abordagem metacognitiva de aprendizagens por muitas vias diferentes. Trata-se, acima de tudo, de um documento pragmático, útil ao professor, mas que nunca foi objeto de uma validação científica. Permanece como um instrumento de reflexão e permite empreender um procedimento de ajuda original.

A abordagem que propomos no PACEM compartilha algumas características com os procedimentos apresentados no capítulo anterior. Por exemplo, em nossa abordagem, o professor também tem uma função mediadora entre o aluno e o saber:

ele deve estar atento ao funcionamento cognitivo do aluno e ajudá-lo a se apropriar do conteúdo de aprendizagem mediando a utilização dos processos cognitivos necessários à realização da tarefa. Porém, nosso procedimento se diferencia do PEI e dos ARL por sua inscrição em conteúdos de aprendizagem escolares. Enquanto essas duas abordagens não visam diretamente à aquisição de conhecimentos específicos, o PACEM visa simultaneamente à aprendizagem de saberes escolares e à apropriação de processos cognitivos que possibilitem essa aprendizagem. Trabalhando assim, o professor se preocupa, portanto, com o funcionamento cognitivo do sujeito e com sua melhora, mas também com o êxito do aluno em seu trabalho escolar. Assim, a questão da transferência é menos problemática que nas outras abordagens, pois os alunos trabalham sobre os próprios suportes da sala de aula. Além disso, o PACEM pode ser utilizado em aula com o conjunto dos alunos, e o conflito sociocognitivo pode se instalar em torno de tarefas realizadas no âmbito do programa escolar. Assim, não é necessário acrescentar à grade de horário – já sobrecarregada – tempos metacognitivos, mas sim inscrever essa prática na gestão cotidiana da sala de aula.

Notas

1 Devo expressar toda a minha gratidão ao saudoso Dr. Bosco Dias, que soube nos encorajar e nos ajudar na reflexão durante todos esses anos de colaboração fecunda. Sem seu apoio, o PACEM, com certeza, não teria saído do projeto. Graças à sua ajuda, ele adquiriu a forma de uma ferramenta funcional.
2 Dias (2003) também elaborou uma lista de diferentes atitudes cognitivas necessárias ao tratamento da informação, distinguindo as três fases: decepção, elaboração e expressão.
3 Lembramos que, nesse jogo, o aluno deve colocar formas (por exemplo, um quadrado amarelo, um círculo azul, um triângulo vermelho, etc.) em uma grade de nove casas, seguindo uma instrução diferente a cada exercício. Cada ficha de enunciados apresenta um número cada vez mais reduzido de informações; as dificuldades são, portanto, progressivas.
4 No jogo de cubos, o aluno deve compor um desenho apresentado em um modelo escolhendo a face certa de cada cubo e dispondo cada cubo corretamente (quebra-cabeça). Esse jogo é inspirado em um teste utilizado em neuropsicologia (cubos de Kohs).
5 Cf. Quadro de correspondência entre classes e idades nos sistemas escolares francófonos no Anexo 20.

10

Ajuda estratégica em leitura

As crianças com dificuldades de aprendizagem são geralmente alunos que apresentam dificuldades importantes em leitura. Por isso, consideramos essencial abordar também a questão da ajuda estratégica em leitura nesta obra. Como já destacamos na introdução da segunda parte, não se trata de propor neste capítulo uma análise aprofundada das dificuldades léxicas e das possíveis soluções, mas, simplesmente, de exemplificar a ajuda estratégica abordando o campo da leitura. Não seremos, portanto, nem exaustivos, nem sistemáticos em nossa apresentação. Apenas daremos algumas referências que permitam compreender que a ajuda estratégica pode incidir igualmente sobre disciplinas específicas, como leitura, escrita ou matemática. Propomos também algumas fichas-guia, em anexo, que podem ajudar as crianças com dificuldades nesses diferentes campos.

Este capítulo dedicado à leitura é dividido em três partes principais. Falaremos de estratégias de compreensão, do exercício de estudo de texto e, finalmente, da leitura de enunciados.

10.1 ESTRATÉGIAS DE COMPREENSÃO

A leitura é, antes de tudo, um exercício de compreensão. Por isso, não desenvolveremos neste capítulo a questão das dificuldades ligadas à decodificação ou à leitura em voz alta. A questão da dislexia também não será abordada, pois ela tem a ver com uma problemática muito complexa que costuma exigir um tratamento logopédico ou ortofônico e, consequentemente, escapa a uma intervenção apenas pedagógica.

Quanto à leitura em voz alta, ela é totalmente marginal na vida cotidiana. Não se justifica, portanto, trabalhá-la sistematicamente na escola. Aliás, os alunos com dificuldade em leitura deveriam ser dispensados, pelo menos provisoriamente, desse exercício. As pesquisas mostraram que a leitura em voz alta é diferente, cognitivamente, da leitura mentalizada. "A atividade cerebral difere entre leitura silenciosa e leitura em voz alta, enquanto as zonas ativadas são praticamente as mesmas quando se lê em voz alta ou quando se ouve alguém ler um texto para nós. Está claro que a leitura silenciosa não é absolutamente uma mera cópia em nossa cabeça da leitura em voz alta. Algo de particular se passa no cérebro. Uma espécie de transformação de nossa percepção" (Ziegler, 2005, p. 72-73). Em outras palavras, a leitura em voz alta (oralização) é um exercício específico – e marginal – que não justifica ser muito desenvolvido em uma obra consagrada à ajuda estratégica.

É preciso esclarecer logo de início que a compreensão em leitura começa por um esclarecimento da intenção do leitor: qual é o projeto do aluno quando entra em um texto? O que ele busca? Qual é a sua intenção? Um ensino estratégico da leitura deve se preocupar com os objetivos perseguidos pela leitura e torná-los explícitos. Por isso, ter um projeto de leitura é indispensável à compreensão: não entro da mesma maneira em um texto quando sei que no final terei de responder perguntas, ou quando procuro apenas uma informação precisa, ou ainda quando tenho de executar uma tarefa seguindo as etapas descritas no texto (instruções, por exemplo). O aluno deverá então conhecer – e reconhecer – os diferentes tipos de escritos (livros, jornais, cartazes, receitas culinárias, etc.) se quiser mobilizar as competências léxicas apropriadas. Ele terá de distinguir também os diferentes objetivos que persegue com a leitura (ler por prazer, ler para se informar, ler para comunicar, ler para realizar, etc.).

É muito comum os alunos não saberem – ou saberem confusamente – o que se espera deles quando leem um texto. Assim, eles se envolvem frequentemente em tarefas artificiais de leitura e fazem associações estranhas entre os exercícios propostos e a finalidade da aprendizagem da leitura. Quando, por exemplo, são chamados com frequência a ler em voz alta, sobretudo nas primeiras séries, os alunos acabam achando que ler é fazer uma "bela leitura" diante de um público atento, e a compreensão passa a ser totalmente secundária. "Os estudos realizados com leitores iniciantes de 1ª e 2ª séries indicam que eles não incluem a compreensão em sua concepção da leitura; acreditam muitas vezes que ler consiste em pronunciar corretamente as palavras" (Giasson, 2001, in Doudin et al., p. 250). Chauveau (1997) constatou igualmente, ouvindo inúmeras crianças, que a leitura é compreendida antes de tudo como um exercício de oralização. Nas respostas dos alunos, ele encontra poucas referências à compreensão. "Mais da metade das respostas dá prioridade à pronúncia e ao reconhecimento das palavras em detrimento do conteúdo do texto e da leitura mental. O bom leitor, para numerosas crianças pequenas, 'é aquele que sabe pronunciar bem'" (p. 139-140).

Por isso, quando uma criança está com dificuldade de leitura, é sempre interessante indagá-la sobre suas representações da atividade léxica: "Você sabe ler? O que é ler para você? Como você faz quando lê? Como faz para compreender o que lê? Ler é difícil para você? Para que serve ler?". Se o aluno privilegia a oralização em detrimento da compreensão, é o caso de fazer com ele algumas entrevistas cognitivas que ajudem a esclarecer o que é a leitura, qual é seu papel exato quando ele lê e quais são as estratégias a mobilizar.

As crianças devem compreender então que a finalidade primeira da leitura é a compreensão. Para ajudar os alunos a entrar em projeto de compreensão, o professor poderá incentivá-los, antes mesmo de ler o texto, a lançar hipóteses sobre seu conteúdo e a esclarecer sua intenção de leitura. As crianças poderão analisar particularmente o paratexto, isto é, a apresentação global do texto, as ilustrações, os títulos, os subtítulos, a introdução, a referência, etc., ou seja, tudo o que está "em torno do texto" e que permite compreender, antes mesmo de ler, qual é o tipo de texto que têm diante de si e do que ele provavelmente falará. Esse trabalho de antecipação do sentido põe o aluno em ação. Quando começar sua leitura, sua atenção estará voltada para a busca das informações que deseja encontrar, e vai querer verificar se suas hipóteses sobre o conteúdo dele são corretas. Esse trabalho de antecipação permite ao leitor ligar seus próprios conhecimentos ao conteúdo do texto. As informações que figuram no documento lido são confrontadas então, de maneira dinâmica, com os conhecimentos que o leitor possui em sua memória semântica.

Quando o aluno se lança na decodificação do texto, novas competências devem ser solicitadas: ele deve mobilizar principalmente os processos de percepção e de evocação. Costumamos dizer aos nossos alunos que o trabalho de compreensão em leitura é uma atividade que consiste em "fazer passar" o conteúdo apresentado *no texto* para a imagem mental construída *na cabeça*. É uma maneira simples de explicar às crianças que "compreender" significa construir mentalmente uma representação do conteúdo do texto. "Os cognitivistas mostraram que, durante a leitura, formam-se naturalmente imagens mentais da informação. Algumas dessas imagens são representações literais do que se lê. É o caso, em geral, quando se leem descrições de pessoas, lugares ou coisas, ou quando se leem histórias. Outras imagens são de natureza mais abstrata; compreendem os conceitos e as generalizações que se encontram em textos teóricos" (Marzano e Paynter, 2000, p. 53).

Outras pesquisas mostram ainda que "o leitor ouve em sua cabeça, de forma irresistível, 'a musiquinha das palavras'. Assim, ao ler em silêncio, traduziria instintivamente os grafemas em fonemas: as letras inscritas no papel tornam-se um ruído virtual, o que ocorre quando foram lidas em voz alta. E é pela análise dessa música virtual que se atribui sentido às palavras! Portanto, é pelo som, mesmo que seja virtual, que a forma adquire sentido" (Ziegler, 2005, p. 74). Em outras palavras, o aluno deve traduzir sua decodificação em uma "vozinha" interior, em uma evocação auditiva do conteúdo do texto. Para isso, ele precisa ter consciência dessa conversão dos grafemas (as palavras escritas) em fonemas e da passagem entre a decodificação e o discurso interior. A atividade de leitura é, portanto, um vai e vém entre a decodificação e seu tratamento semântico. Há, assim, um verdadeiro trabalho de reconstrução mental da mensagem escrita (Chauveau, 1997). A maneira mais simples de explicar o fenômeno aos alunos é pedir-lhes que fechem o livro ou virem a folha do texto: "Agora o texto não está mais apenas na sua folha, mas está também na sua cabeça; então vamos lá, conte-me qual é a história (ou a instrução, ou o enunciado do problema, ou a lição de história, etc.)". Resumir ou narrar oralmente um texto com suas próprias palavras permite à criança verificar se efetivamente realizou esse trabalho de conversão dos grafemas em fonemas, e depois dos fonemas em um conteúdo pessoal significante.

No item 3.4, tínhamos apresentado Sara, uma aluna da 2ª série do primário indicada para o apoio pedagógico por dificuldades de leitura. Como dizíamos, Sara tinha dificuldades de evocação. Sua técnica de decodificação era perfeita, mas ela era incapaz de transformar as palavras lidas em imagens mentais significantes. Sara recebera elogios dos pais e da professora da 1ª série durante toda a fase de aprendizagem da leitura por sua boa técnica de decodificação. Esses elogios, sem que os adultos se dessem conta disso, encorajaram Sara a pensar que ler era, antes de tudo, fazer uma "bela leitura" em voz alta.

Nosso trabalho de remediação consistiu em mostrar a Sara o que era o trabalho de evocação. Começamos por apresentar-lhe cartas nas quais figurava uma palavra na frente e a imagem correspondente no verso. A aluna tinha de ler a palavra e fazer uma imagem mental dela, e depois nos "contar a palavra". Em seguida, retornávamos à carta para verificar se a imagem mental construída por Sara correspondia à imagem desenhada na carta. Prosseguimos nosso trabalho com frases, depois com pequenos textos, utilizando o mesmo procedimento. Fizemos assim um treinamento para a evocação mental, sistemático e progressivo, que possibilitou a Sara utilizar sua técnica de decodificação a serviço da compreensão, e não como fim em si. Com isso, a aluna se apropriou de uma estratégia de compreensão que manifestamente lhe faltava.

Em resumo, o trabalho de leitura e de compreensão pode ser sintetizado na Figura 10.1.

O processo de inferência é igualmente central no trabalho léxico de compreensão (cf. item 3.4). A capacidade de inferir é uma dimensão muito importante da construção da compreensão em leitura e diferencia claramente os melhores "entendedores" dos alunos que apresentam dificuldades (Bianco et al., in Gentaz e Dessus, 2004). Alguns autores distinguem dois tipos principais de inferências: a *inferência por falta* e a *inferência refletida* (Marzano e Paynter, 2000). A *inferência por falta* consiste em acrescentar informação – proveniente dos conhecimentos de base – à informação produzida pelo texto. Se você lê, por exemplo, que "o cavaleiro conduz a princesa em seu belo cavalo", provavelmente imagina que ele é belo e que ela é bela, que ele é moreno e que ela é loura, que a cena se desenrola em uma natureza verdejante e bela, e que eles se amam. Na realidade, não se sabe nada sobre isso (pode se tratar, por exemplo, de um cavaleiro velho e caolho que raptou uma princesa desdentada para obter um resgate). Apesar do risco de uma má interpretação, nossos conhecimentos nos ajudam a montar o cenário e a construir a cena em função de nossos próprios saberes. Quanto às *inferências refletidas*, elas são construídas com base em informações contidas no texto e, portanto, são

```
Decodificação das palavras
         ↓
Conversão dos grafemas em fonemas
         ↓
Escuta mental da "musiquinha das palavras"
         ↓
Atribuição de sentido ao discurso interior (tratamento semântico)
         ↓
Recuperação de imagens mentais (evocação)
```

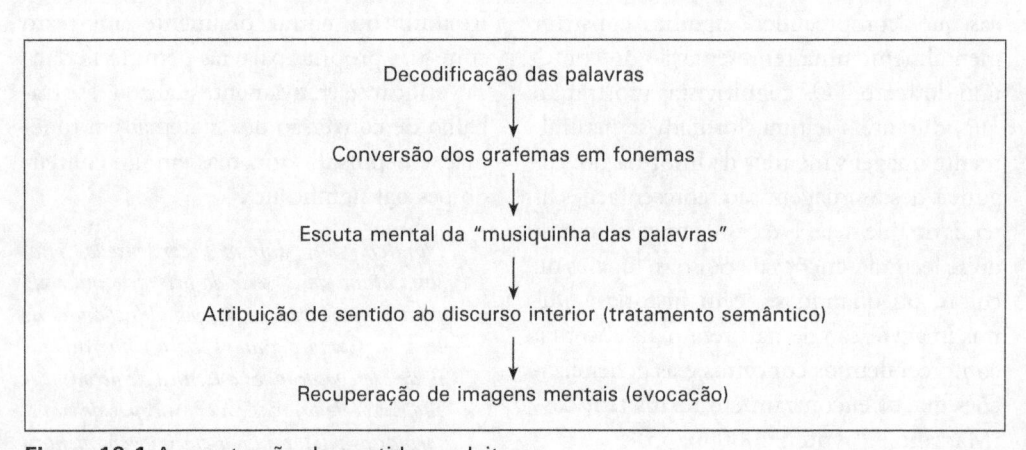

Figura 10.1 A construção do sentido em leitura.

deduções lógicas. Por exemplo, se você lê que "o cavaleiro, em sua corrida desembalada, deixou a princesa cair de seu belo cavalo" e, mais adiante no texto, que "a princesa tinha o braço quebrado", você deduzirá que o ferimento da princesa se deve à queda, mesmo que essa relação de causa e efeito não tenha sido explicitada diretamente (podemos lhes dizer agora: os servos encarregados de espalhar sal nos passeios trabalharam mal: a princesa desdentada escorregou em uma placa de gelo e quebrou o braço).

Em sua leitura, o aluno deverá não apenas mobilizar os processos cognitivos, como a inferência, mas também processos metacognitivos. Um processo fundamental, em ligação direta com o monitoramento e a inspeção da ação, consiste em reagir à perda de sentido. Quando, por exemplo, o aluno decodifica mal uma palavra ou quando se distrai e perde o fio da leitura, uma luzinha deveria piscar em sua cabeça e adverti-lo de que é preciso interromper a leitura e descobrir as causas da perda de sentido. Alguns alunos com dificuldade são capazes de prosseguir a leitura sem perceber que sua decodificação não está mais permitindo construir o sentido do texto. Decodificam mecanicamente o texto, mas não evocam mais o sentido.

Para avaliar se a criança reage à perda de sentido, o professor poderá, excepcionalmente, pedir que leia um texto em voz alta: a entonação que o aluno coloca em sua leitura permite verificar se ele está construindo sentido ou se está apenas realizando um exercício técnico de decodificação. No último caso, costumamos dizer que o aluno "canta desafinado" seu texto: não respeita as partes do texto, coloca as entonações no lugar errado, não baixa a voz no final das frases, ignora as pausas quando se depara com um ponto ou uma vírgula, etc.

A manifestação mais evidente da perda de sentido aparece quando o aluno lê uma palavra que não existe (no dicionário) em lugar de uma palavra escrita no texto, ou inventa uma palavra que não tem nenhum sentido no contexto da história. A capacidade de controlar metacognitivamente sua compreensão e, portanto, de reagir à perda de sentido, é absolutamente fundamental no processo de compreensão em leitura.

Quando o professor vê que o aluno está "cantando desafinado" e perdeu o sentido do texto, ele não deve intervir rápido demais. Em geral, o aluno não reage de imediato ao seu engano, mas somente após a leitura de algumas palavras que se seguem ao erro. Se o professor o interrompe muito rápido, impede o aluno de desenvolver seu próprio processo de autorregulação. "Quando esse tipo de intervenção ocorre de forma repetida, ele tem como efeito levar os alunos a esperarem por uma supervisão externa, em vez de estimulá-los a realizar por si próprios a supervisão de sua compreensão. Eles se tornam mais passivos e mais dependentes do adulto" (Giasson, 1997, p. 206). Segundo princípio: se o aluno comete uma falha que não altera a compreensão do texto (por exemplo, se lê "*grain*" [grão] em vez de "*graine*" [semente], ou se esquece uma palavra sem muita importância), o professor não deve interrompê-lo. Pesquisas realizadas sobre a leitura hábil mostraram que os bons leitores muitas vezes cometem pequenos erros de decodificação que não modificam o sentido geral do texto. "Se você insiste em que a criança corrija todos os seus erros, sem distinção, corre o risco de levá-la a adotar um comportamento de sobrecorreção típico dos leitores pouco hábeis" (op. cit., p. 206).

Esse processo de autocorreção das falhas evolui ao longo da escolaridade: "Nos leitores iniciantes, a autocorreção age principalmente no plano da frase ou dos textos curtos. Com o leitor mais avançado, deve-se prosseguir o estabelecimento desse mecanismo, mas com segmentos mais longos, isto é, parágrafos e textos inteiros, e propor meios mais variados de reagir à perda de compreensão" (Giasson, 1997, p. 211). Por exemplo, o leitor hábil pode ter consciência de que não compreendeu uma palavra, uma frase ou mesmo um parágrafo, e decidir continuar a leitura se achar que pode prescindir dessas informações e, mesmo assim, alcançar o objetivo da leitura. Pensemos na leitura de um romance: dificilmente procuramos uma palavra difícil no dicionário quando lemos um romance, porque estamos em um exercício de leitura-prazer, e a compreensão de todas as palavras nem sempre é necessária para a compreensão global da trama. Do mesmo modo, na sala de aula, se o professor pede aos alunos que procurem sistematicamente o sentido das palavras difíceis ao lerem textos narrativos e de histórias, corre o risco de fazê-los perder o gosto pela leitura... e pela busca no dicionário!

Às vezes, quando decodifica incorretamente uma palavra, o aluno integra essa palavra ao sentido global do texto. Por exemplo, se decifra "*chapeau*" [chapéu] em lugar de "*château*" [castelo], ele integrará essa palavra em sua compreensão pessoal da história e modificará sem hesitação o sentido global da trama: veremos assim o cavaleiro "se dirigir ao seu chapéu e conduzir a princesa em cabelos"; para a criança, o "cavaleiro de chapéu" conduz assim romanticamente "uma princesa loura", enquanto o texto nos explica que, na realidade, o pobre homem teve de entrar em seu castelo, arriscando sua vida e a de seu cavalo, para levar com ele uma princesa de cabelos gordurosos, e que, no fim das contas, isso não tem nada de romântico! O leitor com dificuldades tem, portanto, uma péssima tendência a "distorcer" o texto para construir uma coerência pessoal que trai o conteúdo real do texto. "A tendência a recorrer diretamente aos conhecimentos anteriores para integrar toda informação do texto talvez explique a dificuldade de identificar as incoerências internas e, consequentemente, a resolução fácil e correta do problema identificado. Quando a incongruência é escotomizada, o recurso aos conhecimentos anteriores é automático e inconsciente. Ele produz uma pseudocoerência. Nesse contexto, o mau leitor não é incapaz de inferir, mas, durante a leitura, faz inferências mais em função de seus conhecimentos anteriores do que em função daquilo que aprendeu lendo o texto" (Lumbelli, 2001, in Doudin et al., p. 210-211).

Para reagir à perda de sentido, Lumbelli, citando Baker, propõe uma dupla estratégia de verificação da compreensão: de um lado, o aluno deve verificar a *coerência interna* controlando se as informações contidas no texto não se contradizem entre elas; de outro lado, o recurso à verificação da *coerência externa* possibilita ao aluno controlar se as informações que figuram no texto são coerentes com aquelas que ele já possui sobre o tema. Os alunos que têm um vocabulário reduzido encontram-se aqui em uma situação geralmente muito difícil: eles nunca sabem se a perda de sentido se deve a uma má decodificação ou se é causada por sua incompreensão das palavras do texto.

Para ajudar nossos alunos a reagir à perda de sentido, preparamos um pequeno caderno de treinamento composto de frases ou textos nos quais foram introduzidas incoerências. O aluno deve ler o texto mentalmente, parar toda vez que perde o sentido e apontar a incoerência para o professor. Esse exercício realizado regularmente durante alguns dias, ou mesmo algumas semanas, ajuda o aluno a compreender em que momento se acende em sua cabeça a "luzinha vermelha" que lhe indica uma perda de sentido.

Como acabamos de ver, a perda de sentido pode decorrer da má compreensão pelo aluno das funções da leitura, mas pode provir também de dificuldades ligadas à compreensão das próprias palavras. Se as dificuldades de leitura decorrem de dificuldades de vocabulário, o professor poderá propor algumas estratégias que permitam compreender o sentido da palavra desconhecida: o uso do dicionário, evidentemente, é sempre uma possibilidade; mas a utilização do contexto também ajuda a compreender o significado da palavra analisando a frase em que ela aparece; do mesmo modo, a análise morfológica permite, às vezes, deduzir o sentido da palavra (análise do radical, do prefixo, do sufixo, da raiz, das palavras da mesma família); enfim, se essas estratégias forem ineficazes, o aluno poderá solicitar uma ajuda externa. Elaboramos uma ficha-guia sintetizando essas diferentes estratégias de compreensão de uma palavra (cf. Anexo 15).

O domínio do vocabulário desempenha um papel muito importante na leitura, mas, de maneira mais geral, poderíamos dizer que os conhecimentos de base do sujeito condicionam fortemente sua compreensão. "O leitor só compreende verdadeiramente aquilo que já conhece; ele só trata de forma significativa aquilo que pode relacionar com os conhecimentos que tem em sua memória de longo prazo. São necessários pontos de ancoragem na memória para tratar as informações" (Tardif, 1992, p. 230). Quando o leitor tem bons conhecimentos declarativos correspondentes ao conteúdo do texto, sua leitura será muito mais natural, e ele compreenderá o texto com muito mais facilidade. Portanto, sua leitura será mais aprofundada e a integração de novas informações se dará sem problemas, pois elas se inscreverão naturalmente na rede conceitual do leitor. Em outras palavras, quando o professor avalia a compreensão do aluno após a leitura de um texto, ele acha que controla suas competências léxicas, quando na verdade avalia os conhecimentos de base do aluno em relação ao texto.

Quando o aluno é capaz de sinalizar uma *perda de sentido*, o professor deve passar a uma segunda etapa e lhe propor estratégias de *recuperação do sentido*. Esse trabalho de restabelecimento da coerência pode ser feito de muitas maneiras diferentes – que o professor deve apresentar explicitamente aos alunos:

– relendo a frase: talvez a palavra tenha sido simplesmente mal decifrada, e uma releitura correta pode ser suficiente para recobrar o sentido da frase;
– relendo o parágrafo: muitas vezes, o contexto imediato permite ao aluno compreender uma palavra que não conhece;
– relendo o texto: o aluno pode constatar que sua leitura está difícil desde o início e pensar em reler o texto mais lentamente para compreendê-lo melhor;
– considerando o contexto global: o aluno pode analisar o paratexto, reler o título, examinar as ilustrações, etc., e assim restituir sua intenção de leitura e o objetivo perseguido;
– procurando a palavra difícil no dicionário: trata-se, na verdade, de uma estratégia clássica, mas quase sempre eficaz;

- prosseguindo a leitura apesar da perda do sentido: às vezes, o significado se revela na sequência do texto; portanto, ler todo o texto é uma estratégia útil quando a perda de sentido se localiza apenas em uma parte do texto, ou quando é possível uma compreensão parcial;
- pedindo ajuda: não obstante todo o seu esforço, o aluno não compreende o texto, e então pede a ajuda do adulto ou de um colega.

Em resumo, pode-se decompor o processo léxico para reagir à perda de sentido, e depois recuperar o sentido conforme as etapas expressas na Figura 10.2:

Última pista: a compreensão de um texto pode ser facilitada igualmente por um trabalho explícito sobre a estruturação da narrativa. "Trata-se de estruturas gerais que resumem as convenções e os princípios de construção de diferentes tipos de textos e que, como se sabe, permitem a organização de conteúdos textuais em uma representação coerente. O treinamento consiste em levar os alunos a identificar o quadro espaciotemporal da narrativa, os personagens principais e secundários, suas ações e seus objetivos, o encadeamento de episódios, sua motivação, os resultados e as consequências das ações realizadas" (Bianco et al., 2004, in Gentaz e Dessus, p. 55). Os textos narrativos, por exemplo, apresentam normalmente um esquema semelhante. Se o aluno conhecer esse esquema, poderá mais facilmente antecipar a sequência da leitura e lançar hipóteses realistas sobre o desenrolar da trama. Apresentaremos a organização textual de uma narrativa no capítulo consagrado à escrita (item 11.1, Figura 11.1).

As estratégias de controle metacognitivo apresentadas neste capítulo são, portan-

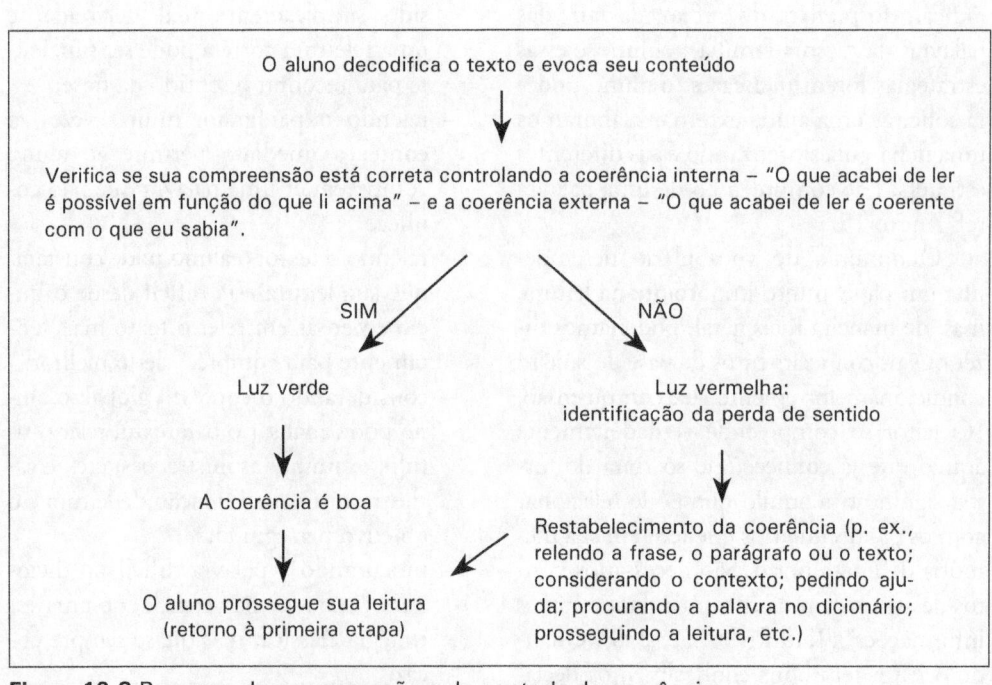

```
O aluno decodifica o texto e evoca seu conteúdo
                        ↓
Verifica se sua compreensão está correta controlando a coerência interna – "O que acabei de ler
é possível em função do que li acima" – e a coerência externa – "O que acabei de ler é coerente
com o que eu sabia".
              ↙ SIM              NÃO ↘
          Luz verde           Luz vermelha:
              ↓               identificação da perda de sentido
      A coerência é boa                ↓
              ↓               Restabelecimento da coerência (p. ex.,
    O aluno prossegue sua leitura       relendo a frase, o parágrafo ou o texto;
      (retorno à primeira etapa)        considerando o contexto; pedindo aju-
                                        da; procurando a palavra no dicionário;
                                        prosseguindo a leitura, etc.)
```

Figura 10.2 Processo de compreensão e de controle da coerência.

to, essenciais no processo de compreensão em leitura. Várias pesquisas mostraram que as dificuldades léxicas estão estreitamente ligadas às competências metacognitivas dos alunos. "Os leitores que apresentam um déficit específico de compreensão têm um controle menor sobre sua compreensão e uma consciência menor dos objetivos da leitura e da utilização de estratégias. [...] Os maus leitores não conseguem identificar erros do tipo semântico e omissões léxicas no interior de um texto. Eles não são capazes de distinguir as diferentes partes de um texto. Além disso, não conseguem avaliar o nível de dificuldade léxica entre textos diferentes. Os grupos de bons e de maus leitores se diferenciam quanto ao seu conhecimento dos objetivos e das estratégias da leitura" (De Beni e Pazzaglia, in Doudin et al., 2001, p. 233).

Vale lembrar também, mais uma vez, que todos os procedimentos sugeridos neste capítulo requerem a consciência do sujeito. Por isso, o professor deve objetivar com a criança as estratégias necessárias à compreensão em leitura e praticar um ensino explícito de estratégias.

10.2 O EXERCÍCIO DE ESTUDO DE TEXTO

No capítulo anterior, apresentamos as estratégias responsáveis pela compreensão em leitura. Gostaríamos agora de analisar mais especificamente um exercício clássico de leitura, o estudo de texto. Antes de tudo, esclarecemos que, embora esse exercício seja bastante utilizado em sala de aula, ele costuma ser muito artificial e mal explorado. Na verdade, a maioria dos estudos de texto é feita sobre textos narrativos. E quando o professor insiste demais nos exercícios de estudo de texto sobre "histórias", os alunos acabarão se convencendo de que o único interesse da leitura de textos narrativos é permitir ao professor dar uma nota sobre sua capacidade de responder perguntas. Os textos narrativos são escritos, antes de tudo, para dar prazer ao leitor, para distrair, divertir, entreter, causar *frisson* ou comover. Mas o professor pode matar a leitura-prazer se todo texto é objeto de um trabalho sistemático de perguntas-respostas e se os alunos nunca têm oportunidade de usufruir de momentos de leitura "gratuitos".

Gostaríamos então de distinguir dois tipos principais de escritos que são mais comumente objeto de estudos de texto: o texto narrativo ("a história") e o texto explicativo ou informativo (o documento). Como dizíamos há pouco, o exercício de estudo de texto não deveria priorizar os textos narrativos, mas sim os textos explicativos. A leitura de documentos costuma exigir, de fato, uma leitura seletiva e precisa (p. ex., procurar em um texto científico informações sobre a alimentação da raposa ou a data de nascimento de um pintor em uma biografia), enquanto a leitura de textos narrativos requer uma compreensão global da trama e deveria privilegiar o prazer.

Vejamos alguns exemplos – tirados de exercícios utilizados em sala de aula – do uso discutível de textos narrativos para o estudo de texto:

– Estudo de texto proposto na 2ª série do primário: a história se desenrola em uma classe onde os alunos são animais e onde todos se manifestam sobre a leitura e o prazer de ler. Esse texto interessante poderia ser objeto de uma discussão apaixonante entre o professor e os alunos; contudo, é utilizado como estudo de texto, e as perguntas feitas às crianças no questionário que segue são ridículas quando se pensa no conteúdo do texto: o tema abordado é a leitura, sua aprendizagem e o prazer de ler. As perguntas feitas às crianças são do tipo: "Em que estação do ano se desenrola essa história? Qual é o animal que fica de pé sobre as patas traseiras? É o elefante mais jovem que fala?". Como podemos constatar, essas perguntas abordam unicamente aspectos secundários da história e estão muito distantes do interesse primeiro do texto.

– 4ª série: o texto proposto é extraído do magnífico *O castelo de minha mãe*, de Marcel Pagnol. Ele conta como Paul martirizava sua irmãzinha e como acabou sendo punido. Magnífico texto, magnífico Pagnol – que deve se remexer na tumba quando sabe das perguntas feitas às crianças sobre seu texto: "Para extrair o ferrão da vespa, que instrumentos a mãe utiliza? Quantas vezes Paul belisca a nádega da irmãzinha? Desenhe abaixo uma árvore e marque com um X o lugar onde Paul colocou sua irmãzinha". Aqui também o professor poderia compartilhar o prazer que ele próprio sentiu ao ler esse livro, ou destacar com as crianças o humor de Pagnol. Em vez de um prazer compartilhado em torno de um texto magnífico, propõe-se um estudo de texto em que o aluno deve descobrir "o número de vezes que Paul belisca a nádega da irmãzinha"...

– Último exemplo: o texto é proposto a alunos da 6ª série e foi extraído de *Voo noturno*, de Saint-Exupéry. O estilo é magnífico e os temas da coragem e da morte perpassam todo o texto: Fabien, o piloto, perdeu-se em uma tempestade, e seu avião "subia pouco a pouco, em espiral, no poço que se abrira e se fechava abaixo dele. E à medida que subia, as nuvens perdiam seu lodo de sombra". Depois, o avião continua subindo e mergulha no "leite de luz" das estrelas. O texto termina com uma esplêndida metáfora: "Como esses ladrões de vilas fantásticas, emparedados no quarto dos tesouros de onde não poderão mais sair. Entre as pedrarias geladas, eles vagueiam, infinitamente ricos, mas condenados".

Eis, mais uma vez, um texto magnífico, no qual se confrontam a beleza da noite e o perigo da morte, e eis as perguntas que propõe o estudo de texto: "Qual é o personagem do texto que tem o dever de fazer respeitar os horários? Três rotas aéreas levam os aviões a Buenos Aires: Fabien pega qual delas? Como Fabien e seu rádio podem se comunicar entre eles?". O voo noturno de Saint-Exupéry – que fala da coragem, da morte e da beleza – é reduzido para os alunos a uma pesquisa de informações sobre a rota seguida e os horários dos aviões!

Propomos então parar com esse massacre deixando de utilizar magníficos textos narrativos para questionar os alunos sobre aspectos insignificantes, pedindo-lhes que focalizem a atenção em detalhes do texto sem nenhum interesse. "Se vocês decidirem fazer perguntas, a primeira característica delas será a pertinência, isto é, elas devem se referir a elementos importantes do texto. Pois, às vezes, os alunos se veem diante de perguntas que não têm nenhuma importância para a compreensão do texto lido!" (Giasson, 1997, p. 86). Aliás, na leitura adulta, que leitor para de ler seu romance para procurar qual é a cor exata do vestido da heroína ou qual é a marca do carro do personagem principal?

Nossa sugestão, portanto, é privilegiar, para o estudo de texto, o uso de textos explicativos que justifiquem a busca precisa de informações. De fato, quando os alunos estão estudando a vida nos castelos da Idade Média ou as diferentes partes da planta, a busca de uma informação no texto se justifica plenamente. Vejamos, mais uma vez, alguns exemplos de estudos de texto que temos diante de nós:

– O texto apresenta a vida e a obra da jornalista, fotógrafa, escritora e viajante Ella Maillart. O questionário que segue aborda, logicamente, as principais etapas da sua vida e as paixões da aventureira: "Em que época viveu Ella Maillart? Quais os países que ela visitou? Paralelamente à sua vida de aventureira, que experiências espirituais ela viveu?" Com as respostas dadas, os alunos aprendem quem era Ella Maillart e compreendem a importância de sua obra. Portanto, as perguntas feitas estão em conformidade com o tipo de texto e a intenção do professor.

– Segundo exemplo: uma página extraída de um catálogo de livros para crianças apresenta várias capas de obras e um pequeno resumo do conteúdo de cada livro. As perguntas feitas giram em tono da escolha do livro e das modalidades de encomenda: "Qual é o conteúdo do Dicionário apresentado? Que livro você deve escolher para conhecer as plantas e o ciclo da natureza? Escolha dois livros que lhe agradem e preencha a ficha de encomenda." Como podemos constatar, as perguntas feitas têm sentido, porque se inscrevem em um procedimento lógico, próximo das necessidades das crianças: "Estou diante de um catálogo e tenho de procurar uma informação precisa que me ajude a fazer minha escolha."

Agora que esclarecemos qual tipo de texto se presta a um estudo de texto, podemos abordar as estratégias úteis para sua boa realização. Dado que o exercício de estudo de texto se desenvolve geralmente em dois tempos – leitura do texto e respostas às perguntas – vamos analisar as estratégias necessárias para a leitura propriamente dita, e depois para a redação das respostas.

A primeira atividade a realizar com os alunos é um trabalho de esclarecimento da proposta dos estudos de texto. Para que as crianças consigam mobilizar as estratégias adequadas, elas já devem ser capazes de reconhecer um estudo de texto e compreender o que se espera. Os estudos de texto podem se apresentar de formas muito diferentes, o que muitas vezes deixa o aluno confuso no seu reconhecimento do exercício (cf. o problema das folhas grampeadas de Julie, no Capítulo 5). O estudo de texto pode ser definido assim com os alunos: trata-se de um exercício que pede para responder perguntas estudando um texto, o que explica que esse exercício seja chamado de "estudo" de "texto"; o aluno poderá então reconhecer um estudo de texto se tiver diante dele um texto – cujo suporte pode variar (folha, livro, revista, jornal, etc.) – e um questionário. Esse exercício de reconhecimento pode parecer trivial ou até inútil, mas nossa prática nos mostrou, muitas vezes, que os alunos eram incapazes de reconhecer o exercício, não sabiam o que significava a expressão "estudo de texto" e não conheciam nenhuma estratégia eficaz para sua realização.

Sonia é uma aluna da 5ª série do primário que o senhor Batista nos pediu que recebêssemos no apoio para um trabalho sobre dificuldades de leitura. Os resultados da aluna pioram continuamente e o professor está preocupado. Na avaliação diagnóstica, propusemos a Sonia um estudo de texto, e lhe pedimos que o realizasse sozinha em um primeiro momento.

Observamos a aluna trabalhando e constatamos que ela lê apenas uma vez o texto, depois joga a folha na beirada do banco e começa a responder às perguntas. Quando Sonia termina o exercício, perguntamos por que ela nunca volta ao texto para responder ao questionário. Ela nos responde, chocada, que "a gente não tem esse direito!". Nós lhe perguntamos então se compreendemos bem e se ela, realmente, jamais confere suas respostas no texto. E ela nos responde, envergonhada: "Sim, às vezes, quando o professor não está me vendo, eu colo..."

Eis então uma aluna que faz estudos de texto – "estudos" de "texto" – há vários anos estando convencida de que quando olha o texto está colando, embora seja essa a proposta do exercício!

Depois que os alunos compreenderam a proposta do exercício, pode-se iniciar o trabalho sobre um procedimento eficaz de *estudo de texto*. A primeira etapa consiste, evidentemente ("evidentemente" para o professor, mas não necessariamente para os alunos), em ler o texto antes de responder às perguntas. As estratégias de compreensão mencionadas no capítulo anterior aplicam-se naturalmente à leitura de um texto de estudo. Em geral, aconselhamos os alunos a ler duas ou três vezes o texto. Quanto mais dinâmicas forem as releituras, melhor será a compreensão. Por exemplo, a segunda leitura pode ser feita com um lápis à mão: o aluno sublinhará as palavras importantes, as frases-chave, a ideia principal ou, ainda, as passagens que não compreendeu bem e que terá de reler (cf., por exemplo, Calaque, 2004, para uma apresentação de seu "itinerário de leitura"). "Pode ser surpreendente, à primeira vista, que uma técnica que pede apenas para reler o texto consiga intervir no nível da compreensão. Contudo, isso se explica muito bem pelo trabalho cognitivo realizado durante as releituras: em primeiro lugar, na medida em que a energia do leitor não é mais mobilizada pela decodificação, ela se torna disponível para os processos de compreensão; em segundo lugar, sabe-se que a primeira leitura de um texto leva a uma compreensão apenas superficial, enquanto as releituras permitem uma compreensão mais aprofundada e mais estruturada. É o que ocorre na técnica da leitura repetida" (Giasson, 1997, p. 46).

Explicamos aos nossos alunos o interesse de uma leitura múltipla do texto desenhando para eles na Figura 10.3.

Comentamos o esquema explicando que, quando se joga um pedregulho na água, o pequeno círculo criado pelas ondas se expande em vários círculos concêntricos. Na leitura, o fenômeno é idêntico: após uma única leitura, a compreensão é pe-

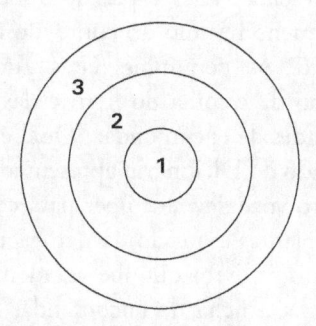

Figura 10.3 As releituras no exercício de estudo de texto.

quena e apenas alguns elementos do texto foram identificados (os personagens principais, por exemplo). Na releitura, a compreensão se expande, e novas informações vêm complementar as primeiras. Depois da terceira leitura, a compreensão geralmente é suficiente, e o aluno pode então passar ao trabalho do questionário. Esclarecemos ainda aos nossos alunos que, às vezes, o pedregulho é maior, e a primeira onda forma de imediato um grande círculo; nesse caso, a compreensão é suficiente após uma única leitura.

A segunda etapa do trabalho consiste em responder às perguntas. Se o texto foi bem compreendido, essa etapa se desenvolve sem muita dificuldade. No entanto, é preciso respeitar alguns princípios. Antes de tudo, o aluno precisa criar o hábito de conferir todas as suas respostas no texto. Às vezes, pedimos que anotem ao lado de cada resposta o número da linha do texto onde encontrou a resposta. Como dizemos aos nossos alunos, trata-se realmente de um "estudo de texto" – as respostas, em princípio, estão no texto –, e não de um "estudo de cabeça" – que consistiria em buscar as respostas de memória em nossa "cabeça". Nós lhes mostramos também a facilidade da tarefa: na sala de aula, o estudo de texto é o único exercício em que o professor distribui aos alunos as perguntas (o questionário) e as respostas (o texto).

Essa última observação é evidentemente redutora, mas ajuda a tranquilizar as crianças, a dar a elas um sentimento de controlabilidade e a obrigá-las, sobretudo quando são pequenas, a respeitar o conteúdo do texto e a mensagem do autor. De fato, a dificuldade com os alunos menores é que sua subjetividade interfere muito no conteúdo real do texto. É preciso então, nos primeiros anos de escolaridade, ajudá-los a se manter fiéis ao texto e a buscar rigorosamente as respostas no texto. "Não é que os leitores fracos ou que os pequenos não sejam sensíveis à importância das informações, mas é que eles têm uma concepção diferente do que é uma informação importante. Eles consideram importante uma ideia que lhes interessa pessoalmente, e não o que o próprio autor demarcou como central ou essencial" (Giasson, 1997, p. 75). Porém, embora seja importante procurar as respostas no texto para habituar os jovens leitores a um trabalho rigoroso, o professor deve levar mais longe a reflexão com os alunos mais velhos. Na realidade, a análise de um texto requer geralmente uma interpretação mais pessoal de seu conteúdo e um confronto entre a opinião do escritor e a análise do leitor.

Giasson (1997) sugere uma classificação interessante, em duas categorias, das perguntas e das respostas sugeridas em um estudo de texto: ou a resposta é encontrada diretamente no texto, ou o aluno deve buscá-la em seus conhecimentos de base. De fato, a resposta nem sempre é dada de forma explícita em uma frase do texto, mas requer um trabalho de pesquisa ou de inferência por parte do aluno. O esquema proposto por Giasson é, a propósito disso, muito interessante, e permite uma análise profunda das perguntas e das respostas sugeridas nos estudos de texto.

Se a resposta se encontra no texto, ela pode estar "bem ali": o aluno pode apontar com o dedo a palavra ou a frase resposta. Se a resposta está no texto, mas se encontra em várias passagens, o aluno "pensa e procura"; o exercício é um pouco mais difícil. Às vezes, o aluno tem que recorrer aos seus próprios conhecimentos e confrontá-los

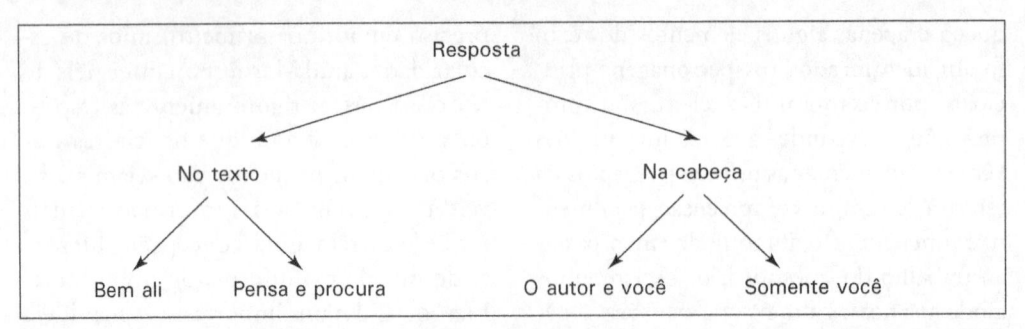

```
                          Resposta
                         ↙        ↘
                   No texto      Na cabeça
                   ↙      ↘      ↙        ↘
               Bem ali  Pensa e procura  O autor e você  Somente você
```

Figura 10.4 A classificação das respostas nos estudos de texto (Fonte: Raphael, 1986; Giasson, 1997).

com as informações fornecidas no texto; nesse caso, é preciso geralmente fazer uma inferência; a resposta constrói-se aqui entre "o autor e você". Enfim, mais raramente, a pergunta remete o aluno aos seus próprios conhecimentos ou pede sua opinião sobre um problema ou uma situação apresentados no texto (somente você): "E você, o que acha?". Essa tipologia pode ser sugerida aos alunos como chave de leitura das perguntas e respostas. Ela permite uma objetivação das estratégias a utilizar em função dos diferentes tipos de pergunta.

Note-se ainda que, quanto mais as perguntas mobilizam respostas que envolvem o aluno (à direita no esquema), mais elas são interessantes. Passa-se assim, da esquerda para a direita, de uma compreensão literal a uma compreensão interpretativa, ou mesmo crítica, do texto. O problema é que as respostas "bem ali" são fáceis de corrigir ("A raposa é um mamífero?"), enquanto as respostas "o autor e você" ou "somente você" obrigam o aluno a formular respostas relativizadas e exigem normalmente uma discussão aprofundada sobre a compreensão de cada um ("No extrato de *Voo noturno*, o piloto tem medo da morte? Explique"). Pode-se dizer então – e, infelizmente, essa observação é verdadeira na maioria nos campos avaliados na escola – que, quanto mais a pergunta é aberta e a resposta é sujeita a interpretação, mais ela é interessante e formadora; inversamente, quanto mais a pergunta é fechada e só tem uma resposta possível, mais fácil é a correção...

As perguntas dos estudos de texto também podem ser classificadas em duas categorias (Giasson, 1990): as perguntas que tratam do conteúdo do texto (o produto) e as perguntas que se referem aos processos utilizados pelo leitor. Enquanto as perguntas sobre o produto – que acabamos de analisar – estão relacionadas às informações contidas no texto, as perguntas sobre os processos dizem respeito diretamente à proposição desta obra: elas pedem ao aluno que pense sobre suas estratégias quando realiza um estudo de texto: "Como você sabe que...? Como entendeu esse texto? Que procedimento utilizou? Como faz quando encontra uma palavra difícil? E quanto aos enunciados, como você procedeu?".

Como se viu neste item, são muitas as perguntas que podem ser feitas após a leitura de um texto. A escolha delas depende do texto analisado e da intenção do professor: se for um texto explicativo serão formuladas perguntas precisas, enquanto para os textos narrativos as perguntas interpretativas são mais adequadas; se, finalmente, você privilegia uma abordagem estratégica, fará perguntas sobre os processos. Por isso, antes de fazer perguntas aos alunos, o professor deve estar preparado para responder às perguntas deles! "Para que serve tudo isso? Qual é a intenção da leitura? Qual é o objetivo perseguido?"

No Anexo 16, apresentamos uma ficha-guia que permite aos alunos conhecer um pequeno procedimento que estabelece as principais etapas da realização de um estudo de texto. O desafio – ilustrado por desenhos e por algumas frases-chave – é pensado mais especificamente para os alunos menores. O verso apresenta algumas considerações um pouco mais teóricas e pode ser abordado com alunos mais velhos. Evidentemente, essa ficha-guia não é exemplar, mas ilustra um procedimento possível de trabalho estratégico sobre o exercício de estudo de texto.

10.3 A LEITURA DE ENUNCIADOS

Milan é um aluno da 6ª série que encontra grandes dificuldades em todas as disciplinas. Ele repetiu a 4ª série e continua fracassando na escola, apesar das medidas de apoio constantes. Na avaliação diagnóstica, constatamos que Milan comete muitos erros devido a uma compreensão muito aproximativa dos enunciados. Vamos apresentar agora o exercício que nos permitiu compreender a dificuldade do aluno.

O aluno deve realizar um estudo de texto sobre um extrato de O tempo dos segredos, de Marcel Pagnol. O texto conta que o pequeno Marcel se fantasia de cavaleiro, e sua amiga, de rainha. O texto contém três parágrafos, e o primeiro exercício do estudo é o seguinte:

Entre os títulos abaixo, procure aqueles que poderiam ser apropriados a cada um dos parágrafos desse texto.
A) Carnaval
B) Que belo cavaleiro!
C) O casamento
D) O bombeiro
E) Um reino magnífico
F) Vamos nos divertir

Escreva a letra apropriada em cada casa.
1º parágrafo ☐
2º parágrafo ☐
3º parágrafo ☐

Observamos que, primeiro, Milan lê duas vezes o texto – que ele compreende perfeitamente, como pudemos constatar depois – e em seguida faz o exercício, circundando estranhamente a letra "B" e marcando a casa correspondente ao 3º parágrafo.

Quando Milan explicita sua compreensão do enunciado, constatamos que o aluno "procurou" em "cada um dos parágrafos" as palavras propostas no exercício, e depois marcou o número do parágrafo em que se encontravam essas palavras. Como a primeira palavra da lista ("Carnaval") não aparecia no texto, Milan procurou a palavra "cavaleiro" – e esta se encontrava no 3º parágrafo. Assim, marcou a terceira casa, e passou ao exercício 2.

Com esse pequeno exercício, pudemos ver que Milan comete vários erros estratégicos na leitura dos enunciados:
- *ele ignora manifestamente certas informações, como, por exemplo, a palavra "título", que é essencial para a compreensão do primeiro enunciado;*
- *ele interpreta mal outras informações; por exemplo, "procure no texto", enquanto devesse procurar os títulos que "poderiam ser apropriados a cada um dos parágrafos";*
- *ele decifra o segundo enunciado ("Escreva a letra apropriada em cada casa") sem compreendê-lo, e por isso não o utiliza;*

- *ele constrói, enfim, um enunciado pessoal – coerente para ele, mas totalmente diferente daquele que está escrito no exercício.*

Contata-se, nesse pequeno exercício, que a estratégia de leitura dos enunciados é totalmente inadequada nesse aluno. Sua dificuldade – interpretada pelo professor titular como uma dificuldade de compreensão do texto – está relacionada, na realidade, a uma estratégia errada de leitura de enunciados.

O trabalho de remediação consistiu em ajudar Milan a identificar as "palavras-enunciados" importantes (geralmente os verbos no imperativo) e se assegurar da boa compreensão de cada um dos termos utilizados no enunciado. Além disso, uma ficha-guia foi proposta ao aluno e exercitada durante várias semanas (ver Anexo 17). Essa ajuda estratégica sobre a leitura de enunciados permitiu a Milan fazer progressos importantes nos estudos de texto, como também em todas as outras disciplinas.

O exemplo de Milan nos mergulha de imediato na última parte do capítulo, consagrada à ajuda estratégica em leitura. Se dedicamos algumas páginas a essa problemática, é porque a leitura de enunciados é um exemplo interessante da competência que se solicita constantemente dos nossos alunos, mas cuja aprendizagem raramente é organizada de maneira sistemática. Porém, a leitura de enunciados, como a do estudo de texto que acabamos de abordar, impõe exigências singulares e exige uma abordagem estratégica específica.

A ajuda estratégica nesse campo coincide globalmente com os procedimentos sugeridos até aqui: o professor encorajará os alunos a objetivar seus procedimentos, a reconhecer um enunciado e a desenvolver uma estratégia de leitura eficaz. Em outras palavras, o professor deverá "favorecer uma atitude reflexiva do aluno diante dos enunciados: trata-se de descontextualizar os enunciados para levar o aluno a identificá-los como gênero escolar, de tipo injuntivo, compará-los, classificá-los, avaliar os problemas que se colocam a fim evitá-los em situação" (Calame-Gippet, 1999, p. 5). Assim, a atitude do professor em face da leitura do enunciado é determinante: ou ele acha que essa aprendizagem compete aos alunos – ou que o confronto regular com a leitura dos enunciados dará trabalho! –, ou se atribui uma parte de responsabilidade no ensino da leitura de enunciados e favorece na sua aula a aprendizagem estratégica de enunciados.

O que pode ser ilusório nesse campo é a aparente simplicidade da leitura de enunciados. Trata-se, na realidade, de ler um texto muito curto, de compreender o que ele pede e de responder às perguntas feitas. Nada de muito difícil, *a priori*. No entanto, uma análise mais apurada nos ajuda a compreender melhor por que tantos alunos tropeçam na leitura de enunciados. A maior dificuldade reside no fato de que as informações a reter são muito numerosas, ainda que o texto seja curto. É o mesmo fenômeno que ocorre na leitura de definições do dicionário: a informação é tão condensada que há o risco de sobrecarga cognitiva, apesar do tamanho reduzido do texto. Por exemplo, um enunciado aparentemente simples como "circunde em vermelho o verbo da frase e concorde-o" contém pelo menos cinco informações diferentes (circunde/ vermelho/ verbo/ concorde/ o). Como vimos no item 3.4, a capacidade de tratamento cognitivo é limitada, e o espaço mental fica rapidamente saturado de informações. Para algumas crianças, as cinco informações desse exemplo já sobrecarregam as capacidades de tratamento de seu processador central.

Como, então, ensinar a leitura de enunciados? Antes de tudo, o professor mostrará aos alunos por que é tão difícil ler e compreender enunciados. Em geral, eles não percebem onde está o problema, pois se trata, como vimos, de ler um texto muito pequeno, ao passo que, em outros campos, são capazes de compreender textos muito mais longos. As dificuldades enunciadas acima devem ser então objeto de discussões contínuas com os alunos.

Os alunos devem saber, portanto, que é normal não compreender um enunciado logo na primeira leitura, justamente porque o exercício é complexo. O interesse de releituras sucessivas, recomendadas para o estudo de texto, é mais uma vez assinalado aqui. O pequeno esquema de três círculos concêntricos (Figura 10.3) pode ajudar os alunos a compreender que a primeira leitura permite apreender apenas algumas informações, e que a grande carga cognitiva exige várias releituras. Visto que todas as palavras são importantes em um enunciado, o professor poderá ajudar os alunos a esmiuçar um enunciado e a perceber a importância respectiva de cada palavra. Por exemplo, o plural de um determinante pode modificar completamente o sentido do enunciado.

Os alunos devem igualmente ser capazes de estabelecer ligações entre o enunciado, os exercícios que se seguem, o título da ficha ou do capítulo e, eventualmente, os exemplos dados. Assim, o enunciado nunca é isolado, mas faz parte de uma construção global da ficha ou da página do livro. Por exemplo, certas fichas têm uma cor específica que indica a disciplina a que ela se refere; às vezes, um símbolo no alto do exercício especifica o material necessário; as ilustrações também ajudam a entender a proposta da tarefa. As informações que permitem compreender o enunciado não se encontram, portanto, apenas na frase-enunciado, mas na apresentação geral da página e no contexto de trabalho da classe. Na verdade, se o exercício é proposto agora, isso não é sem razão: certamente, a aula anterior trouxe informações interessantes sobre as exigências da tarefa presente. Para compreender bem o interesse de outras informações, um exercício útil consiste em apagar o enunciado e pedir aos alunos que o refaçam, buscando indicações no resto da página.

O treinamento para a leitura de enunciados pode ser feito também com a redação de enunciados. Nada melhor que a composição de um texto para compreender todos os seus mecanismos e captar toda a sua complexidade: "Colocar os alunos em posição de inventar eles próprios os enunciados vai no sentido de escrever para ler ou de ser produtor para ser melhor receptor. [...] Os alunos podem, assim, perceber melhor o sentido desses enunciados, as competências que eles põem em jogo. Tornando-se ativos e inventivos, os alunos estarão mais capacitados a descobrir as armadilhas e emboscadas desse tipo de enunciados quando voltarem a ser leitores" (Zakhartchouk, 2004, p. 76).

Outra estratégia eficaz é a reformulação do enunciado. Antes de começar o exercício propriamente dito, o aluno deveria sempre verificar se é capaz, sem o suporte do texto, de reformular com suas próprias palavras o que se pede no enunciado. Essa é a essência da Ficha-guia que propomos aos nossos alunos (Anexo 17): "Eu viro a folha ou fecho o livro e repito para mim, com minhas próprias palavras, o que o enunciado pede, imaginando o exercício na minha cabeça".

A aprendizagem do vocabulário próprio aos enunciados é igualmente indispensável. Palavras como "corte, risque, circunde, complete, marque, numere, efetue, etc." são muitas vezes mal compreendidas pelos alunos, podendo levar assim a erros tão estúpidos quanto perfeitamente evitáveis. Trata-se, portanto, em um primeiro momento, de memorizar conhecimentos declarativos (definição de cada uma das palavras-enunciados) e, em seguida, de visar a uma utilização desses termos na leitura efetiva dos enunciados (proceduralização). Durante algum tempo, o professor poderá pedir aos alunos que sublinhem, nas diversas fichas que tiverem de realizar, as palavras-enunciados importantes.

É preciso, finalmente, encorajar nas crianças, durante a realização da tarefa, um vai e vém constante entre o enunciado e o exercício. Durante todo o trabalho, os alunos deveriam guardar em um lugarzinho da sua cabeça o objetivo perseguido. É importante, em particular, habituar os alunos a fazer um controle final antes de entregar a folha ao professor: o aluno deveria voltar ao enunciado, no final do trabalho, e verificar se a tarefa realizada responde bem ao enunciado do exercício. Às vezes, ocupado com as exigências da realização, o aluno esquece o enunciado e acaba fazendo uma coisa diferente do que se pede.

Para terminar, vale esclarecer que essa aprendizagem estratégica da leitura de enunciados será realizada nas atividades habituais da classe e nas diferentes disciplinas. Não se trata, portanto, de trabalhar durante um mês a leitura de enunciados e depois abandonar os alunos à própria sorte, imaginando que a aprendizagem está definitivamente concluída. Assim, a aprendizagem será feita em contexto e ao longo de todo o ano. Contudo, pode ser interessante, logo no início da aprendizagem, propor aos alunos uma abordagem específica de leitura de enunciados e consagrar outras aulas ao projeto dessa aprendizagem estratégica.

11
Ajuda estratégica em escrita

Ler e escrever: duas competências fundamentais e, portanto, duas abordagens estratégicas indispensáveis. Neste capítulo, também não temos a intenção de apresentar de maneira completa as estratégias necessárias à escrita do texto. Desejamos simplesmente abordar algumas pistas em dois campos importantes da escrita: a composição de um texto e a ortografia.

11.1 AJUDA ESTRATÉGICA EM COMPOSIÇÃO DE TEXTO

O exercício de redação é um dos mais difíceis de realizar. Ele exige da criança competências múltiplas que, além disso, ela tem de mobilizar ao mesmo tempo: ela deve planejar o trabalho, organizar as ideias, utilizar um vocabulário apropriado, controlar a sintaxe e a ortografia, levar em conta o destinatário, verificar a coerência global e adotar um ritmo de redação que não seja rápido demais – senão o texto ficará ilegível –, nem lento demais – senão perderá o fio. Os processos metacognitivos de antecipação, planejamento, inspeção e regulação devem ser todos mobilizados. Isso sem contar os outros processos cognitivos – identificação, comparação, organização, estruturação, conceitualização, etc. – que possibilitarão a escolha de palavras adequadas, sua organização na frase, a gestão das transições entre as ideias, a organização do texto etc. Como assinalam Gavens e Camos (2006), "os trabalhos mostram que as diferentes instâncias da memória estão envolvidas nos dois processos da formulação. [...] Os tratamentos de pesquisa léxica e de criação de estruturas sintáticas colocariam em jogo as funções atencionais do administrador central, e o armazenamento temporário das representações fonológicas dos constituintes de uma frase seria garantido pela alça fonológica" (in Dessus et al., 2006, p. 95).

Levine (2003) diz, por sua vez, que "a escrita é uma das maiores orquestras que o intelecto de uma criança tem de comandar" (p. 73). Compreende-se então por que a "melodia" nem sempre é muito boa e não raro se compadece do professor-ouvinte que às vezes tem vontade de deixar a sala de concerto... O problema da sobrecarga cognitiva é, portanto, o maior problema que se coloca à criança no momento da redação de um texto. Para que o aluno assimile de forma progressiva seu papel de diretor de orquestra, o professor lhe pedirá que primeiro trabalhe separadamente com cada um dos registros; depois, ele aprenderá a decompor sua tarefa em etapas claramente identificadas. O procedimento que sugerimos neste capítulo desdobra-se em três fases principais. Vamos analisar suas etapas e seus diversos componentes.

1. Fase de preparação e de planejamento

Nessa primeira fase, o aluno toma conhecimento do tema a tratar, do tipo de texto pedido e do destinatário de sua redação. Evidentemente, se o único destinatário é o professor e a resposta esperada é um retorno de sua tarefa maculada de vermelho, é provável que a motivação do aluno não seja enorme: no dia a dia, nunca escrevemos a uma pessoa que nos devolve a folha com os erros de ortografia e de sintaxe sublinhados. Na compreensão do projeto de escrita, é essencial levar em conta o destinatário: escrever uma carta postal para sua madrinha ou uma receita culinária para os pais não implica as mesmas competências redacionais.

Em seguida, o aluno realiza um *brainstorming*[1] – geralmente "pessoal", às vezes em grupo – que permite expressar desordenadamente suas ideias sobre o tema. "Esse método ajuda a superar as duas grandes dificuldades encontradas na passagem à escrita. De um lado, o pensamento é rápido, muito mais rápido que a escrita. De outro lado, nos escritos escolares, em particular, os alunos tendem a querer ordenar suas ideias antes mesmo de examiná-las. Com isso, a descoberta de novas ideias é freada, ou até bloqueada" (Chevalier, 1995, p. 44). O uso do esquema heurístico apresentado no item 3.3 (Figura 3.1) pode ser útil aqui: "Depois de ter escrito o tema no centro da página, os alunos anotam livremente todas as ideias que lhes vêm à cabeça, sem preocupação com a ordem. As ideias devem ser transcritas em forma de palavras isoladas, nunca em forma de frases. Isso porque a formulação de frases impediria a fluidez" (op. cit.). Nessa fase, não se deve, de fato, fazer nenhum controle e nenhuma censura, mas sim permitir que as ideias jorrem e não sejam contidas por uma cansativa formulação escrita. "Nessa etapa, a quantidade importa mais que a qualidade. A triagem, assim como a classificação, será feita mais tarde. Depois de três ou quatro sessões desse tipo, os alunos adquirem o hábito de mobilizar suas ideias dessa maneira: as redações se enriquecem consideravelmente" (op. cit., p. 45).

Se o aluno não tem conhecimentos sobre o tema a abordar, podem ser necessárias uma pesquisa e uma leitura de documentos para se aprofundar na questão. O nível de conhecimentos sobre o tema facilita a redação de um texto. "Assim, por exemplo, Kellogg (1988) pediu aos participantes que escrevessem um texto defendendo a ideia de que a ONU deveria continuar sediada nos Estados Unidos. Ele observou que os participantes que tinham um bom conhecimento da ONU, avaliado por um teste independente, claramente precisavam empreender menos esforços para produzir um texto de qualidade do que os participantes que conheciam pouco a ONU. Observou o mesmo tipo de efeitos relativos ao nível de conhecimentos verbais sobre a produção de textos de diferentes tipos (p. ex., textos argumentativos ou narrativos)" (Lemaire, 2006, p. 103-104). O recurso aos conhecimentos de base e à memória semântica é, portanto, fundamental nessa primeira etapa de preparação.

O professor nem sempre se dá conta de que o tema proposto talvez não seja muito familiar à criança e de que ela necessita de um trabalho prévio de apropriação de conhecimentos sobre o tema. A pesquisa de um vocabulário específico também pode ajudar a criança a formular frases mais interessantes e mais precisas. Além disso, o professor deveria enriquecer os conhecimentos declarativos de seus alunos sobre o tipo de texto que será abordado. Se ele pede para redigir um conto, por exemplo, deve se assegurar de que as crianças já leram contos e de que conhecem esse tipo de texto e sua organização singular (p. ex., a presença de um objeto mágico ou de um animal fabuloso), ou mesmo seu vocabulário próprio.

Se o aluno tem dificuldades porque suas ideias andam rápido na cabeça e a mão não as acompanha, o professor pode, eventualmente, estimulá-lo a fazer uma gravação. Em geral, o discurso espontâneo da criança é coerente e as ideias se encadeiam logicamente, mesmo que a sintaxe deva ser retrabalhada para corresponder às exigências da escrita. Uma pesquisa realizada por Bereiter e Scardamalia (1987) provou a eficácia dessa estratégia: as crianças, colocadas em uma situação de "ditado rápido", gravavam o texto em vez de escrevê-lo. As conclusões dessa pesquisa mostram que os textos produzidos nessas condições eram os de melhor qualidade. "Esse resultado é fácil de explicar quando se sabe que as crianças na condição de ditado rápido não eram limitadas nem pelo ritmo lento (que as impede de lembrar as ideias que passam por sua cabeça quando escrevem) nem pelos esforços cognitivos necessários para a caligrafia (que as impede de pensar em novas ideias)" (Lemaire, 1999, p. 402-403).

Outra estratégia possível: o aluno pode recorrer a imagens mentais e construir na cabeça um pequeno filme de sua história, que depois poderá registrar no papel. O aluno pode fechar os olhos e visualizar as cenas de sua narrativa; em seguida, tentar comentá-las mentalmente; e, por fim, passar à redação de seu texto. Esse trabalho pode ser combinado com a estratégia de gravação, apresentada acima.

Todas as técnicas mencionadas neste capítulo têm uma virtude iconoclasta: elas visam a destruir uma representação de "inspiração" um pouco etérea demais. Como bem sabem os escritores, o dom, o gênio criativo, quando existem, são excepcionais – e sempre insuficientes! A imaginação deve ser exercitada, ensinada, educada por técnicas muito precisas e estratégias comprovadas[2].

Essa primeira fase, de preparação, é também a do planejamento e da preparação de um projeto. Este pode ser escrito ou simplesmente visto mentalmente, conforme o tipo de texto a redigir. O projeto pode consistir na organização das ideias – lançadas primeiramente de forma desordenada no papel – ou exigir um trabalho mais sistemático. Uma reorganização do esquema heurístico pode ser suficiente, às vezes, para se chegar a um projeto perfeitamente coerente.

Recebemos, certo dia, a visita de uma estudante de 20 anos, Laura, que cursava a universidade e veio nos pedir para ajudá-la a redigir seus textos. Na realidade, há anos ela sofria muito quanto tinha de redigir uma dissertação ou entregar um trabalho escrito para um curso. Nos exames orais ia sempre bem, mas ela penava para expressar suas ideias quando tinha de passar para a forma escrita.

Nessa entrevista, Laura nos mostra um trabalho que acabou de realizar e, quando o lê, constatamos que as ideias desenvolvidas no texto são bastante interessantes, mas a leitura é difícil, porque a organização global do texto não permite ao leitor acompanhar o pensamento da autora. Além disso, certos temas são tratados de maneira muito aprofundada, às vezes até de maneira exageradamente desenvolvida, enquanto outros aspectos importantes não aparecem. Assim, seu texto é empolado, confuso, e o leitor tem dificuldade de se situar nele. Em suma, embora as ideias sejam boas, a apresentação é caótica.

Propomos então a Laura esquecer provisoriamente o texto e anotar no centro de uma folha grande o tema de seu trabalho (núcleo do sistema heurístico) e, em seguida, nos fazer uma exposição oral completa. Como a estudante tem muita facilidade no oral, ela nos faz uma exposição clara e estruturada de suas ideias sobre o tema. Enquanto ela se expressa, construímos, de forma que ela possa ver, um esquema heurístico de sua exposição. Os temas principais são ligados diretamente ao centro do esquema e as ideias secundárias ou os exemplos são ligados a esses diferentes temas. O uso do esquema heurístico permite, assim, visualizar o núcleo do tema e organizar os conhecimentos em estrela em torno desse centro – os conceitos secundários, os exemplos, as definições se ligam ao centro na forma de uma rede de ramificações.

Ao final de sua exposição, Laura dispunha de um projeto de redação de seu trabalho. Ela precisava apenas decidir em que ordem desejava tratar os diferentes temas, e poderia retrabalhar seu texto. Graças a essa entrevista, Laura se apropriou de um procedimento estratégico que lhe permitiu superar suas dificuldades em escrita e que a ajudou muito durante todos os estudos que se seguiram.

A utilização de um esquema heurístico apresenta outra vantagem: se as ideias se esgotam no *brainstorming*, o aluno pode sempre recomeçar do centro do esquema ou das diferentes pontas da estrela para dinamizar a reflexão e retomar a produção de ideias.

Em resumo, essa primeira fase consiste em determinar o que se quer escrever e para quem se quer escrever, em buscar ideias e em fazer um projeto. Com alunos menores, o professor poderá utilizar com proveito os personagens "Reflecto" (Gagné, 2004), apresentados no item 7.3, que ajudarão os alunos a compreenderem melhor a tarefa a realizar em cada etapa. Por exemplo, essa fase de preparação e planejamento será assumida pelo "explorador" – de pensamento divergente –, que se encarregará de encontrar ideias, e pelo "arquiteto", cujo papel é planejar o trabalho a ser realizado, fazer projetos, determinar as etapas que devem ser seguidas e estabelecer os procedimentos necessários.

2. Fase de redação

Etapa seguinte: o aluno redige seu texto. As ideias encontradas na fase anterior são agora registradas no papel e organizadas logicamente e/ou cronologicamente.

O primeiro jato é, naturalmente, um rascunho. O aluno escreve sem interrupção, sem se preocupar com a sintaxe ou com a ortografia. O professor deve explicar às crianças que não é o caso de escrever de imediato um texto perfeito. A terceira fase – correção – permitirá cuidar do estilo, da ortografia e da apresentação. No momento, trata-se mais de um exercício feito de forma mais ou menos rápida, o que possibilita ao aluno manter a continuidade do texto e assim preservar a coerência global. A ênfase deve ser dada aqui ao conteúdo e à sua organização, e não à forma do texto. Com alunos mais velhos, o professor sugerirá que digitem o texto diretamente no computador. A utilização de um tratamento de texto facilita correções rápidas e cuidadosas, e com isso se pode ter na mesma hora um texto "limpo", fácil de reler e de corrigir.

Na fase de redação, o professor estimulará os alunos a mobilizarem as competências que desenvolveram em análise gramatical. As regras de construção da frase – que dão aos alunos a impressão de um sofrimento inútil – adquirem aqui todo o seu sentido. "Utilizo o sujeito para dizer do que quero falar, o verbo descreve a ação realizada, o complemento verbal permite determinar onde e quando se desenvolve a ação, etc." Com os alunos mais novos, o professor pedirá simplesmente que verifiquem se cada frase contém pelo menos um sujeito e um verbo. Os alunos mais velhos poderão completar suas frases com adjetivos, advérbios e complementos que permitam dar mais precisão ao texto e assim enriquecê-lo. A conjugação dos verbos e a concordância de tempos também apresentam problemas para os alunos. Por isso, o professor pode aconselhá-los, em um primeiro momento, a escrever o texto no presente. As repetições são outra dificuldade frequente. Será recomendado o uso de sinônimos ou de pronomes. Como podemos constatar aqui, o trabalho de composição exige mobilizar numerosas competências adquiridas em gramática, análise, ortografia, vocabulário e leitura. As aprendizagens feitas nessas diferentes áreas encontram assim sua justificativa no momento da composição escrita. O professor poderá então suscitar a motivação dos alunos nessas áreas – geralmente ingratas – pelo uso que poderão fazer de suas aprendizagens nos exercícios de composição.

Outro problema frequente é a dificuldade de utilizar palavras de ligação, de transição ou de coordenação. A propósito disso, uma pesquisa relatada por Lemaire (1999) parece-nos muito instrutiva. Ela sugere uma pista interessante para os professores: pediu-se às crianças que escrevessem textos utilizando expressões como "da mesma maneira", "por exemplo", "assim". Cada uma dessas expressões "era escrita em um cartão colocado diante da criança. Quando estava sem ideia, a criança devia escolher um desses cartões e utilizar a expressão escrita nele para continuar a compor seu texto. A suposição dos autores era que, com essas indicações, as crianças conseguiriam escrever textos mais ricos no nível das ideias e de melhor qualidade (isto é, textos em que as ideias se encadeariam melhor e seriam mais bem formuladas). Foi exatamente o que os autores observaram. As indicações possibilitaram às crianças construir textos de melhor qualidade" (p. 402). O professor poderá então fornecer aos alunos esses cartõezinhos e ensiná-los a utilizar as palavras de ligação. De maneira geral, a qualidade de um texto e a fluidez da leitura dependem realmente do uso correto dessas palavras.

Deve-se ter ainda um cuidado muito especial com a conclusão do texto. Ela pode ser comparada à sobremesa em uma refeição: como é o gosto que permanece na boca, ele deve ser muito apurado...

No capítulo consagrado à leitura, havíamos destacado a importância, para os alunos, de se apropriarem da estrutura geral dos textos. O conhecimento desses esquemas também ajuda o aluno a organizar o conteúdo de sua composição e a assegurar uma apresentação coerente. Os textos narrativos, por exemplo, têm quase sempre o mesmo esquema: "As narrativas giram todas em torno da ideia que um personagem tem diante de si um problema que quer resolver ou um objetivo que quer atingir. O esquema da narrativa contém as seguintes partes: a situação inicial, o acontecimento desencadeador, a reação do herói, a tentativa de encontrar uma solução para o problema, o desfecho (resultado feliz ou não) e o final a longo prazo. [...] O acontecimento desencadeador e o desejo do personagem de atingir um objetivo ou de resolver um problema constituem a essência das histórias" (Giasson, 1997, p. 118-119). A organização textual de uma narrativa é então a seguinte:

1. Situação inicial	O quê? Quando? Onde? Em que situação?
2. Complicação (elemento desencadeador)	Qual é o acontecimento que muda a situação inicial?
3. Ação	Como os personagens reagem a esse problema?
4. Resolução	Como a situação evolui? Qual é o acontecimento que conduzirá ao desfecho?
5. Conclusão	Como termina a história para os personagens?

Figura 11.1 Estrutura do texto narrativo.

Se o aluno conhece esse esquema, poderá utilizá-lo para construir um texto coerente. Esse conhecimento da estrutura narrativa o ajudará também a compreender melhor e a apreciar as histórias que lê. Essa organização do texto narrativo pode ser trabalhada com os alunos fazendo-lhes algumas perguntas básicas:

Introdução

– Do que você quer falar na sua história?
– Em que momento você a situa?
– Onde ela se desenrola?
– Qual é o problema que se coloca aos personagens da história (modificação da situação inicial)?

Desenvolvimento

– Como os personagens reagem a esse problema?
– Como o problema é resolvido?

Conclusão

– Qual é o desfecho?
– Como termina sua história?

O professor poderá, eventualmente, utilizar essas perguntas para estabelecer uma ficha-guia ou para estimular a autoavaliação dos alunos (lista de verificação). Assinalamos diversas vezes o interesse de construir com os alunos fichas-guias para apoiar sua ação. Pesquisas mostraram a eficácia desses suportes. Lemaire (1999), por exemplo, relata uma experiência em que se propunha a vários grupos de alunos com 10, 12 e 14 anos que redigissem um texto. Alguns grupos recebiam oralmente instruções de planejamento de seu trabalho, enquanto outros recebiam também cartões onde figuravam as atividades de planejamento mencionadas nas instruções. Os resultados mostraram que as crianças que tinham cartões planejavam mais longamente que as outras crianças, e que os cartões eram tanto mais benéficos quanto mais novas eram as crianças.

Se o professor quiser trabalhar com o Reflecto (cf. item 7.3) nessa fase de redação, ele apresentará aos alunos o personagem do "marceneiro", que é o encarregado da execução do trabalho, da formulação das frases e da construção do texto. Quanto ao "controlador", ele tem uma atividade caracteristicamente metacognitiva: ele verifica regularmente se as coisas estão indo bem e inspeciona o desenrolar da ação em tempo real.

3. Fase de correção

Começa então a última fase, menos agradável: a da releitura e da correção. Em geral, os alunos têm dificuldade de cumprir essa etapa de maneira correta e sistemática. Porém, a qualidade final do texto depende sempre da qualidade da correção. Uma releitura em voz alta pode ajudar certos alunos a autoavaliarem sua produção. O ideal seria fazer uma pausa entre a fase de redação e a de correção: o escritor e o texto têm necessidade de repousar. Uma releitura com um novo olhar – agora descansado – possibilitará ler o texto com certa distância, como se o autor fosse na realidade uma outra pessoa. Antes de reler e corrigir o texto, o aluno deve retornar ao tema proposto e ao objetivo da escrita, o que lhe permitirá comparar as expectativas do professor com o texto redigido e verificar se é apropriado ao destinatário.

A correção do texto deveria ser feita em várias etapas. De fato, é impossível para as crianças reler o texto e, ao mesmo tempo, cuidar da ortografia, da pontuação, da sintaxe, do encadeamento de ideias, da organização geral e, ainda, verificar se ele responde bem às expectativas. Por isso, aconselhamos nossos alunos a efetuar diversas releituras, focalizando, em cada uma delas, um ponto bem específico. Nessa última fase, os alunos mobilizarão o "árbitro": seu papel é avaliar a qualidade da produção.

Os alunos deveriam, nesta fase, se colocar particularmente as seguintes questões:

– O texto responde à demanda (tema imposto, tipo de texto, destinatário, contexto, etc.)?
– A sintaxe está correta (concordância dos tempos, referentes de pronomes, pontuação, etc.)?
– Suprimi as repetições?
– A ortografia está correta (ortografia gramatical e de uso)?
– A apresentação geral do texto é agradável e corresponde aos usos (p. ex., presença de um título, de subtítulos e de ilustrações para um texto explicativo)?

A aprendizagem das três etapas abordadas neste capítulo – fase de preparação e de planejamento, fase de redação e fase de correção – é longa e difícil. Consequentemente, deveria começar já nas primeiras séries e prosseguir durante toda a escolaridade. Como assinalamos acima, o trabalho efetuado nas outras disciplinas além do francês deveria encontrar sentido nesse trabalho de redação que integra todas elas.

Uma possibilidade interessante de ensinar a composição escrita, ainda não mencionada aqui, é praticar a modelagem (cf. item 7.3): o professor executa o procedimento sugerido diante dos alunos, comentando em voz alta suas reflexões, fazendo perguntas para si mesmo, demarcando seus erros, regulando, e sempre falando do que faz no momento em que faz. Assim, o professor redige um texto diante dos alunos e comenta o que se passa na sua cabeça no momento mesmo em que pensa, organiza as ideias, redige e corrige o texto.

Como vocês devem ter notado, todas as pistas estratégicas indicadas neste capítulo visam a decompor a tarefa em várias etapas e várias subtarefas. Como dizíamos na introdução, a composição escrita é uma atividade hipercomplexa que exige desenvolver competências de "chefe de orquestra". O professor não pode então pedir aos alunos, logo de saída, que dirijam a Filarmônica de Berlim. Antes de se tornar "o von Karajan da escrita", o aluno precisa aprender a dominar cada competência separadamente. "Se uma criança tem dificuldade de executar diversas funções ao mesmo tempo, os pais podem ajudá-la a estabelecer um método para conseguir fazer uma coisa por vez. Pode-se ajudar essas crianças ensinando-as a fazer as coisas por etapas, e não todas de imediato; elas necessitam de esquemas bem preparados para facilitar esse processo" (Levine, 2003, p. 109). A aprendizagem das três etapas descritas neste capítulo é, portanto, um pré-requisito indispensável a qualquer procedimento de escrita. Progressivamente, os diferentes processos serão interiorizados e liberarão o "espaço cognitivo", o que favorecerá um melhor controle metacognitivo da produção.

11.2 AJUDA ESTRATÉGICA EM ORTOGRAFIA

A aprendizagem da ortografia constituirá a segunda parte desta abordagem estratégica de escrita. As dificuldades ortográficas podem ser classificadas em duas categorias, conforme se refiram à ortografia gramatical ou à ortografia de uso. Este capítulo tratará, portanto, desses dois aspectos, dando ênfase particular às dificuldades ortográficas de uso, que frequentemente deixam os alunos – e às vezes os professores – sem argumentos.

Quando um aluno comparece ao apoio por dificuldades ortográficas, começamos sempre por analisar seu caderno de ditados, e classificamos os erros em duas categorias: aqueles relacionados à gramática e aqueles relacionados ao uso. Essa primeira classificação ajuda a compreender melhor as necessidades do aluno em matéria de remediação. Algumas crianças cometem praticamente apenas erros gramaticais, enquanto outras padecem antes de tudo de uma ortografia de uso deficiente. Esse primeiro exercício de avaliação das dificuldades geralmente tranquiliza os alunos: o problema fica claro e, com isso, esboçam-se as pistas de remediação.

A *ortografia gramatical* diz respeito ao conhecimento das regras de gramática e à conjugação de verbos. O aluno deve concordar o verbo com o sujeito, conjugar corretamente os verbos, dominar os homófonos e concordar os substantivos e os adjetivos em gênero e número. Se o aluno apresenta dificuldades de ortografia gramatical, a solução é, portanto, relativamente simples (pelo menos de formular): ou as regras não são conhecidas e é preciso aprendê-las, ou são conhecidas, mas não aplicadas, e então é preciso aprender a aplicá-las.

Em geral, o aluno não tem consciência do grande número de regras que domina e, sobretudo, do número de vezes em que deve aplicá-las em um ditado. Na verdade, quase toda palavra escrita recorre a uma regra conhecida. Por exemplo, em uma frase tão simples quanto *"O menino foi pego por sua mãe comendo salsichas, por isso não estava com fome na hora do almoço"*. O aluno deve estar atento a várias regras como: usar maiúscula no início da oração; não cometer erros de ortografia, de impropriedade vocabular, de emprego de verbo, de emprego de pronomes e de acentuação e pontuação. E o aluno escreveu apenas uma frase de 19 palavras...

Fátima é uma aluna da 6ª série do primário que foi encaminhada ao apoio por dificuldades ortográficas. A avaliação diagnóstica ajuda a compreender melhor a dificuldade da aluna: a análise dos últimos ditados realizados permite constatar que Fátima comete principalmente erros de ortografia gramatical. De fato, dos 18 erros cometidos no último ditado, 15 são erros gramaticais. Essa única análise já possibilita pensar em uma ajuda estratégica dirigida: na preparação e na re-

alização do ditado na classe, Fátima terá de concentrar sua atenção nas regras de ortografia a aplicar.

Ao iniciar a fase de remediação, pedimos à aluna que calcule quantas regras deveriam ter sido aplicadas para realizar corretamente seu último ditado. Ela sugere um número de 8 a 10 regras (o ditado tem uma dezena de linhas). Quando fazemos o trabalho de contagem encontramos 78 (mas computando duas ou três vezes as regras que se aplicam em mais de um caso).

Assim, em algumas aulas de apoio, Fátima compreendeu vários elementos fundamentais para realizar corretamente um ditado:

- *Existem dois tipos de dificuldade em um ditado: as dificuldades gramaticais – as regras a aprender e depois a aplicar – e a ortografia de uso – a escrita das próprias palavras. Para Fátima, a dificuldade situa-se principalmente na aplicação das regras – que, de resto, ela conhece relativamente bem.*
- *Na preparação dos ditados, seu trabalho consiste em demarcar as numerosas regras e em treinar para aplicá-las na hora do exercício do ditado.*
- *Quando a professora propõe em aula um ditado não preparado, o trabalho de Fátima consiste em se perguntar, ao escrever cada palavra, se uma regra deve ou não ser aplicada.*
- *O exercício de ditado deve ser treinado enquanto tal: para realizar corretamente essa tarefa, o aluno deve aprender a efetuar um trabalho muito complexo de idas e vindas entre o texto que está escrevendo enquanto o professor dita e seus conhecimentos léxicos e gramaticais.*

Esses meros conhecimentos estratégicos básicos possibilitam a Fátima melhorar sensivelmente seus resultados em ortografia, mas, sobretudo, restituem a ela um forte sentimento de controlabilidade: Fátima sabe agora quais são suas dificuldades em ortografia e como superá-las.

Surpreendemo-nos mais uma vez ao constatar que essa aluna faz ditados há quatro anos sem saber exatamente em que consiste esse tipo de exercício e quais são seus recursos e dificuldades pessoais nesse campo. A escola impõe aos alunos um projeto de estudo ambicioso, mas não pensa em provê-los dos meios para atingir os objetivos previstos. O exemplo de Fátima é emblemático: essa aluna aprende regras de ortografia desde a 1ª série do primário, mas nunca estudou como utilizá-las de maneira estratégica no exercício de ditado. Descubram onde está o erro...

O próprio exercício de ditado pode apresentar problemas à criança. Em geral, o professor subestima o número de processos que a criança deve mobilizar enquanto escreve o texto que ele dita: o aluno deve particularmente ouvir o professor, escrever as frases ditadas, selecionar as regras úteis, recuperá-las na memória semântica, pensar na conjugação dos verbos, controlar as concordâncias, recordar a escrita das palavras (uso) e, finalmente, caligrafar de forma correta; e tudo isso enquanto o professor prossegue o ditado em um ritmo constante. Esse exercício particular deve ser, portanto, objeto de uma real aprendizagem estratégica. Os ditados comentados possibilitam ao conjunto dos alunos, entre outras coisas, expor suas estratégias e verbalizar, durante o ditado, o uso das regras aprendidas. O professor poderá, igualmente, exemplificar a atitude que se deve ter nesse exercício, comentando em voz alta suas estratégias (modelização).

Se para superar as dificuldades de ortografia gramatical "basta" então aprender as regras e aplicá-las, a *ortografia de uso* coloca problemas mais difíceis de resolver. O sistema de escrita do português brasileiro apresenta uma ortografia mais transparente no sentido do grafema para o fonema do que do fonema para o grafema. Ainda assim, contém configuração mais transparente que outras línguas latinas (como o italiano e o espanhol), contrariamente à língua francesa, que de fato está longe de apresentar uma correspondência unívoca entre fonemas e grafemas: existem 36 fonemas na língua francesa, mas estes são representados por mais de 500 grafemas. Por exemplo, pode-se escrever o som /in/ utilizando 34 grafias diferentes (in, im, ins int, hin, inct, ing, în, ein, en, ens, eing, eim, eins, ain, aim, ainc, ains, etc.). Enquanto alguns alunos escrevem espontaneamente de forma razoável, mesmo palavras desconhecidas, outros cometem verdadeiros "massacres" na escrita das palavras. A título de ilustração, tivemos recentemente um aluno da 6ª série do primário, Philémon (13 anos), que, no início do ano, escrevia "la bé" para "l'abbé", "ombision" para "ambition" ou ainda "lalcol" para "l'alcool", sem se perturbar nem um pouco com essa escrita totalmente iconoclasta.

Para compreender bem as dificuldades de certos alunos, Chevalier (1995) distingue os de "cérebro esquerdo" – que necessitam ouvir as palavras para captá-las e retê-las – e os de "cérebro direito" – que têm um procedimento global de visualização das palavras. Estes últimos tendem a ser bons em ortografia porque "veem" realmente a escrita das palavras. Ao contrário, os alunos de "cérebro esquerdo" costumam ter dificuldades em ortografia, porque tratam as palavras foneticamente e recorrem à escuta dos sons para escrever: assim, apoiam-se apenas nos fonemas, como Philémon, e escrevem as palavras como as ouvem.

A ajuda estratégica em ortografia de uso refere-se prioritariamente, portanto, aos alunos de "cérebro esquerdo". Nesse caso, a estratégia consistirá em desenvolver suas capacidades de visualizar as palavras a aprender. Para alunos incapazes de utilizar seu esboço visuoespacial, o exercício pode ser longo e difícil. Procedemos, em geral, da seguinte maneira:

1. Primeiro apresentamos ao aluno desenhos ou fotos de objetos ou de animais. Pedimos que examine bem a imagem, de maneira que possa em seguida responder a perguntas. Uma imagem que utilizamos frequentemente é a de um leão deitado com a cabeça virada em nossa direção.
2. Depois retornamos à imagem e lhe fazemos algumas perguntas muito simples. Por exemplo: em que posição se encontra o leão? O que ele está fazendo? De que cor ele é? O aluno, surpreso com a simplicidade das perguntas, responde a todas elas facilmente.
3. Fazemos então uma entrevista com o aluno sobre sua capacidade de responder a essas perguntas, mesmo sem ter mais a imagem diante dos olhos. Chegamos rapidamente à conclusão que agora a imagem está "na cabeça" dele, senão seria incapaz de responder a essas perguntas. Com isso, o aluno toma consciência de que dispõe de um esboço visual mental onde pôde redesenhar o leão.
4. Prosseguimos o exercício apresentando imagens mais abstratas: formas geométricas, simbólicas ou logotipos diversos. O exercício é um pouco mais difícil. Pedimos então explicitamente para o aluno "fotografar" esses desenhos e reconstruir a imagem deles na cabeça. Em seguida verificamos, com perguntas, se ele é capaz de recuperar "em sua tela mental" a imagem das figuras.

5. Nessa quinta etapa, o exercício de visualização é feito com os *signos de Borel*. Esses signos correspondem a pseudoletras que facilitam a transição entre a evocação de imagens e a de palavras. Pedimos ao aluno, por exemplo, para visualizar a série seguinte: = / –. O aluno "fotografa" os três signos, depois fecha os olhos e tenta recuperá-los em sua "tela mental". Em seguida, abre os olhos e trata de transcrever os sinais em uma folha. Prosseguimos o exercício com uma série mais longa, por exemplo: { = – / =.
6. Até aqui, conduzimos o aluno a visualizar "desenhos" cada vez mais abstratos. Agora ele está pronto para visualizar palavras. Ele então fotografa uma palavra (começamos em geral com uma palavra de três letras), depois tenta reescrever em sua tela mental e revê-la na cabeça. Se a palavra apresenta uma dificuldade particular, certas letras podem ser escritas em cor na cabeça da criança.

Todo esse procedimento pode parecer fastidioso. Contudo, ele é necessário para ajudar a criança a compreender que é preciso visualizar a palavra em si, e não o que ela significa. Por exemplo, se ele tem que aprender a escrever a palavra "casa", deve construir a imagem mental da escrita ortográfica da palavra (*casa*), e não a imagem de uma casa real, com sua porta, janelas e teto. Para verificar se o aluno é realmente capaz, ao final de todo esse procedimento, de "ver a palavra" escrita em sua cabeça, pedimos que feche os olhos, que a escreva em sua tela mental, e depois que a soletre... ao contrário. De fato, se o aluno é capaz de soletrar a palavra ao contrário, é porque ele realmente a vê em sua cabeça[3].

Uma vez realizado todo esse trabalho, o professor pedirá ao aluno que, de agora em diante, prepare as palavras do ditado dessa maneira. Os progressos costumam ser rápidos. Quando trabalhamos dessa maneira com Philémon, ele passou de uma taxa de acertos de 30% em média para mais de 70% após algumas semanas de treinamento. Atualmente, Philémon chega inclusive, quando escreve uma palavra errada, a atribuí-la a "uma cabeça esquisita"; desse modo, torna-se cada vez mais sensível à imagem da palavra e fica incomodado quando essa imagem é estranha. Para que o aluno memorize a longo prazo as palavras aprendidas, nós as reativamos constantemente, respeitando as regras apresentadas no item 4.2. Às vezes compomos com o aluno um "álbum de fotos" onde ordenamos todas as palavras "fotografadas".

Cinthia, aluna da 6ª série do primário, foi indicada para o apoio por dificuldades de ortografia. Seus resultados em ditado são catastróficos e a professora já esgotou sua energia – e a tinta de sua caneta vermelha – em correções inúteis e cansativas. Quando Cinthia nos apresenta seu caderno de ditados, dimensionamos rapidamente a extensão da catástrofe... e o sentimento de impotência da aluna.

Pedimos então a Cinthia que nos conte como prepara o ditado em casa. A menina nos explica que a professora pede aos alunos que aprendam a ortografia de 20 palavras que ela ditará, no dia seguinte, em forma de um pequeno texto contínuo onde inserirá as palavras aprendidas.

O procedimento utilizado por Cinthia para preparar as palavras é o seguinte:
- *ela lê a primeira palavra e depois, sem olhar, tenta soletrá-la;*
- *verifica se a soletração está correta relendo a palavra;*
- *procede da mesma maneira para as outras palavras;*

- *em seguida pede à mãe para lhe ditar cada palavra;*
- *soletra cada palavra e a mãe verifica se o resultado está correto.*

Como Cinthia tinha preparado a lição na véspera da aula de apoio, decidimos ditar-lhe algumas frases inserindo as palavras aprendidas em um pequeno texto composto por nós. Em seguida, pedimos a Cinthia que nos explique como faz para se recordar da ortografia das palavras durante o ditado. Sem hesitar, Cinthia afirma que "vê na cabeça a escrita das palavras preparadas na véspera", e que assim consegue ortografar corretamente.

Essa pequena entrevista nos permite constatar que a estratégia de preparação das palavras utilizada em casa e aquela utilizada na classe são diferentes: enquanto na preparação Cinthia adota um procedimento analítico de soletração, no ditado recorre à imagem da palavra. A estratégia de remediação consistiu, portanto, em tornar mais coerente – e portanto mais eficaz – o trabalho da aluna. O novo procedimento proposto a Cinthia é o seguinte:
- *ela lê a primeira palavra e depois, sem olhar, tenta "revê-la na cabeça";*
- *verifica, relendo a palavra, se sua "imagem" está correta;*
- *procede da mesma maneira para as outras palavras;*
- *em seguida pede à mãe para lhe ditar cada palavra;*
- *escreve cada palavra visualizando sua escrita;*
- *a mãe verifica se o resultado está correto.*

O novo procedimento utilizado por Cinthia é muito mais coerente e se apoia nos conhecimentos pedagógicos atuais em matéria de aprendizagem da ortografia de uso. Além disso, a mãe avalia a aprendizagem ditando as palavras, o que corresponde à maneira como Cinthia será avaliada em aula.

Ainda que o procedimento de visualização apresentado neste capítulo seja o mais eficaz, existem, na realidade, outras estratégias possíveis para ajudar um aluno com dificuldades em ortografia de uso: o aluno pode preparar as palavras soletrando-as, ou escrevendo-as, ou ainda traçando as letras no espaço (abordagem cinestésica). O papel do professor será mostrar aos alunos as diferentes estratégias possíveis, pedindo que escolham a que lhes convém. Alguns prepararão perfeitamente as palavras copiando-as; outros, visualizando-as; outros ainda, soletrando-as em voz alta; e outros, finalmente, combinando essas três estratégias. Gagné (1999) propõe à criança, por exemplo, sustentar a gestão visual da palavra desenvolvendo um discurso mental sobre as particularidades ou as dificuldades dela. Por exemplo, a criança que quer aprender a escrever a palavra "*pharmacie*" poderia dizer a si mesma: "P-h-a-r-m-a-c-i-e começa com 'ph' que faz o som de 'f', tem um 'c' que faz o som de 's' e termina com um 'e' mudo" (p. 174). Assim, a criança comenta a palavra que está visualizando com a ajuda de sua linguagem interior a fim de codificar a informação, não apenas no plano fonético, mas também em relação à estrutura da palavra.

No entanto, é preciso deixar claro, mais uma vez, que a melhor estratégia para aprender a ortografia de uso é visual e que os alunos bons em ortografia veem a imagem mental das palavras. Por isso, a prioridade será ensinar aos alunos as técnicas que lhes permitam construir imagens mentais visuais das palavras a memorizar. Nossa experiência mostra que, depois de algum tempo, essa estratégia visual se generaliza para a ortografia de palavras que não são especificamente trabalhadas. O aluno constitui de modo progressivo um repertório de "*chunks* silábicos" que o ajuda a escrever corretamente palavras novas. Por exemplo, a criança sabe que a terminação /siõ/ se escreve geralmente "*tion*" no fim das palavras.

Destaque-se, finalmente, que o professor deveria sempre permitir aos alunos preparar as palavras do ditado. Enquanto a ortografia gramatical depende dos conhecimentos dos alunos – que estão disponíveis na memória semântica –, eles não dispõem de nenhum meio de escrever corretamente palavras que não tiveram a oportunidade de aprender. Pior ainda, se escreverem palavras erradas ao fazer o ditado em classe, eles as memorizarão assim[4]. Além disso, se o professor sublinhar o erro em vermelho ao corrigir o ditado, o aluno será levado a olhar o erro mais uma vez quando receber o caderno, aumentando o risco de memorizar visualmente a escrita errada. Na ortografia de uso, a regra de ouro é, na medida do possível, nunca mostrar a escrita incorreta da palavra, pois é grande a probabilidade de uma memorização errônea. O ideal seria então que o professor fizesse "desaparecer" os erros de ortografia de uso ao fazer a correção – por exemplo, cobrindo-os com uma caneta hidrográfica preta de ponta grossa. Do mesmo modo, se é o próprio aluno que corrige o ditado, ele deveria fazê-lo retomando o texto de estudo e sublinhando as palavras que acredita ter escrito incorretamente no ditado, o que lhe permitiria rever as palavras corretas, e não as palavras escritas com erro.

No Anexo 18, propomos uma ficha-guia com os principais pontos abordados neste capítulo. Esse pequeno procedimento permite ao aluno preparar o ditado trabalhando ao mesmo tempo a ortografia gramatical e a ortografia de uso. Insistimos com os alunos sobre a última etapa do procedimento: o ditado do texto vem depois da preparação, e só serve para controlar a qualidade da preparação. Alguns alunos acreditam que o ditado em si favorece a aprendizagem, quando, na realidade, ele é unicamente um exercício de avaliação dos conhecimentos ortográficos e de controle da qualidade da preparação.

Notas

1. Os francófilos falarão de *"remue-méninges"* [reunião organizada para que os participantes emitam ideias, formulem proposições] ou de *"tempête dans le cerveau"* [tempestade no cérebro].
2. Brassens tinha razão: o talento sem o trabalho nunca vai além de uma mania desagradável.
3. Para se convencer disso, feche os olhos e escreva em sua "tela mental" a palavra *"lit"* [cama]; tente agora soletrá-la ao contrário. Se realmente escreveu a palavra na cabeça, será muito fácil realizar o exercício. Você pode complicá-lo usando palavras mais longas. Tente agora, então, com as palavras *"mare"* (4 letras), depois *"stylo"* (5 letras) e *"phoque"* (6 letras). Se conseguir soletrar ao contrário *"anticonstitutionnellement"*, entre, por favor, em contato comigo: você me interessa muito...
4. Na ortografia de uso, a *aprendizagem sem erros* é, a nosso ver, uma via insuficientemente explorada pelos professores.

12

Ajuda estratégica em matemática

Última seção da segunda parte desta obra: a ajuda estratégica em matemática. O campo é vasto e as proposições de ajuda estratégica são numerosas. Optamos por tratar de uma área delicada, o raciocínio matemático e, mais particularmente, a resolução de problemas. Essa escolha não é inocente. Antes de tudo, a resolução de problemas tornou-se, há muitos anos, o ponto central do ensino de matemática. Além disso, como vários outros campos da inteligência, o raciocínio parece escapar a uma intervenção educativa. Como vimos para a questão da inteligência ou da motivação, o raciocínio matemático parece fora do alcance do ensino: ou a pessoa sabe raciocinar, ou vai fazer outra coisa. Contudo, existem estratégias que favorecem o raciocínio e, igualmente aqui, o professor tem a responsabilidade de ensiná-las. Neste capítulo, procuraremos então demonstrar que o raciocínio matemático pode ser aprendido e que há procedimentos eficazes também nesse campo.

Primeira constatação: há grandes diferenças entre os alunos, que provêm, antes de tudo, do controle metacognitivo efetuado na resolução de problemas. Enquanto alguns alunos controlam o tempo todo seus procedimentos e melhoram regularmente suas estratégias, outros parecem imersos nos cálculos a realizar, ou mesmo submersos pelas operações a fazer. Contudo, os conhecimentos metacognitivos são particularmente importantes nessa área difícil da resolução de problemas. Resultados de pesquisas confirmam que "os sujeitos que usufruem de uma boa capacidade de resolução de problemas de matemática têm também boas capacidades 'superordenadas' de previsão, planejamento, guiagem e avaliação" (Lucangeli e Cornoldi, in Doudin et al., 2001, p. 234). Durante a resolução de problemas, o aluno deveria fazer constantemente um controle metacognitivo, por exemplo, fazendo-se as seguintes perguntas: "Será que compreendi bem o enunciado? Sei qual é o objetivo do exercício? Qual é exatamente a questão levantada? Já estou preparado para efetuar as operações necessárias para a resolução do problema?", etc.

Segunda constatação: certas crianças fazem representações errôneas da tarefa (Lucangeli e Cornoldi, in Doudin et al., 2001). Na realidade, para alguns alunos, a dificuldade na resolução de problemas decorre da grandeza dos números. Para outros, o número de operações a efetuar é determinante. No caso das crianças, a maioria dos problemas pode ser resolvida aplicando-se uma única operação aritmética. Outros alunos, finalmente, procuram no enunciado as palavras-chave que lhes possibilitarão escolher a operação certa. "O aspecto mais preocupante, evidenciado por esses estudos, reside na constatação de que as convicções errôneas dos alunos parecem ter origem em suas experiências de aprendizagem de matemática. De fato, nas primeiras séries, as crianças resolvem problemas que exigem uma única operação e um tempo curto" (op. cit., p. 309).

Cabe então ao professor "quebrar" essas representações limitadas do que é um problema matemático e fornecer aos alunos estratégias gerais de resolução. Para isso, ele teria de passar aos alunos, regularmente, problemas que apresentem dados não pertinentes ou informações secundárias. A esse propósito, Dionne (1995) distingue vários tipos de problemas: os problemas com dados completos, os problemas que contêm dados supérfluos, os problemas em que faltam dados e os problemas com dados insuficientes (in Saint-Laurent et al., 1995). Para evitar uma representação simplista do problema matemático, o professor deveria, portanto, variar os tipos de problemas que propõe aos alunos.

Na resolução de problemas de matemática, a principal dificuldade reside, assim como para a leitura de enunciados, na densidade das informações apresentadas. De fato, uma situação matemática complexa é descrita em algumas linhas, e o aluno precisa fazer várias inferências para compreendê-la. "A compreensão resulta de que, comumente, os problemas apresentados parecem ambíguos devido à sua brevidade. Eles exigem então que se recorra a pressuposições textuais e a inferências, o que aumenta as dificuldades das crianças" (Fayol, 1990, p. 177). A construção de uma representação correta da situação-problema é, portanto, dificultada pela formulação dos enunciados. Compreende-se aqui por que é tão importante ensinar os alunos a reformular o problema com suas próprias palavras. "A reformulação, ao tornar mais explícitas as relações semânticas, facilita a compreensão e a resolução dos problemas" (op. cit., p. 179). A principal diferença entre os alunos novatos e os alunos experientes reside em sua capacidade de analisar com precisão os dados do problema e de fazer uma representação exata dele. Por isso, não é surpreendente constatar que as crianças impulsivas geralmente têm dificuldade nesse tipo de tarefa.

Para resolver um problema, o aluno precisa mobilizar conhecimentos de base para compreender a situação apresentada. Na realidade, é a partir de seus conhecimentos que ele poderá compreender o enunciado e encontrar soluções para o problema. Os conhecimentos declarativos sobre o tema abordado no problema são, portanto, determinantes para a sua correta resolução: a familiaridade do aluno com o campo abordado na situação-problema tem uma influência determinante na qualidade de sua representação. Para compreender a situação problemática, o aluno deve obrigatoriamente buscar em sua memória semântica os conhecimentos necessários para a compreensão dos dados do problema. As pesquisas mostraram, aliás, que "os experientes que não têm a base de conhecimentos específicos necessários para resolver um problema particular se comportam sensivelmente como novatos e que, em contrapartida, os novatos que têm a base de conhecimentos específicos necessários para resolver um problema produzem um cenário de resolução semelhante ao dos experientes para os quais esse problema é familiar" (Tardif, 1992, p. 226-227).

Como se pode constatar na leitura do que foi dito acima, a resolução de problemas matemáticos solicita demais os processos cognitivos e metacognitivos. O processador central tem então dificuldade de assumir o conjunto das tarefas. Só a experiência possibilitará, graças a uma prática reiterada, automatizar certos procedimentos e, com isso, liberar o espaço mental para tratar os dados do problema. "Apoiando-se em mecanismos de esquematização (desenvolvimento de esquemas ricos, muito organizados) e de automatização (consolidação de sequências de etapas em rotinas unificadas que requerem pouco ou nenhum controle consciente), os experientes têm essa aptidão a transformar o peso que representa um problema a resolver (em razão da capacidade limitada da memória de trabalho) em uma capacidade infinita da memória de longo prazo, o que explica sua maior eficácia e sua maior exatidão quando resolvem problemas. Liberando a capacidade de sua memória de trabalho, os experientes têm mais condições de verificar se escolheram a direção certa para resolver um problema" (Sternberg, 2007, p. 426).

Vimos então que a dificuldade de resolver um problema decorre, mais uma vez, das estratégias utilizadas pelo aluno. Contudo, existem vários tipos de problemas, e a dificuldade de sua resolução depende igualmente da formulação do enunciado e da natureza da situação proposta. Pode-se distinguir, *grosso modo*, três grandes classes de problemas (Vergnaud, 1987; Fayol, 1990; Ermel, 1993):

a) Os problemas de *transformação* ou *mudança*: esse tipo de problema descreve uma situação inicial e uma transformação que culmina em um estado final. Nessa classe de problema, o aluno deve buscar ou o estado final, ou o estado inicial, ou a transformação. Trata-se, portanto, de situações dinâmicas.

Exemplo: Jacques coleciona fotos de jogadores de futebol. Ele tem 65 e dá 14 ao irmãozinho. Com quantas ele fica?

b) Os problemas de *combinação*: dois estados se combinam para obter um terceiro estado. Esses problemas referem-se a situações estáticas.

Exemplo: Em sua coleção de fotos de jogadores de futebol, Jacques possui 65 fotos, das quais 40 são de jogadores europeus. Quantas fotos ele tem de jogadores que não são europeus?

c) Os problemas de *comparação*: a relação é do tipo "mais que/menos que". Trata-se igualmente de uma situação estática.

Exemplo: Jacques tem 65 fotos de jogadores de futebol e Paul tem 46. Quantas fotos Jacques tem a mais do que Paul?

Esses diferentes tipos de problemas foram passados a alunos, e depois se compararam os resultados obtidos. As principais conclusões dessas pesquisas (Fayol, 1990; Bideaud et al., 1991) são as seguintes:

– os problemas do tipo transformação são resolvidos melhor que os outros;

- os problemas do tipo comparação são, de longe, os mais difíceis;
- um fator importante é a natureza do desconhecido: a taxa de êxito é melhor quando se pede aos alunos para calcular o estado final; a busca do estado inicial é mais difícil;
- os problemas de situação estática apresentam mais dificuldades que os problemas de situação dinâmica;
- os problemas difíceis de simular ou de modelizar em atos são mais difíceis de resolver.

Destaque-se igualmente o forte impacto da formulação do problema sobre os desempenhos observados. As pesquisas mostraram, de fato, que organizações textuais diferentes tinham uma influência importante sobre os resultados obtidos pelos alunos. Por exemplo, fatores como o vocabulário utilizado, a ordem em que as informações aparecem ou, ainda, a colocação da questão influenciam enormemente os desempenhos dos alunos. Por exemplo, a forma "Jacques ganhou 3 fotos" é mais simples que a formulação "Jacques tem 3 fotos a mais à noite do que de manhã". Assim, a pesquisa mostrou que a dificuldade de um problema depende de vários fatores (Fayol, 1990):

- os alunos resolvem melhor os problemas quando os acontecimentos são apresentados na ordem cronológica;
- os problemas de tipo "ganho" revelam-se mais fáceis de resolver quando é preciso encontrar o resultado final da ação;
- inversamente, os problemas de tipo "perda" são mais fáceis de resolver quando o aluno tem de encontrar o conjunto inicial;
- os problemas cujo estado inicial é desconhecido são mais difíceis de resolver e exigem um tempo maior de resolução.

Para ajudar os alunos a compreender a organização particular de um enunciado matemático, o professor poderá pedir que analisem vários tipos de problemas, que os comparem ou os classifiquem segundo uma tipologia definida. Do mesmo modo, a construção de problemas pelos próprios alunos lhes permitirá compreender melhor a importância da formulação do enunciado e facilitará sua compreensão quando tiverem de ler e de representar uma situação-problema.

Depois de ter circunscrito a reflexão na resolução de problemas matemáticos emitindo algumas considerações gerais, vamos apresentar agora um procedimento de resolução que se desdobra em cinco etapas principais:

1. Leitura e compreensão do enunciado.
2. Representação da situação problemática.
3. Resolução efetiva do problema.
4. Execução das operações.
5. Avaliação do resultado obtido.

1. A primeira etapa é a da **leitura e compreensão do enunciado**: essa etapa geralmente é desprezada pelos alunos com dificuldades, pois eles acreditam que para resolver um problema de matemática é preciso começar pelos cálculos ou operações com os números apresentados no enunciado. Assim, quando o professor lhes passa um problema, eles se precipitam sobre o lápis e começam a efetuar as operações. Porém, a resolução de um problema de matemática passa primeiro por um exercício de leitura: uma

tarefa importante consiste de fato na apropriação da "história" contada no problema. As pesquisas mostraram, aliás, uma correlação muito forte entre o nível de leitura dos alunos e seu desempenho em uma prova de resolução de problemas (Fayol, 1990).

Quando lê o enunciado, a capacidade do aluno de efetuar inferências é bastante solicitada. O aluno deve efetivamente utilizar seus próprios conhecimentos para "tapar os buracos" onde faltam informações e inferir o sentido a partir do enunciado do problema. Portanto, o processo de inferência é fortemente mobilizado na resolução de problemas matemáticos. Como assinalamos no item 3.4, a inferência permite produzir novas informações a partir de outras informações. É um processo particularmente importante na compreensão da linguagem oral ou escrita. Na realidade, muitas informações não são explícitas no enunciado do problema, e o leitor precisa reconstruir a coerência do texto inferindo as informações implícitas. Com frequência, o leitor terá de buscar em sua memória semântica as informações que faltam.

A grande diferença entre os experientes e os novatos é o tempo consagrado à leitura e à definição do problema: os novatos passam pouco tempo lendo o enunciado e se lançam de imediato na busca de uma solução, enquanto os experientes dedicam grande parte do seu tempo para compreender e definir o problema. "O experiente consagra mais da metade do tempo estipulado para resolver o problema tentando compreender o problema em si. Em vez de se lançar cegamente na formulação de uma equação, ele dedica muito tempo a analisar e a explorar os dados do problema" (Tardif, 1992, p. 224). O aluno experiente se dispõe, portanto, a "sacrificar" seu tempo para decidir como proceder, evitando seguir vias sem saída ou pistas falsas.

O professor deverá então convencer os alunos de que a resolução de um problema passa primeiramente por uma compreensão precisa do enunciado. A criança deve fazer um trabalho de apropriação da situação matemática apresentada antes de pensar nas operações a serem efetuadas. Esse trabalho é feito pela evocação, isto é, pela conversão do enunciado escrito em uma representação mental própria, em forma visual (vejo na minha cabeça) ou auditiva (posso repetir para mim o enunciado).

Esse trabalho de apropriação não pode se realizar em uma única leitura. Em geral, utilizamos com nossos alunos o esquema de três círculos concêntricos (cf. Figura 10.3, item 10.2) para explicar-lhes como se dá a apropriação progressiva do enunciado: a primeira leitura permite compreender globalmente a situação matemática, mas apenas uma segunda ou até uma terceira leitura possibilitam compreender bem o problema colocado. De fato, após uma única leitura, a compreensão é "pequena" e apenas alguns elementos do texto são identificados. Na releitura, a compreensão cresce e novas informações vêm completar as primeiras. Depois da terceira leitura, a compreensão geralmente é suficiente, e o aluno pode então passar à etapa seguinte.

O professor deveria igualmente estimular os alunos a observar as imagens, desenhos, esquemas e quadros que acompanham o problema. Na maioria das vezes, os desenhos não estão lá somente para "embelezar", mas fornecem informações valiosas sobre a situação matemática. Pesquisas mostraram, aliás, que uma apresentação com imagem influencia as capacidades dos alunos de resolver os problemas, facilitando o tratamento semântico dos dados e aliviando a carga cognitiva (Fayol, 1990). O benefício é importante, sobretudo, para os alunos com dificuldades de leitura.

Se o aluno tem problemas de compreensão do enunciado – devido, por exemplo, a problemas de vocabulário ou a conhecimentos de base insuficientes – ele não deve passar à segunda etapa, mas sim procurar ajuda (meios de referências, colegas, adultos).

2. A segunda etapa consiste em estabelecer uma **representação coerente da situação** matemática. Essa etapa é fundamental, pois é a partir dessa representação mental que o aluno abordará a resolução do problema. É aqui que o aluno selecionará as informações importantes e decidirá, por exemplo, desprezar certas informações secundárias e privilegiar certos dados. Se as informações forem de fato inúteis, o aluno poderá riscá-las sem hesitação. Ao contrário, as informações importantes serão circundadas. Os alunos deveriam compreender, antes de tudo, que um problema matemático, na realidade, conta uma história composta de uma trama (o enunciado do problema) e de um enigma (a questão a resolver).

Portanto, essa segunda etapa consiste em verificar se a compreensão da história é suficiente. Às vezes, propomos aos nossos alunos que se coloquem na pele do personagem descrito no problema, o que facilita enormemente sua apropriação e sua resolução. Numerosos trabalhos realizados com crianças mostraram que "os sujeitos tendem a simular, em uma ação desdobrada no exterior ou interiorizada, os acontecimentos descritos. Por isso, o procedimento de resolução adotado depende da maior ou menor facilidade de simular este ou aquele desenrolar" (Fayol, 1990, p. 180). Trata-se então de ajudar os alunos a representar melhor a situação, imaginando concretamente os atores e o contexto em que ela se desenrola. Se o aluno conseguir representar-se a situação de maneira dinâmica – mesmo que o problema apresentado seja de tipo estático –, resolverá mais facilmente o problema.

O aluno controlará a qualidade de sua compreensão virando a folha ou fechando o livro e tentando reproduzir, com suas próprias palavras, o conteúdo da situação matemática apresentada no problema. Se tiver dificuldades nesse nível, poderá tentar desenhar a situação. A utilização de esquemas, diagramas ou desenhos ajuda, sem dúvida, a organizar as informações e a se apropriar do enunciado do problema.

Nestas alturas, o aluno já deveria estar a par da trama e do enigma. Alguns autores falam de estado inicial – para designar a situação apresentada no enunciado – e estado final – para designar a solução esperada. "A resolução do problema consistiria, primeiramente, em se representar o problema (isto é, conhecer o estado inicial e o estado final) e dominar as operações disponíveis. Resolver um problema requer analisar a diferença entre o estado atual do problema e o estado a atingir. Essa análise (chamada de análise meio-fim) culminaria na seleção de um operador (isto é, ação a realizar com os dados dos problemas) que permitisse reduzir a diferença. Essa sequência se repetiria até se obter a solução do problema" (Lemaire, 1999, p. 298).

3. Essa nova etapa constitui a essência do procedimento de resolução: enquanto nas duas fases anteriores o aluno se apropriou do enunciado e construiu uma representação coerente da situação, agora deve **resolver o problema**. As duas primeiras etapas permitiram criar condições favoráveis à emergência da solução, mas só agora o aluno vai efetivamente resolver o problema.

Se o aluno já realizou antes uma tarefa semelhante ou se o problema colocado já foi resolvido no passado, podemos imaginar que a solução é encontrada com certa facilidade recuperando as informações pertinentes na memória de longo prazo. Nesse caso, o sujeito mobiliza *processos cognitivos reprodutivos* recuperando diretamente na memória a solução do problema (Lemaire, 1999).

Contudo, se o problema colocado é novo, o sujeito deve mobilizar *processos cognitivos produtivos* e encontrar uma solução nova, original, criativa. O aluno deverá então pôr à prova o pensamento divergente, isto é, imaginar soluções alternativas múltiplas e originais. O procedimento que permite encontrar a solução para um problema novo é um grande mistério, e os processos envolvidos aqui estão longe de ser claros. A solução aparece geralmente como uma "iluminação" – os psicólogos cognitivistas falam de *insight* – que faz o aluno descobrir de súbito o procedimento a utilizar. Na realidade, o termo "*insight*" mascara nossa ignorância do fenômeno. Ocorre, de fato, que a solução do problema se apresente subitamente ao aluno, como se fosse uma revelação: "Mas é claro!". Todos os indicadores levantados e todas as informações coligidas anteriormente adquirem sentido agora. A solução encontrada ilumina toda a cena e revela a coerência do conjunto. "O *insight* surge como um fenômeno súbito que escapa ao controle do próprio sujeito e que culmina em uma espécie de reestruturação dos dados do problema" (Costermans, 2001, p. 98).

Como acabamos de assinalar, esse fenômeno do *insight* é um mistério, embora se conheçam relativamente bem as condições que o favorecem. As duas fases anteriores possibilitam efetivamente o surgimento dessa iluminação, mas não garantem que ela ocorra. Outra condição favorável, mas não suficiente, é a incubação: se o aluno está em pane, após as duas primeiras etapas ele pode deixar o problema de lado e parar de procurar por um instante. Em geral, quando retoma o trabalho, a solução aparece de súbito. Assim, o tempo de incubação possibilitou um trabalho subterrâneo – à margem da consciência do sujeito – que favorece o surgimento do *insight*. "A ideia de que a resolução se dá subitamente depois de ter procurado a solução por longo tempo está muito próxima da nossa intuição. Na realidade, todos já nos deparamos com uma situação em que, depois de muito tempo tentando em vão resolver um problema, a solução surge de súbito quando nem a procurávamos mais. Pensemos nessas equações matemáticas que não conseguimos resolver depois de horas e acabamos solucionando com a maior facilidade na manhã seguinte ao despertar" (Lemaire, 1999, p. 268). Embora a natureza desse fenômeno ainda deva ser esclarecida, algumas pesquisas parecem reforçar essa visão da resolução de problemas (Silveira, 1971).

Pede-se a três grupos de pessoas que resolvam um problema de matemática em meia hora. O primeiro grupo é o grupo-controle e trabalha durante meia hora; o segundo grupo também trabalha durante meia hora, mas se beneficia de meia hora de pausa antes de retomar o trabalho; o terceiro grupo trabalha como o segundo, mas usufrui de quatro horas de pausa. "Os resultados indicam que 55% dos sujeitos do grupo-controle resolveram o problema contra 64% do segundo grupo e 85% do terceiro grupo" (op. cit., p. 269). Portanto, a taxa de êxito na resolução do problema aumenta após uma pausa. Esse resultado parece mostrar então que o efeito de incubação é bem real e que o insight *é favorecido por um tempo de pausa.*

Anderson (1981) dá uma explicação interessante para esse efeito de incubação: "Quando vamos resolver um problema, nós o fazemos ativando uma base de conhecimentos (procedurais e declarativos) apropriados ou não à resolução de um problema específico. Isso é o que nos impediria de sair do impasse em que às vezes temos a impressão de nos encontrar quando buscamos a solução para um problema e, na verdade, 'não conseguimos ver'. O período de incubação nos permitiria desativar os conhecimentos inapropriados que tornam mais difícil atingir a meta. Essa desativação abriria a possibilidade de ativar os procedimentos e conhecimentos apropriados" (Lemaire, 1999, p. 270).

O professor deveria então explicar aos alunos que, quando percebem que estão em um impasse e que as estratégias utilizadas até agora são ineficazes, o melhor é fazer uma pausa e não pensar mais no problema a resolver. Durante essa fase de repouso, efetua-se um trabalho inconsciente de triagem das informações e abrem-se novas perspectivas de resolução. Sternberg (2007) propõe inclusive generalizar o uso da incubação para outros trabalhos, como, por exemplo, a elaboração de uma redação, a apresentação de um projeto ou o aprendizado do conteúdo de uma aula. Todos já tiveram essa experiência: se o trabalho pode se estender por vários dias, ou mesmo várias semanas, as pausas – que se impõem naturalmente – favorecem o crescimento e o aprofundamento da reflexão; o trabalho tem tempo para "amadurecer", e a qualidade do "fruto" é sempre melhor quando a maturação é lenta, e o sol, generoso...

4. A etapa seguinte é a da **execução das operações**. É aqui – somente aqui, somos tentados a dizer – que o aluno planeja o procedimento necessário, seleciona as operações certas e efetua os cálculos aritméticos necessários à busca da solução. Nessa etapa, o risco é que o aluno se perca nas operações a realizar e esqueça que elas estão a serviço da resolução do problema e do resultado final. Ao montar as operações e efetuar os cálculos, o aluno não deve jamais perder de vista o objetivo perseguido. Os processos cognitivos de inspeção da

ação, monitoramento, autocontrole e regulação são solicitados durante todo o procedimento.

Em geral, estimulamos o aluno a registrar todas as operações e nunca apagar nada. É importante que ele possa rever os cálculos, controlá-los e, eventualmente, refazer o procedimento e modificar a estratégia.

Em nossa prática profissional, constatamos igualmente que certos alunos têm uma compreensão muito ruim das quatro operações. Nesse caso, é necessário, sem dúvida, um trabalho prévio sobre o significado das operações.

5. A última etapa é a da **avaliação do resultado** obtido. O efeito da "idade do capitão"[1], apresentado no item 3.5, deveria servir de alerta para o fato de que os alunos geralmente ficam satisfeitos por terem encontrado um resultado, independentemente da coerência com o enunciado do problema. De fato, os novatos tendem a se satisfazer com sua solução, mesmo que seja inapropriada. É como se o fato de terem obtido uma resposta depois de vários cálculos justificasse seu procedimento! "Os novatos jamais procuram conferir sua realização, seja durante a atividade ou no final. Esse último aspecto é muito significativo da ausência de gestão ativa do procedimento de resolução por parte dos novatos, da ausência de recurso a estratégias metacognitivas" (Tardif, 1992, p. 225). Na realidade, esses processos de controle deveriam estar ativos durante todas as etapas da resolução do problema e permitir verificar se o procedimento adotado visa efetivamente chegar ao objetivo final.

O autocontrole final é particularmente importante, pois permite verificar a coerência do resultado. É necessária uma última releitura do enunciado para se assegurar de que se respondeu às perguntas feitas no problema e de que os resultados são plausíveis. O professor deveria aconselhar os alunos, particularmente, a cuidar da redação da frase-resposta: isso obriga a criança a voltar ao enunciado e verificar se a resposta é a esperada: o aluno pode retomar os próprios termos da pergunta para formular a resposta.

Como pudemos constatar na leitura do procedimento sugerido, o tempo de compreensão do enunciado deve ser superior ao tempo consagrado às operações a efetuar. Na realidade, não são os conhecimentos de matemática que distinguem os experientes dos alunos em dificuldade, mas sim sua atitude estratégica diante do problema. "Assim, os novatos, após uma leitura rápida do enunciado, exploram de imediato uma única hipótese de solução. Fazem cálculos sem se colocarem questões para saber se esses cálculos os conduzem ao objetivo. Ao contrário, os experientes gastam muito mais tempo para analisar o problema e para refletir sobre ele do que para calcular" (Saint-Pierre, 1994, p. 174). Portanto, o que distingue os experientes dos novatos na resolução de problemas é a qualidade da representação que eles constroem quando leem o enunciado e se apropriam de seu conteúdo.

Portanto, a construção da representação do problema é uma etapa crucial do procedimento de resolução: "A fase de representação do problema constitui um – senão o – ponto crítico do processo de resolução. É, na verdade, em função da representação que faz do problema que o sujeito determina os conhecimentos que devem ser ativados na memória de longo prazo e colocados à disposição da busca de soluções" (Crahay, 1999, p. 273). De fato, as pesquisas mostraram que os alunos que têm os melhores desempenhos na resolução de problemas são aqueles que gastam mais tempo na leitura e na compreensão do enunciado. Uma vez que se compreende o problema e se pensa nas soluções, a execução das operações se desenrola rapidamente e, em princípio, sem dificuldade.

Preparamos uma ficha-guia, no Anexo 19, que apresenta as principais etapas da resolução dos problemas de matemática. Esse suporte permite ao aluno uma autorregulação constante de seu trabalho. As pesquisas mostraram que são os processos metacognitivos de controle da estratégia que distinguem os experientes dos novatos. Os alunos devem, portanto, apropriar-se desse procedimento e treiná-lo até sua automatização – o que permitirá liberar "espaço mental" para a resolução propriamente dita do problema.

Depois que os alunos dominarem esse procedimento de resolução, o professor deverá explicar-lhes em que contextos terão de mobilizá-lo (conhecimentos condicionais). Surpreendentemente, algumas crianças são incapazes de distinguir um problema de matemática de um outro exercício da matéria. Em geral, explicamos a elas que um problema de matemática apresenta sempre uma situação em forma de uma "historinha" ou de um enigma que é preciso compreender para depois resolver. Por isso, os exercícios que contêm apenas números ou operações não são problemas. A "história" do problema é apresentada, em geral, por um pequeno texto, por um desenho ou, às vezes, por ambos.

Notas

1 Só para lembrar: alunos para os quais se apresentam dados absurdos ("Em um navio, há 26 carneiros e 10 cabras. Qual é a idade do capitão?") respondem mesmo assim ("O capitão tem 36 anos" [26 + 10]). De fato, 127 alunos – entre 171 aos quais se submeteu o problema nessa pesquisa – dão uma resposta utilizando os números enunciados.

13

Conclusão

Desejamos concluir esta obra com duas reflexões importantes que permitirão ressituar a ajuda estratégica aos alunos com dificuldade no procedimento global de luta contra o fracasso escolar. A primeira parte da reflexão tratará dos limites da abordagem cognitiva e metacognitiva: acreditamos realmente que os procedimentos sugeridos nesta obra são muito úteis, ou mesmo indispensáveis, mas não somos ingênuos a ponto de supor que a psicopedagogia cognitiva pode regular de forma definitiva todos os problemas escolares. A segunda parte será consagrada a uma rápida apresentação do procedimento de projeto pedagógico individual (PPI) e à importância da avaliação da atitude diante da tarefa nessa abordagem. Retomamos aqui as ideias-força de nossa obra sobre o apoio pedagógico[1], tentando mostrar que a ajuda estratégica é uma vertente importante desse procedimento de projeto.

13.1 LIMITES DA AJUDA ESTRATÉGICA E DA PSICOPEDAGOGIA COGNITIVA

As dificuldades de aprendizagem não se resumem, é claro, a uma má utilização de estratégias e de processos cognitivos e metacognitivos. Vamos então fazer um rápido retrospecto da problemática do fracasso escolar para mostrar que as explicações do fracasso são muito numerosas. Identificamos oito explicações principais que descreveremos brevemente:

1. As aptidões intelectuais
Para alguns, as aptidões intelectuais do aluno estariam em questão e permitiriam explicar o fracasso escolar: o aluno fracassa porque não é inteligente. A utilização de testes de Q.I. reforçou essa concepção, reduzindo a inteligência ao resultado de um cálcu-

lo matemático. Essa tese nos parece orientada ideologicamente. Sem negar as diferenças individuais, postulamos uma educabilidade garantida de todas as crianças, pois nunca se provou o caráter hereditário da inteligência.

2. Os transtornos afetivos
As dificuldades escolares são associadas com frequência a transtornos afetivos. Os problemas pessoais, familiares ou de integração na turma, por exemplo, podem, evidentemente, perturbar a aprendizagem. A fobia escolar, a depressão e as angústias tornam a criança pouco disponível para as aprendizagens escolares. Com isso, os processos conativos são prejudicados e a criança tem dificuldade de se envolver cognitivamente nas tarefas propostas na escola.

3. O meio sociocultural
As pesquisas mostraram bem: o fracasso escolar afeta maciçamente os alunos oriundos de famílias socioculturalmente desfavorecidas (desvantagem sociocultural). Historicamente, a escola obrigatória é uma escola burguesa, que defende determinados valores e, por isso, é culturalmente orientada. Há uma grande distância entre as normas culturais e ideológicas de certas famílias e os valores propostos pela escola. Nesse sentido, o conteúdo escolar não é neutro, mas obedece a uma orientação ideológica. O *habitus* das classes sociais dominantes se impôs à escola, e a relação com o saber e com a aprendizagem de certos meios socioculturais desfavorece certas crianças. A escola, longe de lutar de maneira eficaz contra esse fenômeno, tende a amplificar as desigualdades (decisões, aspirações, prognósticos de êxito, etc.).

4. O fracasso da escola
O fracasso da escola é – por definição! – produto do sistema escolar. A escola deve assumir sua parte de responsabilidade. Assim, uma explicação do fracasso consiste em afirmar que a escola é incapaz de responder adequadamente às necessidades de certas crianças. Questiona-se sua organização rígida, suas normas, seu papel, sua indiferença às diferenças, etc. Para nós, professores, muitas vezes é difícil assumir nossa parte de responsabilidade no fracasso de certas crianças.

5. A função de seleção da escola
O papel da escola é ensinar, instruir, educar... e selecionar! Ela tem uma função – geralmente inconfessa – de seleção profissional e social: "Nem todo mundo pode se tornar tabelião ou encanador". Há várias décadas, a escola debate-se em um paradoxo: promover uma escola de êxito, no discurso, mas, na prática, selecionar, particularmente por um uso desvirtuado da avaliação. Se a escola deve selecionar, por que se surpreender quando ela seleciona?

6. Os métodos pedagógicos
Outros dirão que a utilização de alguns métodos deixa certas crianças em desvantagem. Por exemplo, o método global de aprendizagem da leitura – muito desacreditado, embora raramente utilizado em seu sentido original – foi acusado durante décadas de favorecer o fracasso de muitas crianças. Atualmente, ninguém crê que exista "o" método correto, e estimula-se a variedade na utilização de procedimentos de aprendizagem, na medida em que as diferenças individuais justificam, com toda evidência, a diferenciação pedagógica.

7. O efeito-professor e o efeito-estabelecimento
O professor é "mestre" em sua classe: sua atitude, sua maneira de ensinar, de avaliar, de diferenciar, de gerir a disciplina (ambiente da

classe), etc. são determinantes. O efeito-professor permite uma ruptura com a concepção rígida e determinista da correlação entre fracasso escolar e origem social das crianças. A dinâmica da escola (efeito-estabelecimento) e o apoio das autoridades também condicionam fortemente o êxito dos alunos.

8. A família

Para alguns, finalmente, a família é "culpada", ou porque não proporcionou à criança um *capital intelectual* suficiente ("má" herança), ou porque não proporcionou à criança um *capital cultural* suficiente ("má" educação). Assim, a escola conseguiu a proeza de transformar – por um exercício de prestidigitação semântica – o "fracasso escolar" em "fracasso da criança", ou mesmo em "fracasso familiar".

Na Figura 13.1, sintetizamos essas diferentes causas do fracasso escolar, propondo três centralizações possíveis: no aluno, no meio familiar ou na escola.

Cada uma dessas diferentes explicações do fracasso escolar traz em si uma parte da verdade. O problema que se coloca ao professor é que ele deveria levar em conta todos esses aspectos em sua análise das dificuldades de aprendizagem, e encontrar soluções concretas que permitam superar essas dificuldades. Porém, a influência do professor sobre o meio familiar, sobre o desenvolvimento afetivo da criança ou sobre a função de seleção da escola é limitada. Seu terreno de intervenção é a sala de aula, e seus meios, a pedagogia. Seu papel é possibilitar à criança compreender seu ofício de aluno e equipá-la para ter êxito na escola. A propósito disso, partilhamos a escolha epistemológica enunciada por Curonici, Joliat e McCulloch (2006): se há um problema na escola é porque há um problema na escola e, portanto, uma solução na escola. "Ainda que a criança possa ter um transtorno específico, que sua família seja problemática, que existam problemas sociais no bairro, que a instituição escolar esteja em reforma ou em crise, se há um problema na escola, ela está obrigatoriamente no centro de nosso campo de ação" (p. 31).

Centralização no aluno:
– As aptidões
– Os transtornos afetivos/psicológicos

Centralização no meio familiar:
– O meio sociocultural
– "Má educação"
– "Má herança"

Centralização na escola:
– A função de seleção
– Os métodos
– O efeito-professor

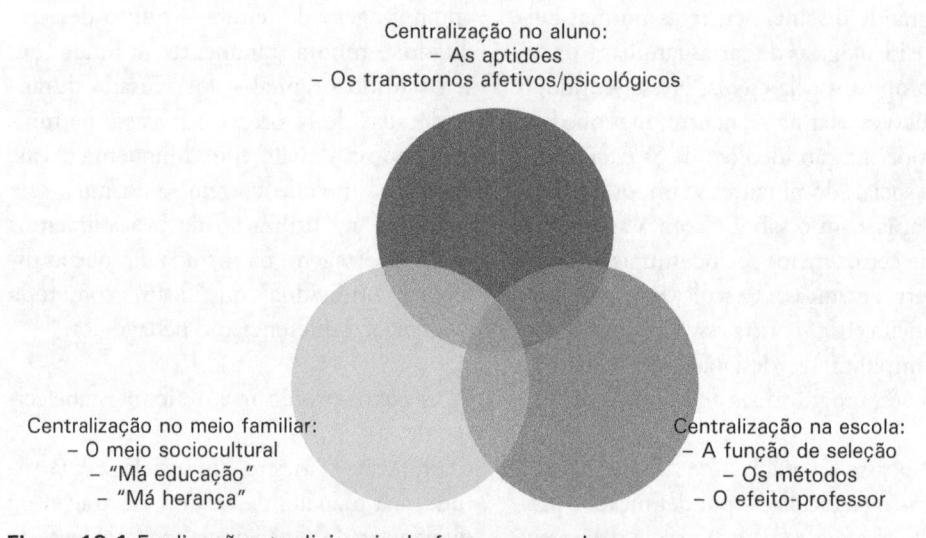

Figura 13.1 Explicações tradicionais do fracasso escolar.

O ofício do aluno consiste, então, principalmente em aprender. Por isso, não é surpreendente constatar que certas crianças tenham dificuldades porque não sabem como aprender. Por exemplo, a escola solicita enormemente as capacidades de memorização dos alunos, mas não lhes ensina como funciona sua memória e quais são as estratégias mnemônicas eficazes. Em nossa (já longa...) prática de professores especializados, pudemos observar que, comumente, o aluno com dificuldade apresentava estratégias cognitivas e metacognitivas inadequadas. É claro que o fracasso escolar não se reduz a ela, mas verificamos que essa dificuldade estava quase sempre presente – em conexão com outras problemáticas geralmente de natureza bem distinta. Embora a abordagem apresentada neste livro não seja, então, uma panaceia, ela se revela quase sempre útil, ou mesmo indispensável, ao aluno com dificuldade.

Mas a psicopedagogia cognitiva não regula todos os problemas. Ela apresenta ainda outros limites que lhe são próprios:

- A utilização de estratégias durante muito tempo costuma ser problemática. Enquanto o professor acompanha o aluno nesse trabalho, os resultados são muito positivos, mas quando ele é deixado à própria sorte, frequentemente recai nos antigos procedimentos e parece ter perdido todos os benefícios do ensino estratégico. Por isso, o professor não pode abandonar muito rápido seu trabalho de mediação, mas deve acompanhar seus alunos até o momento em que tenham integrado plenamente as estratégias estudadas e já não saibam mais fazer de outra maneira! A insuficiência do período de treinamento é, quase sempre, a principal causa do fracasso da ajuda estratégica. "De fato, é uma ilusão pensar que seja possível modificar rapidamente um comportamento instalado há longo tempo" (Giasson, in Doudin et al., 2001, p. 262).

- Os procedimentos sugeridos nesta obra exigem um trabalho de objetivação que só pode ser feito em posição "meta". De fato, o aluno deve, ao mesmo tempo, realizar sua tarefa e controlar seu trabalho objetivando suas estratégias. O exercício é difícil e exigente. Se o aluno apresenta um retardo mental, a tarefa é ainda mais difícil. Por isso, o professor precisa estar consciente da dificuldade de seu procedimento ao trabalhar as estratégias com seus alunos.

- É sempre muito difícil para um professor escolher um algoritmo útil e perfeitamente eficaz, mas cujo uso é limitado a uma única situação, e estratégias globais, de largo espectro, mas que apresentam claramente problemas de transferência e de generalização. Viau (2007, p. 136), por exemplo, sugere um procedimento de nove pontos infalível para conseguir concordar corretamente um particípio passado. Fora esse uso muito específico, não dá para perceber muito bem para que pode servir tal aprendizagem. Ao contrário, o trabalho proposto por Feuerstein, por exemplo, tem uma infinidade de aplicações possíveis, mas padece de um grave problema de generalização. A escolha feita nesta obra é a de permanecer muito próxima dos conteúdos escolares, o que garante uma eficácia real à remediação, mas causa problemas quanto à eficácia da ajuda estratégica em um prazo mais longo.

- Os procedimentos sugeridos nesta obra podem ser utilizados no apoio indivi-

dual, como também no âmbito da sala de aula. Contudo, está claro que, se é relativamente simples avaliar a atitude estratégica de uma criança e pensar em pistas de remediação no âmbito do apoio individual, não é tão fácil implementar a abordagem cognitiva e metacognitiva no âmbito de um grupo. Estamos convencidos de que esse trabalho é possível na sala de aula, embora requeira um procedimento um pouco diferente. Vemos, inclusive, certas vantagens nisso: por exemplo, a contribuição das crianças sem nenhuma dificuldade de aprendizagem pode ser muito rica para todos os alunos da classe. O socioconstrutivismo mostrou claramente o interesse do trabalho de grupo e dos conflitos sociocognitivos nas aprendizagens. Por isso, esses procedimentos são fortemente aconselhados no ensino-aprendizagem cognitivo e metacognitivo, e é muito interessante executá-los com toda uma turma.
- Nas oito explicações do fracasso escolar, a dos transtornos afetivos mostra bem que nem tudo é uma questão de cognição. O aluno é, antes de tudo, uma criança, com sua cabeça e sua inteligência, é claro, mas igualmente com um coração e afetos. É evidente, assim, que as emoções e a cognição são dois sistemas em interação. O professor precisa então analisar os fatores cognitivos e conativos para tentar compreender as dificuldades de um aluno. Boimare (2004), por exemplo, demonstrou claramente que certos alunos têm "medo de aprender" e uma "evitação a pensar" que tomam conta completamente de seu funcionamento intelectual. Não obstante todas as tentativas de remediação, eles persistem na oposição e na recusa de aprender.

Boimare mostra, em particular, que certas crianças são incapazes de utilizar seu processador central na fase de elaboração, porque não suportam a incerteza e a dúvida necessárias a qualquer aprendizagem. O autor fala de "fóbicos do tempo de suspensão" para explicar que a principal defesa dessas crianças é "inventar estratégias para saltar esse tempo da dúvida no qual é preciso confrontar sua organização com as imposições da aprendizagem" (p. 12). Aprender é, na realidade, enfrentar um tempo de suspensão, de hesitação, de vazio, de desconhecido, de dúvida, de incerteza – de solidão, enfim –, situado entre o momento em que não se sabe mais e aquele em que talvez se vá saber. Aprender se torna, para certas crianças, uma ameaça contra seu equilíbrio pessoal: "Aprender não é apenas pôr em jogo sua inteligência e sua memória, como nós mesmos tenderíamos a pensar um pouco apressadamente, mas é também ser solicitado em toda uma organização psíquica e pessoal" (p. 26). Em face dessas inibições intelectuais severas – felizmente raras –, os procedimentos cognitivos e metacognitivos são inúteis. Em um primeiro momento, é necessário restaurar a relação com o saber e com o aprender dessas crianças fortemente perturbadas.
- Finalmente, a última observação: a psicologia cognitiva possibilitou um avanço fulminante na compreensão dos processos utilizados para refletir, raciocinar, pensar e ter êxito na escola. Contudo, apesar dessas aberturas importantes, nossa compreensão do funcionamento da inteligência ainda é rudimentar. "Nem sempre se consegue ter acesso à 'caixa preta' na qual se poderia observar 'como' se faz a apren-

dizagem e distinguir cada um dos processos ativados para esse efeito. Apenas os resultados das operações que se desenrolam ali são observáveis" (Curonici, Joliat e McCulloch, 2006, p. 123). Sabemos, por exemplo, quais são as condições favoráveis à aprendizagem da leitura, mas sabemos muito pouco sobre os processos cognitivos utilizados pela criança quando aprende a ler. Outro exemplo: vimos que os psicólogos cognitivistas falam de "*insight*" para designar a "compreensão súbita" no momento da resolução de um problema. Na realidade, o termo *insight* mascara nossa ignorância do fenômeno. Quais são exatamente os processos cognitivos que permitem resolver um problema novo? Tudo isso continua muito misterioso, e a pesquisa nesse campo tem ainda um longo caminho pela frente.

13.2 O PROCEDIMENTO PPI E A AVALIAÇÃO DA ATITUDE DIANTE DA TAREFA

O procedimento de projeto pedagógico individual (PPI) é uma abordagem estruturada de ajuda ao aluno com dificuldade de aprendizagem. Essa ajuda é individual e requer uma avaliação profunda das dificuldades da criança, em particular nos campos cognitivos e metacognitivos. Diz respeito, portanto, aos alunos que apresentam fracasso escolar. Pode ser conduzida pelo professor titular ou por um professor especializado incumbido de um apoio pedagógico. O procedimento PPI constitui o próprio fundamento do trabalho de remediação.

Vamos apresentar rapidamente, neste último capítulo, as diferentes etapas do projeto, mostrando como a ajuda estratégica se inscreve em um projeto global de ajuda aos alunos com dificuldade de aprendizagem.

O procedimento PPI desenvolve-se em cinco etapas principais.

1. Avaliação diagnóstica de partida ou avaliação diagnóstica

Em nossa obra sobre o apoio pedagógico à criança em dificuldade de aprendizagem[2], insistimos na importância de fazer uma abordagem global de problemática da criança: o risco, quando um aluno está em dificuldade, é se precipitar em uma ajuda específica direcionada ao problema mais imediato ou mais evidente: Julien foi indicado para o apoio por dificuldades em matemática; portanto, vou trabalhar com ele a matemática. Mostramos que esse procedimento acabava por fazer "mais do mesmo", e era completamente inútil na maioria das situações. Por isso, a avaliação diagnóstica no início do processo de ajuda é muito importante. Deve necessariamente ser "global" nessa primeira fase. O professor não pode pensar em uma avaliação inicial "específica" – referente apenas à disciplina problemática –, sob pena de limitar sua ajuda a uma recuperação escolar, o que seria totalmente ineficaz.

Antes de ajudar uma criança, é indispensável, naturalmente, conhecê-la melhor. Portanto, a avaliação diagnóstica é logicamente a primeira etapa do processo de ajuda. A observação do aluno e a avaliação de sua competência serão tão amplas quanto possível: os resultados das observações feitas em classe, em situação de apoio, no pátio de recreação e em casa devem ser compartilhados, analisados, comparados, na perspectiva de encontrar as causas das dificuldades, de definir os objetivos e de se prover dos meios para uma ação pedagógica eficaz. Essa avaliação começa por um primeiro contato entre os parceiros envolvidos, isto é, o titular, o professor especializado, os pais, os especialistas e a criança. Trata-se, antes de tudo, de elucidar o pedido de ajuda e de recolher o máximo de informações para compreender o problema da criança e proceder a uma avaliação dos recursos e das dificuldades. Como explica Gillig (1998), "trata-se aqui de proceder, antes de qualquer intervenção, a uma avaliação de partida, chamada de diagnóstica, porque fornece as informações sobre o estado da criança em relação às aprendizagens e à vida na escola: o que ela sabe fazer, o que ela ainda não sabe fazer" (p. 193).

No âmbito dessa avaliação global, constatamos que é bastante comum desprezar a avaliação da atitude diante da tarefa. No entanto, essa etapa é primordial, pois permite compreender como a criança trabalha, reflete, aborda uma ficha, avalia seu próprio trabalho, etc. Chamamos de "avaliação da atitude diante da tarefa" a avaliação de estratégias e de processos cognitivos e metacognitivos. Se o aluno apresenta fracasso escolar, isso ocorre, com muita frequência, porque ele não domina os procedimentos eficazes e as estratégias adequadas. Visto que o "ofício de aluno" consiste principalmente em realizar tarefas, se a criança não aprendeu, por exemplo, como "entrar" em uma ficha ou como ler um enunciado, estará necessariamente em fracasso.

2. Formulação dos objetivos do projeto

Quando o professor está de posse de todas as informações necessárias, já pode formular os objetivos do projeto. "Naturalmente, quando a avaliação diagnóstica é bem conduzida, ela põe em evidência, de maneira complementar, as competências necessárias para que a criança preencha suas lacunas. São esses, portanto, os objetivos a perseguir na ajuda pedagógica" (Gillig, op. cit., p. 194).

A escolha dos objetivos é essencial. Deverá levar em conta a situação real da criança e focalizar um aspecto determinante para o seu êxito. Assim, intervém aqui a escolha entre uma ajuda global e uma ajuda específica. O professor deve então avaliar bem a situação e tentar induzir o máximo de mudança focalizando um objetivo determinante para o êxito do aluno. Se a avaliação diagnóstica revela uma dificuldade estratégica, um dos objetivos retidos se referirá a um procedimento, uma estratégia ou um trabalho sobre um ou vários processos cognitivos ou metacognitivos.

Ao formular seus objetivos, o professor deverá imperativamente redigi-los em termos operacionais. "Para serem operacionais, os objetivos devem ser claros, precisos, realistas, e estar ligados à situação problemática" (Egan, 1987, p. 49). De fato, é totalmente insuficiente dizer, por exemplo, que o apoio permitirá à criança "melhorar sua compreensão em leitura". Evidentemente, o aluno melhorará sua compreensão em leitura se o professor trabalhar sobre esse objetivo. Contudo, o mais interessante – para o professor, para o titular e, sobretudo, para o aluno – é uma definição precisa do objetivo, em termos de comportamentos observáveis, que permita considerar concretamente as atitudes a desenvolver. Para retomar o exemplo da leitura, pode-se pedir ao aluno para "interromper sua leitura sempre que cometer um erro inaceitável quanto ao significado e reler a palavra mal decifrada".

A definição dos objetivos em termos operacionais terá, sem dúvida, implicações quanto à avaliação. Primeiramente, o professor poderá observar sem dificuldade se o aluno apresenta o comportamento esperado ("Há duas semanas, não ouço mais erros de sentido em suas leituras") e assim informar o aluno, o titular, etc. Em seguida, se as expectativas forem claras, a própria criança poderá avaliar seu desempenho e, portanto, tornar-se ator de seus progressos ("Aqui, vou parar; eu li: o gato se feriu na *bata*"). O titular e os pais também poderão ajudar de maneira eficaz a criança e avaliar seus progressos se souberem exatamente qual o objetivo perseguido e o comportamento esperado.

3. Redação do PPI (projeto pedagógico individual)

É indispensável, nessa etapa, sintetizar por escrito todas as informações recolhidas e escrever os objetivos. A redação do projeto pedagógico individual (PPI) é uma etapa decisiva do processo de ajuda.

O documento deverá mencionar explicitamente:

a) Os recursos da criança
O professor indicará primeiramente os recursos da criança, em particular nos campos do comportamento, da atitude diante da tarefa (campo cognitivo e metacognitivo) e da disciplina designada como problemática.
A descrição dos recursos é indispensável. Ela possibilita lançar um novo olhar sobre a criança que, em geral, só é percebida por meio de suas dificuldades e de suas lacunas. O pequeno Loïc tirou 3 em matemática! Mas, não, Loïc é um ótimo leitor, tem uma atitude inteiramente adaptada diante da tarefa e é bastante motivado! A descrição dos recursos possibilita igualmente apoiar-se nos pontos fortes da criança para desenvolver novas competências. O exercício é menos evidente do que parece *a priori*. É muito comum que, em um primeiro momento, o professor recolha apenas informações negativas sobre a criança. Propõe-se então uma avaliação mais global, que permitirá distinguir os recursos da criança e pensar em uma nova dinâmica na ajuda a lhe oferecer. No instrumento PPI, o desafio para o professor é sempre destacar mais os recursos do que as dificuldades.

b) As dificuldades da criança
A rubrica das dificuldades também incluirá os campos do comportamento, da atitude diante da tarefa (campo cognitivo e metacognitivo) e da disciplina escolar designada.
É a partir dessa rubrica que os professores poderão focalizar o principal aspecto problemático. Visto que a avaliação da atitude diante da tarefa constitui uma parte importante da avaliação global, é muito frequente falar de dificuldades estratégicas no PPI.

c) Os objetivos perseguidos
O documento mencionará, finalmente, os objetivos perseguidos. Estes não devem ser muito numerosos, e, por isso, na hora da focalização, os professores determinarão aqueles que são prioritários. Serão mencionados também os meios a empregar, indicando os que serão empregados prioritariamente pelo professor e os que se referem ao aluno, ou mesmo aos pais. Às vezes, é necessário definir desde o início a duração da fase de remediação e a data do próximo balanço.

Como já assinalamos, o PPI é o documento central do procedimento de ajuda, pois permite articular o trabalho de todos os parceiros e avaliar os progressos da criança. É o instrumento de base que possibilita a colaboração de todos os intervenientes. Por isso, será difundido a todas as pessoas envolvidas no projeto. Uma vez redigido, o PPI passa a ter valor de contrato entre os diversos parceiros. O exemplo do PPI redigido para Gregório é apresentado no Anexo 1.

4. O encargo

As modalidades de encargo dependem principalmente dos objetivos fixados. É quase sempre necessário um trabalho individual. Mas, evidentemente, o ideal é sempre trabalhar em aula *e* em apoio individual.

O envolvimento do aluno no projeto é indispensável para o seu êxito. O termo "encargo", a esse propósito, é ambíguo. O professor "não se encarrega" da criança, como faria o médico que estabelece o diagnóstico e prescreve um medicamento. O aluno deve ter pleno conhecimento dos objetivos perseguidos e dos meios que pode empregar para se tornar autor e ator de seu êxito. Um doente pode se curar sem entender nada de sua doença e das razões da eficácia da terapia. Em pedagogia, o doente morre se não se tornar sujeito de sua própria terapia!

Nessa fase de encargo, a avaliação é interativa e, por isso, o professor será informado regularmente dos progressos da criança. Provavelmente, serão necessários ajustes durante a fase de remediação.

5. Balanço

Após algumas semanas, ou mesmo alguns meses (no mínimo, ao final de cada semestre), é necessário parar e fazer um balanço mais formal, retomando a folha de projeto pedagógico individual (PPI) e relendo-a com os diversos parceiros.

A definição dos objetivos em termos operacionais facilitará muito a avaliação da criança durante esse balanço. Como assinala Gillig (1998, p. 195), "alguns acreditam que essa é a parte mais árdua de um procedimento de projeto. Eu sustento que é a parte mais fácil, desde que se tenham determinado objetivos precisos e estes tenham sido operacionalizados".

O esquema a seguir sintetiza as principais etapas do procedimento PPI.

AVALIAÇÃO FORMATIVA DE PARTIDA

1) Avaliação global
2) Avaliação da atitude diante da tarefa (cognitiva e metacognitiva)
3) Avaliação na disciplina designada
4) Escolha entre apoio específico ou global

↓

FORMULAÇÃO DOS OBJETIVOS DO PROJETO

Redação do projeto pedagógico individual (PPI)
– recursos
– dificuldades
– objetivos

↓

REMEDIAÇÃO
Pelo titular
e/ou pelo professor especializado

↓

BALANÇO
A partir do projeto pedagógico individual (PPI)

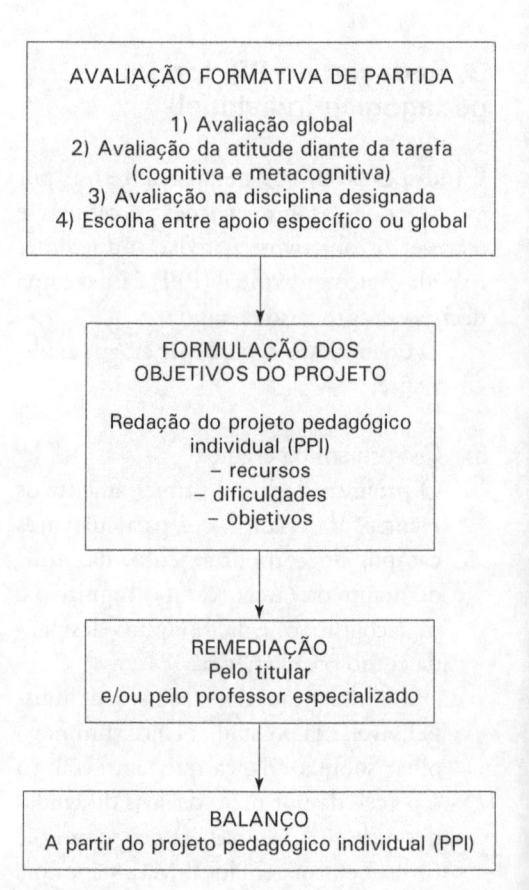

Figura 13.2. O procedimento de projeto.

O procedimento de projeto sugerido neste último capítulo permite estruturar a ajuda proporcionada à criança em fracasso. Sejam suas dificuldades de ordem afetiva, conativa ou cognitiva, ela possibilita uma remediação dirigida às necessidades da criança. As ferramentas cognitivas e metacognitivas apresentadas nesta obra podem perfeitamente inscrever-se nesse procedimento. Integradas ao procedimento PPI, elas constituem, para nós, uma das abordagens mais fecundas na ajuda às crianças com dificuldade de aprendizagem.

A preocupação estratégica, abordada nesta obra, não é nova. Ao contrário, as ferramentas cognitivas e metacognitivas colocadas à disposição dos professores são funcionais atualmente e provaram sua eficácia. Assim, já podemos responder hoje à questão que preocupa a natureza humana, de Tomás de Aquino a Gaëlle: como "pensar melhor" e que método utilizar para "aprender melhor"?

"Vou me esforçar para pensar melhor o
que eu penso" (Gaëlle, 2007)

"Dê-me a perspicácia para compreender
A memória para reter
O método e a facilidade para aprender"
(Tomás de Aquino, 1226-1274)

Notas

1. Pierre Vianin (2007), *Contre l'échec scolaire. L'appui pédagogique à l'enfant en difficulté d'apprentissage*, Bruxelas, De Boeck Université.

2. Como já havíamos dito anteriormente, retomamos aqui as ideias-força de nossa obra sobre o apoio pedagógico (Vianin, 2007).

Referências

Abrecht, R. (1991), *L'évaluation formative – Une analyse critique*, Bruxelles, De Boeck

Allal L. (1994), *Vers une pratique de l'évaluation formative*, Bruxelles, De Boeck

Archambault J. et Chouinard R. (2003), *Vers une gestion éducative de la classe*, Montréal, G. Morin

Astolfi (1999), L'erreur, une chance pour apprendre, in *Résonances*, Janvier 1999

Bandler R. (2005), *Un cerveau pour changer*, Paris, InterÉditions

Barth B.-M. (1987), *L'apprentissage de l'abstraction*, Paris, Retz

Barth B.-M. (1993), *Le savoir en construction*, Paris, Retz

Baruk S. (1985), *L'âge du capitaine,* Paris, Seuil

Bassis O. (1998), *Se construire dans le savoir*, Paris, ESF

Bentolila A. et al. (2006), *L'atelier de lecture – Évaluation, aide à la remédiation*, Paris, Nathan

Bideaud J., Meljac C., Fischer J.-P. (1991), *Les chemins du nombre*, Lille, PUL

Bless G., Bonvin P., Schüpbach M. (2005), *Le redoublement scolaire, ses déterminants, son efficacité, ses conséquences*, Berne, Haupt

Boimare S. (1988), Apprendre à lire à Héraclès, in *Nouvelle Revue de Psychanalyse*, n° 37, printemps 1988, Paris, Gallimard

Boimare S. (1992), Des enfants qui ont peur d'apprendre, in *Cahiers pédagogiques*, n° 300, janvier 1992

Boimare S. (2004), *L'enfant et la peur d'apprendre*, Paris, Dunod

Bosson M. (2008), *Acquisition et transfert de stratégies au sein d'une intervention métacognitive pour des élèves présentant des difficultés d'apprentissage*, Thèse de doctorat, Université de Genève

Brissard F. (1993), *Développez l'intelligence de votre enfant*, Monaco, Rocher

Broyon M.A. (2006), Métacognition, cultures et pensée réflexive : applications de la recherche dans la formation des enseignants, in A.-J. Akkari, N. Changkakoti et C. Perregaux, *Impact, stratégies, pratiques et expériences*, pp. 105-119, Lausanne, Revue des HEP

Brun J. (1999), À propos du statut de l'erreur dans l'enseignement des mathématiques, in *Résonances*, Janvier 1999

Bruno A. et Martinon A. (1996), Problèmes additifs, in *Math-École*, n° 171, février 1996

Buysse A. (2007), *Le théâtre : au-delà du jeu – Une exploration de la forme théâtrale comme médiation de l'apprentissage autorégulé*, Genève, FPSE Les Cahiers de la section des sciences de l'éducation

Buzan T. (2004), *Une tête bien faite*, Paris, Les Éditions d'Organisation

Calaque E. (2004), *Une approche des textes : l'itinéraire de lecture*, in *Résonances*, Novembre 2004

Calame-Gippet F. (1999), Qu'est-ce qu'une consigne?, in *Résonances*, Mars 1999

Camus J.F. (2002), La psychologie cognitive des processus attentionnels, in Couillet J. et al., *La neuropsychologie de l'attention*, pp. 11-26, Marseille, Solal

Caron A. (2002), *Programme Attentix – Gérer, structurer et soutenir l'attention en classe*, Montréal, Chenelière / Mc Graw-Hill

Cayrol A. et de Saint-Paul J. (2005), *Derrière la magie*, la PNL, InterÉditions

Chauveau G. (1997), *Comment l'enfant devient lecteur*, Paris, Retz
Chevalier B. (1995), *Méthodes pour apprendre en français*, Paris, Nathan
Chich et al. (1991), *Pratique pédagogique de la gestion mentale*, Paris, Retz
Clarke S. (2002), Mémoire – cerveau, in *Éducateur*, n° 1.02
Crahay M. (1996), *Peut-on lutter contre l'échec scolaire ?*, Bruxelles, De Boeck
Crahay M. (1999), *Psychologie de l'éducation*, Paris, PUF
Crahay M. (2007), Par-delà l'approche par compétences, in *Éducateur*, n° 07.07 Mc Combs B., Pope J.E. (2000), *Motiver ses élèves – Donner le goût d'apprendre*, Bruxelles, De Boeck Université.
COROME (Commission romande des moyens d'enseignement) (1984), *Vocabulaire, grammaire – Français 2P*, Lausanne, Éditions L.E.P.
COROME (1985), *Mathématiques – Troisième année*, Fribourg, Office romand des éditions scolaires.
COROME (1988), *Français 6e – Livre du maître*, Sion, ORDP
COROME (1998), *Mathématiques – Livre de l'élève (3e primaire)*, Neuchâtel, COROME
COROME (1998), *Mathématiques – Livre du maître*, Neuchâtel, COROME
Costermans J. (2001), *Les activités cognitives – Raisonnement, décision et résolution de problèmes*, Bruxelles, De Boeck
Curonici C., Joliat F. et McCulloch, P. (2006), *Des difficultés scolaires aux ressources de l'école – Un modèle de consultation systémique pour psychologues et enseignants*, Bruxelles, De Boeck
Damia C. (1998), *Approche psychosociale du développement cognitif dans le cadre de l'apprentissage scolaire*, Neuchâtel, Groupe de psychologie appliquée, n° 50
Da Silva Neves R. (1999), *Psychologie cognitive*, Paris, Armand Colin
Debray R. (2000), *Apprendre à penser – Le programme de R. Feuerstein*, Georg
De Carlo-Bonvin M. (2004), *Au seuil d'une école pour tous – Réflexions, expériences et enjeux de l'intégration des élèves en situation de handicap*, Lucerne, CSPS
DECS / SE (2003), *Méthodes de travail 1CO – Fiches-élèves*, Sion, Service de l'Enseignement de l'État du Valais
DECS / SE (2003), *Méthodes de travail 1CO – Guide de l'enseignant (programmes d'enseignement)*, Sion, Service de l'Enseignement de l'État du Valais

Del Notaro C. (2007), L'alternance théorie-pratique : mouvement récurrent ou assujettissement réciproque ? in *Éducateur 13.07*, décembre 07
Demnard D. (2002), *L'aide à la scolarité par la PNL – Comprendre et résoudre les difficultés scolaires*, Bruxelles, De Boeck
Depover C. et Noël B. (1999), *L'évaluation des compétences et des processus cognitifs : modèles, pratiques et contextes*, Bruxelles, De Boeck-Wesmael.
Desaldeleer D. (1992), *Les gestes de l'orthographe*, Paris, Magnard
Dessus P., Gentaz É., et al. (2006), *Apprentissages et enseignement – Sciences cognitives et éducation*, Paris, Dunod
Dias B. et Studer F. (1992), Apprentissage des règles du raisonnement inductif chez les jeunes adultes, in *Sauv. Enf.*, n° 2, 1992
Dias B. (1995), *De l'évaluation psychométrique à l'évaluation du potentiel d'apprentissage*, Fribourg, DelVal
Dias B. (1997), *La théorie de la modifiabilité cognitive structurale de Reuven Feuerstein*, Fribourg, IPC, inédit.
Dias B. (2000), Un enfant – deux enseignants, quel partage ? in *Pédagogie Spécialisée*, 4/2000, pp. 11-15
Dias B. (2003), *Apprentissage cognitif médiatisé – L'apport de la psychologie cognitive à l'enseignement et à l'apprentissage*, Lucerne, Édition SZH/CSPS
Doudin P.-A. et Martin D. (1992), *De l'intérêt de l'approche métacognitive en pédagogie*, Lausanne, CVRP
Doudin P.-A., Martin D., Albanese O. (2001), *Métacognition et éducation – Aspects transversaux et disciplinaires*, Berne, Peter Lang
Downing J. et Fijalkow J. (1990), *Lire et raisonner*, Toulouse, Privat
ERMEL (1991), *Apprentissages numériques (CP)*, Paris, Hatier
ERMEL (1993), *Apprentissages numériques et résolution de problèmes (CE1)*, Paris, Hatier
Eustache F. et Desgranges B. (2003), Concepts et modèles en neuropsychologie de la mémoire : entre théorie et pratique clinique, in Meulemans T. et al., *Évaluation et prise en charge des troubles mnésiques*, pp. 13-49, Marseille, Solal
Fabre M. (2006), Savoirs scientifiques et savoirs pédagogiques ont à se féconder mutuellement, in *Éducateur spécial*, 06
Farner Vuignier C. (1998), La prévention des difficultés en lecture, in *Résonances*, Avril 1998
Fayol M. (1990), *L'enfant et le nombre – Du comptage à la résolution de problèmes*, Neuchâtel, Delachaux et Niestlé

Fayol M. (1994), La logique de l'erreur, in *Sciences humaines*, n° 36, février 1994
Fayol M. *et al.* (2006), Le langage et les opérations arithmétiques, in Dessus P., Gentaz É. (2006), *Apprentissages et enseignement – Sciences cognitives et éducation*, Paris, Dunod
Ferrand L. (2001), *Cognition et lecture*, Bruxelles, De Boeck
Feuerstein R. (1990), Le PEI, programme d'Enrichissement Instrumental, in Martin J. et Paravy G., *Pédagogie de la médiation autour du P.E.I. – Programme d'enrichissement instrumental du prof. Reuven Feuerstein*, Lyon, Chronique sociale
Fischer J.-P. (1999), Une conception erronée de l'apprentissage, in *Résonances*, Janvier 1999
Fortin C. et Rousseau R. (1998), *Psychologie cognitive – Une approche de traitement de l'information*, Sainte-Foy, Télé-Université
Gagné P.P. (1999), *Pour apprendre à mieux penser*, Montréal, Chenelière
Gagné P.P. (2007), Apprendre… une question de gestion, in *Résonances*, février 2007, pp. 32-34
Gagné P.P. et Longpré L.-P. (2004), *Apprendre avec Réflecto*, Montréal, Chenelière
Garanderie A. de la (1980), *Les profils pédagogiques*, Paris, Centurion
Garanderie A. de la (1984), *Le dialogue pédagogique avec l'élève*, Paris, Centurion
Garanderie A. de la et Cattan G. (1988), *Tous les enfants peuvent réussir*, Paris, Centurion
Garanderie A. de la (1990), *Pour une pédagogie de l'intelligence*, Paris, Centurion
Garanderie A. de la (2001), *Pédagogie des moyens d'apprendre*, Paris, Bayard
Garanderie A. de la, Brissard F. (2005), *Développez l'intelligence de votre enfant grâce aux travaux d'Antoine de la Garanderie*, Éditions du Rocher.
Gentaz É., Dessus P. *et al.* (2004), *Comprendre les apprentissages – Sciences cognitives et éducation*, Paris, Dunod
Giasson J. (1990), *La compréhension en lecture*, Bruxelles, De Boeck
Giasson J. (1997), *La lecture*, Bruxelles, De Boeck
Giasson J. (1998), Les stratégies de lecture, in *Résonances*, Mars 1998
Gillig J.-M. (1996), *Intégrer l'enfant handicapé à l'école*, Paris, Dunod
Gillig J.-M. (1998), *L'aide aux enfants en difficulté à l'école*, Paris, Dunod
Giordan A. (1998), *Apprendre !* Paris, Belin
Godefroy O., Roussel-Pierronne M., Routier A., Dupuy-Sonntag D. (2004), Étude neuropsychologique des fonctions exécutives, in Meulemans T. *et al.*, *Neuropsychologie des fonctions exécutives*, pp. 11-23, Marseille, Solal

Grangeat M. *et al.* (1997), *La métacognition, une aide au travail des élèves*, Paris, ESF
Hadji C. (2000), *L'évaluation, règles du jeu*, Paris, ESF
Higelé P., Hommage G., Perry E. (1992), *Ateliers de raisonnement logique – Exercices progressifs pour l'apprentissage des opérations intellectuelles*, Nancy-Metz, Ministère de l'éducation nationale
Higelé P. et Dupuy P.A. (1996), Les acquis transférables – Ateliers de raisonnement logique, in Meirieu P. et Develay M., *Le transfert de connaissances en formation initiale et en formation continue*, Lyon, CRDP
Houssaye J. (1993), *La pédagogie : une encyclopédie pour aujourd'hui*, Paris, ESF
Huteau M. *et al.* (1994), Apprendre à apprendre, in Vergnaud G. (Coord.), *Apprentissages et didactiques, où en est-on ?*, Paris, Hachette
Huteau M. et Loarer E. (1996), L'éducation cognitive : un concept pertinent, mais des méthodes à améliorer, in *Sciences humaines*, Hors-Série n° 12, février-mars 96
Jaffré J.-P. (1999), L'erreur en orthographe, in *Résonances*, Janvier 1999
Jamet (1997), *Lecture et réussite scolaire*, Paris, Dunod
Jonnaert P. (2004), Adaptation et non-transfert, in Jonnaert P. et Masciotra D., *Constructivisme – Choix contemporains*, Québec, PUQ
Lafontaine R. et Lessoil B. (1995), Êtes-vous auditif ou visuel ?, in *Éducateur*, n° 2, mars 1995
Lamblin C. (1989), *Je m'entraîne à la lecture*, Paris, Retz
Laniado N. (2008), *Comment développer l'intelligence de vos enfants*, Lausanne, Favre
Lautrey J. (1994), Les multiples voies de l'intelligence, in *Sciences humaines*, n° 36, février 1994
Leblanc S. (2007), Concepts et méthodes pour valoriser l'activité professionnelle au sein de la formation initiale et continue des enseignants, in *Revue des HEP de Suisse romande et du Tessin*, n° 6, Neuchâtel, CDHEP
Lecomte J. (1994), Être intelligent, ce n'est pas seulement savoir réfléchir, in *Sciences humaines*, n° 36, février 1994
Lemaire P. (1999), *Psychologie cognitive*, Bruxelles, De Boeck
Lemaire P. (2006), *Abrégé de psychologie cognitive*, Bruxelles, De Boeck
Leperlier G. (2001), *Réussir sa scolarité – Remotiver l'élève*, Lyon, Chronique Sociale
Levine M.D. (2003), *À chacun sa façon d'apprendre*, Québec, AdA
Lieury A. (1997), *Mémoire et réussite scolaire*, Paris, Dunod

Lieury A. (2000), Mémoire et différences à l'école, in *Résonances*, mars 2000
Lieury A. (2004), Réussite scolaire et connaissances lexicales, in *Résonances*, Novembre 2004
Lieury A. (2006), Procédés mnémotechniques : quelle utilité pour les élèves, in *Résonances*, Novembre 2006
Lieury A. (2008), *Stimuler ses neurones...oui mais comment ?* Paris, Dunod
Lieury A. (2008), Les jeux vidéo peuvent-ils remplacer l'école ? (1/2), in *Résonances*, Novembre 2008
Lieury A. et Lorant S. (2008), Les jeux vidéo peuvent-ils remplacer l'école ?(2/2), in *Résonances*, Décembre 2008
Loarer E. (1998), L'éducation cognitive : modèles et méthodes pour apprendre à penser, in *Revue Française de Pédagogie*, n° 122, janvier-février-mars 1998, pp. 121161
Mackintosh N.J. (2004), *QI et intelligence humaine*, Bruxelles, De Boeck
Maret P. (1994), Bons et mauvais élèves – Le rôle du contexte social et de l'image de soi, in *Sciences humaines*, n° 36, février 1994
Martin J. et Paravy G. (1990), *Pédagogie de la médiation autour du P.E.I. – Programme d'enrichissement instrumental du prof. Reuven Feuerstein*, Lyon, Chronique sociale
Marzano R.-J. et Paynter D. (2000), *Lire et écrire*, Bruxelles, De Boeck
Meige A. (1998), Je lis en couleurs, in *Association romande Savoir Apprendre*, Journal n° 10, Avril 98
Meirieu P. et Develay M. (1996), *Le transfert de connaissances en formation initiale et en formation continue*, Lyon, CRDP
Mendelsohn P. (1996), À la recherche du concept de transfert, in *Le transfert de connaissances en formation initiale et en formation continue*, Lyon, CRDP
Nguyen-Xuan A. (1996), Les mécanismes cognitifs d'apprentissage, in *Revue Française de Pédagogie*, n° 112, juillet-août-septembre 1995, pp. 57-67
Noël B., Romainville M. et Wolfs J.-L. (1995), La métacognition : facettes et pertinence du concept en éducation, in *Revue Française de Pédagogie*, n° 112, juillet-aoûtseptembre 1995, pp. 47-56
Not L. (1989), *L'enseignement répondant – Vers une éducation en seconde personne*, Paris, PUF
Osterrieth P. (1988), *Faire des adultes*, Liège, Mardaga
Perrenoud P. (2005), De l'organisation du travail dépend la rencontre entre chaque élève et le savoir, in *Éducateur*, n° 10.05
Périsset Bagnoud D. (2007), Du compagnonnage à l'alternance : une histoire sociale des stages, in *Éducateur 13.07*, décembre 07

Perret-Clermont A.-N. et al. (2000), *La construction de l'intelligence dans l'interaction sociale*, Bern, Peter Lang
Picoche J. (2004), Le vocabulaire, une matière d'enseignement à part entière, in *Résonances*, Novembre 2004
Poget M. (2007), *L'API sous la lentille des intelligences multiples*, Lausanne, IPS, mémoire professionnel, inédit
Poissant H. et al. (1994), La mémoire et la compréhension : quelques aspects théoriques et pratiques à l'usage des enseignants et des élèves, in *Vie pédagogique*, n° 90, sept-oct. 1994, pp. 4-8.
Rieben L. (2007), Apprentissage de la lecture et progression, in *Résonances*, Juin 2007
Rime L. (1994), *Stratégies personnelles d'apprentissage et orthographe d'usage*, Fribourg, IPC, inédit
Rossi J.-P. (2005), *Psychologie de la mémoire – De la mémoire épisodique à la mémoire sémantique*, Bruxelles, De Boeck
Saint-Laurent L. et al. (1995), *Programme d'intervention auprès des élèves à risque* (PIER), G. Morin
Saint-Pierre L. (1994), La métacognition, qu'en est-il ?, in *Revue des sciences de l'éducation,* vol. 20, n° 3, pp. 529-545
Sanner M. (1999), *Modèles en conflit et stratégies cognitives – Esquisse d'une psychologie de la raison*, Bruxelles, De Boeck
Seron X. (2007), La mémoire de travail : du modèle initial au buffer épisodique, in Aubin G. et al., *Neuropsychologie de la mémoire de travail,* pp. 13-33, Marseille, Solal
Speth A. et Ivanoiu A. (2007), Mémoire de travail et contrôle exécutif, in Aubin G. et al., *Neuropsychologie de la mémoire de travail,* pp. 115-134, Marseille, Solal
Sternberg R.J. (2007), *Manuel de psychologie cognitive – Du laboratoire à la vie quotidienne*, Bruxelles, De Boeck
Talbot L. (2005), *Pratiques d'enseignement et difficultés d'apprentissage*, Toulouse, Erès
Tardif J. (1992), *Pour un enseignement stratégique – L'apport de la psychologie cognitive*, Québec, Logiques
Tardif J. et Couturier J. (1993), Pour un enseignement efficace, in *Vie Pédagogique*, n° 85, septembre-octobre 1993
Thériault J. (1996), *J'apprends à lire*, Québec, Logiques
Tomatis A. (1989), *Les troubles scolaires*, Paris, Ergo-Press
Troadec B. et Martinot C. (2003), *Le développement cognitif – Théories actuelles de la pensée en contextes*, Paris, Belin.
Trocmé-Fabre H. (1997), *J'apprends, donc je suis*, Paris, Les Éditions d'Organisation

Van der Linden M. et Collette F. (2002), Attention et mémoire de travail, in Couillet J. *et al.*, *La neuropsychologie de l'attention,* pp. 41-54, Marseille, Solal

Vandenplas-Holper C. (2006), Apprendre avec autrui tout au long de la vie : la zone de développement proximal revisitée, in Bourgeois E. et Chapelle G. (2006), *Apprendre et faire apprendre,* Paris, PUF

Varillon F. (2006), *Un abrégé de la foi catholique,* Paris, Bayard Vellas E. (2003), Le problème aux sources de l'apprentissage, in *Éducateur,* 12.03

Vergnaud G. (Coord.) (1994), *Apprentissages et didactiques, où en est-on ?,* Paris, Hachette

Vermersch P. (1994), *L'entretien d'explicitation,* Paris, ESF

Vermersch P., Maurel M. (1997), *Pratiques de l'entretien d'explicitation,* Paris, ESF

Vial M. (1995), Nature et fonction de l'auto-évaluation dans le dispositif de formation, in *Revue Française de Pédagogie,* n° 112, juillet-août-septembre 1995, pp. 69-76

Vianin P. (2007), *Contre l'échec scolaire – L'appui pédagogique à l'enfant en difficulté d'apprentissage,* Bruxelles, De Boeck

Vianin P. (2007), *La motivation scolaire – Comment susciter le désir d'apprendre ?,* Bruxelles, De Boeck

Viau R. (2003), *La motivation en contexte scolaire,* Bruxelles, De Boeck

Vygotsky (1997), *Pensée et langage,* Paris, La Dispute

Weinstein C.E., Hume L.M. (2001), *Stratégies pour un apprentissage durable,* Bruxelles, De Boeck

Williams L.V. (2000), *Deux cerveaux pour apprendre,* Paris, Les Éditions d'Organisation

Yerly C. (2001), Tâches à domicile et savoir-faire individuel, in *Éducateur,* 10/2001

Zakhartchouk J.-M. (1999), Former des élèves-stratèges, in *Résonances,* Mars 1999

Zakhartchouk J.-M. (2004), Quelques pistes pour enseigner la lecture des consignes, in *Revue des HEP,* No 1, pp. 71-80, Neuchâtel, CDHEP

Ziegler J. (2005), Notre petite voix intérieure livre ses secrets, in *Sciences et Vie,* n° 1053, Juin 2005

Zwissig F. (1993), *La PNL à l'école,* Bienne, SPC

Anexos

ANEXO 1   Projeto pedagógico individual (PPI) de Gregório
ANEXO 2   Avaliação da atitude diante da tarefa
ANEXO 3   Grade de processos mentais para todas as tarefas
ANEXO 4   Processos cognitivos e tarefas escolares
ANEXO 5   Ficha-guia – As três fases do ato mental
ANEXO 6   Ficha-guia – Aprender uma lição
ANEXO 7   Quadro de temperatura – Resultados de Christian em ortografia
ANEXO 8   Ficha-guia – O gesto de atenção
ANEXO 9   Vocabulário 2º primário – Famílias de palavras
ANEXO 10 Vocabulário 2º primário – Famílias de palavras: ficha de análise de processos
ANEXO 11 Matemática 3º primário – Espaço
ANEXO 12 Matemática 3º primário – Espaço e deslocamentos
ANEXO 13 Matemática 3º primário – Castelos localizados
ANEXO 14 Grade de processos mentais para a atividade "Castelos localizados" Matemática 3º primário – Módulo 1 B
ANEXO 15 Ficha-guia – Vocabulário
ANEXO 16 Ficha-guia – O estudo de texto
ANEXO 17 Ficha-guia – Leitura de enunciados
ANEXO 18 Ficha-guia – Preparar meu ditado
ANEXO 19 Ficha-guia – Problemas de matemática
ANEXO 20 Quadro de correspondência entre classes e idades nos sistemas escolares francófonos
ANEXO 21 Quadro de correspondência entre classes e idades no sistema escolar brasileiro

ANEXO 1
Projeto pedagógico individual (PPI) de Gregório

Gregório (6ª série primário) – BALANÇO em 5 de outubro

Pedido do titular: pedido de programa adaptado em matemática; promovido à 6ª série, apesar da média insuficiente na 5ª série (3,1 em matemática e 3,8 no primeiro grupo).

> RECURSOS

Comportamento:
- diz gostar muito da escola e de sua professora; aprecia, em particular, as aulas sobre meio ambiente;
- voluntário, persistente; trabalha e se esforça, apesar de suas dificuldades;
- não apresenta nenhum problema de comportamento (educado, respeita os outros, muito bem integrado);
- à vontade em sua relação com o adulto no apoio; coerente;
- em classe, tem uma boa participação durante as aulas sobre meio ambiente;
- atitude ponderada; de natureza calma;
- total clareza sobre o que está em jogo na aula de apoio; costuma pedir ajuda; apoiado nesse procedimento pela professora, pela família e mesmo por seus colegas.

Atitude diante da tarefa:
- bom potencial de aprendizagem: progresso durante a atividade; aproveita bem a ajuda proporcionada e as fichas precedentes (Logix); regula rapidamente;
- facilidade na objetivação;
- bom controle da impulsividade: começa quase sempre por observar (*INPUT*) e ler os enunciados; trabalha calmamente;
- sentimento de controlabilidade; acredita que pode progredir em matemática;
- permanece concentrado na tarefa;
- trabalhos cuidados;
- utiliza uma forma de regulação durante a tarefa;
- estimulado pelos desafios (por exemplo, Rushhour ou Logix);
- em classe, pede a ajuda de um colega quando está bloqueado.

Francês:
- atingiu os objetivos fundamentais da 5ª série.

Matemática:
- bom domínio da caderneta;
- boa manutenção das aquisições da 5ª série (vocabulário matemático, sistema de coordenadas, medidas de extensão, múltiplos e divisores, etc.);
- programa adaptado: utiliza exclusivamente as fichas da 6ª série;
- já modificou sua relação afetiva com a matemática, desde o início do ano (é muito mais nuançada).

Família:
- tem uma irmã de 15 anos que está no colégio, que é bastante disponível e que pode ajudá-lo em suas tarefas;
- não tem mais contato com os parentes na Sérvia; a família decidiu se estabelecer definitivamente na Suíça;
- OK com a gestão das tarefas de casa, este ano; deve trabalhar de maneira autônoma.

DIFICULDADES

Comportamento:
– muito reservado; não deixa transparecer nada de suas emoções e de sua vivência;
– tendência a esconder suas dificuldades (por exemplo, não ousa mostrar suas fichas da 5ª série, por causa do olhar dos colegas; ou não solicita a ajuda do professor quando não compreendeu);
– apagado; participa pouco na aula, em particular nas aulas de matemática.

Atitude diante da tarefa:
– em geral, não compreende o que está em jogo nos exercícios;
– parece ter compreendido, durante as lições coletivas ou em situação de trabalho individual com o adulto, mas entrega trabalhos pessoais nitidamente insuficientes;
– *INPUT:* contenta-se com uma compreensão muito aproximativa dos enunciados, dados, perguntas, etc.; evocação imprecisa;
– ELABORAÇÃO: tem a tendência a tratar cada pergunta isoladamente; não estabelece ligações entre as diferentes partes da tarefa;
– *OUTPUT:* não tem rigor e precisão no trabalho (autocontrole insuficiente); jamais efetua uma verificação final, por exemplo, no jogo de raciocínio Rushhour; esquece sistematicamente um carro ao pôr o jogo no lugar; Logix: uma vez colocada a última peça, ele transmite o resultado ao professor;
– tendência a fazer por fazer, sem se preocupar com a qualidade do resultado; baixo nível de expectativa; estratégia maximizante; contenta-se em ter um resultado; "mais preocupado em estar em dia do que em compreender!";
– avalia corretamente as dificuldades da tarefa e de seu trabalho, mas não regula (faz "mesmo assim", apesar de suas dúvidas sobre o acerto das respostas);
– trabalha lentamente; em geral, termina depois dos outros.

-> ajuda a compreender a reflexão do professor da 5ª série: "Ele compreendeu, mas fez tudo errado..."

Matemática:
– nas primeiras entrevistas, diz não gostar de matemática;
– dificuldades em numeração (estimativa do valor dos números) e em cálculo mental (mesmo operações simples); quase nunca dá a resposta certa na primeira tentativa;
– raciocínio: não tem clareza do que é um problema e não sabe como abordá-lo.

Família:
– Gregório chegou à Suíça (vindo da Sérvia) na 1ª série e repetiu o ano por causa do problema da língua;
– estatuto de refugiado desde os 6-7 anos; a mãe fala muito pouco francês (integração?);
– pais separados há um ano; o pai é proibido de ver o filho (vive em Sion): problemas de violência, ao que parece; era professor em seu país;
– trabalho irregular em casa, na 5ª série; nota insuficiente em meio ambiente (2º semestre), apesar de seu interesse pela disciplina.

> OBJETIVOS

Objetivos gerais

3 campos
1. Atitude diante da tarefa (em ligação com a autoimagem enquanto aluno).
2. Comportamento em aula durante as atividades de matemática: assumir o risco de participar e, portanto, de mostrar suas fraquezas, mas igualmente seus recursos (autoimagem).
3. Recuperação em matemática; familiarização, cálculo mental, numeração.

Objetivos específicos

COMO PRIORIDADE PARA O APOIO:

Atitude diante da tarefa:
– apropriação do modelo de Feuerstein em três tempos: *INPUT*, elaboração e *OUTPUT*;
– *INPUT*: evocar corretamente e com precisão o enunciado, os dados, as perguntas, o objetivo, etc.; análise global da tarefa;
– ELABORAÇÃO: analisar a coerência global da tarefa (ligações entre as diferentes partes da tarefa);
– *OUTPUT*: efetuar uma verificação final (autocontrole) antes de entregar o trabalho ao professor;
– visar um patamar elevado de êxito (precisão do trabalho).

Matemática:
– programa adaptado em matemática: assegurar núcleos de conhecimentos sólidos (pouco, mas bem!); cf. grades do programa adaptado;
– familiarização com os novos temas (de acordo com planejamento da professora);
– vocabulário matemático: dominar perfeitamente o vocabulário da 5^a e 6ª séries;
– numeração e operações: História de contas, material Cuisenaire, abordagem linguística, base 10 e valor de posição (números decimais).

COMO PRIORIDADE PARA A CLASSE:

Para a professora:
– solicitar a participação de Gregório durante a aula de matemática.

Para Gregório:
– aproveitar a ajuda do colega do lado (tutorado);
– solicitar a ajuda do adulto, em caso de dificuldade;
– participar durante a aula de matemática.

ANEXO 2
Avaliação da atitude diante da tarefa

Aluno: _____ Classe: _____ Data: _____				
	Sim	Não		
ANTES DO EXERCÍCIO			**COMENTÁRIOS**	
Mostra-se curioso diante da novidade, aceita desafios, ousa assumir riscos				
Prepara-se rapidamente para entrar no trabalho				
Analisa a tarefa antes de agir				
Consegue explicitar o enunciado				
Consegue dizer se já realizou uma tarefa semelhante				
Consegue explicitar suas competências				
DURANTE O EXERCÍCIO			**COMENTÁRIOS**	
Consegue explicitar seu procedimento ("primeiro, em seguida...")				
Sabe pedir ajuda, se necessário				
Utiliza uma estratégia adequada				
Trabalha calmamente, concentrado				
Trabalha com precisão, é organizado				
Trabalha rapidamente				
Consegue explicitar o objetivo a atingir				
Chega sem dificuldade ao final do trabalho				
Verifica o resultado				

APÓS O EXERCÍCIO			COMENTÁRIOS
Apresenta um trabalho bem cuidado			
É capaz de explicitar seu procedimento e de justificar sua resposta			
É capaz de comunicar sua resposta por escrito			
Preocupa-se com a exatidão, a qualidade e a correção de seu trabalho			
Consegue avaliar a qualidade do seu trabalho			
Consegue expressar as dificuldades encontradas			
É motivado pelo êxito e pelos progressos realizados (competências desenvolvidas)			
Pretende melhorar sua eficácia no próximo trabalho			
Vê situações semelhantes nas quais é possível utilizar sua nova competência (transferência)			

ANEXO 3

Grade de processos mentais para todas as tarefas

1. QUANDO RECEBO UMA TAREFA...

1.1. Preparo-me para entrar no trabalho
Organizo meu lugar
Adoto uma posição adequada à tarefa
Ponho-me a trabalhar em seguida
Observo o professor
Ouço o professor

1.2. Analiso globalmente a tarefa
Digo a que campo da matemática, do francês... está ligado esse trabalho
Identifico todas as informações disponíveis
Proponho hipóteses de trabalho: "Talvez eu deva..."

1.3. Tomo conhecimento das instruções
Digo em que forma o enunciado me será apresentado
Leio ou ouço o enunciado atentamente
Demarco as perguntas
Compreendo as palavras e seu sentido
Explico o enunciado com minhas palavras
Faço as perguntas necessárias: _____
Tenho agora uma representação mental da situação ou do problema e do objetivo a atingir

1.4. Faço ligações entre as informações e meus conhecimentos
Pergunto-me se já realizei uma tarefa semelhante
Pergunto-me quais os conhecimentos adquiridos que posso utilizar

1.5. Faço o balanço de meus recursos e de minhas dificuldades
Pergunto-me se tenho facilidade nesse tipo de tarefa
Digo quais são minhas competências
Digo quais são minhas dificuldades
Digo qual é o objetivo que fixei quando de meu último trabalho (c.f. ponto 3.4)

1.6. Determino os recursos externos
Faço um inventário do material e dos documentos disponíveis
Solicito, se necessário, aquilo de que necessito aos meus colegas ou ao professor

2. QUANDO COMEÇO UM TRABALHO...

2.1. Seleciono o que é preciso para a resolução da tarefa
Digo quais são as informação de que necessito, as que me faltam, as que não são pertinentes
Digo quais são os conhecimentos de que necessito

2.2. Escolho a estratégia adequada
Explico o objetivo que persigo (a meta em função da tarefa)
Explico o que posso fazer (diferentes estratégias)
Seleciono a estratégia que me parece mais adequada

2.3. Prevejo as etapas da execução
Digo o que vou fazer primeiro
Digo o que vou fazer em seguida
Digo o que vou fazer no final

2.4. Executo a tarefa solicitada
Persigo sempre o objetivo visado
Trabalho calmamente (domínio da impulsividade)
Trabalho com precisão (qualidade do trabalho)
Explico o que estou fazendo

2.5. Controlo a execução da tarefa
Digo quais são meus acertos: até aqui, tenho certeza de que _____
Digo quais são minhas dificuldades: _____
Digo quais são os meios que me permitem resolver essas dificuldades: _____
_____
Faço uma pergunta clara para pedir ajuda
Modifico a estratégia 2.2 e/ou as etapas 2.3 se necessário
Prossigo minha tarefa com confiança

3. QUANDO COMUNICO MINHA RESPOSTA...

3.1. Formulo a resposta (para mim)
Escrevo-a
Digo-a na minha cabeça
Mostro-a

3.2. Verifico a precisão de minha resposta
Repito qual é o objetivo visado em função de minha tarefa (a meta)
Comparo-o à minha resposta

3.3. Comunico a resposta (para o outro)
Dou uma resposta compreensível
Sou capaz de explicá-la

3.4. Decido melhorar minha eficácia no próximo trabalho (retomada dos itens da escala)
Digo o que aprendi nessa atividade
Digo quais são minhas competências: _____
Digo quais são minhas dificuldades: _____
Decido melhorar _____
_____em meu próximo trabalho
Vejo situações semelhantes em que posso pôr em prática essa(s) nova(s) competência(s) e dou exemplos: _____

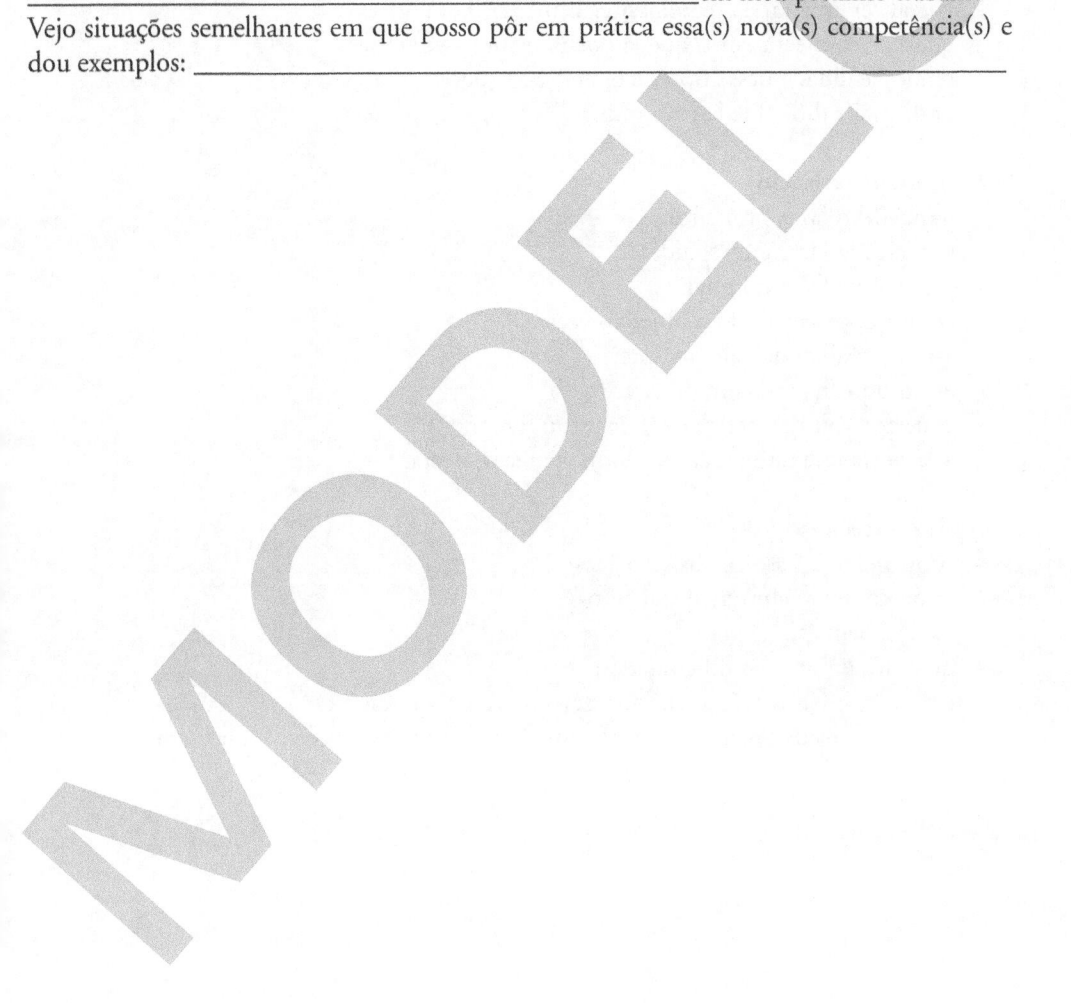

ANEXO 4

Processos cognitivos e tarefas escolares

Grade de análise destinada ao aluno

Antes do exercício
- o que me pedem nesta tarefa (objetivo)?
- qual é o enunciado?
- compreendo todas as palavras utilizadas (vocabulário)?
- já realizei uma tarefa semelhante? Em aula? Fora?
- quais os conhecimentos que já possuo sobre essa tarefa?
- tenho facilidade nesse tipo de tarefa? Por quê?
- onde está a dificuldade para mim?

Durante o exercício
- o que devo fazer primeiro?
- o que devo fazer em seguida?
- o que devo fazer no final?
- continuo perseguindo o objetivo visado?
- estou trabalhando calmamente?
- estou trabalhando com precisão?
- consigo explicar a tarefa e o que estou fazendo?
- a resposta que estou escrevendo me parece correta?

Após o exercício
- controlei todas as minhas respostas?
- estou contente com meu trabalho?
- realizei bem esta tarefa?
- quais foram minhas dificuldades?
- em uma próxima tarefa, em que devo prestar a atenção?
- como vou reconhecer uma tarefa semelhante, da próxima vez? Dou exemplos.

ANEXO 5
Ficha-guia – As três fases do ato mental

1) A fase (auditiva e/ou visual) da tomada de informações (*INPUT*)

2) A fase de elaboração

3) A fase de expressão da resposta (*OUTPUT*)

ANEXO 6

Ficha-guia – Aprender uma lição

1. Leio uma primeira vez minha lição para controlar se estou **compreendendo**.

2. Releio minha lição uma ou várias vezes e **registro** o máximo de informações possível. Depois, fecho o livro e controlo se consigo repetir a lição na minha cabeça.

3. Agora **fotografo** os desenhos, esquemas, títulos, palavras difíceis, etc. Fecho o livro e controlo, fechando os olhos, se consigo revê-los na minha cabeça.

4. **Recito** minha lição para os meus pais.

Para aprender minha lição...

1. Leio uma ou várias vezes minha lição para verificar se estou compreendendo. Em princípio, a lição foi trabalhada em aula e a compreensão deveria ser boa. Eventualmente, peço explicações aos meus pais.
2. Releio agora minha lição com o objetivo de registrar (auditivo -> orelhas) o máximo de informações. Depois, fecho o livro ou viro a folha e controlo se consigo repetir o que registrei.
3. Retomo minha lição e fotografo (visual -> olhos) os desenhos, ilustrações, esquemas, títulos ou palavras difíceis com o objetivo de revê-los em minha cabeça como em uma tela. Depois, fecho o livro ou viro a folha e controlo, fechando os olhos, se consigo rever em minha cabeça o que fotografei. Recomeço até que o conjunto esteja correto, completo ou ordenado.
4. Recito minha lição para os meus pais imaginando a situação em que vou ter de recitá-la na classe (por escrito, oralmente, modalidades, etc.).

Observações importantes:

– É preferível trabalhar sua lição com frequência a trabalhá-la por um tempo longo (seis vezes por 5 minutos, e não de uma vez por 30 minutos).
– Tenho de compreender minha lição se quiser aprendê-la.
– É inútil reler 10 vezes a lição; é melhor lê-la uma vez e depois rememorá-la (repetir na cabeça ou rever as ilustrações em sua tela mental) e recomeçar até conseguir uma rememoração fiel do conteúdo da lição.
– Estudar de maneira dinâmica e variar as modalidades que favorecem a memorização.

ANEXO 7
Quadro de temperatura – Resultados de Christian em ortografia

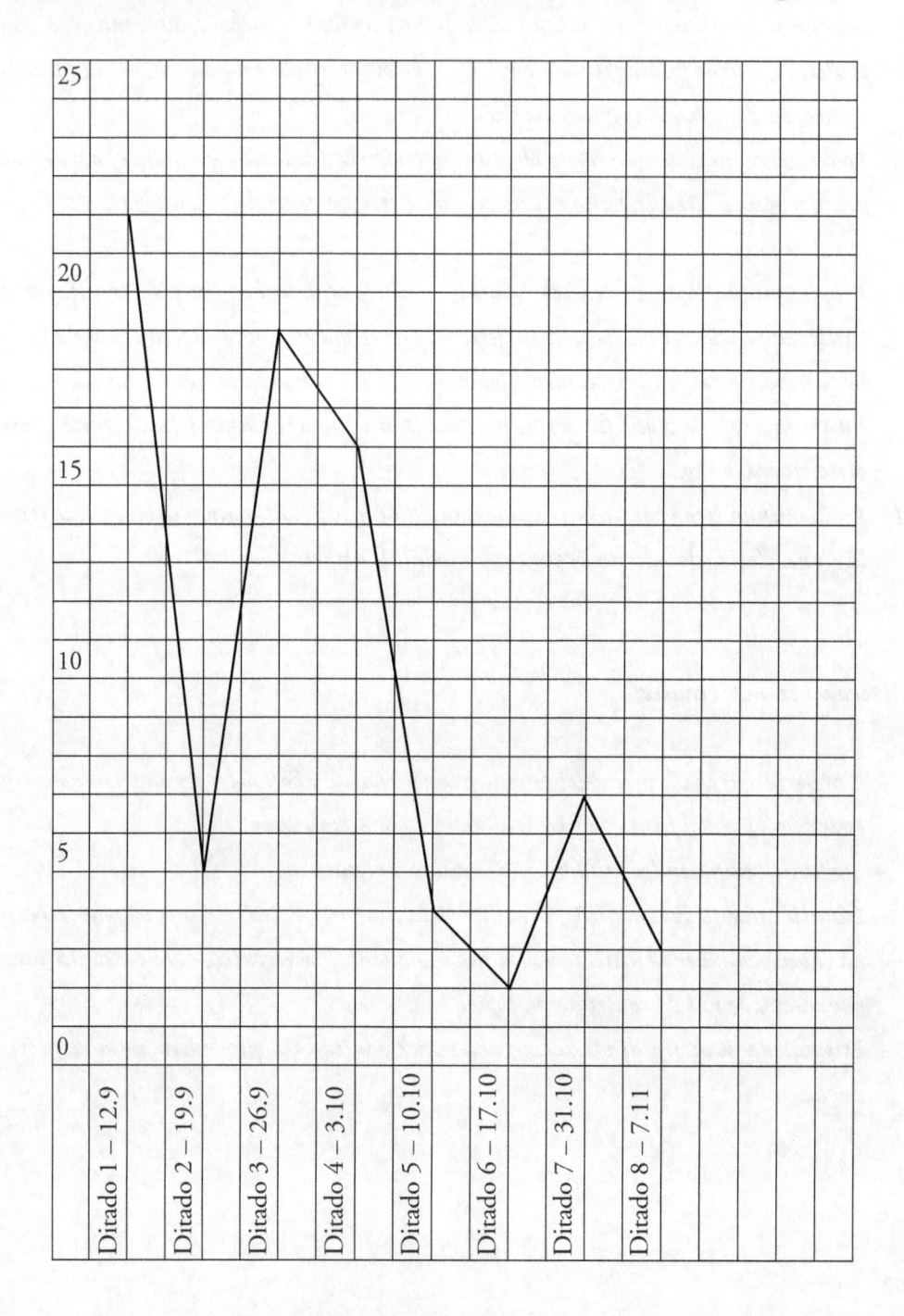

ANEXO 8
Ficha-guia – O gesto de atenção

1. *Fotografo as palavras, os esquemas ou os desenhos que o professor mostra no quadro.*

2. *Registro o que o professor diz.*

3. *No final da explicação, tento reencontrar na minha cabeça o que acabei de ver ou de ouvir.*

Como fazer para estar atento?

É preciso saber que...
- *é muito simples estar atento: pode-se escolher estar ou não*
- *os momentos em que devo mobilizar toda a minha atenção são mais raros durante um dia de aula*
- *reconheço esses momentos na atitude do professor: em geral ele está de pé, diante da classe, os olhos procurando o olhar dos alunos; em princípio, ele escreve no quadro os pontos importantes*

Para estar atento na classe

Devo impor-me a seguinte orientação:
1. *Vou olhar com o projeto de* **rever na minha cabeça** *(fotografar) os desenhos, esquemas, títulos ou palavras importantes que o professor mostra no quadro, na tela, etc.*
2. *Vou escutar com o projeto de* **repetir para mim ou de ouvir de novo** *(registrar) o que o professor disse.*
3. *No final da explicação, fecho os olhos e tento* **reencontrar em minha cabeça** *as imagens e as explicações que acabei de fotografar ou de registrar.*

Observação: quando não compreendo as explicações orais ou escritas do professor, evidentemente faço perguntas.

Anexos 303

ANEXO 9
Vocabulário 2º primário – Famílias de palavras[1]

Famílias de palavras

1 *Escreva as palavras que correspondem aos desenhos utilizando um dicionário.*

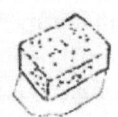

2 *Complete o quadro.*

recipiente	conteúdo
molheira	molho
saladeira	*bombons*
cafeteira	*chocolate*
chaleira	*a taça*
saleiro	*salada*
pimenteiro	*pera*
sopeira	*jarro*

3 *Circunde apenas os nomes de recipientes.*

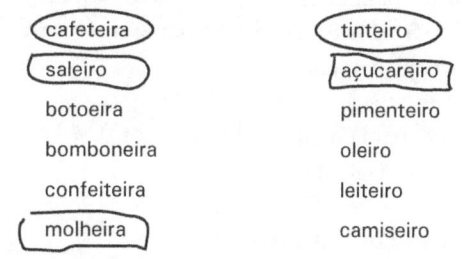

(cafeteira)   (tinteiro)
(saleiro)   (açucareiro)
botoeira   pimenteiro
bomboneira   oleiro
confeiteira   leiteiro
(molheira)   camiseiro

ANEXO 10

Vocabulário 2º primário – Famílias de palavras: ficha de análise de processos

Quais são os processos necessários à realização desta ficha?

Processos	Comentários do professor
1. Quando recebo o trabalho – Considero simultaneamente as informações: examino globalmente a ficha. – Controlo a impulsividade formulando mentalmente uma frase do tipo: "parar, um minuto, estou pensando". – Exploro a ficha com precisão assinalando a presença de um título e de três enunciados. – Identifico todas as informações, tanto aquelas tiradas do título como dos desenhos, dos cabeçalhos, das colunas. – Estabeleço relações entre as informações; repito mentalmente a ligação que existe entre açúcar e açucareiro, entre recipiente e conteúdo. – Faço a ligação com o título "Famílias de palavras".	*Dificuldade: pensa que há apenas 2 exercícios e 2 enunciados.* *Trabalha com bastante calma.* *Leu o título, mas não o compreendeu.* *Lê "continua" para "conteúdo".* *Não estabelece nenhuma relação.* *Não faz a ligação.*
2. Quando começo a executar um trabalho – Percebo a existência de um problema, isto é, saber o que é uma família de palavras. – Situo o problema rememorando a aula que o precedeu. – Seleciono os meios a utilizar para fazer a ficha: necessidade do dicionário? Estratégia? Ligações ortográficas entre as palavras? – Antecipo os efeitos de minha ação, isto é, observar o início da palavra para encontrar a palavra da mesma família (saladeira -> salada). – Estabeleço uma ligação entre os três exercícios (isto é, passagem do enunciado 1 ao 2, depois do 2 ao 3).	*Não sabe que está trabalhando com as famílias de palavras.* *Solicita de imediato o dicionário.* *Não faz ligações entre as palavras.* *Não OK.*

– Controlo meu procedimento visando à solução, estou atento à ortografia, utilizo o dicionário quando tenho uma dúvida, releio para controlar. – Decido prestar atenção. – Quero fazer um trabalho de boa qualidade, cuidando da escrita e da ortografia.	*Compreendeu o exercício 3; deveria então ter voltado ao exercício 2 e corrigi-lo, se tivesse feito a ligação.* *Utiliza várias vezes o dicionário, mas sem resultado (não parece muito à vontade com a pesquisa no dicionário).* *Não tem preocupação com a qualidade do resultado; "faz por fazer"; contudo, aplica-se mais na escrita.*
3. Quando comunico minha resposta – Controlo a impulsividade em minhas respostas; reflito antes de escrever. – Sou capaz de fazer corretamente o transporte visual, ou seja, de copiar corretamente partindo da palavra dada (saladeira -> salada). – Verifico a exatidão de minha resposta utilizando o dicionário. – Decido melhorar minha eficácia em um trabalho posterior; tomo consciência da causa de meus erros.	*De forma alguma OK; tem mais tendência a "preencher" sua ficha.* *Não viu a ligação entre as duas partes do quadro.* *Não OK.* *Aconselho-a a demarcar, daqui em diante, o número de exercícios e os enunciados.*

Em síntese
Recursos: *– Emmanuelle demarcou e leu os enunciados; compreendeu o enunciado do exercício 3.* *– Ela leu o título da ficha.* **Dificuldades:** *– Emmanuelle não faz ligações entre o título e os enunciados, entre os exercícios, entre as duas colunas do quadro, etc.* *– Ela não demarca os três exercícios da ficha e não faz ligações entre eles.* *– Seu vocabulário é muito reduzido.* *– Tem a tendência a "fazer por fazer" e não pensa no que está em jogo na atividade e nas aprendizagens a efetuar.*

ANEXO 11

Matemática 3º primário – Espaço[2]

Matemática – 3P Espaço

Cada criança faz um passeio e volta à sua casa. Desenhe os trajetos com cores diferentes, sabendo que cada trecho da rota só pode ser seguido uma vez.

... passou...

	pela catedral	pelo museu	pelo zoológico	pelo porto	pela estação ferroviária	pelo aeroporto	pelo estádio
Phillippe	X		X	X			
Michel	X	X	X	X		X	
Catherine					X	X	

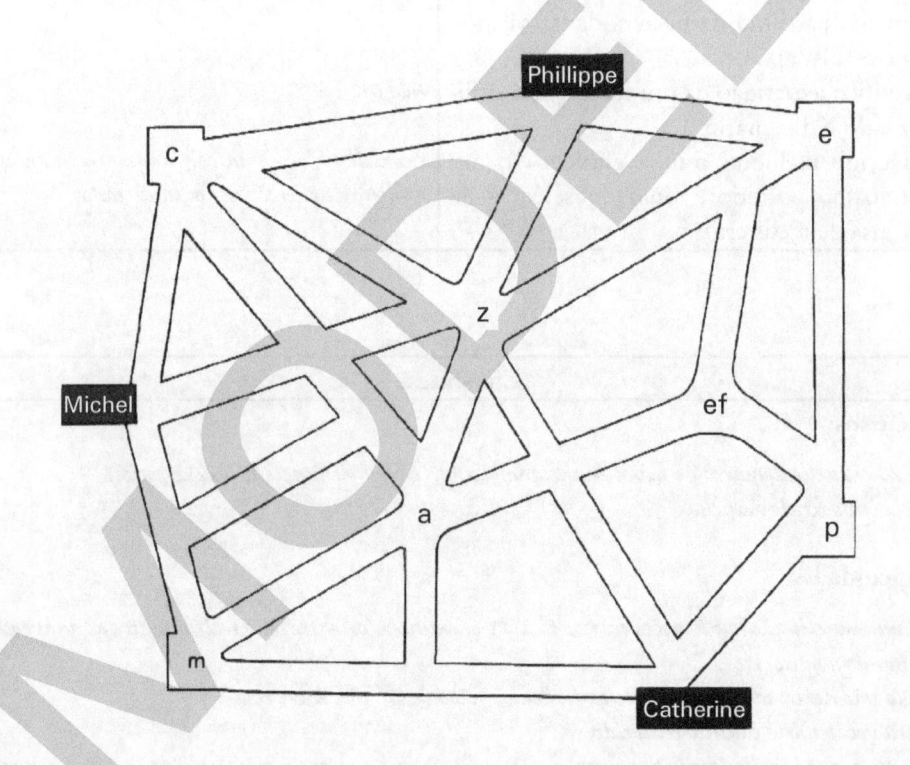

174
TERCEIRA SÉRIE

ANEXO 12

Matemática 3º primário – Espaço e deslocamentos

Quais são os processos necessários à realização desta ficha?

Ligo os antigos conhecimentos aos novos (inventário)	Comentários do professor
– Reconheço um exercício de matemática tratando de deslocamentos.	*Começa por situar o que está em questão na ficha.*
– Reconheço um quadro de dupla entrada e sei a importância da flecha na leitura desse tipo de diagrama.	*OK para a flecha, mas não está muito à vontade com a leitura do quadro.*
– Conheço as palavras "trajeto, trecho, catedral, museu, zoológico e estádio".	*OK com o vocabulário.*
– Já vi um mapa e reconheço uma rede de rotas na ficha.	*OK.*
– Tenho facilidade em todos os exercícios de deslocamento em um mapa.	*OK.*
– Tenho tendência a esquecer informações quando leio quadros de dupla entrada.	*Dificuldades por falta de prática na leitura de quadros cartesianos.*
Organizo os conhecimentos em minha memória (classificação)	**Comentários do professor**
1. Conhecimentos declarativos – Vocabulário: trajeto, trecho. – Reconhecimento do quadro e da regra de leitura.	*OK com o vocabulário.* *A trabalhar: manifestamente, a leitura de um quadro de dupla entrada não é familiar ao aluno; por exemplo, para Jean, "Michel foi somente ao zoológico".*
2. Conhecimentos procedurais Sei como abordar uma ficha: a) examino primeiramente o conjunto da ficha e demarco o número de exercícios e os enunciados; b) leio o enunciado do primeiro exercício (várias vezes, se necessário); c) rememoro o enunciado para verificar se possuo todas as informações necessárias; d) leio o exercício estabelecendo as ligações necessárias com o enunciado; e) realizo finalmente o exercício.	*Um trabalho intenso deve ser feito com Jean no campo dos conhecimentos procedurais: a leitura do enunciado carece manifestamente de precisão; Jean não compreende que a criança "volta para casa"; em seguida, ele desenha os trajetos com lápis preto e não "com cores diferentes", como se menciona no enunciado; finalmente, passa várias vezes pelo mesmo "trecho de rota".*

3. Conhecimentos condicionais – Reconheço um quadro cartesiano e sei mobilizar as competências necessárias à leitura (devo tomar as informações lendo uma coluna ou uma linha após a outra). – Esse exercício corresponde à leitura de um mapa.	*Não muito à vontade; cf. observações acima.* *OK, reconhece o exercício e estabelece ligações com a vida cotidiana.*
Estou ciente do que sei (síntese)	**Comentários do professor**
Sei que: 1. esse exercício é muito útil na vida cotidiana; 2. uma leitura correta do quadro é muito importante nesse exercício; 3. é absolutamente necessário que eu conheça os temas "trecho" e "trajeto" para conseguir fazer esse exercício.	*Jean reconhece um exercício de matemática sobre os deslocamentos.*

Em síntese
Recursos: – *Jean faz a ligação entre as três partes da ficha: o enunciado é identificado como tal e o aluno compreende que o quadro dá indicações sobre os deslocamentos que ele precisa desenhar no mapa;* – *ele mostra um bom domínio do vocabulário (conhecimentos declarativos);* – *seus conhecimentos condicionais são bons: o que está em questão na ficha é compreendido e o exercício é situado corretamente no tema dos deslocamentos; portanto, o aluno mobiliza de forma pertinente suas competências matemáticas.* **Dificuldades:** – *Jean parece ter dificuldades de gerir o conjunto das informações contidas no enunciado; parece colocar-se um problema de sobrecarga cognitiva;* – *suas dificuldades se devem principalmente a conhecimentos procedurais insuficientes, sobretudo na leitura de enunciados.*

ANEXO 13

Matemática 3º primário – Castelos localizados[3]

Castelos localizados

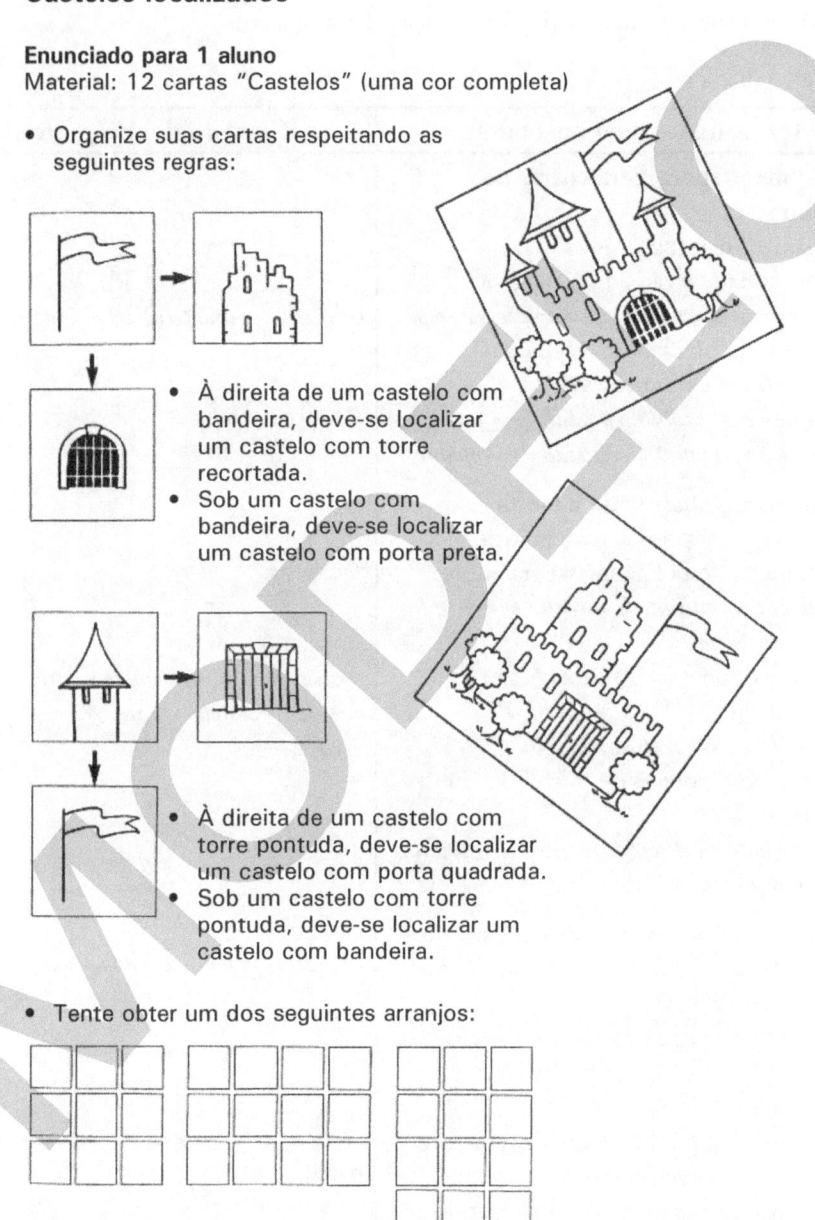

Enunciado para 1 aluno
Material: 12 cartas "Castelos" (uma cor completa)

- Organize suas cartas respeitando as seguintes regras:

  - À direita de um castelo com bandeira, deve-se localizar um castelo com torre recortada.
  - Sob um castelo com bandeira, deve-se localizar um castelo com porta preta.

  - À direita de um castelo com torre pontuda, deve-se localizar um castelo com porta quadrada.
  - Sob um castelo com torre pontuda, deve-se localizar um castelo com bandeira.

- Tente obter um dos seguintes arranjos:

ANEXO 14

**Grade de processos mentais para a atividade "Castelos localizados"
Matemática 3º primário – Módulo 1 B**

Quais são os processos necessários à realização desta ficha?

1. Quando recebo uma tarefa	Comentários do professor
1.1. Eu me preparo para entrar no trabalho – Organizo meu lugar – Adoto uma posição adequada à tarefa – *Observo as cartas com os diferentes castelos* – Começo a trabalhar em seguida – Observo e ouço o professor – *Sei que devo trabalhar sozinho em um primeiro momento (instrução do professor)*	*OK; dispõe seu material sobre a mesa.*
1.2. Analiso globalmente a tarefa – Digo a que campo da matemática, do francês... está ligado esse trabalho: *matemática; atividade a realizar seguindo uma sequência* – Identifico todas as informações disponíveis – *Nomeio as características de cada carta* – Proponho hipóteses de trabalho: "Talvez eu deva..." – *Vou ter que localizar os castelos segundo um arranjo solicitado*	*OK, salvo para "castelo com torre recortada", que ela lê "castelo com torre".*
1.3. Tomo conhecimento dos enunciados – Digo de que forma o enunciado me foi passado – *Identifico os 2 enunciados e as 4 regras* – *Posso observar os desenhos e/ou ler as 4 regras* – Leio ou ouço o enunciado atentamente – Demarco as perguntas – Compreendo as palavras e seu sentido	*Lê mais as regras e se ocupa pouco dos desenhos.* *Conhece o vocabulário do exercício, salvo "arranjo".*

– *Vocabulário: Arranjo, torre recortada, porta preta, direita (situar à direita)* – Explico o enunciado com minhas palavras – *Tenho de conseguir um dos três arranjos propostos* – *Tenho de localizar as cartas respeitando todas as regras* – Faço as perguntas necessárias:	*Enunciado: não compreende que precisa conseguir um dos arranjos propostos.* *Solicita várias vezes a ajuda do professor; conta muito com ele; pouco persistente.*
– Tenho agora uma representação mental da situação ou do problema ou do objetivo a atingir	
1.4. Estabeleço ligações entre as informações e meus conhecimentos – Pergunto-me se já realizei uma tarefa semelhante – *Pergunto-me se já localizei cartas respeitando regras* – Pergunto-me que conhecimentos adquiridos posso utilizar – *Sei ler os enunciados* – *Sei controlar o resultado relendo as regras*	*Leu os enunciados.* *Insuficiente: falta de autocontrole; confia o produto à análise do professor.*
1.5. Faço o balanço de meus recursos e de minhas dificuldades Pergunto-me se tenho facilidade nesse tipo de tarefa *Gosto de brincar de "quebra-cabeça"* Digo quais são minhas competências e minhas dificuldades *Sou paciente* *Gosto de pesquisar* *Trabalho sistematicamente (autocontrole imediato para cada carta)* *Sou perseverante* Digo qual foi o objetivo que fixei quando fiz meu último trabalho (cf. ponto 3.4)	*Não aprecia particularmente esse tipo de exercícios.* *Manifesta dúvidas quanto ao acerto da localização das cartas.*
1.6. Determino os recursos externos Faço um inventário do material e dos documentos disponíveis Caso necessário, peço o que precisar aos meus colegas ou ao professor *Peço ao meu colega para verificar se localizei as cartas corretamente ou não*	*Solicita muito (demais?) a ajuda do professor.*

2. Quando começo um trabalho	Comentários do professor
2.1. Seleciono o que é necessário para a resolução da tarefa – Digo quais são as informações de que necessito, as que me faltam, as que não são pertinentes – Digo quais são os conhecimentos de que necessito – *Tenho à disposição 12 cartas-castelos* – *Devo utilizar as regras e os enunciados*	
2.2. Escolho a estratégia adequada – Explico o objetivo que persigo (a meta em função da tarefa) – *Devo localizar 9 ou 12 cartas segundo um arranjo estabelecido* – *Devo respeitar as 4 regras* – Explico o que posso fazer – *Posso localizar as 9 cartas ao acaso e controlar o resultado* – *Seleciono as cartas fáceis de localizar* – *Localizo uma carta após a outra controlando depois de cada carta* – *Localizo os castelos com bandeira e/ou com torre pontuda no fundo ou à direita* – Seleciono a estratégia que me parece a mais adequada – *Utilizo as três últimas estratégias precedentes*	*Pede ajuda mais uma vez.* *Localiza uma carta após a outra e controla depois de cada carta.* *Não verifica se o conjunto do arranjo está correto.*

2.3. Prevejo as etapas de execução
 – Digo o que vou fazer primeiro, em seguida e ao final
 – Descrevo os castelos
   1. *Seleciono as cartas fáceis de localizar*
   2. *Localizo as cartas fáceis*
   3. *Localizo as demais cartas, uma após a outra, controlando as regras*
   4. *Controlo o resultado final*
	OK com a descrição dos castelos.
	
	 Não seleciona as cartas fáceis de localizar.
	
	 Não controla o resultado final.

2.4. Executo a tarefa solicitada – Persigo sempre o objetivo visado – *Respeito sempre, simultaneamente, os 2 enunciados e as 4 regras*	 *Sobrecarga cognitiva: dificuldade de gerir todas as informações.*

– Trabalho calmamente (controle da impulsividade) e com precisão (qualidade do trabalho)	
– *Controlo depois de cada carta se respeitei as regras*	*Falta de autocontrole: não verifica novamente o arranjo quando desloca uma carta.*
– *Se modifico o arranjo, volto a controlar todas as cartas*	
– Explico o que estou fazendo	
2.5. Controla a execução da tarefa	
– Digo onde acertei: até aqui, tenho certeza que _____	*Conta com o adulto; espera sua ajuda.*
– Digo quais são minhas dificuldades: _____	
– Digo quais são os meios que me permitem resolver essas dificuldades: _____	
3. Quando comunico minha resposta	**Comentários do professor**
3.1. Formulo a resposta para mim. Eu a mostro	
3.2. Verifico a exatidão de minha resposta	
– Repito qual o objetivo visado em função da tarefa (a meta)	
– *O enunciado: localizar 9 ou 12 cartas segundo um dos três arranjos*	
– *As regras: respeitar as 4 regras*	*Tem clareza do enunciado, mas não verifica o arranjo confrontando-o com as regras.*
– Comparo-o com minha resposta	
– *Verifico o arranjo*	
– *Verifico cada regra*	
3.3. Comunico a resposta (para o outro)	
– Sou capaz de explicá-la	*Faz esse trabalho unicamente quando da correção com o professor.*
– *Consigo justificar a localização de cada carta em função das 4 regras*	
3.4. Decido melhorar minha eficácia no próximo trabalho	*É capaz de fazê-lo unicamente com a ajuda do professor:*
– Digo o que aprendi nessa atividade	*– aprendi a ler melhor os enunciados*
– *Aprendi a respeitar regras e enunciados precisos (autocontrole)*	*– não controlei o bastante*
	– devo ainda controlar melhor

- *Aprendi a gerir várias informações ao mesmo tempo*
- *Aprendi a jogar respeitando regras precisas*
- Digo quais são minhas competências: _____
- Digo quais são minhas dificuldades: _____
- Decido melhorar _____ _____ no meu próximo trabalho
- Vejo situações semelhantes que me permitem pôr em prática essa(s) nova(s) competência(s) e dou exemplos:
- *Em todos os problemas de matemática, devo verificar meu resultado controlando se ele respeita todos os dados do problema*
- *Em todos os jogos de sociedade, devo respeitar simultaneamente várias regras precisas*

Em síntese
Recursos:
– boa compreensão das regras do jogo
– ousa recorrer ao professor; portanto, identifica suas dificuldades
Dificuldades:
– pouco persistente; tende a se contentar com um resultado aproximativo
– falta de autocontrole; confia o produto à avaliação do professor
– trabalha por tentativa e erro, sem verificar o resultado final

ANEXO 15
Ficha-guia – Vocabulário

Diante de uma palavra desconhecida, posso escolher entre várias estratégias:

1. *Utilizo o dicionário se possível: leio a definição da palavra e eventualmente olho a ilustração.*

   ou
2. *Utilizo o contexto (índices semânticos ou sintáticos) da frase.*

   ou
3. *Utilizo o contexto (índices semânticos) do texto no conjunto.*

   ou
4. *Tento encontrar a família da palavra desconhecida, sua raiz, a eventual presença de um prefixo ou de um sufixo, etc.*

   ou
5. *Como último recurso, tento reconstruir o sentido da frase ou do texto sem a ajuda da palavra difícil.*

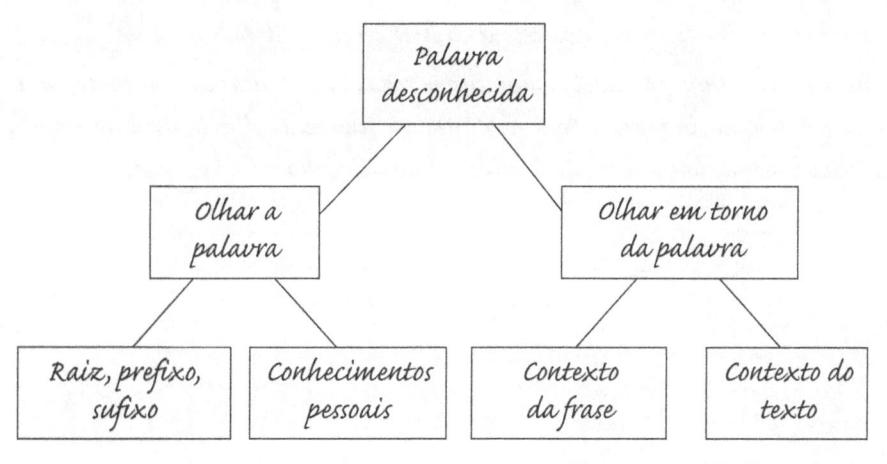

```
                    ┌─────────────────┐
                    │    Palavra      │
                    │  desconhecida   │
                    └────────┬────────┘
                 ┌───────────┴───────────┐
          ┌──────┴──────┐         ┌──────┴──────┐
          │  Olhar a    │         │ Olhar em torno│
          │  palavra    │         │  da palavra   │
          └──┬───────┬──┘         └──┬─────────┬──┘
    ┌────────┴─┐ ┌───┴────────┐ ┌────┴─────┐ ┌─┴────────┐
    │  Raiz,   │ │Conhecimentos│ │ Contexto │ │Contexto do│
    │ prefixo, │ │  pessoais   │ │ da frase │ │  texto    │
    │  sufixo  │ │             │ │          │ │           │
    └──────────┘ └─────────────┘ └──────────┘ └───────────┘
```

Esquema segundo Giasson, 1990

Como reagir a uma palavra desconhecida?

É preciso saber que...
- *O dicionário é uma obra de referência indispensável, que é preciso sempre ter ao alcance da mão. É preciso escolher um dicionário adaptado ao seu nível de compreensão. É muito importante também que o aluno seja capaz de encontrar rapidamente uma palavra; impõe-se, então, um treinamento.*
- *O leitor pode utilizar o contexto para encontrar o sentido de uma palavra que não conhece.*
  Exemplo: "O cachorro está dormindo em sua schtroumpf"
  → *O sentido da frase permite-me descobrir o significado da palavra (índice semântico).*
  → *Certos índices (aqui, o determinante "sua") fornecem-me indicações preciosas (índices sintáticos).*
- *O bom leitor antecipa o sentido da frase; ele sabe, muitas vezes antes mesmo de lê-la, a palavra que vai encontrar.*
  Exemplo: "O gato bebe _____."
- *A análise da palavra (família, raiz, prefixo, sufixo, etc.) permite às vezes compreender uma palavra nova.*
  Exemplo: O sufixo –eiro designa geralmente um ofício: padeiro, meeiro.
  O prefixo –in indica um sentido contrário: incerto, inodoro.
- *Nem sempre é indispensável compreender todas as palavras de um texto para compreender seu sentido geral. Pode-se comparar um texto difícil a um quebra-cabeça em que faltam algumas peças. Mesmo assim adivinha-se a imagem...*

ANEXO 16
Ficha-guia – O estudo de texto

1. *Leio pelo menos duas vezes o texto.*

2. *Procuro todas as minhas respostas no texto.*

3. *Respondo a todas as perguntas.*

Como realizar um estudo de texto?

É preciso saber que...
- *O estudo de texto não é um exercício de leitura clássico. Não basta compreender o texto em suas linhas gerais, como na leitura de um romance. O estudo de texto requer uma leitura cirúrgica, de precisão.*
- *O estudo de texto é o exercício mais fácil, pois é o único em que lhe dão as perguntas... e as respostas! Basta procurar as respostas no texto.*

Para realizar um estudo de texto

1. *Leio pelo menos duas vezes o texto. A primeira leitura me permite descobrir o texto. A segunda, ou mesmo a terceira leitura, é indispensável para uma boa compreensão.*
2. *Controlo todas as minhas respostas no texto. A folha de texto e a do questionário são colocadas uma ao lado da outra na carteira. Faço um vaivém sistemático entre as duas folhas. As perguntas são precisas: procuro então com precisão as respostas no texto. Eventualmente, anoto ao lado de cada pergunta o número da linha onde encontrei a resposta.*
3. *Visto que todas as respostas estão no texto, em nenhuma hipótese deixo uma pergunta sem resposta. Se não respondo, respondo errado!*

ANEXO 17
Ficha-guia – Leitura de enunciados

1.

Leio várias vezes o enunciado.

2.

Viro a folha e controlo em minha cabeça se consigo repetir o enunciado com minhas próprias palavras.

3.

Agora posso fazer o exercício.

Como ler e compreender um enunciado?

É preciso saber que...
- *Com muita frequência, não procuramos ler atentamente o enunciado: isso é um erro grave! Não é preciso ter muita pressa de se lançar ao exercício: "Um momento, estou pensando!"*
- *O enunciado não está apenas na folha: posso então recorrer a outras fontes de informação.*
- *É difícil compreender um enunciado: são muitas as informações a reter e todas as palavras são importantes. Será preciso então reler várias vezes o enunciado antes de começar o exercício. Desse modo, a compreensão poderá aumentar e se tornar suficientemente precisa.*
- *Compreender significa traduzir com suas próprias palavras o enunciado.*

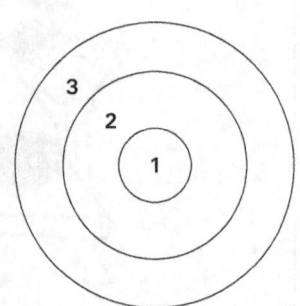

Para ler e compreender um enunciado

1. *Leio várias vezes o enunciado (três vezes já está bom).*
2. *Viro a folha ou fecho o livro e repito para mim, com minhas próprias palavras, o que pede o enunciado, imaginando o exercício na minha cabeça. Se minhas explicações são imprecisas, volto ao ponto 1.*
3. *Somente agora lanço-me à resolução do exercício.*

Anexos 321

ANEXO 18
Ficha-guia – Preparar meu ditado

1. *Em cada frase, identifico as* **regras** *que conheço e as sublinho.*

2. *Em cada frase, procuro as* **palavras** *difíceis e as copio 3 vezes.*

   Depois, com os olhos fechados, olho em minha cabeça se já tenho a fotografia da palavra e se já consigo soletrá-la. Como controle, escrevo a palavra uma quarta vez.

3. *Somente agora peço a alguém para me ditar o texto.*

Como preparar meu ditado?

É preciso saber que...
- *Existem dificuldades ortográficas em dois níveis:*
  - *a ortografia gramatical (as regras): se tenho dificuldades aqui, devo aprender as regras, e depois aplicá-las no ditado;*
  - *a ortografia de uso (as próprias palavras): devo preparar as palavras fotografando--as, e depois visualizando-as em minha tela mental.*
- *O próprio ditado é o controle de minha preparação e não a preparação em si. Assim, peço a alguém para me ditar o texto somente após a preparação.*

Durante o ditado:

- *Para cada palavra, eu me pergunto se posso aplicar uma regra que conheço (ortografia gramatical).*
- *Diante de um problema de ortografia de uso, tento encontrar em minha cabeça a escrita da palavra – que, em princípio, devo ter fotografado ao preparar meu ditado em casa ou na classe.*

ANEXO 19
Ficha-guia – Problemas de matemática

1.	Leio várias vezes o problema.
2.	Viro a folha e controlo em minha cabeça se consigo recontar a história do problema com minhas próprias palavras.
3.	Para ajudar, posso eventualmente fazer um desenho da situação.
4.	Agora, posso efetuar as operações e resolver o problema.

Como resolver um problema?

É preciso saber que...
- *As informações contidas em um problema são numerosas. Todas as palavras são importantes. Trata-se, portanto, de reler várias vezes o enunciado do problema. Assim, a compreensão poderá aumentar e se tornar suficientemente precisa.*
- *Compreender significa traduzir com suas próprias palavras o enunciado do problema.*
- *Um desenho permite, às vezes, representar os dados do problema de forma mais clara.*
- *Todo problema descreve uma pequena história da vida cotidiana. Para resolver um problema, é preciso antes compreender a história.*
- *Não é preciso ter muita pressa de se lançar nos cálculos: um momento, estou pensando!*

Para resolver um problema...

1. *Leio várias vezes o problema (três vezes já está bom).*
2. *Viro a folha e repito para mim, com minhas próprias palavras, a história do problema, imaginando em minha cabeça a situação ou imaginando que me encontro nessa situação. Se minhas explicações são imprecisas, volto ao ponto 1.*
3. *Faço um desenho, se isso me ajudar a compreender melhor o problema.*
4. *Somente agora lanço-me na resolução escrita do problema.*

ANEXO 20
Quadro de correspondência entre classes e idades nos sistemas escolares francófonos

Ordem de ensino	Idade	BÉLGICA	FRANÇA	QUEBEC	SUÍÇA
MATERNAL	menos de 6 anos	(3-5 anos) Maternal	(2-5) Pequena seção (1º ano – ciclo 1) Média seção (2º ano – C1) Grande seção de maternal (3º ano – C1 e 1º ano – C2)	(4 anos) Pré-maternal (5 anos) Maternal	(4-5 anos) Maternal
PRIMÁRIO	6 anos	1º primário	CP (curso preparatório – 2º ano – Ciclo 2)	1º primário (1º Ciclo)	classe de 1º
	7 anos	2º primário	CE1 (curso elementar – 3º ano – Ciclo 2)	2º primário (1º Ciclo)	classe de 2º
	8 anos	3º primário	CE2 (curso elementar – 1º ano – Ciclo 3)	3º primário (1º Ciclo)	classe de 3º
	9 anos	4º primário	CM1 (curso médio – 2º ano – Ciclo 3)	4º primário (2º Ciclo)	classe de 4º
	10 anos	5º primário	CM2 (curso médio – 3º ano – Ciclo 3)	5º primário (3º Ciclo)	classe de 5º
	11 anos	6º primário	-	6º primário (3º Ciclo)	classe de 6º
SECUNDÁRIO	11 anos	-	classe de 6º (Colégio)	-	-
	12 anos	1º secundário	classe de 5º (Colégio)	1º secundário	classe de 7º*
	13 anos	2º secundário	classe de 4º (Colégio)	2º secundário	classe de 8º
	14 anos	3º secundário	classe de 3º (Colégio)	3º secundário	classe de 9º
	15 anos	4º secundário	classe de 2º (Liceu)	4º secundário	ginásio 1
	16 anos	5º secundário	classe de 1º (Liceu)	5º secundário	ginásio 2
	17 anos	6º secundário	terminal (Liceu)	Cegep 1**	ginásio 3
	18 anos	-	-	Cegep 2**	ginásio 4

* Segundo os cantões, o secundário suíço começa no 7º ou no 6º, às vezes desde o 5º.
** O colégio no Québec (Cegep: Centre d'Enseignement Général ou Professionnel) é uma ordem específica, intermediária entre o secundário e a universidade.

ANEXO 21

Quadro de correspondência entre classes e idades no sistema escolar brasileiro

Ordem de ensino	Idade
EDUCAÇÃO INFANTIL	4 a 5 anos
ENSINO FUNDAMENTAL I	6 anos – 1º ano
	7 anos – 2º ano
	8 anos – 3º ano
	9 anos – 4º ano
	10 anos – 5º ano
ENSINO FUNDAMENTAL II	11 anos – 6º ano
	12 anos – 7º ano
	13 anos – 8º ano
	14 anos – 9º ano
ENSINO MÉDIO	15 anos – 1º ano
	16 anos – 2º ano
	17 anos – 3º ano
ENSINO SUPERIOR	18 anos +